日本武道の理念と事理

日本古来の精神的且つ身体的文化の伝承としての武道

藤森　明

藤森　明

東京大学武道場「七徳堂」

正面

北側

内部

内部　全貌

日本武道の理念と事理

―日本古来の精神的且つ身体的文化の伝承としての武道―

藤森　明

藤森明氏の武道

東京大学合気道部師範
明治神宮至誠館師範
山田高廣

藤森明氏（昭和十二年〜平成二十四年　一九三七年〜二〇一二年）は、文字通り生涯修行を続けた武道家であった。氏は岡山県津山市（旧美作の中心都市）の産である。美作は、我が国最古の柔術と言われる竹内流発祥の地であることからも分かるように、武術の盛んな土地柄で「作州で棒振るな」と言う言い伝えがあったそうである。氏も幼少より相撲、柔道、剣道等に親しんだ。高校時代は津山高校柔道部に所属し、同部は、氏も選手として全国大会に出場している。また、同部の柔道は、旧制第六高等学校柔道部などを指導した柔道家金光弥一兵衛師範の系譜を引くもので、氏の秘かに誇りとするところであった。

高校卒業後は事情で暫く社会人として働いた後、昭和三十八年二十五歳で東京大学文科一類（法学部）に入学した。大学では、合気道部に入部し、当時はまだ新興武道と言えた合気道の稽古を田中茂穂師範の下で始めた。

氏は本著作の中で、「主に剣術・合気術の術技に於いて機能する伸展的・遠心的力は、主に背骨・背筋から発し、主に柔道の術技に於いて機能する屈曲的・求心的力は、主に胸筋・前腕筋から発する。」と書いているが、これまでの柔道に加え、異なる体の使い方をする（足の力を使うことは同じであるが）合気道を始めたことは、広く武術武道を見渡していく一つの切っ掛けとなったと思われる。

氏は、日頃寡黙謙虚で自己を顕示することがなかったが、醸し出す自然な風格で存在感を発揮し、柔道部を始め他の武道部でも重んじられた。大学では寮に入っていて、寮生が街の人間と紛議を引き起こして氏が仲裁に入った時、その解決振りは凄味があって関係者を唸らせたと言う。氏は酒も強かった。京都大学との合気道部間の交流で京都に行った際は、懇親後の二次会で先方のホステスに気に入られ、部員が東京に帰るのを尻目に、彼女宅に流連すると言う豪の者振りを発揮して、部の英雄になったと言う。本書で氏が書いている通り、武士は現世の価値を否定しないのである。一言で言って、味のある人であった。

昭和四十五年に卒業後は、普通の就職はせず一時司法試験を目指したこともあって、塾の講師等をしながら、受験勉強と武道稽古に励むこととなった。学生時代から独自の稽古振りであったが、卒業後は本格的な武道探究・鍛錬となっていった。そのベースとなったのが本郷キャンパスにある道場七徳堂である。

その鍛錬ぶりは徹底していて、柔道部のバーベルを使いベンチプレスで百数十キロを繰り返し、低い前蹴りでは空手部の大型のサンドバッグが吹っ飛び、戸外の巻き藁突きでは板を折ったこともあった。しかし、これは徒に筋肉を付けるためにやっていたのではなく、充実した体幹部（肚）から一気に力を出すための氏なりの鍛錬の一環であった。そのため、見れば鍛えられているのが分かるが、中肉中背（一七〇センチ強、六十五キロ未満）の体型は生涯変わることがなかった。

氏の目的は鍛錬した体を如何に精妙に使うかと言うことにあった。後のことであるが、氏と一夕酒席を伴にした時、普段寡黙な氏がやや饒舌になり、割り箸がどんなに威力を持つかと言う話をしながら、人差し指・中指と掌で割り箸を挟み持ち小手を動かして見せた。その動きは柔らかく滑らかに螺旋を描いて何とも優美であり、充実した体幹からの力がこの小手を通して割り箸に伝わればさぞや威力があるであろうことを実感させたのであった。この時、指で眼鏡のレンズを突き通す話も出たが、ハッタリを言う人柄ではないので、実見はしていないが根拠のあることと思っている。

氏はこの後各種体術のみならず、剣術・杖等の武器術、さらには武術整体、中国武術まで探究の場を広げていったが、その詳細は小生には明らかではない。ただ明らかなのは、稽古したであろう各種の武道を氏の観点から統合し、氏の武道として作り上げていったと言うことである。影響を受けた武道家はそれなりにいるであろうが、氏は試行錯誤も含め独自に消化していったのである。

例えば、東大合気道部では、初代田中師範（現永世師範）、二代稲葉稔師範（現名誉師範）が鹿島神流の国井善弥師に師事したので、昭和四十年代半ばから剣術の稽古を本格的に取り入れているが、氏の在部はその以前である。しかし残された氏の稽古指導の映像を見ると、見事な袈裟切り及びそれと体術との関連の氏独自の解釈と動きが示されている。

平成十三年に、かねてより交際のあった空海《ヒロミ》夫人と結婚し、東京から夫人の住まう大分市に住むことになった。同時期に、これまでの武道修行の成果として、田中師の許しを得て、自らの武道を武徳流合気柔術として立ち上げている。大分では、オーストラリア・英国への指導、郷里津山への出稽古指導等をしながら、日々一人修行を欠かさなかったと言う。また、研鑽してきた経絡説に基づく武術整体を望む者に施し喜ばれたと言う。

あるレベルに達しても高齢になれば、指導者として納まってしまうことが多いのが通例な中で、ひとり日々の自己研鑽を続けた生涯修行の実践者であった。大分での修行の場は自宅近くの体育施設の公園で、夜明け前から数時間種々の一人稽古を行ったと言う。鉄砲や押し手をしたと思われる立木には氏の手形の跡がはっきり残っていたそうで、その真剣さの程が伺えるのである。また、夜明け前に稽古を始めるのは、自然の息吹を感じ人が本来持っていた感覚を鋭敏にし、潜在意識を活性化させ勘（第六感）の養成に資するためで、本著で氏が主張するところでもある。

以上氏のことを述べてきたが、氏が実践家であり、氏の武道論が実践の中での体得を元に成り立っていると言うことを明らかにするためでもある。本著作は成立の経緯からすると、氏がいろいろな機会に書いたものを整理し直し、改めて推敲したもののようである。

第一章の「理念」の部は、外国人の弟子に日本の武道はどのようなものか説明すると言う色彩も伺え、思弁的な点も見受けられるが、現世の中の行動者である武士とその行う武道は如何にあるべきか（あったか）という実践的観点が基本である。

以下の「事理」の部分は、氏の実践家としての姿勢が貫かれている。武道は実践智の涵養であると言えば数言で終わることが、数万言数十万言を費やして述べられている。それだけ奥が深いわけであるし、言葉の限界を意識してのことでもある。

言うまでもないが、武道では身心を一如として捉える。心と体は不可分のものである。武道を行うということは、心身（身心）の有機的一体である人が行うことであり、武道で判るということは、有機的一体として判るということで、言葉で説明を聞いて理解したつもりになっても、判ったことにはならないのである。言葉を変えれば、武道では判ることは出来ることである。逆にある種の達人・名人のように、言うことは曖昧模糊としているが、その道に達していれば判っているのである。

言葉はコミュニケーションの道具として一定の普遍性・抽象性を持っているが、その分個別性・具体性を失っており、武道の場面では限界があるのである。別に武道に限らない。例えば言語的社会活動の典型である法律家であっても、試験を通っただけで何の経験もなければ、武道家程ではないにしても役に立たないだろう。行為を伴うもの、具体性を要求されるものは言葉だけではどうにもならないところがある。反面、人は想像力を持っているから、言葉は全く無力ではなく、言葉を手掛かりに出来ることに向かって努力することが出来る。

氏はこの機微を踏まえて、禅僧が不立文字を標榜しつつ多言である如く、言葉を尽くしているのである。氏は稽古を心身の有機的一体である人がなす実践智の涵養とする。判って出来ることである実践智とは、個々の具体的場面に有効でありながら全体として理に適っている、臨機応変にして普遍的なものとして提示されている。難しい目標であるが、そのような目標を目指して稽古することで、武道以外の場で通用するものをも得ることが出来うると言うのである。

従って、稽古には志が必要なのである。手っ取り早く上達するにはと言うようなノウハウ的思考とは無縁である。武道では身心一如の振る舞いは多面的なものである。その際活動は重力に支配されると言う原則は絶対的であるが、武道では、この原則を制約としてではなく、他より優れた身心のバランス実現のために活用すべき条件として積極的に捉え、工夫をするのである。具体的には例えば、足で地を踏んだ反動を如何に効果的に術技を行使する部分に伝えるか、そのためのバランスは如何にあるべきかと言うようなことである。工夫の過程が稽古とも言えよう。

十分な活用のため考慮すべき要素は真に多様である。体の使い方一つをとっても、外面的な動きの底には、それを作り出す目に見えぬ筋肉群の連動とそれに適した呼吸の有り方があり、心の持ち方がある。これらの要素が違えば、同じ動作が全く違うものになることは、稽古する誰しもが経験することである。更に相手がいるから、相手との関係性と言う複雑に変化する要素が加わってくる。外的環境も考慮しなければならない。

稽古はこのような複雑な現実を正面から受け止めて、忍耐強く着実に積み上げていくものである。氏は、現実を、相反対立する要素が変転し、ある時は陰の要素が表面に、陰極まれば陽になり、あるいは実が虚に、虚が実になる、変化極まりない流動体・対立物の統一体として捉えている。そして、身心のすべての資源・条件を活用して、流動変化対立の中で中庸のバランスを保つことを、武道としている。複雑な現実の一局面にのみ有効な理合を全体に適用して単純化する武術論を、氏が批判する所以である。

武道での中庸は、ある中心を決めて固守することではなく、主体性を保って変化に適切に対応することをいう。それは観察者的な主体性ではなく、時・処・位に応じて、相手との関係で自ら積極的に変化を引き起こすあるいは相手に変化を起こさせ拍子外れにするといったように、自らも変化流動する現実そのものであることに徹底した上での主体性である。術技の上でこのような主体性を確保する時、体は「下肢が動・剛・開なら、上肢は静・柔・合」「右が屈曲・伸展なら、左は伸展・屈曲」など相反的に機能していると、氏は指摘しこれを逆対応関係と呼ぶ。逆対応は体の使い方だけでなく、「体は動、心は静」と言ったように、心と体の関係や自己と相手との関係（「彼が実・陽なれば、我は虚・陰」）など武道の全局面にみられ、この関係性自体も固定的でなく変化流動すると言う。重要な指摘である。

氏は、稽古での上達を、緩やかに螺旋状に上昇する過程と形容する。山腹をグルグル回りながら頂上に達する山道に似ている。道は上るだけでなく下ることもあり、頂上は見えたり見えなかったりするが、一歩ずつ迷わぬように自分で歩いて行かなければならない。しかし、迷わず正しい方向へ稽古を続けていくと、急に螺旋の螺子の一段上に上がるように上達することがある。新たな身心のネットワークが形成されたからであると氏は言う。氏はこれを量質転化と称する。上達は、大小の量質転化の繰り返しと氏は定義する。量質転化を起こすには、新たなネットワークを潜在的に形成し、ある時点でそれを顕在化させる（気付く）だけの、正しい稽古によるエネルギーの蓄積が不可欠である。

正しい方向性の稽古をするために、氏は武道の術技を成り立たせる要素を3種類に分類する。（1）は○○投げと言うような「目に見える型として完成した技法」（2）は「変化の態様が動的多彩で、型に成り難い基本身体則としての技法」即ち入り身・転換・捌き・作り・崩し等と言われる、それ自体は型ではないが、型を有効に成り立たせるために不可欠な身体技法（3）は間・拍子・目付・呼吸・心法といった「目に見えない技法」である。

氏は、武道術技は概ね（3）→（2）→（1）の順序で連続不断に行使されるとし、（1）の技法を（2）（3）の技法が支えている構造を踏まえて、稽古で最も重視すべきは（2）の技法であるとする。見識である。（1）の型は適宜適切な（2）の術技行使なくしては成り立たず、また、型は時代・条件によって変化する可能性があるが、それを保証するのも（2）であるからである。（3）の技法は独立して成立するものでないから、（1）及び（2）の技法の不断の稽古の中で身に付けるべきものである。氏は（3）の技法、特に心法と称されるものを偏重する武道をオカルト武道と揶揄する。

ただ、（3）の技法については、最終的に術技を成り立たせている根拠ではあるから、奥が深い。氏も思わずして動ける無心の動きを目標として重視する。稽古の蓄積は潜在能力の活性化・勘（第六感）の養成に至らねばならぬとする。容易ならぬ道であり、そこに至る稽古を実践智の涵養とするのである。しかし、氏は、この過程を（1）と（2）の稽古を全力で行った（有心尽力）結果の無心抜力とし、摩訶不思議な能力の獲得を否定する。本書第2章の5で「荘子」から引用の包丁の寓話を載せているが、普通は省略される部分も引いて氏の考える実践智の意味合いを明らかにしている。参照されたい。

氏は、身をもっての鍛錬を重視するのであるが、その成果は各種要素の総合によるもので、武道では運動神経は最重要の要素ではないと言う。これについては一つの思い出がある。昭和六十年の冬、当時小生は秋田在住で、敬愛するS氏と氏が来訪し田沢湖の温泉場で過ごしたことがあった。その時氏をスキーに誘い手ほどきしたが、氏は初めてで五十に近い身、如何に武道家とは言え悪戦苦闘である。一人でやるからと言うので、小生は上のゲレンデでひとしきり滑って戻ってみると相変わらず苦闘である。自分から止めると言わぬので小生から申し出てた。それ故、氏の身をもって示した武道家としてのレベルが、武道は、運動神経がすべてではないことを実証していると思っている。

宿に戻ると、氏の踝の処の皮膚がパックリと開いていた。氏は、決して衆に隔絶した運動神経の持主ではなかっ

このような氏の武道論の特色をよく示しているのが、秘技についてである。氏は秘技を自己実現の精華であり、一回毎に異なり一瞬にして消滅する現象と言い、その発現感覚は自然との一体感を感得した恍惚感と充足感とも言う。秘技は何か骨・要領を獲得すれば再現可能な普遍的なものではない。無心の裡に時・処・位に最適な対応が出来た時、目に見える型である基本技が質的に転換超越されて発現される、一回性の現象なのである。一回一回の悟りといっても良かろう。常静子剣談に「勝ちに不思議の勝ちあり、負けに不思議の負けなし。」とあるが、不思議の勝ちの極といっても良かろう。武術の奥義は目に見える形として伝え得るものではないのである。

氏の言う秘技は、一般的な型として表せない一回性の現象であるが、全くの偶然ではなく、心身があるレベルに達している者にのみ発現する。そこに至るために如何にあるべきかを種々の角度切り口から、懇切丁寧に詳述しているのが、本書で展開されている氏の武道論といっても良かろう。種々の切り口は全体の中の一環であるから、それぞれは必ずどこかで繋がっている。本書で「分け登る麓の道は多けれど、同じ雲井の月をみるかな」を始めとする武道歌が繰り返し引用されている所以である。

もう一点気について述べておきたい。武道では気という言葉を良く使うが、その意味は曖昧で多義的である。ある時は物理的な、ある時は心的な意味を持つ。武道では、例えば気迫の如く、心的であるがそこに威力を感じさせるような使い方が多い。もともと気は東アジアで世界観を表す言葉として用いられてきた。世界の原理である理に基づいて、世界とそこに生成する万物は気の離合衆散として現象し、変化を重ねていく。つまり気は物質の素であり、エネルギーでもあり、神霊の気と言うように霊性も持っている。気ですべての現象・存在が説明出

来るのである。

これは現代の科学的世界観では受け入れられない。すべてを説明出来るのは、科学的には何も説明したことにならない。科学では、精神と物質は峻別され、出来る限り厳密に定義した言葉で分析的に記述がなされる。世界は主として物質とエネルギーの在り方として記述される。これは大きな効力を発揮して現代世界を作ったのであるが、方法論としては固有の限界を持つ。科学的世界観では生きてあることを記述できないのである。

武道は、正に生きてあることそのものであるから、例えば武道の一局面である筋肉の動きを観察し得る限り分析して記述出来ても、身心の有機的一体の振る舞いをそれとして記述はできないのである。武道で用いられる気は、この科学が今のところ手が出せないところ、武道として機微にわたるところに用いられてきたと言っても良い。前述の言葉ではうまく表せないところを、曖昧多義的であるが故に何がしかのイメージを喚起する気で表したと言っても良かろう。

武道では、氏も述べているように、気は一般的に、臍下丹田の充実感・力感、或いは指・手掌の微細な振動感・温感等の現象として感得されてきた。術技行使に当たっては、これらの実感が重要な意味を持つ。何故ならば、これらの感覚が、武術的身心の総合的バランスを感得していく上で大事なメルクマールになるからである。鍛錬が進めば容易に判ることで、武道で気が多用されてきた所以でもある。ただ、この現象が単なる実感・現象に止まるのか、気の実在（科学的にも）を意味するのかは解釈の分かれるところである。

氏は、積み重ねてきた稽古からの実感及び研鑽してきた経絡説に基づく整体術での経験から、気を、生命現象を成り立たせるに不可欠な存在と認識していると思われる。そこで、気は潜在的生命エネルギーと含みは多いながら限定的表現を使い、科学的観点との接合も図っているのであろう。その当否は小生の手には余るが、氏の気の論述は、よくある科学とその成果を無視した能天気な気論とは一線を画すものと指摘しておく。

氏は大分では和歌の道にも励んでいたと言う。氏らしく月に何百首にも達する精進振りであったと言う。氏の逝去後、残された可成りの数の中から、夫人が丹精込めて遺歌集「武徳」を編纂された。それを見ると、意志的な修行者である氏の柔らかい心の襞を偲ばせる秀歌も多い。氏の武道歌と共に紹介して序文とする。

「耶蘇たたへヴィオロン奏でし亡母《はは》なれど　国学者《ふびと》でありし亡祖父《そふ》はおほどか」

「軸はただ一点なれど　居起ちする所作振る舞ひは　足裏のなか」

「手と肩を柔《やは》に使ひて腰剛く　間拍子とりて自在なるべし」

「理によりて執を捨つるの難ければ　ただひたすらに打ち込みてみよ」

「ひと筋に無念無想に励むとき　いつかは馴染み身の程となる」

「武蔵言ふ一空万理を問はれなば　帰納演繹一如と答ふ」

なお、本書に添付のＤＶＤは、氏が、二〇〇五年英国の合気道クラブで指導した際の映像を抜粋編集したものである。指導なので本気を出しておらず、また、映像では真の見取り稽古に成り難いと氏は述べているが、観れば氏の論述との整合性がある動きが出ていると思う。一覧されたい。

日本武道の理念と事理　目次

二、武道の事理

旧制第六高等学校柔道部対旧制第四高等学校柔道部の覇権争奪戦

序にかえて、第一次世界大戦後の大正から昭和初期に掛けて、日本勃興期の青少年が日本武道に対して真摯に立ち向かった記録を紹介しておく。

旧制第六高等学校（岡山）柔道部は、当時実力日本一と言われた金光弥一兵衛師範（講道館で三船久蔵師範の先輩。戦後ＧＨＱ指令による寝技禁止を主とした武道弾圧に反対し、ＧＨＱの介入を受け入れた軟弱な講道館と袂を分かち、ために講道館では九段位に止まった）を迎え、我が国最強の柔道部建設を目指していた。これに対し三船久蔵師範（後に十段）を招いた第四高等学校（金沢）は、大正十一年六高に破れるまで全国（旧制）高等学校柔道大会に於いて五年連続優勝し天下の覇権を掌握していた。

当時の六高柔道部誌「六華」の編集者手記によると、「・・・前年は試合前、馬力のあった永野重雄先輩が肩を傷め実力を発揮出来ず四高に敗れた。翌大正十年七月二十五日、京都武徳殿に於ける対四高戦で敵の大将里村選手と我が大将早川選手との決勝戦で、技術を超越した命懸けの一時間に亘る試合にも拘わらず雌雄を決するに至らなかった。審判員協議の結果三十分延長が宣せられた。

しかし、延長戦に於いても、彼我立ち向かったまま容易には決しようとしない。両者共疲労の色濃く、最早や身体を動かすことすら出来ず体力の限界がきた。このまま試合を継続する時は生命の危険ありとのドクタージャッジにより遂に二十分の休憩となる。伝統を死守せんとする四高は、里村の心臓を氷で冷やし、里村漸《ヨウヤ》く生気を取り戻し試合再開す。当時の大会規定では、大将の試合時間は無制限で必ず勝負を決することになっていた。だが、人道上の見地より、試合時間は二十分に制限された。そのまま時間切れとなり、遂に磯貝（後に十段）先生の口より引き分けが宣せられた。

夜は深々と更け、時、正《マサ》に午前二時垂れんとしている。先鋒から大将まで、それぞれ十五名『全員が引き分け』と言う全く悽愴な試合そのものであった。正に、四高魂と六華魂との世紀の大試合であった。

猛練習のため、京都での戦いに臨む時は、六高選手の平均体重は十五貫（約五十六キログラム）であった。

待望の翌大正十一年六高が初優勝した時は、大会史上比類なき『全勝（全メンバーが勝ちを収める）優勝』であった。その後、柔道王国六高の時代が幕を開ける・・・」と。

因みに、その年の天覧試合（現在の全日本柔道選手権大会に相当する）に於いて、壮年の部では第六高等学校師範金光、青年の部では第六高等学校柔道部主将野上がそれぞれ優勝している。

六華とは、かつて、六高柔道部を中心に部生活を送った者の団結体（ＯＢ会）である。「・・・人間の一生を孤独で終わる者の多い世の中で、お互い目的を同じくし辛酸を共にし得る馬鹿になる修行までした者のみが持つ友情は、時・処を超えて永遠のものである・・・（早川勝）」（旧制六高柔道部部誌「六華」参照）。

なお、第二次世界大戦後、六華からは政界・財界・労働界（総評議長であった太田薫も六高柔道部に在籍）など多くの人材を輩出し日本復興のため尽力した。互助会として六華商事を設立したが、こちらは武士の商法として情に流され成功することなく失敗に終わった。なお、寝技の真骨頂は、調和の取れた手足の屈曲筋と伸展筋を充分に機能させ最善に有効活用する点に存する。頭部や腹部を含む身体の手指・足指に至る全部位に亘り、あるいは密着させあるいは突っ張るなど身体を隈無く駆使し、立技によるより一層小よく大を制し・柔よく剛を制し得ることを遺憾なく発揮する。寝技は、稽古を積めば積むほど全身の調和的発展が認められ、有機的統一力が機能し実力が付く実践智の最たるものである。

井上靖の小説「北の海」はその間の事情を伺わせる。因みに、井上靖は旧制第四高等学校柔道部に在籍していた。

その後、戦後に講道館と袂を分かち、郷里岡山に骨を埋める決意をされた金光弥一兵衛師範は、岡山武道界で重きをなされた。金光師範を讃える奉納額が、吉備津神社に現存する。

一・武道の理念

1.「剣禅（武禅）一如」武道に於ける「道」の意義

「剣禅一如」とは、一般的に武道修行は仏道（殊に禅）の修行に通じるところがあり、不惜身命の心境に到達する点で両者に共通性が認められるとの意で用いられる。

即ち、武士道の名の下に、常時生死の問題を身近に見詰めなければならなかった武士にとっての、生死を超越して自己の主体性・独立性を確保のためになす「武術修行や鍛錬の過程ないし心構え」について端的に述べられたものである。

剣（武）・禅に於ける究極の悟りは、以心伝心・教外別伝を通してのみ習得される。即ち、言葉や文字では訓《オシ》えたくとも訓えられるものではない。自己の実践を通してのみ自己の潜在的可能性を発見・発揮しながら自己実現していくべき「実践智」なのである。

武道の修行を志す者は、何を置いても「武徳（武の七徳）」（「春秋左氏伝（以下「左氏伝」という）」に由来）の涵養に努めるべきである。現代各武道・各流派に於いても、武の七徳の内容は、日本文化の伝承を根幹に置き、変遷する時代の要請をも踏まえ、現代的・個人的にアレンジされた指導綱目と考えられてきた。

武道の実戦的価値が相対的に低下するにつれ、武道の目的は闘争の手段としてではなく、平和時に於いて人としての生き方を探求する「自己実現・自己充実・人格形成の道」としての面が重視されるに至った。

日本古来の技芸・武術・技能・芸能は、茶道・書道・歌道・華道・柔道・剣道・相撲道・空手道・合気道・修

験道・歌舞伎道などのように、本来は技・術・法などと呼ばれていたものが、殊更に道と呼び替えられるようになってきた。

その思想的背景には、「・・・『道』は『技』より進めり（・・・技を根底から支え、技を技として活かすものは道である）・・・」（『荘子』養生主篇）と言う、老荘の技能哲学を踏まえていると考えられる。

しかし、日本に於ける諸芸道の本質は、中国古来の技能哲学を踏まえながらも日本的風土・精神によって大きな変遷を遂げ完成された。このように、武道の本質についても、日本独自の精神的身体的文化の伝承・伝統に基づき変遷醸成されつつ、連綿と承継されてきたものである。

因みに、「技」は「わざ」であり、神業即ち「かみわざ」に通じる。「わざ」と言うのは、神の意志が人の身体に憑依し顕現されることをも意味する。このように古来の日本語の真意を解すれば、必ずしも技を道に殊更呼び替える必要はなかった。技（業）そのものの意味に、既に精神性が含意されているのである。

武道は、その事理を学びながら体力・気力・胆力を充実させ知性を開発することと相俟って、日本の精神的身体的文化の伝承としての伝統的良風美俗を身に付け、全人格的発展を図り、日本人固有の個性の完成を目的とした。このように、武道は何よりも先ず、人間形成・自己実現・自己充実、即ち「人格と身体の育成」の道を意味する。

処で「道」が、先人の歩みを残した既成の道なのか、それとも現在を起点としてある方向に向けて新たに切り開く進路なのかは問題であるとされてきた。前者を取る者は、道は、伝統的秩序として守られるべき最善の規範とし、それを固守すべきとする。後者を取る者は、道は、自己が新たに切り開くべき各人各様の有り様があるとして、進むべき道を模索してきた。

しかし、現代の武道・芸道に於ける道とは、固く守っていくべき既成の事実と新たに開拓し進むべき道の双方を統一的に捉え、多くの先人の歩み育てた既成の道を下敷きに手本とし、加えて新たに自身の進むべき道を切り開いていくべきと解すのが一般である。

即ち道とは、心身の働きを通して文化的価値を創造し表現する芸・術技の極致を追求する過程である。人間の有るべき生き方・姿勢を示唆しているとも言える。

人生は生から始まり死をもって終わるが、生も死も人間の理性や感情や思考の外にあり、人はそれに与《アズカ》り知らない存在である。人生とは、生死の間の道程なのである。

一般に、道の歩み方（武道・芸道に於ける「型」）の中には、その具体的手順・方法・規範性があり、それに順えば無駄なく確実に且つ比較的速やかに目的達成が可能であるとされる。即ち、型は広義の規範を内包すると言われる。

しかし、人格形成修行と言う過程自体を目標とし重視する点に道の意義があるとすれば、形式的な型に捉われ過ぎると、目的とする道の実体を見失う恐れが生じる。武の道は、修行過程を重視した実践智の体得と言う意味で禅の道に通じている。有形の修行・鍛錬により、無形の心・精神を養うところに意味がある。武道修行過程の充実が重視されれば、強弱・優劣の比較は二次的問題であって単なる結果に過ぎなくなる。

2.「剣（武）と禅」の比較

ただ、剣禅（武禅）一如と言っても、武と禅ではその内容に於いて同じではない。

仏道修行者は、迷い・不安・執着の根底に存在する生死を超越し、あらゆる現世の物質的価値や恩・愛・仁・義などの価値への執着を断ち切り、ひたすら来世を欣求し遁世の上修行に励む。仏道に於いては、現世と来世は途切れることのない連続的概念であり、現世は飽くまでも来世への一つの過程である。来世こそを真の目的の彼岸としている。

彼岸への道程が、そのまま仏道修行なのである。仏道に於いて、生死は不存在である。消極的に死を怖れない心、即ち、死生一貫して死を厭わない心を持って、初めから心を死地に投じ生死を脱却しようとする。その修行過程である仏道には、各宗派毎に最高の既成教本である経典が定められ、それに従うべき伝統的秩序規範が存在する。

これに対し、武道修行者（武士）は、生死の極限状況に於いても、恩・愛・仁・義・忠・名誉・名・主体性確保・自己実現など、人によって重点の置き処は異なるとしても、現世の価値の存在を積極的に肯定する。

その意味では、武士は決して世捨人ではなく、世俗人である。その上で、自己が最重要の理念として拘り・執着する価値を、広義に於ける報恩の念を持って守るために決断行動する。そのためには、敢然として第二義的以下の価値への執着を断ち切る。終局に於いては、初志貫徹のため捨万求一の選択・決断・行動あるのみとする。世俗の価値に執着する俗物などと誹謗中傷される武士であっても、ひとたび大事に臨めば、執着すべき世俗の価値を捨て敢然と死地へも赴くことが出来ることこそが重要であった。

処で、生が迷いの源泉となるのは、合目的意識に支配される現世的価値への執着が存在するからである。また、死が不安の極致にあるのは、合目的的意識をもってしては解決出来ない、未体験で予測不可能な状況が存在するからである。死を体験した者は、未だかつて決して存在しないのである。

武道修行者（武士）は、これら生と死とに直面し、その間にあって命を懸けて生死を積極的に超越しようと努める。そのため、「不動心」と「当たらざる身体」を体得するべく刻苦し修行に励む。その過程を通して、自己の人間形成が図られていく。

生死を超越しようとする悟り・極意への到達願望・目的は同じであっても、その修行としての稽古の過程には、各流派毎に伝統的修行秩序を規定する規範が存在するし、更には、自己が新たに開拓していく各人各様の修行過程が存在する。

また、その先達・先導者としての師が求められる。武道歌にも、『分け登る麓の道は多けれど　同じ高嶺（同じ雲井）の月を見るかな』（各流・各派で引用）とある。勿論、この道歌には良師による先導の存在を含意しているし、高嶺に到達しても満足すべきでなく、永遠の彼方《カナタ》に理想とされる極意・悟りが存在する事をも含意している。

武道に於いて生と死の両者は、両立不可能な相反的・二者択一的存在である。現世と来世との間には厚い壁が存在し、相互に窺い知ることは出来ない。生と死とは、断絶した非連続的概念である。

武道修行者（武士）が堂々として死に赴くその心奥には、命に優先して執着出来る恩・愛・仁・義・忠・名誉・主体性確保などの現世価値を肯定し、命より大事な何かが存在すると言う信念が窺える。この価値と信念を具体的現実化する強固な意志（決断力）と行動力を如何に涵養するかが問題なのである。

命より大事な価値を肯定するためには、捨身の覚悟が要求される。この覚悟は、事を武道修行過程・武道実践のみに限定してみても、極意への道である武道歌にも『身を捨てて浮む瀬もあり』とか、『振りかざす太刀の下こそ地獄なれ　一と足すゝめ先は極楽』（各流・各派）と詠われている。死を決断し決行する捨身がなければ勝ちもないと言う逆説的構造を暗示している。

大事・大変に臨み、命に優先する価値を認め守るために、捨身の覚悟をすることは、日常的に己に克ち・相手に勝つ心構えにも通じる。

3. 武（士）道に於ける「不惜身命」

このように、生死を極める極限の場に臨んで、なお堂々として「死して良し、生きてなお良し」「死地に臨んで生を得る」など平然と構えていられるためには、日常行住坐臥、「不惜身命」と言う決死の覚悟・心構えの鍛錬が存在していなければならない。

因みに、江戸期の教養ある武士階級に於いては幼少時より、儒教道徳の影響下で義を重んじ名誉と名を惜しむべきとの武士道的倫理観を心身の鍛錬を通して訓えられた。そこでは、第一義的価値を忠に置き、他の徳目は忠を確立し従属奉仕すべき徳目とされているのが一般的であった。

武士道に於ける倫理道徳観は、その背後に被支配階級の百姓・町人は勿論のこと、武士階級全体による、武士としての取るべき選択・決断・行動への期待・評価・評判と言う、漠然としたものではあるが、外部からの他律的「不言不文の掟・規範」によって縛られていたと言える。また、自分自身の武士としての心組み・生き方として内部的な自律的規範にも縛られていた。此処での武士道に於いては、必ずしも生きてなお良しとするものではない。（詳しくは後述）

平和な江戸期に於ける、一般的「武道の奥技」とは、強弱・優劣を競って専ら人に勝つ術と言うよりは、大事や大変に臨み生死を明らかにする術なのであった。武道の死生観は、大事や大変と言う異常な状況・場面を想定し規定され、一定の目的に適った合目的の枠外にあった。従って、予め予定した対応すべき目標の設定は難しいし、大事や大変の予測を立てることも難しい。

それ故、古来より武士は、背後に常に死の裏返しとしての生と言う、一抹の漠然不確かな寂しさを背負っていた。それはまた、凝縮された生でもある。死があるからこそ、生きる価値が一層際立ってくるとも言える。

俗世に生きている武士（世俗人）にとって、ある一定の節度と調和を保った上で、物質的欲望や情愛を持つことは、決して間違いではない。寧ろ、必要（悪）なのである。余りにもストイックになることは、人間そのものの否定に繋がる。

一番生き生きと生を楽しんでいる時は、一番生き生きと死んでいる時かも知れない。死の消極的作用・効果としての未知への不安・恐怖の結果として、生への積極的作用・効果としての心身の健全な安定や反省や再起への努力も生じるのである。

我々は、死がなければ際限のない物欲・愛欲に囚われ、堕落へと転落していくことは間違いあるまい。

処で、剣禅一如と言い、心身一如と言っても、白刃を前にして闘う武道者の状態は、禅の静かな瞑想とは明らかに異なる。まして、行動原理が概ね法則通りに結果する道場武道やスポーツ武道などでは、本物の武道者の心を窺い知ることは出来ない。

武道修行・仏道修行はどちらも、迷い・不安・執着を捨てるための修行や鍛錬と言う意味では共通する。従って、禅は、武士階級の愛好する生活原理の一つとして受容されてきた。しかし、両者は根本的な違いが根底に存在する。

仏道修行では、もともと相手を想定していない。自己が自身で仏の説いた仏道を極めるべきなのである。生の延長としての死、だからこそ死を怖れぬ悟りの境地に至り、無心となって現世価値を断ち切りたい。禅は「静中の悟り」である。生を断ち切っているから、山中に座し瞑想に耽《フケ》る。そこでは現世の喧騒な生活を予想していない。

従って、仏道修行者であっても、人世（濁世）の社会に立ち現れる（立ち返る）と、修行しているとは言え、心は惑い且つ思いは乱れる。その当然の帰結として、仏道修行の結果が、人世の社会に直接的・具体的に奉仕・役立つことも少ない。

これに対し、武道修行では寧ろ現世価値に拘泥し捉われながらも、第一義的な価値に報恩・殉ずるために、積極的に生死に対する拘りを断ち切り、それを超越しようと努力する。武道は「動中の悟り」である。武道修行の結果は、濁世の中で稽古三昧の末に自力で克ち取った現世の生活実践を通じて獲得した具体的悟り（実践智）である。

従って、武道修行の結果獲得したものは、人世・濁世に於いてもそのままで具体的・直接的に応用・活用し、役立てることが可能となる。また、そう有るべきものでもある。

武道修行者の眼前には、戦闘対象となる（未知の）相手の存在が立ちはだかる。生か死か二者択一と言う絶体絶命の状況・場面に於いて、咄嗟の選択・決断・行動が求められる。そのような状況の下では、生への活路を求める心構えを養うべく、常日頃から死を怖れぬ「無心」に至る鍛錬が必要とされた。

良く知られる「葉隠」の、「武士道といふは、死ぬ事と見付けたり」とは、平素から捨身の心構えを持って死の日常化に努めることにより死の恐怖を克服し、咄嗟の決死の選択・決断・行動を誤りのないように備えよとの訓えである。

死を怖れぬ（不惜身命）鍛錬・修行と、未練がましく後を振り返らない覚悟を含んでいる点では、仏道修行と武道修行は一致する。これを称して、一般的には剣禅（武禅）一如と言われているようである。

しかし、抑々《ソモソモ》出発の根底に於いて、両者は全く異なる問題を抱えている。即ち、仏道修行に於いては、死は、自らが世捨人となることを喜んで求めるものであり、予定している過程の単なる通過点なのである。これに反して、武道修行に於いては、生を前提としながら、死は、已むに已まれず悲壮な状態の下で覚悟し決断した、対決すべき未知の闇路への入口なのである。その意味で、剣（武）禅一如と表現するのが適切か否か疑問がある。

ある論者は、「・・・戦国乱世の激しい興亡の中に生死した武士に、この世の諸行無常、生者必滅の理法が、・・・仏教の教理が武士の心を動かしたことは疑いない」。「・・・この世を去っていった亡君や亡父・・・の住むあの世・・・このような彼岸の思想が前提になってのみ、日本の武士の精神が形成された・・・」とされる。彼岸との繋がりを思う思想は、武士に限らず四季の移り変わり・再生を実体験としてＤＮＡに刻み込まれた原日本人の精神的本質に由来するものである。

その意味では、確かに、戦乱の中に生きた武士たちは仏教に強い関心を持ち、また関心を持つべきと訓えられた。しかし、同時に武士は、余りに仏教に深入りして悟り切ってしまうべきでないとも訓えられた。現世価値を肯定した上で、「命より大事な何か」を守ることを忘れ、現世の主従関係・上下関係を軽視する危険性を警戒したのである。

仏道への帰依は、現世の主従・君臣関係を超越して絶対的存在である仏を肯定する。更に、仏教は現世価値を否定し、彼岸こそ最高価値・最終眼目であるとし、此岸《シガン》は仮の世界であるとして現世価値を軽視する。従って、「碧巌録《ヘキガンロク》」は読むべきであるが、全体を理解すると出家心が湧くので、十巻全部を読んではならず七巻までに止めるべきだと訓えられた（「甲陽軍鑑」）のである。

仏教の悟りには、悲壮感・悲哀感はないが、武士の覚悟には、現世価値を肯定しながら敢然とそれを断ち切り超越しようとする悲壮感・悲哀感を伴っていた。

内村鑑三の言葉を借りれば、「崇高な悲哀感」とでも言えようか。

因みに、前述の論者は、明治以後の日本に於ける軍人（現代に於ける武士）を強く意識想念していると思われるから、そこから敷衍された論であろうか。

4．「自己中心化（癒着・執着・偏見・恣意・思い込み）からの解放」

「中庸の中・礼の中・楽の和」

一般的には、我々のすべての知覚・行動は、今・此処《ココ》・私から始まり、今・此処・私に粘り着いた癒着・執着・偏見の下に、一方的・恣意的に捉われた見方と、そこから発展した相関関係の影響を強く受けている。

我々が感情的になっている時は、一層の思い込みに強く捉えられ、中心化（癒着・執着・偏見・恣意・思い込み）から脱することは容易ではない。

不健康や病気の場合、往々にして身体的な囚われの中にあり、視野は狭くなり・特定の物や人に執着し、真の人間性を喪失した思い込みの影響を強く受ける。質量共に環境が狭くなり体験の統一性が失われ、心身共に自由な発想・行動を取ることが難しくなってくる。

逆に思考が、今・此処・私と言う具体的状況への囚われから解放されれば、より高度の有効な社会性を備えた知的思考が可能になり、統合のレベルが高まり統一的有機的な思考・行動を取ることが可能となってくる。

囚われから解放されると、我々は精神的となり、自分を自由の中心と感じ、全人格的に充実した統一体として自己を捉えられるようになる。

この場合には、心身は有機的一体となり、身体が精神であり、精神が身体でもあるかのように、精神と身体は同一の現実の中の二つの側面に過ぎなくなる。

「身に付く」「身に凍みる」「身を入れる」「身になってみる」「身につまされる」・・・と言う時の身は、ある場合には身体を、ある場合には心を、ある場合には自己を、ある場合には立場と言うような言葉で近似的に置き換えることが可能となる。

身は、単なる身体でもなければ精神でもなく、「精神である身体」又は「身体である精神」としての「実存」を意味する。心身一如・身体と精神の有機的一体などと称される状態・現象を想定すれば理解されよう。この現象は、武道修行や仏道修行に於ける悟りの境地に至る時に自ずから感得される。

武道が、如何に哲学的であり、心身の一体性を重要視するかを深く再考すべきである。武道の徳目の一つに、「養生・養心・養身」が挙げられているのも納得出来るのである。精神・身体のいずれか一つが不健全であっても、脱中心化も、悟りの境地にも到達し得ないのである。

正常な秩序を持った生（命）にとって、適切で合理的な限りで中心化は必要なことではある。しかし、中心化に囚われると、そこから脱することが出来ないのも事実である。

そして、中心化が適切で合理性を持ち、成熟した自己化や客観的に正しい物の見方を可能とするには、逆説的ではあるが、ある種の脱中心化を必要とする。

自己中心を超越し客観性を獲得していく過程では、中心が移動し構造に適切で合理的な変化が起こる。中心移動と構造変化が繰り返される操作が重ねられるにつれ、個々の中心化作用は過去の行為に考察・反省を重ね、批判的評価を加えていく。

この過程を経て起こる中心化作用は、「今は別の時に」「此処はあそこでもあり」「私は他者でもあり」と考察・反省を繰り返しながら、次第に中性化され仮定的・抽象的・普遍的・一般的になっていく。

このようにして、次第に特定の状況への固定された癒着から解放され、自由で流動的な可動性と相互の可換性を持つようになる。任意の時間や空間に於いて、言い換えれば、いつでもどこでも再現し得る普遍性を持った時間的・空間的な可能的構造に変換されていく。「もし私が貴方だったら・・・もし此処があそこであったなら・・・など」と考えることは、他者を理解するとか他人の身になってみることを意味することに外ならない。自他の視点・立場を交換することの可能性を自覚することによって、癒着・執着・偏見と言うような自己中心性を脱却し、客観性を持った真の自己を確立する過程ともなる。

我々の経験は、別の立場に立つことの出来ない（互換性のない一回限りの）生《ナマ》の現実である知覚的・運動的経験である、武蔵の言うところの主観的な「見の眼」と、仮定や想像により、別の立場に立つことの可能な表象や言語によって、抽象的・一般的に媒介された大局的・客観的な可逆的経験、言うところの客観的な「観の眼」との二通りがある。真の経験の体得とは、これら二通りの経験を統合し、現実に生動的応用可能なものとして身に付いた経験（実践智）を意味するのである。

「論語」の中に中行と言う言葉がある。「中行を得て之に與《クミ》せずんば、必ずや狂狷か。狂者は進みて取り、狷者は爲さざる所有るなり。」と。正しい真実の道は、過ぎることもなく及ばないこともない適度の実践によって実現されると言うのである。

重要なのは、過ぎることもなく及ばないこともない、その中間の目的地に正しく到着することである。似たものに中庸と言う言葉がある。「中庸」の書は、既に、秦の始皇帝の頃完成したとされる。

中庸の「中」とは、偏らないで過不及（過不足）のないこと、即ち、過ぎた状態と及ばない状態とを両端とする、右でもなく左でもないその真ん中と言うことである。君子は中庸によると言うのも、人目を引く奇抜な行動も、世間を捨てて身を隠すのも特別の異常な行動だと言える。中庸は、そのような異常を離れた日常的平凡の中でこそ得られるとする。程良い中程は、中庸の平常性・平穏性・融通性から生まれる。

孟子は、それを権と言う言葉で説明している。「権」とは、融通性を意味している。権は元来、秤《ハカリ》の分銅のことである。秤の分銅は支点から力点の端まで左右に移動して平衡を保って融通性を現している。即ち、権のある中とは真ん中の一点を固守する余裕のないものではなく、幅のある融通性を持った中なのである。

融通性を更に弾力的柔軟に考えると、両端の極端そのものが可動的であることを意味する。ただ今が中だと思っていても、いつの間にか中でなくなるのが現実の世界である。

事態は絶え間なく流動的であって、決して静止的ではない。状況の推移に対応しうる柔軟な主体性を涵養することが必要とされる。その時に中であるためには、その時の全体の状況を的確に把握する必要がある。自分の立場に固執し融通のきかない態度では、周囲の環境についていけない。両端の中とは、左右両端に両足を踏まえてその間を流動的に揺れている状態とも言える。平面的でなく立体的円錐の頂点に揺られているのである。ただ、その状態では、常に日和見主義・御都合主義へと堕落する危険性を伴うところに中庸の難しさがある。

中庸とは、両極端を捨て去るのではない。実際的・具体的に機能するのは中であるが、寧ろ、その両極端を把握し（足場を置いて）、中の働きの中に潜在的に活性化させて機能させるものである。右でもなく左でもないが、その実態は「右でもあり左でもある」と転換した形での思考が必要なのである。これは、「易経」の考えとも類似するが、右と左を有機的一体として包含した頂点の中と言うように、多角錐型あるいは円錐型の立体構造を考えれば理解しうるであろう。右と左の歩み寄りと言うよりは、融合一体・質的構造的な上昇志向と考えるのが妥当であろう。左右両者が歩み寄ることは、同時に、その距離は縮まり上昇してゆく。融通性を持った中は、常に切断面である円の中心を占めようとする。この多角ないし円錐は常に弾力的柔軟に揺らぎながらの螺旋的上昇過程とみることも可能であろう。武道歌にも『分け登る麓の道は多けれど　同じ高嶺の月をみるかな』とある。見る側面・登る側面は多様であるが、目指す実態は同じものだと言うのである。「詩経」にも「剛ならず柔ならず」とある。剛と柔の対立を否定しながら、剛と柔とを包容した構造的中庸・調和統合性ある関係を志向している。

序《ツイ》でながら、中と和の関係については、伝統的に両者は結合する関係にあるとされてきた。儒教では、儀礼と音楽の実践が尊重され、礼が中と関係し、楽が和と関係して説かれる。礼とは中の形をとり、中を標準として定められた。情の厚薄も実践の場に於いては、その中庸を要求された。例えば、茶道で襖の開け方とか畳の歩き方に始まり、儀礼の形が定められている。それらは、経験的に無駄のない所作動作の最も効率的且つ美的形として定着したものである。礼は過不足のない、所作動作を要求する。

音楽と和との関係もまた密接である。調和の観念は音楽のハーモニー（衆声の調和）によって初めて得られるとする。「楽はともにこれを聴けば和敬ならざるなく、和順ならざるなく、和親ならざるなし・・・」と言われた。楽は同（親しむ）をなし、礼は異（互いに敬す）をなす。言い換えると、楽とは和であり、礼とは理（秩序）である。即ち、礼楽の統一は中和を意味する。此処で問題なのは、楽の和同と礼の別異との関係である。中は過不足のない、真ん中に寄り合い一定方向を目指すが、別異は区別をはっきりさせ、分化を目指す。

しかし、別異も実は中と一致し、調和が得られると言う考えがある。それによれば、人間の優秀性は社会生活をうまく営むための社会正義に基づく階級分別が存在するからである。その分別によって全体の調和が得られるとする。現代風に言えば、社会の構成員を役割に応じて分別して全体の調和が得られる。具体的には、分業による職分全体の共助・調和と言うことであろう。分別することによって、秩序だって全体が調和的に統一される。それは、礼が中を標準とすることと余り違わない。礼が分けることによって、全体の調和を図り、中を標準とする形で調和を実現する。礼の在り方は、中庸の包容性・統合性の在り方と共通する。両端の中として、分別された中に接収することにより統合的な調和がもたらされるとするのである。分別により調和が得られるためには、分別された個別を理解尊重する必要がある。個別が抹殺されないで、生かされ調和してこそ全体も生きてくる。同は同一であり終始単一である。しかし、和は雑多の混在が調和され統一されたものである。統一の形は似ていても、質的には異なる。和とは、中庸の内容と類似する。中庸は、右でも左でもないが、また右でもあり左でもある。右左と言う両端があってこその中であり和でもある。異なる意見を議論し調和してこそ、新しい発展がある。構造的調和の境地は、包容力を要求し自他共存共栄の理に適う。対抗する相手を尊敬し許す態度こそ重要である。相互矛盾を克服し昇華させる立体構造を持った関係にある。易経で言う陰陽表裏の関係であり、老子の言う禍福の縄の如き関係にある。連続性のある両面性を含むものである。ただ中と言い和と言っても、中庸の実践は容易ではない。時々の状況に応じて、絶えず臨機応変しなければならない。その状況を見極め、その中を選択するのは容易ではない。主体性を確立しながら、全体構成の個であることも忘れず、対立する相手をも容認譲歩することが、中に近付くことである。現代に於いては、科学的知見を含め、あらゆる知識も動員し、状況を読み取ることが重要となる。

5.「挙一隅不以三隅反」「実践智（無心・物我一体）」

誰でも経験があることだが、人間の意識は偏し易いので、四隅の一隅を挙げると他の三隅を忘れる。特定のある物に心が止まり、偏心を持ってそれに執着すると、自分の心がそれに捉われ乱され、心に色々な分別や雑念が生じ、他の物が見えなくなる。

しかし、視覚を主とする感覚から得た事柄の一隅を取り上げて学ぶことによって、他の三隅を類推し会得しようとする、主体的・積極的・弾力的な心の対応が求められる。それが有るべき姿なのである（「挙二一隅一不下以二三隅一反上」「論語」）。

このように応無所住の位を得て、心が一つの事柄に捉われなくなれば、心をどこに置き去りにしたり移動しても、必要に応じて心は隈無く身体の内外に及ぶようになる。勿論、癒着・執着・偏心・恣意・思い込みなどを捨てると言っても、無気力となるのとは全く異なる。拘りを捨てながら、なお自然体で種々の状況・環境を生き抜く積極的・能動的実践、即ち「空の実践」を心掛けるべきである。

禅語に喫茶喫飯と言う句がある。何の拘りもなく何の苦もなく、一つのことを極く自然に行うことを言う。お茶を飲む時にはお茶を飲み、食事をする時には食事をするただそれだけのことである。

そのように空の実践が可能となれば、相手の心身の動きに応じて、自然体で何の苦もなく臨機応変にあらゆる事柄に対して、全方位的対応が可能となるのである。

即ち、武道・芸道に於いて動いて動かない心（あらゆる事柄に対して、千変万化の術技を発揮出来る秘められた心）と称されるものは、あらゆる事柄に対していつでもどこでも対応出来る、常住安定した心理状態である「不動智」「不動心」を意味する。

殊に、武道に於ける不動智・不動心とは、対象や外的環境を想定した相関関係に於ける心の在り方である。不動智・不動心と言う悟りの境地に至れば、対象や外部環境に無意識の裡に、自ずと自己が適応していく。在るがままの「物我一体の境地」を持てば、対象や外部環境に応変し、自然と身体・手足が自在に動く「無心な自然体」

と一致してくる。

そこでは、容易に自己の心をコントロール出来、潜在能力を活性化させることも可能となる。それによって、時・処・位（対象や時間的空間的物理的な外部環境）に応じた、瞬時の適切有効な対応・働きが出来るのである。

逆に、何か特定の事柄に対して偏心を持つと、他の事柄に対しては「見て観えず」「聞いて聴こえず」と言う精神状態に陥る。空間的には全体状況の把握が困難となり、時間的には次に起こる事態の予測・察知が不可能となる。そのために、他の事柄や外部環境への配慮や対応が不適切となる。

武道伝書では、癒着・偏心・執着を指して「病」と称している。「・・・何事も心の一すぢにとゞまりたるを、病とする也・・・」（「兵法家伝書（病気の事）」）と。

これは、心に思うことがあるから癒着・偏心・執着し、自由な発想・行動が出来なくなるので、この心にあるものを捨てて無住心・融通無碍《ユウズウムゲ》の精神状態に至れば、必要な時にのみ十分な働きが可能なのだとする。

見るにしろ聞くにしろ、一つ処に心を止（留）めないのが秘伝・極意・悟りなのである。

物我一体とは、無心のままの自然体の状態に至れば、精神的意志と身体的行動との間に髪の毛一筋程の間隙もない有機的一体感を感じ取れるとの意味である。

逆に、悟りの境地に達しない者にとっては、常に意志と行動との間に付き纏って離れない障壁ないし距離感が立ち塞がり、歯がゆくもどかしさを感じるものである。

最も、一口に無と言っても、何も知らない以前の無垢の無心から修行の果てに道理を弁別した上で到達した至極の無心状態まで、千里の幅がある。両者の間には厳しい長い修行の道程が存在する。

初めの無垢の無心は、無知であるが故に真理に暗い無明煩悩の精神状態にあり、後の至極の無心は、知り尽した後に知恵の働きが一切消滅した無心無念位（不動智）の精神状態である。この精神状態に達するためには、知恵や理屈だけでの働きでは到底不可能であり、実践智としての身体を用いた厳しい修行・実践の過程が必要不可欠なのである。

事理（実践的術技と知的理論理法）の両者は、車の両輪のように不即不離の関係にある。この「無住無心」と言う心法を体得することによって、逆に相手の停滞・執着している心情を間髪を入れず咄嗟に察知し、意のままに相手を制圧出来るようになる。この心の在り方をもって、武道に於ける重要な極意・悟りとされてきた。

秘伝書の中では、このような駆け引きを、「表裡・懸待・大拍子小拍子」などの漠然且つ難解な抽象的言葉で説明している。しかし、これらの抽象的言葉は、明らかに秘技・秘術の奥義が「逆対応関係」の中に存在することを意味している。陰陽・両極の間（中庸）に真理とか極意は存在すると言う当然のことを述べている。

実践哲学的探求の極限に於いては、常識的人知を超越する何かが存在する。

完全・円満に完成された物は、相反する両極を有機的一体として内包しているものである。全体として完全な一つの物の中には、両極端をも常備・内包してのみ、あらゆる事柄に対応しうるのである。時・処・位に応じ、現象としての現れ方は、一方的であり種々の異なる側面としての現れ方をするが、その実体は、不即不離・不離一体として同一のものの部分的現れであるとの結論に到達する。

しかし、それは常識的言語をもってしても説明不可能であり、逆説的に、逆対応関係を具体化して用いた、強く印象付けた説明が必要とされるのである。

新陰流の秘伝書にも「・・・懸待・表裡は一隅を守らず、敵に随って変転して・・・」とあり、また「・・・懸とは立ち会うや否や、一念に掛けて厳しく斬って掛かり、先の太刀を入れようとすること・・・待とは直ぐに斬って掛からず敵の仕掛けて来るを待つこと・・・」、更に「・・・表裡は其の結果であり、・・・懸をもって待となし、待をもって懸となす・・・懸待一致・・・」とある。

不動智の下では、「一即多、多即一」「一剣は万剣に化し、万剣は一剣に帰す」と言われるように、応変自在な術技の対応の可能性を生み出す。とは言え、論理的には多即一や万剣帰一剣の要因は動態的であり、求心的動中静の型と言えよう。逆に、一即多や一剣帰万剣の要因は静態的であり、遠心的静中動の型と言える。ただ、動態的と言い静態的と言っても、また、求心的動中静と言い遠心的静中動と言っても、やはり不即不離一体のものである。

6．「武の語源」

「武」と言う漢字の語源について、大概の武道書は、武は戈と止の字が複合した会意文字であり、戈《ホコ》を止めるの意であるとする。即ち、武力を抑止するものは武であるとか、武は和平の象徴の義であると説明している。これは、殆どすべての場合、漢字の字形学的研究の基礎をなす「説文解字」（後漢の許慎著）の中での、「『左氏伝』の『止戈を武となす』」との文を引用したものに根拠を求めている。

しかし、左氏は彼自身の武に対する哲学（戦争観）を述べたに過ぎない。儒家は、文を尊び武を疎外する。そこに、武は戈を止むるとの誤解の根源が存した。「止」は左足跡の象形から足首全体・足元と言う意味であり、そこから更に立ち止まる・進むの意味をも持つに至ったのである。「戈」は、明らかに鉞《マサカリ》型武器を描いた象形文字である。従って、素直に本来の意味を考察すると、武は歩武堂々と戈を掲げて行進・勇武を示す舞容・武容の意となるであろう（同旨　白川静・藤堂明保）。

我が国に於いても、古来、武は「建」「健」ないし「猛」と同義であり、「たけ（し）」と訓じている。勿論、その意味するところは、雄雄しく勇猛と言う意味である。記紀にもこれらの漢字を冠した神々や勇者の神話が頻出する。例えば、建御雷神《タケミカズチノカミ》（鹿島神宮の祭神）・建御名方神《タケミナカタノカミ》（諏訪神社の祭神）・日本武尊《ヤマトタケルノミコト》（熱田神宮の祭神）・建速須佐之男命《タケハヤスサノオノミコト》（素戔嗚尊《スサノオノミコト》）・出雲建《イズモタケル》（出雲の勇者）・隼人建（隼人の勇者）・熊襲建《クマソタケル》（熊襲の勇者）等など・・・。武の現実は苛酷・冷厳な存在であるから、そこに性善説的な心情を期待すべきではあるまい。少なくとも自己防衛のためには、戈を持って堂々と行進・誇示し、時に覇を唱えるのが武である。「威強くして叡《サト》き徳あるを武と言う。禍乱を克定するを武と言う」のである。

治にいて乱を忘れずとは、既に安楽富貴を手中にした覇者が、安楽の永続を願望し、万一の乱世に備え準備を怠らないとの心情である。そうは言っても、現実は、ある時には厳しいものであるが、ある時には甘くもある。乱を忘れた時、遂には「野獣既に尽きて猟狗烹《ニ》らる」（「猟狗」は、越王勾践《コウセン》に対する功臣范蠡《ハンレイ》を暗に示す）のは世情常のことである。越王勾践の覇業を助けた范蠡は、早晩王の下を去る運命にあった。范蠡にとっては当然来るべき厳しい運命であったが、勾践にとっては覇業の結果として寧ろ邪魔な口煩い功臣が去ったと甘く考えたであろう。人はその苦を共になし易いが、楽しみを共になすことは容易でない。

因みに、中国・朝鮮では古来より、狗（犬）の肉は食用として、珍重されていた。のみならず、ある時期・ある地域で人肉を食する古習があったらしい（「三国志」参照）。

人間は物理的のみならず心理的に於いても、闘争の動物と言われる。闘争そのものが生であり。生そのものが闘争でもあると言う事実を、誰も否定し得ない。

武道起源の原点にある乱世に於いては、現在ただ今を切実に生き抜くため、平和時にあっては犯罪行為であるはずの裏切り・略奪・暴行・殺人さえ悪とならなかった。そこでは、生からの脱落こそが悪であり、力が正義であり、最も多くを殺した者が英雄であった。人々は相互に不信・不安・孤独の渦中にあった。己個人のみが頼りであり、己とそれを取り巻く現世価値・利益を守らねばならなかった。価値・利益を守るために、生死（殺すか殺されるか）の極限状況での気力・体力・術技を養成し、一種の開き直り・己を無にすることに、武の本義が存したと思われる。力は正義であり、力ある者の行為が恣意的に正義と見做されたのも当然の帰結である。

兵法（武）は、乱世での戦いの場から生まれたもので、現実的闘争の論理である。武力の強いほうが、弱い者を征服し、弱者を犠牲にして、強者が栄えるのが、必然の理でもある。武は本来、乱世である弱肉強食の時代の凶器であり正義の剣でもあった。

中国のように儒学の歴史が古いところでは、人々は現実の闘争・破壊の場で死と破却の極限状況を体験したからこそ、逆に、その不都合・非合理な点に気付いていた。

中国では、建て前（仁義・道徳）と本音（弱肉・強食）を相互に了解し使い分け、都合の良い弾力的解釈を加え平和を守る愛の武と言う理屈をつけ、武の本義を抽象化し対処してきた。

とは言え、闘争は自然の理（本音）であるとしても、人々は闘争に私念・私欲があってはならないことにも気付いてくる。歴史が証明するように、彼等は私念・私欲が表面化した時、滅びの運命にあることも知っていた。

他方で、人が私念・私欲を否定することは、他者の異能・個性を認めることにも通じる。そこに共生・共存・共栄の世界観が芽生え始めた。但し、中国では、これも飽くまで、建て前としてであったと言うべきであろう。

これに対して、儒教受け入れの歴史が浅い日本では、古来より建て前も本音もなく、漢字語源字典の最高権威書と考えられていた「説文解字」の解く、「武は戈を止める」「文武は二にして一道」の哲学的文言を、そのまま素直に生真面目に受け取り、以後、日本での多数意見を形成した。

そのため皮肉なことに、その後の日本に根付いた儒教は日本的精神によって換骨奪胎され、日本的儒教として成熟した。そこでは、建て前に過ぎなかった中国とは異なり、本質的純粋性を保ち続けた。即ち、中国で起こった儒教は、日本古来の独自の精神文化と融合し独自性を獲得し、以後、日本の精神文化の基礎をなしたのである。

この意味に於いて、武道修行の過程は武徳の涵養、即ち人格の形成の道でなければならない。武道で「勝つ」とは、闘争に勝つのみならず日常あらゆる事柄に勝ち、「自己に打ち勝つ（克己）」ことを意味する。術技の追求過程で、何度か壁に突き当たる度に心の在り方が問われ、自問自答を繰り返してきたのである。

武道歌にも『剣術の稽古は人にかたずして　きのふの我にけふ勝つとしれ』（「一刀流兵法至極百首」）と詠われている。

各国での格闘技の発祥は似ていても、平和な時代での格闘技の在り方こそが問題となるのである。それは、各国諸事情によって異なる。一般論としては、西洋のフェンシングは紳士のエチケット・マナーとしてであり、日本の武道は「心の在り方」「心身に亘る自己形成」「人生如何にあるかと言う人の生き方」の探求にある。中国や韓国の武術は演劇軽業的雑技・健康としての芸である。

「説文解字」も、後漢時代に於ける許慎の高尚な理念を含む哲学観によるもので、字の本義を得ていない。戈・止の両字を結合した上、新しい第三の意味を付加し会意創造されたのである。当時の社会事情や外交政策を知る上で参考にはなる。

即ち、天下国家の混乱期に於いては、武力で支配する覇道が前面に押し出される。やがて安定期に移行するにつれ、覇者は自己正当化のために王の権威を借り、（武）徳を持って天下を支配する王道が唱道されるに至る。

当然のことながら、武は物理的威力であってはならず、和平の象徴でなければならなかった。「兵は不祥の器なり。天道之を悪《ニク》む。已むを得ずして之を用う。之天道なり」（「老子」）と言う。斯くて、武は、兵を収めるための武であり、兵を用いるのは、暴力としての兵を止めるための真に已むを得ざる手段としてであると解されるに至る。目的は、止戈にある。そこで、この二字を組み合わせて、武となしたのである。

因みに中国では、ある時代には左を右に優先させ（道教的発想か?）、例えば、文官制に於いては左府を右府の上位に置いた（日本でも、左大臣を右大臣の上位に置いた）。しかし、武官制に於いては左将軍は右将軍の下位に置いたのである。これは、建て前上、武は王道に於いては二次的と考えられたからである。しかし、日本に於いては、武道ないし武士道の概念が成立する時期には、既に武の意義について、「止戈為武（武ハ戈ヲ止メル）」と言う理想を現実化させようとする武の哲学が成立していたと思われる。・・・後述・・・近代に於いて、軍部は右を左の上位概念とし、同じ位階の将軍の宮中席次は右に先任者を置いた。現在では、裁判官の席次は右を上席とする。

日本武道は、「人に触れなば人を斬り、馬に触れなば馬を斬る」（頼山陽）との詩を借用して例えられるように、究極的態度は生死に直接関係し、その果敢な精神と術技の鋭さに於いて、遂には神意に叶い・神を守護するに適うものとしての風格と優美を備えるに至った。それは既に、芸術の品位をも極めたと称しても過言ではなかった。従ってまた、これを用いる者の心構えに於いても、高い道徳的・宗教的精神性が備えられなければならなかった。古来より、神社仏閣で行われる武芸奉納試合・納額の心意は本来、基本的にこのような精神が存在したものと解される。

因みに、信も会意文字であるが、一般には「人と言に従う」、即ち信は誠なり・人との約束を重んずる義なりと説明されている。しかし、「人の言を信ずる事勿れ」（「詩経」）とあるように、人の言は信じ難いのは古来同じである。言とは、神に誓約する「うけひ」の言葉で、叛くことの許されない自己詛盟《ソメイ》であり、信とは、神に対する約束（キリスト教的に言えば「神との契約」）である。このように、言語や法律の解釈は、発生した当初の生の本音に反省が加えられ、建て前として理想論を述べ立て、その時代の思想を反映するに至るものである。「健全な肉体に健全な精神が宿る」と言われるのも、古代ローマに於いて、当時の社会の実体がしばしば逆に強靱な肉体は暴虐に繋がるものであることを痛感した賢者が、期待や願望を述べた哲学観だったのであろう。

7.「大和魂」と「武士道」の関連性

ともあれ、その後の社会の混乱期から安定期に掛けて、上級武士階級に倫理・道徳観の導入・学習がなされ、「武士道」が熟成し普遍化した。その過程を経て、自己の属する集団や君主・地域社会・国家への忠誠・武徳を本格的に考察する端緒が成立していったと考えられる。

なお、鎌倉時代以降に於ける、教養ある武士の精神的支柱である武士道の中核的要素は、武士道概念の成立より遥か以前から、日本民族に普遍固有の無意識的深層心理の中に存在していたと考えて良い。

中国から訓えられたり、与えられたものではない。それは、古来よりすべての日本人の深層心理の中に普遍的に沈潜している、已むに已まれぬ「大和魂」であろう。

古典文学上は、賢しらな「漢意《カラゴコロ》」「漢才《カラザエ》」は男心で、麗しき「やまとたましひ」「やまとごころ」は女心と対立的に捉えられている。しかし、本質的には男女を問わず、戦乱も内乱もなかった平和で長閑《ノドカ》かな日本の自然風土・

歴史の中で古来連綿と育まれてきた日本民族の実生活に根差した心の働き（知恵・才能）であり感覚である。

即ち、漢意・漢才とは、中国の故事を知り詩文に通じる漢学の知識を指していた。それを優れて教養として身に付ける才賢しこきことは、平安貴族官僚の誇りであり、名誉ある男子の必須条件であった。これに対し、やまとたましひ（大和魂）・やまとごころ（大和心）は、心映え・心馳せ・心用ゐを指し、日本民族に普遍固有の自主的気魄《キハク》・心の持ち方・事に当たって対処する才能を意味していたのである。

此処で重要なのは、（漢）才が中国伝来のものであるのに対し、（やまと）たましひは我が国の普遍固有の心の働きと言うことである。

我々日本民族は、太古の昔から現在に至るまで連綿と反復継続され、年ごとに循環し巡る四季折々の自然環境の変遷を体験してきた。このように再生して巡る四季折々の自然現象の中にあって、天地・自然・生物など森羅万象の生・死・再生を目の当たりにし、それらに対する美や畏怖を感じ、素直な信頼感がＤＮＡの中に育まれてきたと言えよう。

日本民族は、そのような日常生活過程を通して、宇宙・自然の法則である生（創造・生起）・死（消滅・枯渇）・再生（復活・蘇生）の理を無意識に肌で感じ取り信頼してきた。

日本人固有の厳しさ・優しさ・穏やかさ・勇猛さ・潔さ等も、これら四季折々の自然環境の変遷を信頼することによって育まれてきたものである。

哀れ・いとおし・悲しと言った情感が、決して限られた人々のものではなく、凡そ古来日本人一般に最も親しいものであり、しかも外界に対する感動を直裁に表出する哀れを頂点として、何れも対象から直接呼び起こされる、言わば生の感情である。対象は人に限らず、森羅万象あらゆる大自然への畏敬・感動の素直な感情の発露なのである。このような情感を下敷きにして、日本人固有の心の深層に潜在する大和魂が醸成されてきたのである。

処で、質朴で正直な、言い換えれば心の端正なこと・混じり気のないこと、つまり、日本人が古来伝統的に追慕して已まない、純化された心の状態ないしは質直な心の状態は、大和魂に潜在する心根でもある。

このように実《マコト》の心・心情の純化は、日本人の心の歴史を貫いている理想の一つであった。とすれば、実の心と言う無意識に入り込むことによって果たされる自己確立の型は、良心を明確に自覚しなかった日本人の意識の有り様への一つの流れでもあった。

例えば、川で溺れた子供を救う場合、自分の行動が良心的行動であると自覚する前に、助けなければと言う理屈抜きの感情に迫られて行動を起こすであろう。このような咄嗟の心の働き（機転）と決断・実行力が、大和魂と言う心情の根元に存在するのである。古来、日本人の心の深層部分には、このような已むに已まれぬ大和魂が深く根差していたのである。この点では、男女の心情に区別は存在しなかったであろう。

日本人は、それを神の意志と感じて信じ素直に感応し、美的感覚・謙虚さ・潔さなどの心情や諸状況を的確に判断し対応する能力・忍耐力を創造してきた。

日本人が、日本の森羅万象・自然風土を回想する時、それらの中に八百万《ヤオヨロズ》の神を感じ・畏敬し、自然美を愛で、自然との一体感・信頼感を感じ取る心が必然的に生じてきたのも当然の結果であった。

菅原道真が詠んだ『心だに誠の道にかなひなば　いのらずとても神や守らん』の歌は、日本精神（大和魂）を伝えたものと言っても過言ではあるまい。

日本国土は、美しさと同時に厳しさを有する自然に囲まれている。そこには理屈のない純粋な畏敬と信頼の情感を醸成する土壌が存在した。そこに生まれ育った日本人は、世界に比類のない豊かな四季の変遷を信じて疑わず、その過程の中で喜怒哀楽の情感を連綿として育んできた。

古今集の成立以来明治に至るまで、日本人の自然観は春夏秋冬と言う季節観に沿って成り立っており、非常に強い規制力・自然の規範がそこには存在する。冬の厳しさの中にあって春遠からずと思い、夏の暑さの中にあって秋の収穫を願って已まないのである。

勿論、古今集を始め、平安時代の歌文にみられる優艶な情趣は、純粋な日本美の中にも中国的要素が含まれている。雪月花が中国的詩題であり、特に、梅花は中国伝来と言われ、中国的教養・文化の象徴とされた。しかし他方で、万葉集ではそれほど取り上げられていなかった桜への関心が、この時期に強くなってきて、古今集には桜の和歌が夥《オビタダ》しく登場する。

ともあれ、古今集の自然観をみると、日本民族の存在が認められて以来の長きに亘り、自然の厳密な再点検が行われたに違いないことが伺える。他を寄せ付けない程に注意深く選び抜かれた、日本の京都の比較的北の自然観が描かれている。そこには知識階級から観た、非常に鋭い季節に関する知的な再構成の世界がある。

生まれ育った祖国・自然風土・祖霊神・先人・それら統合の象徴としての皇室に対する畏敬・信頼の心情は、立国以来の日本民族の心・誇りである。日本の国土と民族のある限り、死を賭してもそれらを守り・義に殉じようとする心の潜在的エネルギーこそ、大和魂の根幹に存在する「已むに已まれぬもの」の本質と言っても良いのではなかろうか。

日本的思惟として、「個（私）は全体（祖国・祖霊・祖先・・・）のためにあり、個は全体のために奉仕する。個の生命は全体のためのもので、個と言えども自己の生命を軽視することは許されない」と言う精神が育まれてきたのである。自己犠牲も、ある意味では全体の調和を破壊する。家庭での母親の自己犠牲が、必ずしも家庭の幸福とは言えまい。

キリスト教の訓えとは異なる原理である。逆に言えば、自刃や自己犠牲の意味の比重は、それほど大きく神聖でもある。此処では、全体とは大自然・大宇宙・祖国・祖霊と言ったものを想定すべきである。

個（私）は大自然・大宇宙と言う全体に生かされている。「人の生命は全地球より重い」と言った、戦後の裁判官の形式的で皮相な人権思想とは、大いに異なるのである。

この世界に比類のない自然風土が破壊され、百才あって一誠なく・知能いよいよ多くして徳いよいよ薄きに至った日本人の心の荒廃が拡大しつつある現代に於いて、従来、同様に大和魂が存続し続けられるか疑問がないではない。

武士道復活は、大和魂の復活であり、それは、即ち先ず自然環境を保護・育成する精神の復活を意味する。

ともあれ、我が国に於いては、古代から人間性が顕著に文学・芸術に現れていたと言う特殊性が存在する。その心である大和魂は、武士の時代以前から存在し、武士の時代以後も存在してきた、言わば、日本国に於ける立国の心である。一般には、漢才に対するもので、政治的才覚のみならず、日本人が本来有する物事を処理する知恵や才幹（常識的思慮分別）をも意味していた。

しかし、それは恐らく、より直観的美的感性を有し、精神性・心の持ち方や働きのみならず、身体的所作・動作を含む意味であって、已むに已まれぬとか矢も楯もたまらずと言った、一途な心情に基づく咄嗟の感嘆・機転や臨機応変な知恵・態度・決断・行動を現すものであろう。即ち、本来、日本民族固有の万世に亘る、美を愛でる心・勇猛で潔い石火の志気や気風、しかしなお、穏やかな博愛精神や態度とでも言うべきものである。

その典型的なエピソードとして、八幡太郎義家（源義家）の話が伝承されている。

武士の台頭は概ね平安中期であるが、最初の武士らしい武士は、源氏の棟梁であり征夷大将軍であった源義家であろう。彼が夙《ツト》に歴史上有名であるのは、武勇は言うまでもなく好《ヨ》く美を愛《メ》で歌を解する武将であったことに由来する。前九年の役に於いて、義家は安倍貞任《サダトウ》を衣川の柵に追い詰め矢を引き絞って、「衣のたてはほころびにけり」と歌で呼び掛けた。貞任は咄嗟の間に機転を働かせ、「年を経し糸の乱れの苦しさに」と返歌した。義家は貞任の心根を美しくも「あはれ」と感じて、矢を外したとの逸話である。

この話は、義家を武士の理想像として創作されたものであろうが、義家は敵将である貞任の歌心・至情に自己と共通の精神性・心の持ち方ないし働きを発見したのである。真の武士の理想とする美的精神性と咄嗟の機転を働かせた所作・行動を意味する「やまとたましひ」を象徴する話として理解出来るであろう。

源平の世、武士は風雅・節操を尚《トウト》び義を重んじてきた。日常座臥死の上に生を置く生活であってみれば、美的精神性のみではない。身嗜みに於いての清潔さ・出で立ちの凛々しさ・美しさにみられるように死に衣装を意味する美的生活態度も存在した。

風雅・歌心の淵源を遠く神話伝承時代に遡れば、八岐大蛇《ヤマタノオロチ》を退治し荒々しく激情的な武神の象徴とされる素戔嗚尊が、反面に於いて短歌の起源神として崇められているエピソードに辿り着く。『八雲立つ　出雲八重垣　妻《ツマ》籠《ゴ》みに　八重垣作る　その八重垣を』の歌は、八岐大蛇を退治し櫛名田比売《クシナダヒメ》を妃として迎えた際に、その祝婚歌として詠まれたとされる。この祝婚歌こそ、我が国文学史上短歌の起源とされるものである。

このことは、神の道が武士道へと連続する契機を孕んでいると解して良かろう。素戔嗚尊の象徴する荒ぶる武と和らぎの和歌の両面性・相反性こそ、止戈為武の思想にも通じるものがある。和らぎが荒ぶるものを、抑制する働きをなすものと解せられるからである。

神話伝承によれば、素戔嗚尊が高天原で乱暴狼藉の限りを尽くしたのを、天照大神《アマテラスオオカミ》が咎めず・恨まず大らかな心で許したとされる。このように「・・・大事に当たっては断固たる武力制圧も辞さないが、小事は一々咎め立てせず大らかに許すことが太平を保ってきた・・・暴に対しては暴で、情に対しては情でと言う素朴な対応が、大局に於いて調和的安定・平和を保ってきた・・・」とされる（「文意考」賀茂真淵）。

因みに、梅は漢意の象徴であるのに対し、桜はやまとたましひの象徴である。従って、日本人が梅と桜の両者を併せて愛でる心は、漢意・漢才と大和魂の融合・兼備の象徴である。学問の素養（表層）と生まれながらの日本民族の心（深層）と言う、異なる感覚を融合させたとも解せられよう。

「菅家遺誡」にある和魂漢才は、このように日本固有の精神・心をもって中国伝来の学問・知識を融合し活用する重要性を強調したもので、明治維新当時の和魂洋才とはこの語句を弁えての言であろう。

『敷島の大和心を人問はば　朝日に匂ふ山桜花』（本居宣長）と詠まれているように、一般的にやまとたましひとは、質直で嘘や偽りのない至誠・態度・心の働き・信頼感とでも言うべきものであった。

本来は、女性的穏やかな心映えであった、やまとたましひが、雄武なものに転じたのは、本居宣長の弟子である平田篤胤以来とされる。その思想は、幕末の深刻な社会矛盾や外国船の渡来と言う社会的背景に触発されたものと言える。また、そのような外的環境に促された尊皇攘夷論にも、理論的根拠を与えたのである。

直観的感性に支えられた石火の志気や気風と雄武が一体化し、次第に機運が作り出された時、日本人には『かくすればかくなるものと知りながら　やむにやまれぬ大和魂』（吉田松陰）とか『なせば成りなさねば成らず成る業を　成らずと棄つる人のはかなさ』（平田篤胤）と言う気概が生まれ出てくるのである。

「やむにやまれぬ」とか「なせば成る」とは、やまとたましひの在り方を究極的に決定する日本民族の意志・決断の現れである。それは、自然・大宇宙の法則を信頼し勇武なる且つ潔い大和魂（やまとたましひ）なのである。

因みに、法制史的に言えば、平安時代には、保元の乱に至るまで、約四百年に亘る長い期間、死刑が行われることはなかった。逆説的に言えば、平安貴族は栄華に溺れ、群臣皆錦衣《グンジンミナキンイ》し一時の盛を誇っていたのであろう。その結果、大盗賊が跳梁跋扈《チョウリョウバッコ》し、治安維持のためにも自衛上武士の台頭を促したと言われる。

それはそれとして、日本の法制史に加え、元寇の大乱に於いてさえ蒙古兵を弔う心・楠木正行の溺れる敵兵の救助・上杉謙信の敵国への塩の提供・島津氏の朝鮮出兵の際の敵兵の供養・日露戦役の敵兵への博愛など数々のエピソードを通して、日本人の本来的平和・博愛の精神を窺い知ることが出来るのである。

8.「葉隠的武士道」と「儒教的士道」

序でながら、武士道について概観しておく。武士道は、大和魂を基本的土台とするが、その成果は、儒教的倫理観を学習し教養を身に付けた武士階級によって華開いたものと言える。

武士道の語は、文献上桃山時代の「武功雑記」に最初散見するが、「もののふの道」の名称は十四世紀中頃既に用いられていた。

武士道には大別して、鎌倉武士以来の伝統を引き継ぐ「葉隠的武士道」と、主に、江戸期以降に唱えられた人倫の道の実現・道の自覚を中核とする「儒教的士道」と言う二つの流れがあった。

葉隠的武士道は、不惜身命・死の潔さ・死の覚悟と言う死への姿勢を根幹に置いた。大事に臨んでは間髪を入れず死地に身を投ずると言う死に徹する覚悟が先ず考えられなければならなかった。江戸期と言う太平の世であるが故に、逆に、死の潔さが武士の生活全般に亘る生き様を規定する心構えとして説かれた。

これに対し、儒教的士道は、「人間いつ死ぬかも分からぬと言う自覚を常に持って、死を心に当て、今の一刻を慎み、人倫の道（忠孝）に生きよ」（「武道初心集」大道寺友山）と訓え、人倫の道の自覚を根本に置いた。そのために、「能く勤めて命を安んずるのが大丈夫の心也。己が一時の思を快くせんことは忠臣の道にあらず」（「士談」山鹿素行）と訓えられた。江戸時代の武士の多くは、儒教的教養の下に、死の覚悟と言うよりは道の自覚を根底に踏まえて、克己の修行を理想とした。

処で、葉隠的武士道に於いても儒教的士道に於いても、武士の威厳（強み）が重視されたのは同様であったが、ただ、その重点の置き方が異なっていた。

ともあれ、どの立場にあっても、武士が受動的に独立性（主体性）を犯された時は勿論のこと、武士が能動的に独立性（主体性）を主張する時にも、彼は命を懸け生命や現世価値への執着を断ち切りそれを超越し、捨身の決意・決断・行動をするものであった。その結果としての行動は、彼が考えに考えた末の、堪忍の限度であり、一度決行すれば死を賭して必ず打ち勝ちないしは説き伏せねばならないとの覚悟・自負が求められた。だからこそ、死を超越するための百鍛千錬が大前提となっていたのである。

古来より諫言《カンゲン》をもって、一番首以上との評価がなされていた。「・・・戦ひに臨みて一番に進み出るはもとより身を捨ててのことなれども・・・後の世に名を残し、死後の誉れとなるぞかし。・・・功名をとぐれば、恩賞にて家富み・・・されば得ありて失なき忠なり。諫《イサ》めは然らず、主君不道にて善を憎むに進み出て直言する者、十に九つは刑罰にあひ、妻子をほろぼし果つ・・・失ありて得なき忠なり・・・」（「常山紀談」徳川家康の言）と。

諫言の極まれるものが、諫死である。諫言は、武士にとって自己主張を正しいとする独立性（主体性）意識・個性的精神の発露であり、死の覚悟をもって自己の独立性（主体性）を貫いた極限の典型的例とみて良い。

葉隠的武士道に於いては、諫言を入れられなくとも飽くまでも主君の味方となり、主君の悪を自己一身に引き被りつつ諫言を続けるべきとする。主君との契りは情・無条件の信によって結ばれ、絶対的であった。その究極に諫死があった。松平忠直を諫めた松田壱岐・織田信長を諫めた平手政秀・徳川綱重を諫めた根津宇右衛門などの事例を挙げるまでもあるまい。

葉隠的武士道の場合、知（広義の知る・考える・判断することを含む）を言わば排斥していく方向で、信が成り立っている。つまり、意識の有無に拘わらず不知でも非知であっても、信を置く場所・対象に知が入ると、知は判断し疑いを差し挟む一種の邪魔者となり、主君に対する信頼などにも疑いを持つようになってしまう。知（理性）を働かせて是非を判断するのではなく、事実を素直に無条件に認めて情において信を置くのである。信を置く人の言うことなすことは、正否の判断を挟まないで、無条件に信じるのである。

葉隠的武士道に於いて決死の覚悟は、生か死かの極限状況に於いて潔く散ると言う決意である。そのためには、常日頃から死に対する心構え・覚悟が訓練されていなければならなかった。そのことを称して「死に狂え」と訓えている。それは、常に死を見詰めて日常的行動をも美しく・潔くせよと言う意である。常日頃の心構え・覚悟は、行動表現に於いても要求されてこそ益々確乎たるものとなる。

これに対し、儒教的士道に於いては、諫言を入れられなかった時には、士道を実現する可能性がないとして、その主君の下に止まるべきでないとされた。

此処で、混同してならないのは、武士道にしろ士道にしろ、武士の覚悟も決断も、所謂禅や仏教で言うところの悟りとは大いに異なると言う点である。悟りを得た者は、世捨人である。

しかし、武士は世捨人ではなく、覚悟した世俗人である。可能であれば、世俗の欲望・価値・家庭・名声を持続したい願望を有する。それらの現世利益を捨てるところに、覚悟の悲壮さがある。この悲壮を踏まえて、決死の覚悟をした武士こそ頼もしい武士なのである。「死なねばならぬ死」「已むを得ざる自尽」であり、それによって名を惜しみ恥を知る自己の独立性（主体性）を守り得たのである。それは、対外的にも大きな感動と畏敬をもたらすものでもあった。

源平の昔から、心ある武士は合戦の出で立ちを「死の出で立ち」として美しく着飾った。最早や何物も思い残すことはないと言う晴れ姿でもある。

因みに古代に於いて、大伴家持も万葉集「賀陸奥國出金詔書」長歌の中で「・・・『うみゆかば、みつくかばね、やまゆかば、くさむすかばね、おおきみのへにこそしなめ、かへりみはせじ』とことだて、ますらをの（大伴氏の名誉を負う勇士の）、きよき其のなを、いにしへよ（昔から）、いまのをつに（今の世に至るまで）、ながさへる（盛名を天下に流布する）・・・」と詠っている。

大伴氏にとっては『うみゆかば、・・・かへりみはせじ』とは、その手段（用）であり、大伴氏の汚れのない清きその名を守り、天下後世に伝えるのが目的（体）なのであった。

万葉の時代には、氏族の名誉を守る勇者の心ばえは、武士道ないし士道へと昇華していない。

しかし、家持の属する大伴氏と言う氏族の名誉を重んじ、その名を辱かしめず天下後世に伝えようとの気概は勿論のことである。加えて、武士道の根幹に潜在している大和魂、即ち美しき祖国・自然・祖霊神・民族の象徴としての皇室への畏敬・等をも死を賭しても守る一念が明確に窺えるのである。

このように、武人に対する（ないしは武人としての）意識の根幹には、単に生命に執着しない猪突猛進の猪武者より、人間性豊かな教養や美的行動をも弁えた武士が頼もしいとの思いが存在していたのである。

宗教的に洗脳されたテロリストや、バーチャル化した非人間的・無感情な現代の若者のように、自己・他者を問わず全く生命に価値を認め得ない者達とは、基本的に異なる。

武士社会に於いて、独立性（主体性）を主張することは、死の危険を犯さなければならなかった。しかし、生命が危険だからと言って独立性（主体性）の侵害排除を躊躇してはならないのである。生命への執着を捨てて捨身（不惜身命）になること、その切っ掛けを外さず立ち上がるために、大事・大変に直面した時に、生へ執着し未練を持つことは最も恥ずべきものとし、予てからの心構えが求められるのであった。

このように、死の覚悟・道の自覚・実現・克己の修行は、武士の理想とするものであった。克己は、生への執着・未練に打ち勝つのみならず、漸次にすべての感情・動作を制御することを理想とされるに至る。「もし已むを得ざるを待たずに言動すれば必ず後悔を伴う」（「言志四録」佐藤一斎）ことは必定であると考えられたからである。

此処に言う非情は、無情ではない。主体性を持った武士は、自己にとっても他者からみても隙があってはならず、他者が馴れ馴れしく近寄ることは難しいのである。その真意は、武士は慣れ親しむ対象ではなく、寧ろ畏敬されるべき存在と言うことである。

9. 普遍的な「武士道」概観

前述のように、一概に武士道と言ってみても、その実大別すれば、鎌倉武士以来の伝統を中核として受け継ぎ死の潔さ・死の覚悟を基本に置く葉隠的武士道と、主に、江戸期以来の儒教思想を基本とし、人心を収攬し為政者としての指導者的特性を重視し人倫の道の実現・道の自覚を主眼とする儒教的士道の二者が存在していた。

しかし、覚悟の内容に於いて、両者の間には隔たりがあったことは前述した。

ともあれ、両者に概ね共通する、具体的に日常に於いて現れる普遍的特徴は、覚悟・克己の強固さに於いて、武士は、その「約諾の一言」を重んじた点にある。

武士は、一言に名誉を懸けて名を惜しんだ。武士が一度約諾した以上、如何に事態が変化しても、何ものを捨てても、仮に神仏や主君が干渉してきても、武士の一言は守られなければならなかった。そこには、武士の信義・独立性(主体性)を死守する姿勢が明確に現れていて、武士たる者の威厳の重さと矜持の姿勢が窺われるのである。「夫れ大丈夫は誠に一諾を惜しむ。区々の身を惜しむに足らず」(吉田松陰)。約諾を重んじるのは、信義の問題であると同時に独立性（主体性）の問題でもあった。一度頼まれたにも拘わらず、頼み甲斐のない結果に終わった時、即ち、首尾不一致に終わった時、自他共に言行不一致の武士になる。「頼まれ申した」と一言した以上、武士は、究極的には死を覚悟していなければならなかった。

従って、武士は「人に物を頼まれ候えば成る筋成らぬ筋を勘弁（考え弁える）仕りて、成るまじきと存ずることをば、最初より請負不申」と言うことになる。「頼まれ申した」と一言したことは、信義・名誉を重んじると同時に、自己の独立性（主体性）を守り、そのためには死をもって結果責任（無過失の絶対的責任）をも取るとの決断をも意味したのである。

此処から、武士道に於ける真の礼儀は、死の危険負担（自刃）を伴うが事の後先を慮《オモンバカ》って、人を怒らせることのないように振る舞うところから生まれてくる配慮・遠慮の産物であると理解される。

しかし、死の覚悟・死の危険負担の厳しさ、その根底に存在する日常の百鍛千錬を忘れた時、遠慮と礼儀が打算と卑屈に堕落し、猿回し的言動と裃《カミシモ》に着飾った人形踊りに過ぎなくなる。

武士の嗜みは、必然的に寡黙な一言である。抑えに抑えた末の已むを得ざる発露であり、それは蓄積されたエネルギーの噴出でもある。

このように、武士の一言は刀を抜かずして面目を保ち、他者に勝ち得るものであった。背後に潜在する百鍛千錬の精金の重さが伴わなければ、張り子の虎に過ぎない。

この点に於いて、武士の寡黙な一言は、抽象的には武蔵の言う「当たらざる身体（戦わずして相手を屈せしめ些かも戦意を生じさせない、言わば剣（武）技と言う客観的威力への依存から脱却し、主観的には絶対的主体性を確保した状態）」ないし「巌の身（宇宙と一体化して呼吸する静中動なる大地に例えられ、言わば生死超越を見切る絶対境）」と一脈の共通性を有するものと言える。

武士道ないし士道は、武士の言動の背後に存在する世間の期待・評価・評判に裏打ちされ、それに応えなければならない宿命をも持っていた。語られず書かれざる掟として不言不語であり、実行によってのみ効力が認められる規範であった。

即ち、それは武士自身の心組み・生き方としての倫理道徳規範（自律性）であると同時に、指導者的徳性を期待する社会の目と言う規範（他律性）でもあった。

勿論、自律・他律の規範と言っても、それは自律精神を根幹に置き、その涵養のために、絶えざる精神と身体の錬磨、殊に、その心性・徳性の円満完全な発達が求められた。

江戸時代、武士は戦闘者であると同時に支配階級でもあった。被支配階級である百姓・町人からみては勿論、武士階級全体の威信に懸けても、他を圧する威厳を保ち死を恐れない「強い精神力・起居振舞」と、説得力ある的確な判断・選択を成し得る「豊かな教養・礼儀正しい言動」と、そして、何よりも一旦緩急あれば敢然と決断・行動を成し得る「不屈の実行力」の持主でなければならなかった。

武士が、相応しくない行動を取った場合には、自ら絶対的無条件に堂々として死を持って購う（自尽）との決断・実行を伴う倫理観と能力を持つことを期待されていた。武士は常に死の危険を甘受すべき宿命を担っていて、予め責任回避の予防対策を講じたり、事後の責任回避対策を講じる等は卑しむべき態度であった。

このように、武士は、名を惜しむ存在であり、自分が自分に対して恥辱を感じ得る感性・徳性を備えた存在でなければならなかった。名に恥じる行動を取るのは、その武士個人のみならず武士階級全体の威信に関わることでもあった。

「事情已む得ざる」との言辞は、武士に於いては通用しないのである。絶対的無条件に結果責任を負担（自刃）し、仮に、自己の家庭を見捨てても、自己の属する集団を安泰に置こうとの配慮が働いているのである。

江戸時代渡来した西欧人の客観的観察記録にも、「武士には、一箇の気象あり、胆力とも言わんか、或いは勇気ありとも言うべきか、敵に敗れ抗《アラガ》う能わずなりたる時、人より辱められたる時、之に報ゆるためには手を我身に加ふることを辞《イナ》まず・・・」（「江戸参府紀行」ケンペル・・・ドイツ外科医・博物学者　元禄時代渡来）。「何故に日本人は切腹、即ち自己の短刀を以て腹を割きて生命を棄つるか。・・・自己の罪たると他人の過ちたるとを問わず・・・彼は之が為に侮辱せらるるが故に、生よりも寧ろ死をえらぶなり・・・」（「日本回想録」ドゥーフ・・・オランダ商館長　文化文政時代渡来）とある。

このように実践智を理念に置き百鍛千錬の修行を積む武士にとって、決断・実行の伴わない観念論・精神論としての教室武士道や士道は全く無意味であり、武士道・士道の堕落を意味するものであった。

因みに、町人も世間の評判や信用を背中に負って行動していた。その意味では、町人の間にも「町人道ないし商道」とでも言える実行によってのみ効力が認められる規範（実践智）が存在していたのも事実であった。しかし、町人が相応しくない信用を失う行動を取ったとしても、死をもって購うとの覚悟を意味するものではなかった。その点が、町人と武士との根本的に異なるところである。町人の場合は単に家産を失えば、それで帳消しとなる限定的有限責任を負担すれば足りた。

10.「左氏伝に於ける武徳」の内容

武徳（七徳）の語は、中国の「左氏伝」（宣公十二年）に楚の荘王が「文字の成り立ちを見ると、戈を止むるを武の字と成す（「止戈為武」）・・・武とは暴を禁じ・・・武に七徳あり・・・」と言ったとの逸話の中に出てくる。当時の厳しい時代背景の下に、現実的極限状況としての闘争の場を体験した者の切実な願望と反省を、その理念の土台としていたと思われる。このような、武の反省に基づく願望として、物理的力としての武を用いないで武の目的を達成出来れば最善だとの思想・哲学は、「孫子」の兵法などにも認められる。止戈為武の思想も、そういう願望を込めたものである。

左氏伝に言う武の七徳とは、（1）暴を禁じ、（2）兵を止め、（3）大を保ち、（4）功を定め、（5）民を安んじ、（6）衆を和し、（7）財を豊かにすることを内容とする。

その詳細な内容はともかく、春秋戦国時代を経て、覇者は武力を背景にして天下を治めるに至るが、次第に王者は徳を保って天下を治めるべきだとの哲学的世界観が暗黙の裡に了解されるようになる。

即ち、武の七徳とは「天下争乱を治め、秩序を保ち、民の生活を安定させ、国の経済を豊かにし、平和主義を貫くことにより、天下万民の不平不満を解消する」と言う、理想的な基本政治指針を抽象的に示し、王道の理念を宣言したものであろう。

中国に於いて、広義の武道・兵法の意義・建て前は、政治の有るべき姿・人間の有るべき姿を現す。その内容を端的に言えば、国家次元での文武兼備、即ち、文武両者は不即不離・不二一体の関係にあるとする。

現代的に言えば、文とは経済・外交・政治・教育などを意味し、武とは軍事・警察を意味する。一見、建設と破壊の二律背反関係のようであるが、決して二者択一ではなく、相互補完し合って完全性の具備を意味する。問題は、両者の具体的発現方法にある。可能な限り、武の謙抑と文の最善活用を図り、よって、人心の安定をもたらすべきとするのである。但し、何度も述べるように、文武兼備・武の謙抑のモットーも、中国では飽くまで、建て前に過ぎなかった。

11.「日本武道に於ける武徳」の内容

ひるがえって、日本武道に於いては、個人の次元でも、文武両道の達成が人間修業・人格完成の道とされてきた。因みに、武家の五徳とは、智・信・仁・勇・厳を指す。

仮に、武の本義・語源が、本来的に止戈為武を意味するものであったなら、武士道は武を起源とするとの通説的立場も肯定出来る。しかし、事実はそうではなく、本義・語源と哲学的解釈、即ち、本音と建て前とは相違していた。

勿論、戦乱時に於いては、武士は先ず戦闘者でなくてはならない。従って、「左文右武」「文武兼学」「文武一徳」「文武両道」や「武家の五徳」等の語句は、当然のことながら、単に当為・願望を意味した行動の目標・指針に過ぎなかった。

即ち、戦乱時では、武そのものに独自の意義が存在していた。武は、単に文に対応する武を意味するに過ぎず、心の平和・安定を求めようもない戦乱時に於いては、力こそ正義であって、高次元の文武兼学・文武両道の理念は求められようもなかった。

そこに於いては、文と武は必ずしも兼備すべきものではなく、武は文の対極としての単なる抽象論としての対応関係を意味した。

ただ少なくとも、支配階級に於いては、形式的には文のほうが武の上位概念として捉えられていた。例えば、文官制に於いては左府を右府の上位に置きながら、武官制に於いては左将軍は右将軍の下位に置いた。その意味では、建て前上は文官優位・武官抑制を現している。

しかし、具体的現実社会では、武と言う物理的・具体的力のほうが万人のみならず顕貴《ケンキ》にも頼りにされた。人の情としては已むを得ない事実であり真理であった。

しかし、日本に儒・禅の思想が取り入れられ、政治・社会的に安定期を迎えると、武士は百姓・町人に対する支配者としての地位を確立するに至る。此処に於いて、武の意味内容も中国のそれとは異なり、伝統的日本文化を根底に据えながら日本的に醸成され変貌（換骨奪胎）してくる。

理想としては、国家政治的にも私的個人の立場にあっても、文武一如として両者は本来一つのもの、文と武は体用（物事の本質と、その作用）の関係にあるとされるに至ったのである。

勿論、私的個人に於ける武道修行の場で認められていた剣（武）禅一如の思想も消滅したわけではない。身心一如・気力・胆力の修行の過程に於いて、剣（武）禅一如の理念は、寧ろ、武道修行必須の要件として認められるべきであった。

このような過程を経て、支配階級としての武士は、自分自身が尊敬に値する自敬的存在であることを自ら納得し、他者にも畏敬の念を認めさせる他敬的存在でもあろうと努めた。即ち、主体的にも客観的にも名を惜しむ（名に恥じない）存在でありたいと願った。

そのために、その事実をいつでもどこでも示すことが可能となるように、常住坐臥自らの精神と身体を磨き上げる（当たらざる身体を涵養する）ことが必要不可欠であった。

支配階級である自身の属する武士階級全体は勿論のこと、被支配階級である百姓・町人など、社会・世間が武士に求めていた強い精神力・豊かな教養・不屈の実行力に対する期待・評価・評判を、漠然としたものとは言え、不言不文の規範として武士自身も確《シッカ》りと受け止めていたのである。

戦乱を経て世情安定期に至っても、「武士といふは、飽く迄、勇ありて、武道・武芸の心掛け深く、何事ありてもつまずくことなきように嗜み、・・・天下の老若を不便におもふ仁愛の心より、世中の無事を好み・・・不慮の事出来る時は、身命を忘れて大なる働きを為し・・・」（「集義和書」熊澤蕃山）と訓えられた。また、武士が出陣・真剣勝負に際しての「天地四方を拝し」「天地神明に誓い」「神仏を敬い」などの言は、自然界のあらゆる事柄（天地万物）への畏敬・同化の念を現していると言って良かろう。

このように、武徳は生、即ち自他共栄・共存共栄を前提とした徳目・道・行動則である。武道の鍛錬・稽古は、これらの徳目・行動則を涵養することにある。山岡鉄舟の口述講義に「・・・武士道（武徳の意）と称する語中には、詳説すれば一朝一夕でない。世人が忠義・質素・孝行・愛国・礼儀・廉恥・忍耐・友愛・名誉・慈悲とか一々挙げくれば数限りがない。・・・各事物心情についての言語上の名状である。・・・何主義・何派とか言う流行語があるが・・・名義上の便利の設ける言葉である・・・」とあるように、武徳の内容につき一定の定義があるわけではなく、無数の徳目が挙げられるのが常であった。

敢えて、前述各論や各流派の述べるところを整理し主要な徳目を具体的に列挙・解説を加えると、

（1）自然・生命に対する「畏敬の念」。

即ち、自然界のあらゆる事物は、大自然や大宇宙の循環・自然再生の法則・リズムに則《ノット》り、自己固有の領域を支配し、他と共存していることが認められる。自然界の事物は、具体的形象を有すると同時に、それぞれ固有の霊魂・精霊などの霊的存在でもあるとして、万物に対し親しみと同時に畏怖の念を生じるのは寧ろ自然の理である。超自然的諸現象はその意志の働きと見做し得る。従って、自然界を、自然神・八百万の神々（の住処）として崇拝・感謝・崇敬する気持ちを持って親しく接するのも素直な気持ちである。

即ち、日本民族は、四方海に囲まれ温暖な気候風土の中で、年々歳々四季の変遷を通して森林と石清水の文化を形成し、生・死・再生の宇宙自然のメカニズムを肌で感じ取ってきた。その感情は、古来より日本人の普遍的深層心理に求心的に堆積・醸成され根付き、連綿と伝承されてきたアニミズムとでも表現し得るものであろう。自己と共存共生し再生する自然環境・人智を超えた自然の壮大な生命連鎖（生態系）と相互依存への信頼・感謝・尊重・保護、それは同時に、欲望による他者破壊への自己抑制の気持ちである。これは大和魂の根幹に横たわる、「已むに已まれぬ」と言う心情にも繋がる。

冬の寒さ・夏の暑さと言う厳しさの象徴は、いつか必ず春の暖かさを迎え・秋の収穫の恵みをもたらすとの予知・シグナルでもある。これらは、復活再生と言う希望の象徴であり、そこに森羅万象への信頼を置き、じっと堪えてきたし耐えられたのである。それが、日本の知的風土あるいは心的風土の土台となっている。

しかも、必ず春や秋は年々歳々廻りきたのである。大和魂の成立の原初形態には、天地万物に対する畏敬の念と信頼、即ち、正に厳しい環境の中に於いても美しい自然の変遷による、再生と収穫への信頼感が存在していたのである。

（2）「廉恥・潔白の精神」。
即ち、利欲の念を忘れ、恥ずべきを知る潔い清潔な心を表す。
（3）「和平の精神」。
即ち、日本民族は、太古以来四方海に囲まれ異民族・外敵からの侵寇を受けることもなく平穏・平和な国土の中で、万物との共存・共栄・相互信頼の精神を醸成してきた。そのような自然環境の中では、自ずから他者への恭・敬・愛の心が生じるのも当然のことであるとも言えよう。和平とは、このような他者と共存・協調・調和し、相互に信頼していく穏やかな心を表している。
（4）「礼節ある作法」。
即ち、家庭や社会に於ける長幼の序を弁え、礼儀を含めたマナー・調和的秩序規範に基づく、遠慮や節度ある所作・行動・態度を表す。他者との争い・衝突を避け、共存・協調・相互信頼を維持発展させる手段・方法の基本原則でもある。
（5）「信義・仁義・至誠に則った行動」。
即ち、万人に対する誠実・真心・思い遣りの心を持って、約束を守り（嘘をつかない）、人としての当然なすべき基本道徳を備えた行動・態度を表す。・・・この徳目は武士道精神の根幹にも関わる・・・
（6）「健康・忍耐・勇気に基づく統一力」。
即ち、調心・調身・調息によって大自然のリズムに則った心身の調和を図り、艱難《カンナン》に耐え大変・大事に臨んでは、ためらうことなく正義を貫きうる心身統一力を表す。
（7）「第六感としての直観力・直感力・勘」。
即ち、日本古来の身体則に基づく日常生活を規律正しく送ることにより、潜在的・本能的・反射的認識能力は自ずと身に付き、咄嗟に最適の判断と選択をなし、それに基づき決断・行動を成し得る機転を得るのである。

本来如何なる武道に於いても、これら武の七徳の涵養を、武術の事理（技と理論）習得の過程で図ることを目的としている。

武徳を習得する過程に於いても、陰陽の振動・反転の理による、復元可能な揺れ・余裕の枠内と言う「中庸の範囲」でのリズムとバランスを保持しながら、各人の信念に基づき陰（虚・左）するも良し・陽（実・右）するも良し。各自が各技量で各分野・環境に於いて、布武（「武の徳」を広める）すべきである。武道修行者は、あらゆる事柄に於いて、武徳の涵養を目標とする。他者との関係に於いては付和雷同するのではなく、和而不動である。

12.「武道鍛錬の目的」と「道場則」「礼法」

礼節を重んじながら、鍛錬・稽古を通して自己を磨き上げていくことが、平和時に於ける武道の目的である。道場の中では、道場を支配し武徳を司る武神を想定し、始めるに臨み武徳の涵養と精神の安定・術技の上達と道場での安全を照覧あれと武神に祈念し拝礼する。終わりに臨んでは、それらを無事に習得し終えたことへの感謝の拝礼をする。同時に、武道鍛錬の過程では、相互信頼の理念に基づく相手への恭・敬・愛の精神が要求され、相互に敬礼を払う。道場では、終始一貫「礼」に則る（礼に始まり礼で終わる）。

主観的には自分ただ一人であると思っていても、客観的には誰かに見られているかも知れない。道場では、少なくとも武神の照覧あることを肝に銘じ、自己にも他人にも恥じない行動を取るべく三省する。日本人のマナーとしての立居・振舞の約束事や社会的行動のルールは、このようにして生じた。

武道に於ける礼の意義は、武徳の涵養を導く道（武神）に対する礼を基本とし、精神・術技の事理を直接に明示し、武徳の教導・鍛錬に当たった諸先生・諸先輩・相手に対する礼でもある。

因みに武道とは別に、武士道に於ける礼儀の意義は、これとは多少異なる。即ち、一般的見地からは、武士道に於ける礼儀は武士社会に於ける封建階層的秩序維持の観点のみから理解されている。

しかし、それは如何にも表層的である。即ち、武士に於ける礼儀正しさ自体には、百鍛千錬の独立性（主体性）を持った一個の武人としての内実である「威厳」が表現されていると解すべきなのである。主君と言えども、侮り難い存在なのである。

武士道精神にとり、礼儀は欠くべからざるものであった。常住坐臥死を予てより覚悟した武士は、礼儀正しく丁寧である。死を覚悟している武士は、相手もまた膈指心ある武士とみるから、日常生活の場に於いても事の後先を思って、その人を怒らせせないように丁寧に礼儀正しく振る舞うべきであった。「・・・内外は、本と一致にして不別・・・。外観に於いて威儀正しきときは、其の内実である徳は正し・・・威儀は、礼の形也。・・・」（山鹿素行）と。

更に、武道に於いての立居・振舞は、狭い室内では勿論のこと、いつ・どこから・誰に襲われるかも知れないとの配慮から、日常的普段の生活の中での油断のない身体動作・所作にも繋がっていった。

古来より、日本に於いては、畏怖すべき神々への畏敬・祈念や価値観の異なる他者との間での相互信頼・共存共栄・折り合い・攻防を通して、武道を始めとする芸道の仕種・所作・言葉遣いの中で、礼や構えと言う一種の精神的・身体的文化遺産である「型」が成立していったのである。

半身的所作も、同様の起源を持つものである。なお、最近頻りにナンバと言う語を用いる者もいるが、少なくとも古くはナンバの言葉は存在しなかった。・・・詳しくは後述・・・

日本の礼法は、上下関係を主軸とした社会構造の重層性（君臣・主従・師弟など）によって規制されたが、それが形式的細分化され、あらゆる行動形式をも規制し、その恒常的固定化を促進していったのである。

13.「礼法の所作と着物」の関係　「拝礼と構え」の違い

序でに、日本人の具体的動作・行動原理を決定付けた着物との関係を考察する。古来より日本では、着物は前で合わせる方法が一般的である。右褄を先ず前に身体に合わせ、その上に左褄を重ねるのが通常の作法である。道教の影響とみられている死者・女性では左褄前とする例外作法は、此処では考えないでおく。

この右褄前は、基本的に日本の農耕が集約的農業であり、鍬《クワ》で耕作するのが基本的労働形態であったことに由来すると考えられる。

人間の心臓は殆ど左胸部に位置する。その結果、心臓保護と言う生理的必然として右腕が利き腕となる。鍬を持って田畑を耕す姿勢は、右足前・右手前の所謂右半身（ナンバとは言わない）の構えとなる。この右半身の姿勢で鍬を振ってみると、必然的に着物を右前に着ないと着崩れを起こす。このように人類の生理的規定性と日本人の生産様式の規定性が相俟って、着物の右前様式を決定付けたと言って良かろう。前述の生理的規範性・生産的行動原理と着物の右前様式が結び付いて、自ずから歩法・座法を中心に置いた、礼法として洗練されていったものと考えられる。

しかし、右手右足前の右半身の型が右利き手から帰結されたとすると、右利き手は生理的に心臓が左胸部に位置することに起源する人類共通の身体則と考えられる。従って、礼法が生理的規範原理のみによって規制された行動則であると仮定すれば、歩法を中心とした礼法自体「日本礼法」にのみ限定された様式ではないはずである。人が直立歩行をする場合、生理的規定性から右の利き手を先ず振って行動を起こすであろうから、生理的バランスの必要上、逆に第一歩は左足から踏み出すことになると考えられる。人の動作・行動原理は、先ず調和の取れたリズムと持続的安定《バランス》を好むであろうことは明らかである。この理屈は、身体リズム・バランスの理や陰陽の理からも、世界共通の動作・行動原理であろう。明治以前の日本人はすべて「ナンバ歩き」「ナンバ走り」をしていたと称する学者や武道研究家がいるが、何の根拠もない以上、前述のように解するのが妥当である。

処で、「ナンバ」は古い歌舞伎用語として用いられたようであるが、最早や語源は不明である。飽くまで、演劇ないし舞踊のある種の型としての動作であり、一種の所作・構えと解すべきであって、継続・持続した歩行法や走法には用いない。

古武道を衒《テラ》う半身の所作・構えを牽強付会し、ナンバと称する現代の用法は、間違っている。

能楽でも歌舞伎でも、足袋を履いたり袴を穿《ハ》く時など、すべて左から始めるのが礼法とされている。これは、右の利き手を先ず振って行動を起こし、これとの肉体的・生理的バランスやリズムから、逆に、左足から第一歩を踏み出すと言う肉体的・生理的条件に規制された行動原理に基づくものと解される。

日本的規制原理（農耕生産様式）と同時に人類共通の規制原理（心臓左側の生理的現象）との相関関係の下に、着物を着ていたことを踏まえた行動様式が、日本礼法や型を成立せしめてきたと解するのが自然である。加えて、芸道・武道の所作は、生理的規定性・生産様式の規定性のみならず、沿革的に儀式的・呪術的（殊に道教の影響が強い）規定性の影響をも受けていると解される。奇数・左優位の身体行動が多いと考えられることとも関係があるだろう。

14. 合掌の意義と機能（心身の有機的一体と精神統一力）

我々が、日々生きている具体的身体は、「主体としての身体」「客体としての身体」など分かち難く融合した有機的統合体として機能している。

現実として主体・客体の有機的統合体として現れてくる身体は、顕在化する可能性を持ちながら背後に潜在化し複雑に入り組んだ、心身の融合体によって支えられている。

しかし同時に、その融合体は時・処・位と言う外部環境や対象（相手）に応じて、臨機応変に自在にコントロールされながら現実化される。それはまた、諸々の態様に現実具体化する潜在的可能性を持っている。

現実的統合としての身体は、それ自身表面に現れるものであるが、同時にまた、覆い隠される（潜在化する）ものでもある。

重要なことは、現実的統合が達成されることによって、意識下に沈められてしまった融合体の残りの部分は、依然として現実的統合としての身体を下支えしていることである。身体を内面からみる「主観としての身体」とは別に、身体を自己の対象として捉え眺め触り掴むことが出来る「対象としての身体」が考えられる。対象としての身体は、身体に外面性を与え自己の主観と客観の分離を表面化する。具体的には、自分の手で自分の足を触る時、手が足に触るのを感じる。同時に、自分の足が手で触られているのを感じる。

これに反し、他人である医師が私の足に触る時は、このような二重感覚を持つ事は出来ない。単に触られる感覚のみを感じる。

二重感覚は、触る自分と触られる自分とを分離することによって、胎児期の原始的一体性の裡に潜在していた有機的一体としての身体に分裂を促してきたと言える。

しかし反面、自己の同一の身体箇所を通して「触ることを感じる」と同時に「触られていることを感じる」と言う、同一性（両者の本質は同一である）の直感を強く意識することによって、二重感覚は、「主体としての身体と客体としての身体」・「内面的身体と外面的身体」とを結び付け融合させる機能をも持つ。強く二重感覚を意識することは反面、結び付き融合一体化しているとの感覚を呼び起こすのである。

処で、合掌したり手を組んだ場合、左右の手の能動と受動の対立を判然と区別することは不可能である。その場合は、曖昧に広がった人の深層に潜在している相互浸透的な原始的一体感・心身統一状態を感じる。それは、あたかも母胎の中の胎児の心理状態に回帰するかのようである。

多くの宗教に於いて、祈る際に目を閉じ手を合わせるのは、それによって能動と受動・内面と外面・主体と客体・深層と浅層の分裂のない、人の深層に潜在する原始的一体感と言うある種の純粋状態（心身の統一状態）に達しようとするからである。

武道修行や仏道修行に於いては、瞑想状態を通して純粋の自分・魂・自己同一性などと表現される悟りの心理状態に到達しようと修行するのである。

この際、何故に眼を閉じるのであろうか。

視覚は、最も対象化する作用が強い。視覚に於いては、自と他・主体としての身体と客体としての身体を明瞭に判別・区別し分裂を促す。例えば、触る右手と触られる左手とは、明らかに区別して視認出来る。

これに対し、触覚の場合には、二重感覚を成立させることが可能となる。例えば、触る手と触られる手とは相対的であり、内外の環境や心理状態によって、相互に反転することを可能にする。

因みに、客観的には同じ刺激であっても、愛撫することと愛撫されることとは同じではない。客観的には同じ刺激であっても、自分で擽《クスグ》るのと他人に擽られるのとでは異なる。この場合には擽ったがらせる指先は、物体としての身体ではなく働き（機能）としての主観身体である。

触覚は、決して中性の生理学的事実ではなく、意識が具体的に何に向かうかによって初めて具体的意味が生じてくる。実際には存在しないが、存在しているかのような性質や機能を持つのである。例えば、子供に「擽るぞ！」と言うだけで、実際には擽っていないのに擽ったがらせるには充分である。

瞑想にふけり精神統一（心身統一）状態となるためには、他の事柄（殊に視覚から取り入れられる事柄）に気を取られてはならない。他の事柄に気を取られないために眼を閉じるのである。

武道瞑想法に於いては、振り魂と称して両手を合わせ、精神統一（心身統一）状態の下に（逆）腹式呼吸法を伴う臍下丹田《セイカタンデン》の充実を強くイメージして、そこに意識を集中させる。臍下丹田に気を凝縮させ、次に爆発的に気を発動させることによって、術技を最も効果的に発揮させ得る（「精力善用」・・・此処での善とは、道徳的意味を持たない）のも、精神統一（心身統一）の理を応用したものである。

主体としての身体と客体としての身体は、その深層の原始的体感に於いては、分かち難く一体感覚として結び付いている。深層の原始的体感では、知性による抽象化（物事の実際から離れ観念上でのみ成立）によるのでなければ、主体としての身体と客体としての身体を判然と決定的に分離することは不可能である。

とは言え、対他物としての自己の身体は、我々が、あらゆる物を認識する基底に潜在する基本的構造であり、あらゆる物の深みを探る鍵ともなる。

例えば、一般的に言えば、我々は、普段には主観的に自己中心的な生き方をしているが、死の病に取り憑かれたり、死の危険に直面したことを契機として、自己を客観的に見詰めるようになる。

ところが、武道修行者は修行過程に於いて、常に対他物としての自己を見詰めるべきなのである。武蔵の言う観の目で観ることの重要性を示唆している。

自分の身体は、深層に於いては主体としての身体から対他物としての身体へと転換し、自分が風景を捉えるのではなく、自分が風景によって捉えられ、樹を見詰めている自分は、いつしか樹によって見詰められていることを発見するのである。

大宇宙・大自然と一体化して生きるとか、大自然に生かされているとは、そのようなことを指す。「人は小宇宙である」と言われるのも、そのような意味である。純粋の大和魂とは、そのような原日本人の素直な心の中に畳み込まれている襞《ヒダ》なのである。大和歌とは、このようなものであったろう。

ともあれ、当流の神前での座礼は、日本古来の生活慣習や身体則に則り、屈体の自然体で二礼二拍一礼とする。この場合、礼は諸手を同時につく。

因みに、古来（邪馬台国の時代）より日本人は、柏手《カシワデ》を打つを礼儀作法としてきた。古代では神に対する場合だけでなく、人相互間に於いても、柏手を打っていたと言われる。文献にも「・・・上古我国の礼、人に向かって手を拍《ウ》つを礼とす・・・」（「神道独語」伊勢貞丈）とか、「・・・敬する所を見れば、ただ手を博《ウ》つ・・」（「魏志倭人伝」）とある。恐らく、柏手は神や相手に対して、武器を持たない無手、即ち無抵抗で敵対心を持たないとの意思表示、延《ヒ》いては予め注意を促し神人共歓・人相互間の共歓、更には敬意を表すとの意思表示に変遷していったのであろう。

注意すべきは、他流では既に、礼と構えの混同がみられるようになってきている点である。「正面を見据え左手次いで右手（あるいは、その順逆）と順につき手の甲を堆《ウズタカ》くして鼻柱を守る作法」は、崩れも隙も見せない秘められた自護体の構えであって、武徳に言う礼の心とは異なる。

武神は、攻防の対象ではなく、飽くまで、畏敬・礼譲の対象であるから、構えでなく礼でなければならない。構えることは、既に礼を失することになる。

なお、師に対する場合も、武神の代行者への礼であり構えではない。

このように、武道の構えは、武徳の徳目である崇拝・畏敬・礼譲の念に起源する礼とは異なり、他者への折合い・攻防を通して生じた心構えに起源するのである。

勿論、当流に於いても座り技の稽古での構えの作法は、攻防の相手を見据えたまま、左右両手を交互につき手の甲を堆くし、その間に鼻柱を埋めて行う。

更に注意すべきは、武道場に於いては武神を想定し拝礼するが、欧米で言うところの宗教上の対象としての拝礼ではない。武徳の本質からすれば、必然的に生じてくる武神への畏敬・礼譲の念を想定したものである。

従って、道場とは建物の内部のみを意味するものではない。山野やグランドにあっても、それが武道鍛錬の場所であればすべて道場であって、その領域への出入り・稽古の始終の際は、敬礼をなすべきである。

因みに、日本の古い舞台の一部分は、土地の精霊・祖霊・神魂の集中している処である墓・塚に設けられた。

後世に於いても、その沿革から舞台の下に瓶・壺を埋めたり、舞台の下を抉《エグ》ってあったと言う。同様に、道場の床下に瓶・壺を埋めたり、床下を抉っておく風習が現在でも行われている。日本武道館や旧制高校の道場の床下には、現在でも瓶・壺が埋められている。その沿革的意味でも、道場は神聖な場所なのである。

日本の精神的・身体的文化の伝承としての武道を、正しく継受するために、訓えを受ける師や同門の先輩は勿論のこと、同輩・後輩へ対する相互信頼に基づく敬・礼の心をも忘れてはならない。敬を伴わない和は馴れ合い、あるいは恐れを前提に置いた表面的浅薄な信頼関係であり、相互の堕落を引き起こす。尊敬の裏返しは恐れであるが、その根源に存在するものは同じ無色のエネルギーである。お互いが敬意と真心を持って切磋琢磨し、エネルギーを昇華せしめ、武徳の涵養に努める必要がある。

15. 身体の機能的一部としての道具理論

「働きとしての身体の広がり」は、道具を仲立ちとして生成される「媒介された身体空間」と言える。

人間の生まれ付きの感覚能力や行動能力は、他の動物と同じく限られているものの、人間は機械や道具などの仲立ち（媒介）によって、自分の生まれながらに獲得した能力を更に拡大してきた。

処が、道具を媒介として仲立ちされた認識や仲立ちされた行動が多様に可能となるに従って、それらと我々の自然的な身体構造や能力との間に、隔たりが生じ始める。

仲立ちされた認識や行動が、程度の低いものだったり、非日常的な状況に限られている場合は、それほど問題は生じない。

人が道具を使って作業し行動する場合、初め、道具は自己の身体の外にある補助具として働いているに過ぎないが、習慣化される間に身体に記憶され意識されない状態で潜在し統合されてくる。そして次第に、機能的には身体の一部（媒介された疑似身体）を構成するようになる。

熟練された外科医にとって、ゾンデ（体内探査器具）は単なる外的道具に止まらず、肉体化され手の延長のような働きをする二次的指先（疑似指先）となる。盲人の杖は、最早や肉体化された二次的手となっている。運転手にとって自己車の車幅は、彼の身体としての空間の裡に記憶され潜在化している。それは、我々が狭い戸口を擦り抜ける際に、自己の身体幅を無意識に感覚として捉えているのと同様である。

もともと、自己にとって外在的存在である言語や用具を、自らの構造に組み込み、自らの働きを延長したり拡大したり深化させたりする。このようにして、言語や道具は「仲立ちされた生成的構造」とでも言うべき自己の発生や転化に関わりを持ってくる。

即ち、言語や用具を自らの構造の裡に組み込むことによって、言語や用具は身体化され身体の一部であるかのように機能（作用）するのである。それは、あたかも人の話や言葉遣いは、その人が現存しているかの如く感じさせ、その人の顔の表情や仕草がその人を表現するかのようなものである。

例えば、盲人の杖は、その人の行動の媒介物と言うよりは、寧ろ、その人の身体の裡に組み込まれた指先の延長である。同様に熟練した機械工にとって旋盤の機能は、彼の拡大した身体能力である。

しかし、他面に於いて、我々からある意味で独立した言語や用具の論理（媒介物や仲介物の作用・機能の原理）によって、我々が支配されることもある。

道具を人が有効に使おうとする時、人は道具を自己の行為の裡に組み込み利用するが、同時に、人は道具の論理に組み込まれ、道具の機能と使用法を熟知し操作出来るように訓練すべきと言う意味で、その作用に指示され強制され規制され支配されている。

にも拘わらず、不思議なことに我々は多くの言語や道具を利用しているが、一旦、使い始めると、自分自身が日頃道具の論理に組み込まれ規制され支配されていることに、殆ど気付かないでいる。手元に持ち合わせている日常的な道具に関する限り、我々は、この規制や支配を、無意識的ないしは潜在的に受け止めるに止まっているのである。

目前の状況に直接関わりを持たない道具としての真の意味は、用具の製作や保存の行為によって明確に知られるようになる。

道具それ自体は、道具を使用する主体とは別個に存在し、時・処・位に対応していつ・如何なる場合にでも利用出来る状況になければ意味をなさない。

用具の保存・製作の行為自体は、特定の状況と結び付いた個々の道具使用の行為を差し当たっては問題としていない。

本来道具として有るべき理想的な道具は、ある特定の時間にある特定の状況を想定して作成され且つ使用されながら、特定の時間や状況を超えていつでも如何なる状況に於いても、使用することが出来る普遍的有効性を持っているべきである。

道具は、それらを使用する個人やそれらが使用される個々の状況に特定されない。利便性を認識し、社会的共通性を獲得すると、次第に用具としての一般的に通用する普遍的機能と普遍的有効性を備えるようになってくるのである。

そしてまた、道具への手掛かりが抽象的・単一的に一般化されればされる程、身体が記憶している持続時間は短くなる。逆に、場所・色・形など具体的・多角的・複合的になればなる程、身体が記憶する程度が高くなる。

武道を始め諸芸道に於ける、道具の操作や身体の体捌き・所作に於ける「入身・転換・擦抜け」などの動作は、媒介された身体空間の重要性を示唆している。

媒介された身体空間とは別に、他者との関係に於いて生成される「対他的な身体空間」と言われるものがある。野生の動物は、逃走が可能な距離に他の種（天敵など）の動物が達するまでは逃げないが、その距離内に他の種の動物が入るや否や反射的に逃走反応を起こす。この距離は、動物の種類によって一定しており、これは拡大した「社会的身体の広がり」と言える。

社会的身体への異物の侵入は、身体への直接的侵犯として、動物本能的な不安や恐怖を与える。

他の動物を家畜化する歴史を有する人類の場合は、今では敵との遭遇は稀であるから逃走反応は明瞭ではない。しかし、精神的に不安定な場合や敵対的状況の下では、他者の接近は自己の裡への異物の侵入と認め、不快感や恐怖を惹起し、本能的反射的に忌避反応を示し、理性で抑制出来なくなる。この現象は、人間相互間に於いても起こる。

武道に於いて、気配の気付き・無意識の防御行為・反射的な反撃行為などにみられる現象である。

処で、道具を媒介として高度に仲立ちされた認識や行動が、多様且つ多量に日常生活の中へ侵入するに伴って、我々の自然的な身体構造や能力との間に隔たりが生じてくる。我々のスピード感覚は容易に馴れを生じるので、感覚で捉えることは難しくなる。そして、計器によって仲立ちされたスピード感覚を実感することは容易ではない。

例えば、自転車でのスピード感は、外気に当たり周囲の景色を見ながら実感的に感じる。しかし、飛行機のスピード感は、計器を見て数値として判断する計器的感覚であり、外気に触れて実感化するのは容易ではない。ジェット機などでは、不可能である。

我々は歴史の中で、手仕事の道具を身体の一部の如く身体化し、物差しや時計を可成り感覚化してきた。しかし、現在用いている機械の多くは操作が複雑化し、身体化し、支配することが困難であり、我々のほうが逆に機械化され機械のシステムに組み込まれ支配されている。

処で、テレビの画面が私の視覚でないのは言うまでもないが、単なるエレクトロニクスの媒介により仲立ちされた視覚でもない。我々は、撮影者や解説者やレポーターと言う他者の主観の眼を通して見ている疑似実感・疑似体験であり、その他者の眼は産業化されている。即ち、恣意的に彼等の都合の良い方向に誘導され、時には詐欺紛いに、全くの虚構に嵌《ハ》め込まれる。

現在では、虚像と実像との境界が曖昧になり、虚像は、しばしば実像以上に実像化し本物らしく受け取られている。このために、実像その物が虚像によって損なわれ、半ば虚像化している。そのため、直接的経験は疑似経験によって薄められ、かつて、往古の先人達が持っていた実感は現代人の人格への影響力を失い、実践智を軽視する傾向が生じてきた。

古来実践智を重視してきた日本の武道・諸芸道に於いても、テレビやパソコンのバーチャルな体験の悪影響を受けている。例えば、実際には幾千万の鍛錬を要する術技を、いとも簡単に習得出来るかのような錯覚に陥らせたり、忍者・古武士の風体をして登場し古武道の身体法などと軽佻浮薄《ケイチョウフハク》な解説を試みる自称武道家が後を絶たない。

逆説的ではあるが、実感そのものが、言わば実感から疎外されている。パソコンや携帯電話などを通じて、実体験のないバーチャルな体験を真実と信じている子供達の知・情・意の浅薄さや犯罪・虐め・自殺の増加傾向をみれば、容易に理解されるだろう。

遠方に居住する子供や孫からのパソコン・携帯電話を通してのメールに、故郷の山河や自然を懐かしむ情感や感動が薄れていくのも已むを得ない。逆に、それを良しとする風潮は、日本人の良き伝統を失わせていくのであろう。

一方で人間は、道具等を仲介・仲立ちとして、動物の水準を乗り越えて広範な適応可能性を獲得してきた。しかし他方では、現代文化の自己反省として、往古の実践智を秘めた直接身体を用いる文化への関心を持ちそれへの接近・体感を通して、正当な位置付けを再試行すべきことの意義深さ、重要性を再確認しなければならない。我々にとって可能なことは、自然を再び神話化することではない。しかし敬虔な情を持って、我々に与えられた希有の自然的諸条件を最大限に生かしつつ、自己抑制を取り戻し、自然と協調する道を探ることこそ重要なのである。

人間の現実的存在は、理性によって捉えられた抽象的身体ではなく、生きた身体を離れては存在し得ない。個別性・一回性・有限性・展望性と言った人間の条件は、その何れもが身体性・実践智に深く根差しているのである。「働きとしての身体」は、例えば、急角度に折れ曲がっている道を見る時、その先に繋がっているカーブにまで予想が及び反応する。その際、カーブと共に傾く力と、それに応答して復元しようとする力の緊張を無意識の裡に感じる。カーブに差し掛かった時、運転手の機能的に拡大した働きとしての身体は、コーナーの手前からその先のカーブにまで広がり、カーブによってもたらされる遠心力を経験的に予め予想し抵抗して、コーナーの手前で既に身体は傾いているのである。

対象としての相手の身体は、私から離れて向こうにある。だが同時に、機能している限りでの他者の身体は、私の極く身近にまで伸びている。「纏《マツ》わり付くような視線」とか「舐《ナ》めるような目付き」と言った表現は、対象としての相手の身体が、私の皮膚の表面にまで伸びて纏わり付き、他者の身体の広がりの直感を表している。

武道に於いて、纏わり付くようなとか、舐めるような現象は、付かず離れずに操作する術技として、所謂「続《ソク》飯付《イヅケ》」にみられる。

我々が物を握る時、無意識の裡に物の現実的形をなぞりながら、物の可能的な形を大まかに捉え素描し予想して、その形状・硬さ・重さに対応しようとしている。

例えば、視覚的経験は器の紋様によって現実的形をなぞる。即ち、プラスチックの器であっても、瀬戸物の器と同様の紋様を認めると、あたかも瀬戸物であるかのように捉え、予め予想し、対応してきた瀬戸物として対応する。そのために、硬さや重さを取り違えその間の違和感に狼狽する。

我々は、対象からの刺激を単に受け入れるのみならず、働き掛けることによって予測し、対象の反応によって応変する。対象をより正しく認識するには、対象からの受容のみならず、働き掛けと言う能動的構えを必要とする。

武道に於いて、多様な相手を想定しての能動的な乱取り稽古を重視するのも、的確な予測と応変を可能にするためである。これも「量質転化」へ至るある種の対応的稽古（実践智）なのである。

16.「道具の手段的機能・行動的機能」

武道・芸道に限定してみる時、自己の鍛錬を通して、武徳を涵養する場である道場（床・畳・付属品・囲繞地など）や、武道鍛錬の手段方法である器具や道具を、粗末に扱ってはならない。

一般的に考えれば、道具・用具は身体外の物である。従って、人が一般に道具・用具を使う目的は、人にとっての方便・手段として、道具・用具の働きを身体の働きの中に組み込み、身体機能を延長し、拡大強化していく点に求められる。

処で、常時身体と一体化して携帯する道具・用具である眼鏡・義肢・義歯などは、正に、人間の身体機能の一部を代替する手段たる物であるから、使用者に固有の個性を有する。従って、原則として道具・用具の構造や機能のほうを、個性ある人間の身体構造や機能に可能な限り適合出来るように加工し精錬するのが通常である。勿論この場合も、ある程度は、身体のほうも馴染んでいく必要はあるが、多くの場合は道具・用具のほうを使用する自己の身体と同一化するように工夫し加工せざるを得ない。

これに反し、通常手元に置き必要に応じて使う道具・用具である武道具・農具・工具・筆記具などの場合は、特別注文など特殊な場合を除き、通常は、人固有の個性を考慮されない。寧ろ、道具・用具の構造や機能に適合するように、使用する人の身体のほうを訓練して作動させ熟なしていくのが普通である。そこでは、道具・用具の構造や機能を良く知り、非個性的な道具・用具をも弾力的に使用可能なように、自己動作・所作のほうが道具に適応していく行動則に則る必要がある。

その意味で、武道具など必要に応じて用いる道具・用具に於いては、人は、当初意識的に道具・用具の構造・機能に適応するように、目的に適った用い方を要求される。このような意識的な道具・用具へ適合出来る身体行動則に沿って反復・継続した練習過程の中で、自己の身体のほうが無意識の裡に道具・用具の構造・機能に馴染み組み込まれ、身体が覚えていくのである。これも一種の実践智と言って良い。

日本の伝統文化としての基本身体則の多くは、それぞれの職業や環境に応じて用いられてきた道具や用具の使用法に根付いて、創意工夫して創造され伝承されてきたものである。中でも、その操作に於いて最も熟練と精緻《セイチ》を要求されるのは、武道具としての日本刀であろう。

処で、人間が宇宙自然のリズムや外部環境によって心身に微妙な影響を受けるのと同様に、道具も外部環境の影響を微妙に受けている。従って、道具を操作する人は、外部環境の微妙な変化にも対応出来る使用法をも、日常慣習の中で熟なし身体に覚え込ませていかなければならない。

規則的で大まかな予測可能範囲で変化する季節・時間・場所等の外部環境に適宜対応するのは普遍的常識であり、あらゆる日常生活に於いて当然の身体則・行動則として身に付き、熟されてきた。

しかし、生死に関わりを持つ武道に於いては、寧ろ、不規則且つ予測困難な中で刻々と変化する天候・湿度・温度などの外部環境に対応することこそ、生き死にを左右する重要な分岐と成り得るのである。その極限には、天変地異も含まれるであろう。手と道具・用具の間の感触・摩擦度合いなど咄嗟に感応しなければ対応出来ない場合もある（例えば、梅雨時・寒中・突然の夕立ちなどの外部環境下に棒・杖・長刀や木刀などを振る場合を考えれば容易に理解されよう）。道具・用具に慣れ親しんだ上手・達者は、感触・摩擦度合いの微妙な差異に応じて、無為自然の中に手指・手首・手掌・肘・肩の筋肉や関節を弾力的柔軟に微調整して、道具操作を成し得るに至るのである。

最近の例を挙げれば、野球のイチロー選手は、時・処・位（外部環境や相手）の状況をよく見極めて、それに応変し得る武道的事理を極めようと努力しているようである。

17.「道具の精神的機能」

道具は、それを使う人を育てる。道具も人間の意志を体現した物であり、人間の願望を具体化・外在化した物である。言葉が、概念描写であるのに対し、道具は、実体を与えられ人間の機能を代替するものである。殊に、武道具に於いては、それは単なる手・足・目の機能の延長としてではなく、道具の逆延長上（手元）に存在し、操作する人の（1）我が儘・暴走・独走を戒めるなど人間性創造の精神的機能や、（2）外部環境・目的に適合して対応する行動的機能をも同時に備えていると言って良い。

処が、便宜性のみが追求され道具が過度の進化や分化を来すと、道具を使用する者の鍛錬を忘れさせ、精神の空白や自己責任の放棄（責任転嫁）や肉体と精神の分離と堕落を引き起こすようになる。

このことは、術技稽古に於ける身体操作についても同様のことが当てはまるのである。科学的合理性・効率性に過剰に偏向した方法に拘ると、人の努力を忘れさせ、精神と肉体の怠惰・堕落を引き起こす。この点で、現代スポーツでは記録・勝敗を重視するあまり、スポーツ科学・新発見原理などと称して、実用とは程遠い道具の改良・肉体精神の改造（筋肉増強剤や覚醒興奮剤の使用を想定してみよ）・術技の解析的方法論に至るまで、不自然なまでに細かく合理性・効率性が追求されてきている。

そこには、最早や自然のリズムや心身の統一的調和は失われ、寧ろ、逆に不自然・不健全な肉体と精神の存在を創出することを認めるかのようである。

武道は勿論、スポーツに於いても、人格形成・養命養生（健全な心身の発達）が主要目的ではなかったか、再考すべきではなかろうか。

日本古来の伝統的刀剣は、大概、その精神・形状共単純明快と称するに十分な不変性の中で、日本民族の世界に冠たる精神性と鍛刀技術が綿々と現代に至るまで伝承されてきている。

その単純な形状の中に、そのために一層の精神性・精緻美・強靱性・合理性を保っている。これを自然体で無理なく・合理的・機能的に使い熟すには、科学的解析的方法論に依拠した合理性・効率性のみに依存することなく、それなりの精神性を伴う努力と、年期を伴う熟練が必要なのである。

対象に惹かれて自ずと道具が動くと言う物我一体・自然体の境地は、永年の修錬を経た後に初めて到達出来る精神性と身体性の有機的一体化が必要とされる。

（武）道具の操作を習得する初期段階では、道具操作には手が掛かり、道具も手に負えない、始末の悪い物である。この過程で、道具の使用者は指・手掌・手首・肘・腕の微妙な協調動作を覚え、手首や肘・腕なども鍛えられる。道具の使用者の手が上がるにつれて、これらの道具を意のままに操作出来るようになる。「手を焼かせる道具ほど手を鍛える」と言われる。道具には、使用者の操作する手や腕の力加減が刻々と伝えられ、逆に、手や腕には道具の働き振りの手応えが返ってくる。そこには、使用者の手と道具の間の一種の精神的な繋りがみられる。自己の健康管理をなすように、常に道具の整備・管理に意を用い故障・不具合を調整しておくべきは当然である。意のままに使い慣れ且つ使い熟された道具は、最早や我が分身のように化し、使い手の手を離れることを嫌う。

「猫の妙術」で後に紹介する佚斎樗山子《イッサイチョザン》も、次のように述べている。曰く「・・・弓矢は木竹を以て作りたる物なりといへども、我（の）精神かれと一體なるときは、弓に神（霊妙不可思議な心の働き）ありて其妙かくのごとし、是意識の才覺を以て得る所にあらず、其理はかねて知べけれども、心に徹し事（技）に熟し修錬の功を積にあらざれば、其妙をうることあたはざる所なり（理屈ではなく、心身一体となって百鍛千錬の修行・実践を積まなければ、霊妙不可思議な術技を獲得し使い熟すことは不可能である）・・・」と。

続けて曰く「馬を・・・善くのる者は馬東西に馳すれども、乗る者の心泰《ユルヤカ》にして・・・うごくことなし、外より見ては馬と人とつくり付けたる（人馬一体となり、馬が乗る者の身体の一部と化している）がごとし、たゞかれが邪氣（自我・恣意）をおさへたるのみにて、馬の性に悖《サカラ》ふことなし（・・・馬と言う個性ある道具の特質に適合した手段方法を用いる裡に、道具（馬）を自然に無理なく合理的機能的に動かすことの出来る自然体・物我一体の境地に至るのである）、故に人鞍の上に跨て馬に主たりといへども、馬是に従って困しむことなく自得して往く、馬は人をわすれ人は馬をわすれて、精神一體にして相はなれず、是を鞍上に人なく鞍下に馬なしともいふべし・・・」（「天狗藝術論」）。

武道具は、第一義的に自己の生命に関わりを有するために、必然的に人と道具の精神的繋がりが一層強固となる。なお、武道具を人間の精神性を含んだ身体機能の延長と言う面から捉えると、最も重要な機能を司る部位は、当然のことながら、使用者と道具との接触部分（主として手掌）と、道具が対象に働き掛ける、道具と（相手側からみて攻撃を受ける）対象との接触部分である。それらの部位を通して、人間の精神的・身体的機能が相手に伝達されていくのである。刀を例に取って具体的に言えば、手掌部位が触れて握る柄の部分と、斬る・突くの術技が作用する鋩子《ボウシ》部分、即ち太刀先三寸（物打三寸）が、最も重要な部位である。勿論、乗馬の場合に人馬一体となる接合部位は、主に臀部・下肢部位と手綱を操る上肢部位であろう。

18. 武の象徴としての「剣の精神性」

因みに、日本古来の「剣《ツルギ》」は両刃で、「精神又は霊魂的側面と物質又は手段的側面」・「正と邪」・「自己抑制と相手截断」・「防御と攻撃」など相反的二面性の機能を含む有機的統一体物であると理解されてきた。即ち、剣には、相手を截《キ》る（糺す）と共に、自らをも截る（正す）と言う意味が含まれている。日本では、「剣は、鉾（矛・戈）から造られた」との伝承（「古事記」・仲哀天皇）がある。

蛇足であるが、「鉾《ホコ》」は、本来両刃の剣に長い柄を付け、突き刺すようにして用いる武器であった。中国に起源を求めながら、両刃の剣・鉾共に形状は中国に起源を求められる。しかし、その精神性・物質性と鍛刀技術は、日本独自の伝統文化の中で次第に発展し、中国技術精神は最早や見い出されない。世界に冠たる強靱性・精緻性・優美性を加え鍛錬研磨されてきた。

日本では、古来より「高木の神」信仰があり、鉾元（柄）は木製で神の憑り付く木を意味し、後の山鉾や山車の形となったと言われる。

鉾は、恐らく高梯を象徴化したもので、天上に通じる聖なる梯《カケハシ》であり、それを神格化したのが高木の神であろう。即ち、高木の神は、天地を通じる神聖な神の梯の擬人化されたものである。日本神話の高貴な神々は、常に天上にあって、神の降臨には、神梯を必要とした。神梯（心柱・鉾はその象徴化された物）の在る処は、神の降臨を予定・準備された聖地である。

神話伝承にも、天照大神の使者として建御雷神が出雲に出向いた時、海辺で剣を逆しまに立てその剣の穂先の上に安坐したとある。剣は鉾と同義であり、神の憑代であり神梯を象徴していると解される。

伊勢の内宮にも、円柱に足掛けを刻み込んだ形の神梯がある。それは、心柱・御柱・大黒柱にも繋がる。それをより象徴化したものが、鉾（現在でも祭礼神輿の先導をなす）や両刃の剣であろう。

「高貴の神は、常にはその姿を顕（現）すことの無い、隠れた存在であった。このため、直立した鉾によって、降臨した神霊の所在とその威徳を暗示し、また天子の親政には鉾が先導・随順した」（「古事記」・垂仁天皇）。日本国の大八洲《オオヤシマ》起源「・・・伊弉諾尊《イザナキノミコト》・伊弉冉尊《イザナミノミコト》二柱の神に天之瓊矛《アメノヌボコ》を賜ひて・・・」（「古事記」・「日本書紀」）や、天子（ないしその代行者）の親征、例えば神武東征・神功皇后新羅征討・日本武尊東征「・・・柊《ヒイラギ》の八尋矛《ヤヒロノホコ》を賜ふ・・・」（「古事記」・景行天皇）などにみられるように、鉾は神霊の所在とその威徳を示すと同時に天下平定の象徴でもあり、神威を盛んにするための儀礼の武舞にも用いられた。

前述のように剣は、鉾の精神性を承継したもので、やはり、神霊の所在とその威徳を暗示し、同時に、天下平定を象徴し神威を盛んにする武舞にも現されている。

此処に、神剣の武徳（神武）についての神話・伝承がある。一般には、天孫降臨の神勅に伴う宝器とは、初めから「八咫鏡《ヤタノカガミ》」「草薙剣《クサナギノツルギ》（天叢雲剣《アメノムラクモノツルギ》）」「八尺瓊勾玉《ヤサカニノマガタマ》」の三種の神器と考えられている。

しかし、「古語拾遺」（八〇七年、斎部広成著。古来中臣氏と並んで祭政に与ってきた斎部氏の氏族伝承を記して朝廷に献じた歴史書。記紀にみえない伝承も少なくない）には、天孫降臨の際に天照大神が天孫瓊瓊杵尊《ニニギノミコト》に、無窮の天璽《テンジ》（尽きることのない天皇の印として、歴代に伝える重宝）として授けられたのは、八咫鏡と草薙剣の二種の神器で、鉾・玉自ら従うとある。これについては、道教の神器は鏡・剣の二種であるところから、道教の影響により、当初は、二種の神器であったとの説もある。

別の所伝では、第一種宝器の鏡・剣に次いで、第二種宝器として鉾・玉とが数えられていた。そのうち、玉のみが第一種宝器に繰り上げられ、鏡・剣・玉の三種の神器を形成したと。しかし、この所伝からすれば、本来的には、鉾も玉と同格、あるいはそれに次ぐ宝器と考えられていたと解される。また、剣は鉾を承継し、抽象的同一性を意味すると仮定すれば、鉾と玉の所伝は異なる王朝（具体的には「鉾は出雲王朝」「玉は高天原王朝」）を起源とするとも解される。

ともあれ、この第二種宝器としての鉾は、もともとの始まりは何に由来し、どのように昇華・消滅していったのか。また、如何なる意味内容を含んでいるのかである。

神話伝承によれば、天孫降臨に際し天照大神は、建御雷神と経津主神《フツヌシノカミ》を使者として、下界にある出雲の大国主命《オオクニヌシノミコト》に国譲りを命じられた。

これに対し、大国主命は、自分が下界の国土を平定した時に杖ついた「広鉾《ヒロホコ》」を献じ、「・・・自分は此の鉾をもって、遂に下界国土統治の大功を成し遂げた。天孫も、もしこの鉾を持って国を治められたならば、必ず平安になるであろう・・・」と答えられた。そして、身を隠（幽）された（尊貴の死を象徴）と言う。

此処で、天上と言い下界と言うも、必ずしも垂直的上下関係を想定するものではなく、平面的領域に於ける中央地方関係の象徴的表現と解して良かろう。

思うに、本来天孫が授受すべき神器の本体は、天照大神の形代《カタシロ》（神霊の代わり）としての鏡と、大国主命から献上された鉾であったのではないか。

皇祖神神話伝承の中で、政治性を解消し素戔嗚尊に伝承する天叢雲剣をもって、大国主命の広鉾と差し替えられた（剣は鉾から作られたとの伝承・そして素戔嗚尊と大国主命との神話の中での縦関係を想起すれば納得される）かも知れない。大国主命は、別名を八千矛神《ヤチホコノカミ》とも言われる。鉾をもって、国土を平定した大国主命は、鉾を伏せ身を隠（幽）された。その時から、天孫による、全国の統治が始まったとされる。

ともあれ、「剣は鉾から造られた」（「古事記」・仲哀天皇）との古い伝承からすれば、鉾を剣に内包合体化した、あるいは、鉾自体は剣と一体化して昇華消滅した（征服王朝が被征服王朝の宝器をもって、爾後《ジゴ》自己の宝器に組み入れるのは古くからの例である）と解すれば整合性に欠けるところはないと言える。

19.「剣の謙抑性」と「止戈為武」の思想

大国主命の国譲りについては種々の所伝があるが、「日本書紀」の一書に記されている大意は「・・・この後、天孫が顕露《アラワ》の世界を、大己貴命《オホナムヂノミコト》（大国主命）が幽暗（冥界）の神事を治めることを条件に、天日隅宮《アメノヒスミノミヤ》（出雲大社）を千尋の栲縄《タクナワ》もて百八十紐《モモアマリヤソムスビ》に結び、高き柱、厚き板もて作り、料田を与え・・・天穂日命《アメノホヒノミコト》（以後代々出雲の国造である千家・北島家の祖）をして汝（大国主命）が祭祀をつかさどらさせる・・・」と。

この記述から古義を勘案すると、天上と冥界を区分し棲み分け領域が確定されなかった国譲り以前は、出雲神話に於いても高貴な神々は通常は天上（出雲王朝支配領域内での中央）にあって、下界（出雲王朝支配領域内での地方）に降臨するには神梯を必要としたとの神話伝承を窺い知ることが出来よう。

しかし、国譲りし冥界を支配領域とした大国主命にとって、最早や天地（全土制覇）に通じる神梯を象徴する鉾は必要なく、広鉾を天孫に献上するのも当然の帰結でもあった。これに対して高天原王朝は、大国主命が冥界に隠れ国譲りしたことを徳として、鉾が象徴する神梯の代替物として壮大高層なる天日隈宮（出雲大社）を創建し鎮魂・儀礼の標《シルシ》としたのであろう。

このように、既に、神話伝承の古代史前から、神剣（神鉾）の武徳（武神）としての止戈の思想が、日本には存在していた。

即ち、高天原王朝に対抗する一大勢力であった出雲王朝の大国主命やその御子神である建御名方神は、日本の国土で干戈《カンカ》を交えることなく潔く鉾を伏せ国家統一に協力し、平和裏に国土統一達成に貢献をなした。高天原王朝も武徳（武神）による止戈為武の思想に基づき、干戈を交えず鉾を伏せ国土統一に協力した出雲王朝（及びその影響下にあった越・諏訪地方を含む日本海沿岸の諸豪族）に対して、その徳に報い、最大の敬意・儀礼を払ったのである。敬意・儀礼の証として、同化・恭順・鎮魂と平和の象徴である古今希なる壮大高層な神殿創建が具体化されたものであろう。此処に、希にみる高層建造物の意義を解し得る。

因みに、建御名方神は信濃（諏訪）地方の開拓・犀川の干拓と言う大事業に力を尽くしたとの伝説がある。従って、高天原征服王朝の軍司令官である建御雷神に追われ、諏訪地方に敗走して鉾を伏せ屈した出雲王朝の軍司令官である建御名方神のほうが、信濃・越後地域では武神・開拓神として夙に有名である。その徳を讃え、随所に諏訪神社（祭神は建御名方神）を創建し祀られている。

なお、考古学的には、縄文時代以来、日本海沿岸地域に巨木建造物文化が発展したことが知られる。何らかの繋がりが有り、神話に反映されたとも考えられる。

大国主命を祭神とする出雲大社の壮大高層な神殿創建は、最近の発掘調査では中世に於いても三十メートルを越える高さがあり、古代にはもっと高かったとの記録がある。天禄元年（西暦九七〇年）に書かれた「口遊《クチアソビ》」（源為憲）にも、「雲太、和二、京三」と言う言葉が出てくるように、古くから出雲大社の壮大高層は伝承され口伝えられていたのであろう。出雲太郎、大和二郎、京都三郎、即ち建物の大きさの順序で出雲大社が一番、大和の大仏殿が二番、京都の太極殿《ダイゴクデン》が三番と言う意味である。大国主命の御子神である建御名方神を祭神とする「諏訪大社」の神殿の創建や、諏訪社大祭に纏わる御柱（巨大な樅の木）の沿革もそれを物語っている。

因みに、この巨大な御柱は神霊降臨の依代《ヨリシロ》であり、その御柱の在る処は聖地を標示する意味を持つ。それはまた、何らかの理由で神殿が消失した後も、壮大高層な神殿造営の代用との意味合いをも持っていたと考えられる。諏訪大社が創建された後も今日に至るまで、御柱の祭礼は執り行われているのである。

諏訪地方に未だに伝承されている俗説では、出雲王朝の建御名方神は高天原王朝（軍司令官は建御雷神）に対し、「一生涯信濃の国の外へは出ない」と誓約《ウケヒ》したとされる。従って、建御名方神は諏訪大社に常住し、出雲大社に於ける神々の会議へ出張・出席はなされない。地元では、会議のある旧暦十月を神無月とせず、神在り月と呼ぶそうである。勿論、本家の出雲地方では、旧暦十月を神在り月と呼ぶ。

序でながら、止戈為武の思想は後代にも及び、明治元年の西郷隆盛と勝海舟の会談・尽力による江戸城無血開城の成功は、両軍による戦火・灰燼《カイジン》を回避し、多くの江戸（東京）民衆の生命・財産と街並みを守った。この歴史的事実は歴史教科書にも採用され、余りにも有名であり、此処ではその詳実を避ける。更には、スケールの壮大さに於いて異なるとしても、羽柴秀吉の備中高松城の水攻めに当たり、城主・清水宗治は、主家・毛利氏の安泰と城兵・庶民の助命を条件に、切腹・開城を承諾した。宗治の、主家への忠義、兵と民を困窮から救うとの慈愛・潔さを徳として、現代に至るまでも高松城趾に宗治の霊を弔っている。

このように、敵味方を問わず、平和裏に干戈を治めた止戈為武の思想は、現代に至るまでも生きている。昭和天皇の太平洋戦争の終結宣言は、我々の脳裏に深く刻み込まれている。

20.「草薙の剣」と「止戈為武」の精神（「慎みて莫・怠りそ」）

此処で、鏡・玉・剣の三種の神器について、三種の関連性と意義について、少し説明を加えておく。

神話伝承によれば、鏡・玉は、天照大神が天磐戸《アマノイワト》にお隠れになり、天地が暗闇になった時、天照大神を再びこの世にお迎えするための高天原の儀式に於いて、その祭壇に飾られた祭器である。

これに対し、剣は所伝を異にし、地上（地方・出雲王朝）の覇者から天上（中央・高天原王朝）の王者へ献上されたものであり、剣は地上覇者（出雲王朝）の霊異を代表している。

出雲王朝が、高天原王朝に対して同化を表明する誓約として、地上の霊異（剣）を天上の霊異（鏡・玉）と合体させることによって、天上天下（中央と地方周辺）である世界（日本）の統一と平和を象徴することとなった。

そして、この宝剣が、皇祖神の下で、天孫に保持されていることは、出雲王朝が高天原王朝に同化したとの神話伝承以来、争わずして徳により治めると言う武の思想、即ち、止戈為武の思想が、連綿と日本国に於いて継承されてきていることを象徴していると言えるのである。

「設文解字」を紐解き、武の語源を問題とするまでもない。

また、「日本書紀」の所伝によれば、日本武尊が蝦夷叛乱を鎮めるために東征するに際し、伊勢神宮に立ち寄り、叔母の斎宮であった倭姫命《ヤマトヒメノミコト》から剣の原初としての草薙の剣と火打ちの嚢《フクロ》を授けられた。その際、倭姫命は日本武尊に対して、「慎みて莫《ナ》・怠りそ」と曰《ノタマ》われた。

即ち、日本武尊が倭姫命から授けられて所持していた「火打ち」（征討に於ける攻防のある種の手段であり、此処ではやはり武の象徴）は、それを授けられた時には嚢の中に堅く納められていた。剣についても同様に封印されていたとの含意があったと解される。

そして、神意として「・・・慎みて莫・怠りそ（武の妄《ミダ》りな行使を戒め、緊急不可避的事態が生じるまでは確りと管理し、秘匿・保持していなければならない）・・・」（「日本書紀」・景行天皇）と戒められ、その道義的精神性の堅持を求められた。このように、日本は神話の古《イニシエ》より、武の行使抑制を旨とする国民性を有していたと解して良い。

因みに、此処での「慎みて莫・怠りそ」の言葉には、武道に於ける「秘技」や「奇策」の効果的な発揮を可能とするための術技・武道具の日常的鍛錬・管理と秘匿の重要性をも含意・示唆している。

更に「日本書紀」の一書には、剣が自ら主体的意志を働かせ、日本武尊の危難を救い、賊を平定したとされる。一書（或文《アルフミ》）に曰く、「・・・王《ミコ》の所佩《ハカセ》る剣・叢雲、自から抽《ヌ》け出て王の傍《スミ》の草を薙《ナ》ぎ攘《ハラ》ふ・・・」（「日本書紀」・景行天皇）と。霊剣の精神性は、前述のように、自らの神聖意志として自らが自らの行動を律すると言うことにある。霊剣は、賊から人を守るためのみに働き、人を積極的に攻めるための武器ではないことをも示唆している。

多くの武道家・学者諸氏は、武の行使抑制の旨は左氏伝に言う武の語源（「説文解字」）に由来し、それから訓えられ学んだものとする。

しかし、武の行使抑制の思想は、決して中国から学んだものではない。日本民族の止戈為武の道義的精神性は、正に神話伝承以来、即ち、日本書紀の「慎みて莫・怠りそ」の語意の中に含意・示唆されているとみるべきである。

歴史的事実として、一万年を優に超す縄文時代以来異国他民族の侵寇を受けることなく、四季の変遷に伴う美しくもあり・厳しくもある自然風土環境の下、平穏・平和裏に培われた日本民族の、心の深層に根付いた協調・

信頼・共存共栄などの精神性に基づくものである。

ただ、漢字は疑いもなく中国からの借り物であり、それによって多くの恩恵を受けたのも事実である。しかし、諸氏が言うように、仮に、中国の武の思想を日本が学んだとするならば、日本の武士道も中国から影響されたことになるのではないか。

しかし、漢字の語義と日本的精神性は明らかに異なり、日本的精神性は日本民族固有のものである。ともあれ、後世に於いて武士の帯刀についても、同様に、道義的精神性は堅持され、刀の行使抑制が求められるに至った。その象徴が小刀（短刀）に秘められ、絶対的結果責任として自刃が求められていたのである。

なお、「古事記」は優れて文学的な表現で叙述されているが、勿論「草薙」の裏に隠された真の意味するところは、次の如くに解される。即ち、「草」は瘡（クサ・カサ）に通じ、病患・罪穢・悪霊・賊敵を意味する。「薙ぐ」は切り倒す・薙ぎ倒す・剥ぎ取ることを意味する。従って、草薙とは、病患・罪穢を祓い、悪霊を退散せしめ、賊敵を征討するとの意味をも有することは明らかであろう。

序でながら、三種の神器の象徴的意義（「神皇正統記」など参照）についても概観しておく。鏡・玉・剣が、帝徳の象徴とされてきたことは、詳述した。

「鏡」は、明を現し、日月を象《カタド》ったもので、私の心なくして、万象を照らす・・・その姿に順《シタガ》いて感応する・・・「正直《セイチョク》の本源なり」とされる。

「玉」は、柔和・善順を徳とし、「慈悲の本源なり」とされ円満・完全性を象徴する。

「剣」は、理非分明・破邪顕正《ハジャケンショウ》の決断・剛利を徳とし、「智恵の本源なり」とされる。

この正直・慈悲・智恵の三徳は、三位一体であるが、殊に鏡は、天照大神の「・・・是を視ること、吾を視る如くして斎《イツ》きまつれ・・・」（「古事記」）との神勅に基づき、三種の中では本質をなし、玉・剣は鏡の機能を助ける用として、自ずから鏡の働きとして顕（現）れるものと理解される。

即ち、三種の神器の象徴的意義は、「私心なく素直に是非善悪を明らかにする」を徳とする鏡、「常に慈悲と言う和御魂《ニギミタマ》をもって対処」するを徳とする玉、先ず「理非分明の智恵をもって破邪顕正の決断」をした上で「荒御魂《アラミタマ》をもって決然と行動」するを徳とする剣の三徳三位一体の働きを示し、日本古来の道義根源の理を顕（現）している。

注目すべきは、剣の本質は、基本的には武勇ではなく、智恵の象徴とされている点である。此処でも止戈為武ともあれ、後に近世に至り儒教の影響下で、三種の神器を知仁勇の三徳に付会させ、剣が勇武の象徴とされるの思想が顕（現）れ素朴な平和主義が貫かれている。

に至ったのである。

処で、抑々両刃である鉾の精神性を継承した剣も、もともと両刃であった。従って、邪心が生じると自からの心を正し、邪を祓うとの意味（伝承神話の「草薙の剣」の神意）をも承継されたものと解されていた。後世、剣が刀となり片刃となっても、武士は大小二本の刀を差し、一本（短刀）は自らを正すために用いるとの意味をも含意していた。

即ち、武士は常に名誉と信義を重んじ、名を惜しみ、廉恥の心を持って身を正しく処することが、自律的にも他律的にも規範として要求されていた。

従って、武士が自らその規範を破り、自ら独立性・主体性・名誉・信義を放棄した場合のみならず、他者から自己の独立性・主体性・名誉を侵害された場合にも、終局的に短刀でもって自らの死（切腹）を覚悟し、絶対的無条件の結果責任を取らざるを得なかった。少なくとも、武士道の理念に於いてはそう有るべきであった。

21. 道具の象徴としての「鉄器の神秘性」 踏鞴場に於ける「御幣祓い」

古代人は、鉄器の有する神秘とも言える生産過程や鉄製品の持つ機能に対する素朴な感動を神聖化させ、鉄器それ自体をも神格化したであろう。それまでは工具に限られていた鉄器が、弥生中期に入ると、工具自体の多様化と農耕具・製塩具・武器などに拡大されるに至る。更に、古墳時代になると、土木開発用具・武具へと発展していく。

鹿島神宮には、有名な長さ二・七メートルに及ぶ国宝の神剣布都御魂剣《フツノミタマノツルギ》が飾られている。勿論、実戦用に作られたものではなく、護国平天下を祈るためである。また、神宮の摂社である三笠神社の御神体は底の浅い鍋である。古来鉄と塩は深い関係があり、東北の塩竈神社や岡山の吉備津神社などの大釜が有名である。香取神宮にも、鉄の小矛二個と直径一メートル、深さ一メートルの鉄釜が納められている。古来より、神社や神宮の境内には、これら鉄器生産のための鍛冶場《カジバ》（踏鞴場《タタラバ》）が存在していた。

武士の護り神の総本山である大分県の宇佐八幡神宮の原初信仰も、鍛冶神信仰であるとされる。勿論八幡とは、武士の誓言を意味する。宇佐八幡の陪従神《トモガミ》である大多良男《オオタタラオ》・大多良女《オオタタラメ》の神は、鍛冶神である。即ち、多良男・多良女は踏鞴男・踏鞴女であると考えられる。

古代に於ける製鉄は、野踏鞴《ノダタラ》での作業であった。十四世紀以降は、屋内での高殿《タタラ》が築かれたが、概ね野踏鞴と作業過程が異なるところはない。約三トンの鉄の塊である鉧《ケラ》（踏鞴炉底に出来た鋼や銑の鉄塊）を一個作るのに、風を継続的に送りながら砂鉄二十三トンないし四十五トン、木炭二十三トンないし四十トンを一定間隔で挿入する作業を三昼夜に亘り連続して行う。これを、一代《ヒトヨ》と言う。このようにして生産された鉧の中に、作刀用の玉鋼《タマハガネ》が三分の一ないし四分の一含まれる。古来より、「砂鉄三里に炭七里」と言われる。砂鉄と炭が、踏鞴場に運び込まれる供給範囲を指しているのである。三十五年生の雑木林約一ヘクタールから、木炭十五トンを産出すると言われる。年六十代の稼働があるとされ、一年では可成りの山林が裸になった計算である。

踏鞴操業の守護神は金屋子神《カナヤコ》で、踏鞴からの危険発生を暗示し警告する意味からであろう、昔から踏鞴の下方に祀るのが習わしとされた。神前の砂鉄の上に笹竹二本を立て、注連縄を張り祭場を作る。鉄を吹くためには、様々の危険を伴う困難な作業が必要で、金屋子神の加護を頼まなければならなかった。火を扱い火を見て生きる者にとっては、火災の発生・火災による失明・熱を直接肌に受けての火傷・一酸化炭素を主とするガス中毒などの危険と常に隣り合わせであった。

勿論、良質の鉧の産出をも祈念するが、何よりも作業する者の安全祈願であったろう。金屋子神の御神体は、踏鞴作業の総指揮者である村下《ムラゲ》の死骸そのものを祀ったものとも言われる。従って、金屋子神は死者の穢を好むとも言われた。また、金屋子神は祟りが強く、この神の咎《トガ》めに遇えば遂には落命するとか、更に「鉄に千代吹けば、タタラ入道なる怪物が高殿の上に跨り・・・人在れば捉えて裂き喰らう」などの伝説もある。各地に伝わるタタラ唄では、「・・・塩と御幣で清めるならば穢不浄は皆晴れまする・・・」と唄われていた。

踏鞴作業に伴う危険に対して、神秘な効能があると信じられていた塩を撒き、また邪悪な祟りを御幣祓いし、火を扱う者を心理的安堵・物理的安全に導く。その必要性をタタラ唄は示唆している。塩は、人の生命維持に不可欠と言う神秘且つ神聖なものであった。

また、「御幣祓い」そのものは道教の儀式態様ではあるが、道教の形式外観を借りながら、それ以上に日本古来の精神性と共に実践性を注入したものであろう。

即ち、当時考えられていた人間の経験・技術では計り知れない諸々の危険、殊に、火事や火傷の原因である熱気や、不可思議な中毒症状を引き起こすガスなどを直接且つ具体的に祓い去る物理的作用そのものでもあったに違いない。御幣祓いによって不可思議な邪気を祓う儀式は、やがて、人の心身の祓えであり天下国家に害をなすものの祓え（武による治安の護り）へと発展していったのであろう。

古代人にとって、優れた技術を背後で支えていたのは、人間の肉体的・心理的弱点を補う非科学的呪術・呪法を伴う聖なる儀式であった。しかし、それ以上に、正に得体の知れぬガス中毒への対処法として、御幣祓いと言う呪術的儀式を必要とした。聖職者ないし呪術者の必死の祈りは、神懸かりした自発動現象を伴う加持祈祷の形式を取ったかも知れない。

神道に於いては、振魂《フリダマ》と呼ばれる自己の意志とは無関係に身体が勝手に痙攣を起こす自発動現象が生じる。それは、あたかも神霊が乗り移ったかの如くである。その実体は、恐らく一種の瞑想的効果現象であろう。・・・詳しくは後述・・・

しかし、漠然とは言え、邪気と言う名の有毒ガスに対する換気作用が必要だった点にも気付いていたのであろう。此処に、鉄と踏鞴と御幣祓いの因果関係がみられる。野踏鞴での御幣祓いは、風通しを良くし熱気と有毒ガスを祓い去るために、恐らく多くの葉の付いた枝に清水をタップリと浸し、大振りで大仰に行われたであろう。湿気により蒸発熱を奪い、大振りで大仰な祓いの所作により通風効果を促したことは、容易に想像が付く。

同様の形式で執り行われている儀式としての御幣祓いは､現在でも各地の御神楽に於ける「湯立ち」の形式で、邪悪な悪霊病魔の退散の呪術・儀式として受け継がれている。

因みに、中世ヨーロッパで発達した錬金術に於いても、錬金術師は、自らの精神的徳性が、錬金変成過程に影響を与えると信じ、日常禁欲的修行を行った。また、作業の前には瞑想や祈祷を行い、邪気を祓い作業の成功を祈る習慣があったと言われる。

錬金術は、実は魂の成長のための修行・トレーニングだったとユングは述べている。

22. 産鉄と「剣の神格化」

前述のように膨大な木炭・砂鉄と言う原料と多くの危険な作業を前提に、呪術めいた燃える炎によって砂鉄が真紅に変じ、石よりも硬い玉鋼が産出される。そこから更に鍛錬される工程を経て創造された、驚嘆すべき断裂効果を発揮する刀剣を手にした古代人にとっては、それは、あたかも神の所作としか考えられなかったに違いない。鉄器に対する神性化や神格化は、中でも刀剣に於いて顕著に顕（現）れる。

日本神話伝承によれば、刀剣は、神性を帯びて精神的権威の象徴として伝播されていく「王者の剣（天叢雲剣）」と、鋭利な武器としての現実的勢力伸長の道具に利用されていく「覇者の剣（十拳剣《トツカノツルギ》）」とに使い分けられていたと考えられる。

そして、天照大神と素戔嗚尊の誓約の場で、素戔嗚尊の持っていた十拳剣は、所謂打折三段と言われているように天照大神の呪文によって、「・・・打折て三段に為して、・・・咀嚼（噛）みて・・・」百に砕いて、三女神の誕生に用いたとされる。

十拳剣は、本来的に天照大神が所佩かせる剣で、「・・・躬に十拳剣・九拳剣・八拳剣を帯き・・・」（「日本書紀」）とあるので、十拳剣も天照大神が帯剣したとされる複数の拳剣の中の一本だったのであろう。

このように日本神話では、石上神宮《イソノカミ》に関わる剣は、人為的に隠されたのではなく、常に高天原に秘匿されていて、天孫が葦原中国に赴く度に覇者の剣として出現してくるのである。しかし、高天原の武威の表徴であるこの剣の役割も、神武東征をもって終了している。

その時から、十拳剣は、布都御魂剣と変名し、以後は、大和の石上神宮に定着した。この点に関して、多くの書物は混乱を起こしている。

十拳剣は、石上神宮に奉納され祭神になったにも拘わらず、石上神宮の祭神が布都御魂剣とされているのは、矛盾だとするのである。

しかし、注意深く読み取れば、複数剣の存在と変名した異名の事実は古来随所に発見される。そこには、整合性に欠けるところのないことが容易に理解される。

因みに、神話伝承に於ける神名・神剣は異名が多く、それぞれの歴史的偉業と言う神話伝承の背景を下敷きにして得られた神格によって、その歴史と関わる呼称が与えられたのであった。

例えば、我が国の神話伝承での大国主命は、「古事記」では五つの異名を、「日本書紀」では七つの異名を、「古語拾遺」では四つの異名を持っているとの研究結果がある。

なお、八岐大蛇退治の神話の中で、素戔嗚尊の持つ十拳剣（この神剣は、後に「蛇の鹿正《オロチノアラマサ》」とも称される）が、天叢雲剣（草薙の剣）と激突し刃毀《ハコボレ》を起こす。この神話は、十拳剣が象徴している覇者（出雲王朝）と天叢雲剣が象徴している王者（高天原王朝）との闘争の投影であろう。

そしてまた、十拳剣が打折三段し刃毀れを起こすのは、天叢雲剣の神威を通して産鉄と鍛刀技術への神秘的感動と、天叢雲剣への更なる強固な神性付与を象徴したものと考えられるであろう。

このような神話伝承を経て、王者の剣である天叢雲剣は神聖な霊剣として神格化され、覇者の剣である十拳剣は武の象徴として神格化されていったと考えられる。

踏鞴の炉を思わせる大蛇の赤く垂れた血の中から現れた天叢雲剣は、八咫鏡・八尺瓊勾玉と共に三種の神器となり、皇位継承の象徴として現代に至るまで連綿と継承されてきた。

呪術的とも言える炎の揺らぎの中から産まれた玉鋼の神秘性が、帝位の神格化を裏打ちしていったのであろう。「故《カレ》、此の大刀を取り、異《ケ》しき物と思ひて、天照大御神に白《マヲ》し上《ア》げき。是《コレ》は、草那芸之大刀《クサナギノタチ》ぞ。」(『古事記』)。即ち、天叢雲剣は素戔嗚尊から天照大神に献上され、次いで、天照大神から天孫瓊瓊杵尊に授けられ、降臨後は伊勢神宮に祀られた。更に、日本武尊が東征の際に、倭比売命から天叢雲剣を授かり、焼津ヶ原の難を免れた神話から草薙の剣と称されるようになり、後に熱田神宮に奉納された。

一本の刀剣とは言え、一旦神格化されると、神話を通して権威を重ねていく。八岐大蛇を斬った十拳剣のほうは、「・・・其の蛇を斬りし剣をば号《ナヅ》けて『蛇の麁正』と曰う。此の石上に在す・・・」(『日本書紀』)。従って、十拳剣は、布都御魂剣とも蛇の麁正とも称されることとなり、諸説混乱の元となったのである。

前述したように、「石上神宮は布都御魂剣を祭神としていて、十拳剣は主祭神ではない」との疑問を呈している書が多いが、両者は同一の剣である(異称同体)。

ともあれ、布都御魂剣(十拳剣)は、歴史過程を通して王者たる神の意志を体して賊敵たる荒ぶる悪神を征伐する手段・道具であった。それが神性化され武威を現す武の象徴としての神位が与えられた。

此処に二系統の王朝に個別に存在していた霊剣(宝剣)は、即ち共に神格化され伝承されていったのである。

23.「祓い太刀」の起源　「流祖と信仰・呪法（呪術）」

鉄器生産過程での神秘性に対する古代人の畏怖・感動は、その素材と鍛刀技術を讃えるために、鍛錬した刀剣自体を用いて行う「火斬り」の儀式や、邪気である熱や有毒ガスを振り祓う幣祓いの呪法儀式の慣習を生んだ。

これらの呪法儀式の慣習が現代に至るまで継続存在していることを通して、今なお我々は、古代人の鉄器生産過程の持つ神秘性への畏怖・感動を窺い知ることが出来る。

邪気を祓い悪霊を鎮める呪法儀式を執行することにより、武の象徴としての剣に益々の神聖性が付与されていったと考えられる。

これらが有機的に融合・統合されて、日本文化の伝承として神から授与された神聖な精神性が、剣術の型の中に含意されたのが「祓い太刀」の起源としての実体であろう。

元来、神聖なる呪術・呪法の儀式は、人が、自己の経験や技術・術技が及ばない限界に直面した時に、儀式を通して神秘なる霊の憑依による助けを借り、天佑神助《テンユウシンジョ》を祈願したものである。

自己の術技を超越した更なる根元的な威力が発揮・機能されることを願って、神仏に祈ったり呪いをかけ、人事を尽くした後になお天佑神助を借りようとする人の心理は、現代に於いても可成り日常的に垣間見ることが出来る。

神聖な呪術・呪法の神秘的威力は、人の経験や鍛錬によって獲得した技術・術技の背後にあるが、技術・術技と相俟ってのみ機能し、単独で直接に顕現することはないのである。

高度技術化された現代技術社会に於いても、火斬り・御祓い・火入式など一種の儀式として、呪術・呪法は連綿と継承されてきているのは広く知られている事実である。

これは、武道・芸道に於いても同様である。人為的心身に亘る厳しい稽古に伴う術技の体得・発見・創造の背後には、人間の知識・経験に基づく術技を超越した更に根元的威力や霊力の借用を祈念して、人間の肉体的・心理的弱点を補完すべき神聖・神秘な呪術・呪法と言う一種の儀式が必要だった。

具体的には、仏教に於ける念仏・座禅、神道に於ける禊ぎ・祓い、道教に於ける符呪・祈祷など、様々な思想教説の真理探究に伴う「行《ギョウ》」である。但し、行には肉体的苦しみを伴うのが常で、苦行の洗礼を受けて初めて解脱し現状を脱皮出来るのである。

多くの武道各流派の祖が、流派の秘技・秘術を体得・発見・創造するに当たっては、神聖な呪術・呪法・修行と言う苦行を伴う儀式を経たとされる。即ち、深夜の社殿参籠《サンロウ》の末に、夢で神示を得たとか、厳冬の滝行の末に、夢で天狗により秘術・極意を伝授されたなど神秘的伝説を伴って語られる理は此処にある。

古来、苦行を伴う儀式については諸評・異論があったらしい。江戸時代の武道書に「・・・俗間剣法を以て人を衒ふ者あり。其の剣法の祖・・・神社に祈り神傳を得たり、或は夢想を得て授かれり或は云ふ禪を學びて術を得たり、或は云ふ某山の天狗に學びたりと皆僞言なり。・・・」(「武術肝要集」)と。また、「・・・其劔術の祖何某《ナニガシ》といふ者、いづかたの神社にまうでて、藝をいのるに、其神あらはれて、つたえ給ふといひ、あるひは夢想をうけて、覺えたりといひ、又はいづくの山にて、天狗にならひたりといふ。是皆、大なるいつはりなり。・・・」(「武士訓」)と。

しかし、これについては単なる神秘的脅しや嘘と言うよりは、誇張はあるにしても一種の神懸かりによる霊感を実際に感得し、霊力（天佑・神助・神威）を得たと解して良かろう。

日夜思いを凝らしていると、往々夢にも見、夢の中でヒントを得たり・解決を得ることは現実に起こり得ることである。現代でも音楽家・芸術家・数学者・科学者が夢の中でヒントや解決を得たとは良く聞く話である。このように、神懸かり的な秘技・霊感は、一概に否定されるべきではないであろう。

ただ、似非《エセ》修行者は、技術・術技の経験や鍛錬を積むことなく、安易な効果を恃《タノ》んで、呪術・呪法と言う神秘的威力にのみ頼ろうとする。

此処でも苦行を伴う百鍛千錬の修行・稽古の末の呪術・呪法であってこそ霊感・霊力を得ることが可能なのである。呪術・呪法の威力にのみ心を奪われ、何の修行・稽古に励むことなく、単に呪術・呪法のみに恃む者が多いのは今も昔も変わらない。

付言すれば、当時の武術家には無学な者も多かったと推察されるから、当時の教養人である僧侶・神官などに依頼して内容を誇張・神秘的にした伝書の執筆を代書してもらった者が多かったのであろうことは想像に難くない。

なお、呪術・呪法の背景としては、日本独自の神道は勿論、道教・真言密教・禅を始め民間信仰の影響が渾然一体化して受け止められ、深い関係があったと考えられる。

現代では、西欧的還元論に基づき科学的理論・理屈が先行し、神秘的にみえる術技もすべて論理の名の下に解析し、「行動科学的に研究の結果・・・」「科学的に分析し、白日の下に曝された」としなければ承知しない多くの若い武道研究家や評論家が存在する。

しかし、人は誰しも肉体的・心理的弱点を持つ。人間の知識・経験の及ばない術技を求め体得していくためには、早朝山野を跋渉し・滝水行を試むなどの苦行を伴う、神聖な呪術・呪法儀式を通して、人の肉体的・心理的弱点を補うある種の霊的・神秘的な感得の必要性は今も昔も変わることはあるまい。

逆に、この苦行を伴う神聖な儀式（禊ぎ・滝行・水行・深夜早朝の参籠稽古などを含め）を必要としなくなった時、神秘な術技・精神は廃れる運命にあることは自明の事実である。

今日でも道場を神聖化し、寒暑・寝食を忘れさせる苦行を伴う神聖な儀式を執り行う理由がそこに発見されるであろう。

但し、これら神聖な儀式も、群集心理の支配する人的・物的環境を排除してなされる必要がある。現代の騒音社会の中に於いては、一層外部環境が重視されるべきである。

即ち、呪術・呪法を執り行う場（武道鍛錬の場も同様）は、孤独・孤高の中で深夜・早朝に厳かな雰囲気の中で行うのを良しとする。そういう環境下であって、初めて精神を集中させ瞑想に耽り、意念を強化出来ると言えるのである。

二・武道の事理

1.「陰陽の理」「相反性の理」「逆対応の理」

武道・芸道に於いて、一即多、多即一と言われることが良くある。その内容は、臨機応変・応用自在な判断・決断と、それに対応した行動や働きを可能とする契機をも含む。そこには、「陰陽の理」が働いている。一と多との間を、「動・静」「強・弱」「伸・縮」「剛・柔」「開・合」などの相反する動作や所作に伴い、相反現象が振子のように循環運動を絶えず繰り返しながら、交互に顕在化している。

殊に、武道の事理に関しては、求心的動中静と言う理・遠心的静中動と言う理として述べられている。その態様は、動中に静の契機・静中に動の契機と言われる。この場合の静にしろ動にしろ、相反する運動を発動する契機を常に潜在的に孕みながら、淀みのない循環運動を促し、惰性を排し、瞬間瞬間の感受性を新たにする機能が存在している状態にある。

具体的に残心に例を取ってみよう。残心とは、武道に於いてある術技を用いた後に、次の術技や動作態様との間の間隙を如何に埋めるかに当たっての心身の状態の問題である。

即ち、その間に些かの油断もなく、次の技や動作態様との間隙を繋いで、現に使った術技の作用を持続的・効果的に機能させ、相手に感応させながら、続いて起こる事態へ応変し、次の術技や動作態様に備える（繋げる）と言う、心身の気配りや心遣いのことである。

此処で顕在化している動作態様は静であるが、潜在化しているが次に備えての発動準備態様は動である。この場合が、静中動の典型例であろう。

同様のことは、武道に於ける呼吸法についても言える。呼吸の息継ぎは、次の術技動作との継続性を確保するために、必ず二分ないし三分の気を残しておく必要がある。この息継ぎの残気も一種の残心と言える。

しかし、精神的側面や身体的側面、更には、心身両者のバランスとリズムに乱調を来たし、判断・決断と行動の順調な流動性が阻害され淀みを生じ硬直化した時、その人は不動金縛り状態となる。彼の意思と行動は正常な機能を喪失し停滞してしまう。殊に、呼吸が乱れ、心臓が鼓動を早めてきた状態を想定すれば容易に理解されるであろう。

武道・芸道に言う道の概念には、客観的法則性をも含んでいる。「人は地に・地は天に・天は道に・道は自然に則る」(「老子」)。

宇宙は物質の有機的統一体である。大宇宙・大自然は、引力や爆発収縮の中で伸縮・開合と言う自然の法理に従って運行されている。すべての事柄は、この宇宙と言う統一体の中で相互関連・相互作用・相互依存・相互制約など無限の絡み合いを持って、自然の法則・リズムに従って運動・発展・変化している。

このように、あらゆる事柄は相互に有機的に関連し、一定の法則・リズムに則って運動・発展・変化している。如何なる物も不動不変の物はなく、すべての物が運動し・変化し・生成消滅する。同じ事物・現象でも、異なる具体的時間・場所・外的条件により、異なる特徴を生み出す。従って、ある事柄・現象を孤立的・恣意的に取り出して理解・解釈してはならない。自分に都合の良い処ばかりに執着し、取り上げてもならない。更に、事柄を余りにも分析的に取り上げ、有機的一体性や変転のリズムを破壊してはならない。

武道歌も、『身に思う心ぞ身をば苦しむる　身を思はぬに身こそ安けれ』と訓える。事柄の相互関連は、一定の法則・リズムに則って絶えず変化する周囲環境・状況の中で、それ自身もまた有機一体性を保持しながら変化している。心も身体も、ある事柄に執着し捉われれば、一定の法則・リズムに則った運動・発展・変化は停滞し崩れ、有機的一体性は失われる。あらゆる事柄に於いて、執着し捉われてはならない。法則・リズムに従った自然体こそ、身を安んじ自在な応変を可能とする。

あらゆる事柄の運動過程は、例えれば振子運動のように、相反する両極端の間を循環往復し、絶え間ない螺旋状の漸進運動をする。

絶え間ない螺旋状の漸進運動を通して、自己内部に統一的一体として内包されている対立相反要素である陰陽・動静・強弱・伸縮・開合・剛柔などに起因して生じる諸現象が、一定の法則とリズムに従って交互に現れながら、相互に反転運動を繰り返しているのである。

あらゆる事柄は一定の時間経過を経て、陰陽交替の瞬間に、陰から陽ないし陽から陰へと全く新しい創造とも考えられる逆転・反転現象を遂げる。あらゆる事柄は、逆転・反転の契機を内部に常に孕んでいる。そして、陰陽交替の瞬間には、逆転・反転を可能とするための創造の要素である「蓄積された潜在的エネルギー」が、爆発前夜の状態に至っているのである。

ただ、此処で注意すべきことは、事柄の原理的本質は円・曲線・螺旋など多様的・円滑的であって、決して一面的・直線的なものではないと言う点である。

事柄の本質を発見するためには、陰の要素・陽の要素を多面的多様な関連と媒介を通して注意深く観察しなければならない。ある時間・ある場所・具体的諸条件によって、主要要素が陽・副次的要素が陰となる。しかし、別の時間・場所・条件によっては、寧ろ、主と副が逆転するのが常なのである。

時・処・位は、場合によっては自己を苦しめ悩まし、危害や妨害を加えてくる存在になる。しかし逆に、原理的本質を究め、外的環境や人の在り方・本性・習性を十分に呑み込み活用すれば、味方として手なずけることも充分に可能である。

兵法に言う「事前の諸葛亮（孔明）」とは、正にこの理を応用されたものであろう。・・・「心法」の章で、詳述する。

人は、必然である外的環境を否定は出来ないし、そこから回避出来る手段をも持たない。従って、外的環境を積極的に肯定し共存共栄を前提として対処する術を弁えなければ、生きることさえ不可能である。此処でも、固定観念や先入観に捉われることなく、自然の法理やリズムに基づいて、自然体での対応が必要不可欠である。

武道に於いても、自然の法理に反することは通用しない。気功によって、気を及ぼして、雲を呼び、雨を降らすなどと、戯けたことを言って人を誑《タブラ》かす、自称武道家・自称気功家などの何と多いことか。慨嘆に堪えない。

ある原理・理論を理解するには、我々の周囲環境に存在する事柄を直視し、直面する実際問題を解決出来る法則性・リズムを発見することが重要である。

日本民族の精神的・身体的文化の伝承としての所作・動作が、事柄の本質に内在する相反性に着目しながら、長期に亘り反復継続され、それが次第に洗練整理され、日本の武道・芸道の所謂「逆対応性の原理・型」と「日本独自に醸成された陰陽の理」が発見ないしは創造されてきたことは、驚異である。この世界に冠たる精神的・身体的文化の伝承を誇張することなく正確に理解し後世に伝えるべきは、武道家の使命である。

逆対応性の原理・型とは、身体が動なら、精神は静。下肢が動・大・剛・開なら、上肢は静・小・柔・合。右が屈曲・伸展なら、左は伸展・屈曲など、相対する両者を相反的に機能させることを指称する。

それは、身体動作・術技の連続性（疲れの少ない流動的継続性）と美（鑑賞に堪えうる自然法則・リズムに適った美しさ）と効率性を最大限に引き出すことを可能とする身体則の原理・型でもある。

陰陽の理とは、事柄の本質は、陰陽・柔剛など、相反的対立矛盾する要素の双方を内包する統一体であって、相反する両極は、常に相互転換の契機を潜在的に孕んでいる理を現している。我々が日常的に認識出来るのは、外的現象として顕現されているその中の一側面のみであるのが通常である。

相反する他の側面は潜在的に共存しているが表面に顕在化せず、エネルギーを蓄積しながら潜在し次の出番を待っていると言っても良い。

「楽《タノシミ》極《キワマリテ》哀《カナシミ》生《ショウズ》」（「列女伝」）と言われるように、楽しみの極に於いてさえ、既に哀しみの契機を内包しているのである。

2.「全体的・本質的認識」と「思い込み現象」

このように、背後に隠れている現象（事柄）の本質を見破るためには、一時的現象・一側面のみに偏することなく、無念無想で恣意・主観を交えることなく在るがままに物事を受け入れる心境・態度を持って、事柄に直面し対応しなければならない。

また、表面に現れないで潜在化している側面と、もともと不存在な事柄は、明らかに区別されるべき事象である。しかるに、それぞれに関して各人区区に自己の狭い僅かな経験に基づく恣意・主観で存在するに違いないとか、決して存在し得るはずがないとか、存否と言う根本的差異に心を致すことなく、単純に偏見を持って思い込む傾向がある。

隠れて現れないのと、元から存在しないのとでは、見えない点では同じでも似て非なるものである。思い込み現象に陥らない柔軟思考が肝要である。

通常の意識下での認識は、常に恣意・主観による歪み、所謂「特殊思考と言うフィルター付きのレンズ」ないし「個性・癖と言う濾過装置」を通して対象を捉えているに過ぎない。直面した現象（事柄）の本質を理解するためには、物事の全体を在るがままに把握しなければならない。

そのためには、通常の意識下での認識を一時停止して、意識の能動的な働きを一切排除した深層意識にある「無心・物我一体の境地」で対象を捉える必要がある。その場合に初めて、恣意・主観によって歪められない対象の全体的認識が可能となる。

武道修行過程に於いて常時行われている逆腹式呼吸・瞑想・立禅などの訓練も、深層意識を覚醒・活性化させ無心・物我一体の境地に至る鍛錬過程の一部である。

鼠達を主人公にした寓話・禅話の絵本を、多くの年配者は記憶されていよう・・・。「猫（虎?）の頸に金の鈴を掛けてある。誰かこれを解く者が在るか」「それを掛けた者が、解くべきだ」と言う寓話・禅話である。

金の鈴は、煩悩・生死・迷いの例えである。生死・迷いを縛る者は、誰か。何故、煩悩・迷いに苦しむのか。抑々、猫（虎?）の頸に掛けられている金の鈴は、事実そこに在るのか。誰も掛けた者はいないのに、在る在ると思うから怖くて手が出せないのではないか。初めから、猫（虎?）も金の鈴もないのではなかろうか。掛けた者も、掛けられた猫（虎?）も初めから存在しないのではなかろうか。恣意・主観による思い込みに捉われると、客観的事実を見失うとの寓話である。

創作されたものであろうが、次のような話がある。

無眼流剣術を創始したとされる反町無格《ソリマチムカク》（これについて、開祖は三浦源右衛門であるとの説が有力であるが、問題の本質は話の内容であるから、此処では千葉周作の説に従っておく）が諸国回遊修行中、とある山道で長い渓流に差し掛かった。渓流の幅は凡そ五十間（約百メートル）もある。谷底を覗くと眼も眩むばかりの深さで、中途に霧が湧き巨岩の転がる河原が朧に浮かんでいる。両岸に掛かるのは丸太三本を葛で縛った丸木橋のみである。恐ろしくて足が竦《スク》む。進退窮した無格が、引き返すべきかどうか暫し思案の時を過ごす中、一人の盲人が現れた。両眼の見える自分でさえ渡り兼ねているのに、眼が見えぬのにこの盲人はどのようにして渡るか、彼は息を呑んで盲人を見守る。盲人は、丸木橋の幅を先ず杖で探った。それから徐《オモム》ろに渡り始め、何の苦もなく対岸に着いた。一部始終を見ていた無格は大いに悟るところがあった。

剣術も、ともかく眼が有る故に眼に入る眼前の一時的現象である周囲状況に偏し執着する。そのために、様々に狐疑逡巡《コギシュンジュン》し、雑念に悩まされ本質・妙諦を悟り得ないのであろう。寧ろ、眼を瞑《ツブ》って修行すべしと思い、無格は無眼流の名を冠した流派を起こした。

このように無眼流に於いては、自然の理に則り、無念無想と言う悟りの境地に至ることこそ、無想剣の極意とする。

また、北辰一刀流の千葉周作の逸話であるが、彼が夜海辺へ魚取りに出掛けた時、不覚にも暗闇の中で潮が満ちてきて方角を見失った。その時、彼は太田道灌の古歌『遠くなり近く鳴海（為ると鳴るとの掛詞）の浜千鳥鳴く音に潮の満ち干をぞ知る』を思い出し、潮の干潟《ヒガタ》を知ったと言う。潮の満干に伴う波風に乗って、浪間に漂う浜千鳥の鳴く声も近くに聞こえたり遠くに聞こえたりする。遠間・近間に聞こえる千鳥の鳴き声の微妙な変化に潮の満ち干を知り、それによって浜辺の方角をも知ったと言うのである。因みに、この古歌をヒントとしたと思われる武道秘歌が伝えられている。『あらいその浪間をつたふ浜千鳥（浪が）打ば引べしひかば行べし』（制剛流道歌）と。因みに、古来柔術の極意は、「押せば引け、退けば押せ」と訓えられていた。

しかし、この話を聞いた古老の漁師が言うには、松明があると、近くは見えても遠くは見えなくなる。どんな闇夜でも火を消せば、沖と里との区別は分かるものだ。眼前の足元のみを明るくすると、照らし出された処のみに気を取られ、かえって遠くは見えなくなるものだと訓え諭したと。記憶した単なる知識に頼るのは危険であると訓えたのである。

生死に関わる緊急事態に至ると、知識の記憶の再生に頼るのは至難の技である。記憶が再生されなければ万事休すと言うことになる。しかし、常日頃の生活習慣から身体で覚えた事柄（実践智）は、人の心の深層に潜在化して記憶されているのである。

その道の達人は、術技・行為を単なる知識に頼って行うのではない。実践智として、反復継続的に蓄積してきた身体に記憶された身体知によって行っているのである。

従って、無心・自然体の状態に於いては類似状況に直面した時、心の深層に蓄積潜在されている智恵（記憶）は無意識の裡に顕在化してくる。それは、無意識裏に咄嗟の機転に委ねられるから、少しも驚愕することなく心静かに遠くを客観的に観ることが出来るのである。このように、容易に物我一体として石火の行動に出ることが可能となり、緊急事態に於いても臨機応変に対応が出来るものである。

塙保己一《ハナワホキノイチ》（江戸後期・盲目の国学者）に纏わる似たような話がある。ある夜のこと夜道に灯が必要だろうと提灯を提供されたが、「暗闇で灯を頼りにする眼明きは、不便なことだ」と、その申出を辞退したと言う逸話である。既に、永らくの経験から得た身体知・実践智により、心眼を持って歩行が可能と言うのであろう。

「荘子」（達生篇）にも、誰でも共感出来る勝負に賭ける人間の心理を描写した話がある。要約すると、「・・・それほど価値の無い瓦を賭けて輪投げ遊びをする者は、勝負に全く拘らないから巧く遣ってのけられる。少し価値のある帯留の金具を賭けて輪投げ遊びをする者は、心戦《オノノ》き平気でいられなくなる。高価な黄金を賭けて輪投げ遊びをする者は、黄金に心が眩んで支離滅裂になる・・・。」

「輪投げ遊びの技量そのものは変わるところはないが、惜しい・欲しい・怖ろしい等の執着心が強く働くから、外的事物・外的環境に惑わされて己の心が乱されるのである。」と。

喜怒哀楽すべての感情に捉われ惑わされ、心が乱される。子が可愛い・孫が可愛いとの感情も執着・捉われると客観的に正しい見方が出来なくなる。

武道歌にも『思はじと思ふも物を思ふかな　思はじとだに思はじや君』（諸流に引用「沢庵　不動智」）とある。物事に心を捉われないように努めようとの心をも捨て切ってしまいたいものだと言うのである。誰も無心になることは、言うは易く行うは難い。思うまいと思うのも、既に思うまいとの心に捉われているのである。捉われまいと思うのも捉われまいとの心に捉われているのである。

目があるから視覚に頼り（執着し）、怖ろしいと感じ、明るいほうを見てしまう。眼がなければ、目先の事柄に心を捉われ浅知恵を働かすこともない。黄金が惜しい・欲しいと言う執着心・欲心が生じるから、心が乱れる。目先の事柄に捉われなければ心も乱れることもなく、浅知恵を働かすこともない。心眼で客観的に全方位を観ることが出来、自然に遠くが見えてくる。後述の「さとり」の話を熟読されたい。

3．武蔵の言う「巌の身」「不動心」「当たらざる身体」の関係

武道を始め、日本の伝統的芸道に於いて道と称される由縁は、成果を第一次的目的とするものではなく「過程」としての行為そのものに真の意義を認めるからである。

一つの行為に自己のすべてを集中し、内外周囲のあらゆる雑念や雑音を消して、心・気・体を合一していく。このように、その先にある無為自然・不動心・平常心を得るために、先ずは目前の一歩の行為に無心に専心することから始めるのが道である。

しかし、我々凡人は、人生経験を豊富に積めば積む程、文明の便利さや物質的精神的欲望を不必要・過剰に追求しようとする。そのために、特定の価値や利益や欲望に捉われ執着し拘泥する。心は常に自己中心的考えや欲望で一杯に満たされ、そのために迷いを生じ、他を受け入れる寛容さに欠けてくる。

物事に対し（殊に武道・芸道と言う厳しい鍛錬を必要とされる事柄に対しては）、当然に忍耐と素直な努力が求められる。そのためには、先ず、文明に毒された便利さや特定の価値や欲望から解放され、自由にならなければならない。

物欲・金銭欲は勿論のこと、愛情さえも不必要なまでに求めたくなる。そこに迷いが生じ、武道・芸道の鍛錬の邪魔になる。

我々が、それら欲望や恣意的特定の価値観へ拘泥する捉われの心・執着する心から自由になる（解放される）

ことが無心であり、不動心の真の意味内容なのである。

幾多の試行錯誤・転迷開悟《テンメイカイゴ》の後に捉われの心・執着心から自由になった時、自然・宇宙の法理に無心・素直に感応し、心身は自ずから自然体で応変可能となるのである。考えることなく動くこと自体、自然なのである。外的環境（寒暑・乾湿・風雪・危険など）に、最適な手段方法をもって、自然に最適に順応し対応することを可能とする。

武道に於いて、このような自然体を会得した状態で、ある特定の場合に咄嗟に対応した現象を「秘技」と称し、その一般的・抽象的状態を「悟り」ないしは「極意」と称する。

古来より、武道伝書や武道達人が無心・不動心・平常心などと称するものの実質的内容は、決して赤子のような無心（何も考えないこと）ではない。

しかし、多くの武道家諸氏は、実践的経験を踏まえることなく、赤子の無心を指して、即ち無心・不動心と解しているのである。

ただ、前述の「荘子」の勝負に賭ける人間の心理の話に例を取るまでもなく、最初から黄金を賭けるのではなく帯留め位から始めるのが良い。易から難・簡単から複雑へと、所謂慣れの段階を経ながら、事理・心身の調和を図るのが常道である。千里の一歩（千里も一歩から始まる）である。

先ずは、理屈や記憶ではなく、忍耐を持って自己のリズムに気付きバランス・調和を取りながら最初の一歩から実践・行動することにより、それを身体自身が覚えるように心掛けていくことが重要である。自ずから自己のリズム・バランスを体得・気付き・悟った時、次第に不動心を持って自然体で臨める方向性が見えてくる。

因みに、武道解説書の多くは「・・・武蔵の武術の極意とするところは、『火の巻』の・・・巌の身と言う事、兵法を得道して、忽ち巌の如くに成りて、万事当たらざる所、動かざる所、・・・である。・・・これは恐らく、兵法の道を会得することにより、自然に万理を身に付けて、巌のように、ものに動ぜぬ心、ものに動ぜぬ姿勢となり、どのような打撃も当たらず、心を動揺させられないようになることかと思われる・・・」等と解説されている。

これは、柳生新陰流で言う「転《マロバシ》・丸橋」の不動の位と、想定場面は異なるが同義であろう。即ち『・・・川に丸木橋を架け、是を渉らば少しも片寄ることもならず、真中を単身にて直ぐに往より外はなし。方（平坦）ならざれば、足を止むべきやうもなし。身体八腑共に止まる心なく、唯一筋に往く心持を丸橋と云ふなり・・・』（「柳生流新秘抄」）。

意味内容が今一つ明らかにされていないが、一般に千仞《センジン》の断崖上に架けられた丸木橋を、ただ一筋に無心で渡る心と解されているようである。

武蔵の「巌の身」と言う言葉は、「五輪の書」の前身である「兵法三十五箇條」にもみられる。そこでは「岩尾の身と云は、うごく事なくして、つよく大なる心なり・・・」とある。身と言う語句に拘って、そのためか身に捉われた心、即ち、単に物事に動じない心の状態を指称するかのように解し、針谷夕雲《ハリガヤセキウン》に劣ると解説する者も多いが、そう解すべきではあるまい。身と言う表現方法に捉われるべきでなく、言外の意味を充分に吟味し読み取るべきである。

前述のように、武道修行者とは仏道修行者とは異なり、現世の価値・利益を肯定する。武蔵の論法を借用すれば、武道修行過程で人が外部的抵抗・圧力・困難に出会えば、自然の理・人間の心理として狐疑逡巡し、それに拘泥・執着する。そのため、かえって何とかそれを避けようとする、所謂「避くる心」が生じるものである。

しかし、避くる心も、即ち、特定の状況に拘泥・執着する心である。それに十全に対処していくためには、人は特定の外部環境や外圧に捉われたり執着しない心、即ち、不動心（平常心・無心）を養い身に付ける必要がある。

また同時に、戦わずして相手を屈せしめ相手に少しも戦意を生じさせないことが理想的最善の方法である。そのための工夫も肝要である。

そのためには、言わば「柄を離す」（無刀で勝つ）道に至る稽古鍛錬が不可欠となる。剣（武）技と言う客観的威力への依存から脱却しなければならない。

主観的には絶対的主導権を取り主体性を確保し、相手に対しては、心理的に自ずから戦意を喪失せしめてしまう「当たらざる身体」を体得すべく至極に至る道の探求が必要となる。武道鍛錬とは、そう有るべきものなのである。

「・・・戦はずして人の兵を屈するは、善の善なるものなり・・・」（「孫子」）と言われるように、至難ではあるが徳をもって勝つことが至極・極意である。

これは、究極に於いては、武蔵の巌の身（大自然・大宇宙の法理に遵《シタガ》って在る、無為自然の静中動なる大地を象徴している）である。

それは、針谷夕雲の「相抜け（敵としての相手は存在せず、寧ろ、そこに相対し存在している鍛錬過程を究めた相手を尊敬の対象とする）」にも通じるものがある。

現代的に言えば、加納治五郎の「共存（自他）共栄」や植芝盛平の「愛（大宇宙との有機的一体）」とも共通項を持つ。武神の理・武神の意志の実践である。

このような鍛錬過程を究めることが、清濁併せ呑む広い心の涵養にも繋がっていく。道の極致は、すべての事柄を無差別・無限に包容し共存する可能性をも含む悟りの境地に至る。その段階に至れば、最早や正邪・善悪・曲直・陰陽・剛柔・伸屈・開合などの両極相反性は、現象として現れる第二義的な心の作用に過ぎないと解される。

求道の過程では、それがためなら「男は堂々死んでも好い」と言う気概を常に持ち、恣意的・一方的に枝葉末節の細事に拘り、過度にストイックな態度に陥るべきではない。

元来、真理・本質・原理などと言うものは、一見相反・矛盾するかのような要素を内包した有機的統合体なのである。単に外観のみを観て、自分の信じる理念と相反し矛盾すると言うだけで狭い恣意的視野をもって他者を排斥してはならない。

武神の理・武神の意志を実践するためには、理念と外観上相反・矛盾する事柄に対しても、常に慎重な解釈・対応をなすことが必要不可欠である。

此処で、武蔵の言う不動心と、当たらざる身体と、巌の身とは如何なる関係にあるか。これら三者は、如何にも異なる別の現象のように解されるが、三者の根元はただ一つであり、三者は有機的一体・不即不離の関係にあると解される。

即ち、「不動心」とは自己の心の在り方を強調的に述べたものであるが、結局、ある特定の事柄に心を捉われて執着心を持ったり、心を動揺させることなく、無心（無為自然）の精神状態で何事にも在るがままに応変し得る心身状態を指称すると解すべきである。

「当たらざる身体」とは、吾が既に巌の身を極め物理的武力への依存を超越していれば、相手も吾の巌の身に対し敵対心・攻撃心を喪失し、吾に感応して共感を抱き相和するに至り、最早や対立反抗の心は消滅し、信頼・共存共栄・尊敬心が芽生える状態を指称したものである。

不動心と当たらざる身体の両者は、見る側面（心からか体からか）が異なるのみで、実体は一如と称して良いのである。

武蔵は、主客・心身と言う一見すれば相反する側面を有する物を統合し「巌の身（吾と大宇宙とが一体化した不動の心身）」と称していると思われる。

結局、巌の身とは、心身一如の状態で生死を超越した絶対境であり、大宇宙と一体化し自然に在るがままの状態、即ち、無心且つ不動の心身一如状態の具体的現れとして相手を感応させ、相手を含む万物を包容し共存し得る状態と言って良かろう。

ただ、敢えて蛇足を付加すれば、心は、持続的継続的に常時全方位的に作用する不動心と言う悟りの境地を指称し、身は、心の体現として時々刻々表現を変えて（応変し）顕現されてくる不動の身（当たらざる身体）と言う悟りの現象面を表現したものと解される。

心に反映したものが体現され、身で得たものが心の裡に反映される。厳しい武道鍛錬の末、いつ・どこでも如何なる場合も一命を捨てて在るがままに対応し得ると言う、極限状況の覚悟を心身一如の状態で感得したものである。

不動心と言い、当たらざる身体と言い、読者の理解を助けようとの言葉の綾・表現形態であり、結局、巌の身と異字同訓の類であろうと解している。

4.「武道伝書」の非論理的難解性

武蔵を始め名人・達人は、到達した結論部分を抽象的に述べているに止まるために、その言は群盲象を撫でるような欠陥を持つ。抽象的言辞・精神論は、語る者のみが知っていて、それを読む者・聞く者には、その意味内容が正確には伝達されない。

抽象概念の内容は、事柄のより深い本質や全体を貫く内部的関連性を、大まかに概括的に反映しているに過ぎないのである。

事柄の本質は、様々な多様性・特質を持つ。また、事柄は運動の現象としても多様性・特質を有し、更には運動形態が相互に転化をなし、その結果が、千変万化して一側面が現象として表面に現れるに過ぎない。

しかし、事柄の本質も運動形態も、通常は、その人の恣意・主観・意識・感覚に応じて、限定された言語・語彙・記号と言う方法でのみ表現される。その結果、結論が本質に触れていても、ほんの一部の属性・態様・側面しか表現されていないかも知れないし、不適切・不充分な文言の使用から読者に誤解を与えるかも知れない。

ある時には、神官・僧侶（殊に禅僧）等の知識に頼って彼等の訓えに仮託して、抽象的・寓話的に表現したものも多い。彼等知識人は、原則として武道の実体験を持たない机上論者であるから、武道伝書の内容に一層の権威を持たせるために、儒教・仏教（殊に密教や禅）・道教などの訓えを借用・転用した。そのために、殊更に高尚な現実離れした相互矛盾した表現・難解な表現・抽象的且つ神秘的表現、また、不統一な用語使用例などが散見しているのである。

それが、後世に武道伝書・極意書を解読するに当たって、誤解を生む原因を作った。読む者の深い洞察力がなくては、皮相な神秘的解釈に陥る危険がある。その内容をより深く客観的・本質的に理解するためには、全体を貫く相反する内部的関連性を注意深く考察しなければならない。

殊に禅は、室町時代以降、茶・作庭・書画・能・狂言・武術など多くの日本文化の形成に寄与し浸透していった。しかし、「臨済録」「碧巌録」など歴代の高僧の悟りの境地を記した禅籍の多くは問答形式が取られ、少なくとも形式的には問いと答えが噛み合わない言葉の応酬や非論理的な表現に満ちている。

不立文字を是《ぜ》とする禅は、自己の体験的理解に頼るの外になかった。禅籍は、読む者の知的理解を拒む禅問答（修行者の疑問・質問に、師家が答える形式を取る。しかし、一般常識では、その問答が不調和でちぐはぐにみえる）の世界としてのみ知られてきた。禅籍の講義録も、禅僧である訳者の恣意・主観的解釈によっていた。

しかし、最近の研究によれば、その内容は唐・宋時代の語学的知識の薄さが原因で、従来は誤読・誤解が多かったとされる。因みに、最近の研究成果によれば、中国文学の口語研究も進み、同時代の禅籍の文や語を突き合わせ、背景の歴史・思想から文意を考え、一定の論理・知的理解が可能であるとされる。その研究成果の発表が待たれる。

更に、武道・芸道では、先師の訓えを批評し、神秘的な抽象的次元の訓えを世俗的な具体的次元の解釈に引き下げることは、極度にタブー視された。そのために、益々遠回しで難解な解釈や、時には冗長な解釈が流布していった。

素人に理解させるためには、より具体的・客観的に象の素描・周囲環境や背景・野象か飼育象かなど細部に至るまで、描き伝えることが必要不可欠である。

専門的体験・研究・意見の結論を抽象的に深めるだけでは、群盲が、それぞれ象の脚の爪・鼻の先・耳朶《ジダ》だけを微細に撫で回し抽象化した結果だけで、象全体を語るのに似ている。

これについては、山鹿素行の柳生流剣法に対する適切な批判がある。

曰く「・・・柳生宗矩は無双の兵法家ではあるが、自身が三・四十年も掛けて苦行し、いわゆる下学（身体を働かし、身体で覚えること）に依って得た、その微妙な実理（実践智）を忘れて（・・・言うところの沢庵兵法である・・・）禅語を用いて抽象的に妙理を教えようとするから、彼の門人には然程の名人が出ない。心の工夫の根本は業から全て入るべきである・・・」（「綴話」）と。

また、寛政十二（一八〇〇）年に著された「剣術秘伝独修行」の中にも、「・・・剣術は純気を第一とする事也。・・・然れ共、気（心・精神）ばかりを修行せんとならば、沢安（沢庵）兵法と言ふものにて、・・・是もまた用に立たず。・・・業（技）は気より生ずと雖も、初めは業によりて気満ち、次第に修行積もれば気業一致に到る・・・」との同様な批評がなされている。

武道・芸道の修行者は、もって心に銘記すべきである。

5.「究極の極意・悟り」についての寓話四題

究極の極意・悟りとは如何なるものか。具体的には筆舌に尽し難い言外の深意を含み、言うは易いが、到達は勿論のこと理解することさえ難しい。「知る者は言わず、言う者は知らず」と言われるように、稽古三昧・克己猛修の後に自得するの外ない。これについて、古来より幾つかの寓話が語られているが、有名なものの梗概《コウガイ》を紹介しておく。意訳は、訳者（藤森）の責任で現代的用語を用い要点のみとした。

「猫の妙術」

一つは、下総関宿藩・久世大和守の家臣丹羽十郎左衛門（佚斎樗山）が著わしたとされる「猫の妙術」で、山岡鉄舟も珍重・愛読し秘蔵したと言われる。彼は、師の浅利又七郎から受けた伝書は請われれば人にも見せたが、「猫の妙術」だけは他人に見せなかったと言う。しかし、猫の妙術は、実は既に享保年間に版行された浮世草子「田舎荘子《イナカソウジ》」の中の一編である。

曰く。勝軒と言う剣術者がいた。その家に大きな鼠が住み着き、白昼駆け回っていた。その大鼠は強悍《キョウカン》で、如何なる猫も敵《カナ》わなかった。そこで、町で無類逸物と噂されている名高い猫を借りてきた。その猫は一見頼りなさそうな古猫だったが、大鼠は竦《ヒル》んで動けず一瞬の間に片は付いた。その猫は難なく、大鼠を引き銜《クワ》え持ち帰った。その夜、これまで大鼠に立ち向かって敗れた猫どもが集まり、件《クダン》の古猫からその妙術を聞くことになった。

先ず、鋭い黒猫が発言した。「自分は幼少の折からその道（鼠取り）を修錬し、早業・軽業至らざるはなく、技量に掛けては無双と思っていたのに、彼の大鼠の予想外の攻撃には敵わなかった」と。

次いで、虎毛の大猫が発言した。「自分は術の根本は気にあると思い、気勢・気合を鍛錬してきた。常に、先ず闊達至剛の気を持って相手を圧倒し、相手の出方に応じて自由無心に技を使い無敵の勝ちを収めたものだが、彼の大鼠だけは往くにも来るにも跡形無く全く気勢が通じなかった」と。

更に、灰色の猫が発言した。「自分は平生から心を練り、敵対する相手に対しても争わず、穏やかな和の精神でもって接するように努め、暖簾で飛礫《ツブテ》受け（暖簾に腕押し）の戦法を用いており、かつて失敗したことがない。しかるに、彼の大鼠は自分の相い和そうとの誘いや求めに全く応じようとはしなかった」と。

聞いていた件の古猫が口を開いた。「皆の衆の鍛えた技・気・心は、決して悪くはない。しかし、・・・」と。

「黒猫氏の技は、奥を見ない上辺だけの技巧に溺れ、隙に乗じて技を掛けようとの狙う心がある。所作は技法の道筋を訓えるもので、型は簡単でも深い真理・道理を含んでいる。小手先の技は、道理に基づかない偽りの技巧に終わっている。技と言うものは、無意識の中で自然に発露するのを良しとする」と。

「虎猫氏の気は、自分に恃むところがあり融通の利かない、自分勝手で傲慢な勢いに乗じた働きでしかなく、浩然《コウゼン》の気（天地に漲《ミナギ》る旺盛な精気と共鳴し発動される気）とは似て非なるものである。浩然の気が晴雨に拘わらず滔滔《トウトウ》と流れる大河とすれば、虎猫氏の気は普段枯れているところに、偶然の大雨により一時的に濁流が流れた如きものだ。窮鼠《キュウソ》猫を噛むと言われるように、弱者も生死を忘れ・勝負を忘れ・死に物狂いで反撃してくれば、気勢だけでは勝てない。浩然の気と一体化し、内に充実した謙虚さを持たねばならない」と。

「灰猫氏の和の心は、自然の和でなく、和をなそうとか気配を消そうとかの作為があった。ともかく、思慮分別することなく無心・無為自然であれば、相手は敵対しようがなく、自分にとっての敵は存在しないと言える。無為自然・無心無為、勘に従って動く工夫がなくてはならない」と。

「しかし、諸君の修行したことは、決して無駄ではない。技と言えども宇宙真理の現れで、気は心の用（心が本源であり、気は心の働き・作用）をなすものである。それが作為から出るか、無心から自然に出るかは、天地の隔たりがある。無為自然の働きを心されよ」と。

一同は、聞いて成程と感心した。古猫は更に言葉を続けた。「しかし、皆の衆よ。道には極まりがない。我が言うところをもって、至極と思ってはならぬ。上には上がある」。「昔、隣村にいた猫は、四六時中何もせず、居眠りばかりしていた。気勢も上がらず、まるで木で作った猫のようであった。誰もその猫が鼠を取ったのを見たことがない。だが、不思議なことに、彼の猫が至るところ、近辺に一匹の鼠もいなくなってしまう。その理由を聞いても、その猫は答えない。否、答えることを得ないのだ。その猫は、無意識の中に自分を完全に消し去り、自然と一体化してしまっているのだ。これをもって、『知る者は言わず、言う者は知らざれど、自ずから得るところあり』と言うのが道の真理だと知った。我もまた彼の域に到底及ばない。これこそ、『神武にして不殺《フセツ》』と言うものではあるまいか」と。

「木鶏」

一つは、「荘子」の一章（達生篇）にある「木鶏《モッケイ》」の話である。「猫の妙術」の話は、この話を下敷きにしたものと思われる。かつて、双葉山が安芸の海に敗れ、七十連勝を逸した（昭和十四年春）場所後に、後援者へ「吾、木鶏に遠し」とか「吾、未だ木鶏たり得ず」とかの電文を打電し、滝に打たれて修行したとの逸話が残されている。曰く。昔、紀省子と言う者がいて、王のために闘鶏を養育していた。十日ばかり経って、王が「鶏は既に闘わせるのに適うか」と訊《タヅ》ねた。彼は答えて、「未だその機に至っていません。空威張りばかりしているだけです」と。また十日程過ぎて、王は「今回はどうか」と質した。紀省子が返答するに、「未だにその機に至っていません。未だ他の鶏の姿や声を見たり聞いたりするだけで、いきり立ちます」と。また十日程経ったが、紀省子の答えは「未だ機は熟していません。他の鶏を見ると、眼をつり上げて、憤激します」と言うものであった。更に十日経って、漸く紀省子は返答に及んだ。「漸く機は熟してきました。他の鶏が鳴いても、最早や動ずることもありません。これを観察するに、木鶏（木で作った鶏）のようで、揺るぎもせず、しかも畏徳を備えています。他の鶏で彼に対抗しようとするものはなく、走り逃げていくのみです」と。紀省子は、その鶏を王の下に持参し闘わせてみた。果たして、他の鶏は何する術もなく逃げ去った。

「さとり」

一つは、幕末に千葉周作の開いた北辰一刀流の秘伝書「剣法秘訣」に載せられている「さとり」の話である。言霊信仰を換骨奪胎し、無心・不動心こそ、極意であると訓えている。

即ち、これは古く久米部の伝承であって、昔話の「さとり」の基にもなったものを下敷きにした話であろう。久米部の伝承とは、神武東征の時大和に目に見えぬ妖気・悪者どもが蔓延《ハビコ》り、掃蕩しようとすると、こちらの心を素早く悟ってしまうと言う「さとり」の話である。言霊信仰・木魂（山彦）信仰にその淵源が存すると思われる。起源的には、言霊は言葉の意味と言うよりは、言葉の発声に伴う韻律の響動によって与える相手への心理的物理的影響が重視されたのであろう。これは、武道に於ける気合について考えれば理解出来る。・・・「気合」の項を参照されたい。

古代日本人は、言葉に霊が宿っており、その霊力の働きにより、言葉を表現してその影響を対象に及ぼし、現実に実現させ得ると考えた。言葉の規範の発展体系化が進み、その意味が複雑多様化するに及んで、言霊信仰はより一般化したであろう。

その際、言葉の使用については、言葉を積極的に使って実現を図ろうとする考えと、忌み言葉の使用を慎んだり避けて災いから逃れようとの考えが生じた。

日本書紀では、神武天皇即位の日に、大伴の祖を呼び諷歌《ソヘウタ》・倒語《サカシマゴ》をもって妖気を掃蕩したとある。諷歌とは、こちらの称《トナ》え言の内容を悟られないように、直接には述べずに比喩的・暗示的に述べる工夫をしたものであり、倒語とは、逆の意味を述べることである。これらは、敵に事実を知らしめない一種の合詞・合図である。仮にあちらで真似ても、その真意を知らないから、称え言の効果が失われることはない。

「日本書紀」に曰く「・・・天皇、天基《アマツヒツギ》を草創《ハジ》めたまひし日《ヒ》に、大伴氏《オホトモノウヂ》が遠祖《トホツオヤ》道臣命《ミチノオミノミコト》、大来米部《オホクメラ》を帥《ヒキ》ゐ密策《シノビノハカリコト》を奏承《ウケタマハ》り、能《ヨ》く諷歌・倒語を以《モ》ちて妖気《ワザハヒ》を掃蕩《ハラ》へり。・・・」（神武天皇紀《紀元元年》）。

このように、言霊には単なる意志伝達手段としてではなく、言葉には霊力の働きがあると信じられていた。我が国では、神道の祝詞《ノリト》が代表とされるが、仏教に於いても、また多くの他民族の間でも一種の言霊信仰が存在した。殊に、「旧約聖書」（創世紀）ではそのことが記されている。

宗教が体系化される過程で、神や仏の言葉は、神秘・威厳を持たせるために、直接には人間には理解出来ないとされていた。従って、神仏と人との媒介者としての聖職者が必要であった。人間の意志を神仏に宣《ノベ》る方法・神仏の意志を人間に申す方法として、特殊な祝詞言葉など宗教的言葉が存在した。此処では、明らかに言葉の響動、即ち韻律こそが言霊の実体であり、言葉の意味内容は二次的なものであったと思われる。何よりも、神仏の心に訴え揺り動かさねばならなかった。だからこそ、独特の神秘的韻律と間拍子が存在するのである。私は、仮に歌道に於いて、言霊を言うならば、先ずは韻律・響動の理に思いを致すべきであり、散文的・前衛的・退廃的な詠草は邪道であると考えている。

この言霊信仰は、歌道に於いても信仰され、万葉集にも三首詠まれているし、古今集の序にも記されている。以下は、武道・芸道に於ける悟りの境地についての寓話である。

曰く。ある樵夫《キコリ》が、山に分け入り木を切っていた。そこに、「さとり」と言う獣がやってきた。予期せぬ異獣の出現に、樵夫は、「何とかして生け捕りにしたいものだ」と心の中で思った。処が、その「さとり」が、「お前は、心の中で俺を生け捕りにしたいと思っているであろう」と言った。樵夫はこれを聞いて、大いに驚いた。直ぐ様、「さとり」が続けて言うには、「お前は、俺がお前の心の中を悟ったことを不審に思って驚いたであろう」と。樵夫は益々驚いて、密かに「この斧をもって、この異獣を一撃の下に打ち殺そう」と思った。その時、「さとり」がまた言った。「お前は、俺を斧で打ち殺したいと思っているであろう」と。そこで、樵夫は考えた。「自分が心の中で思うことや、これからなそうとすることを、相手に全部知られてはなす術もない」と。そこで、また元のように斧を持って木を切りに掛かった。すると、「さとり」が透かさず言った。「お前は、最早やなす術もないと思っているであろう」と。しかし、最早や樵夫はこれには一切構わず、ただひたすら一心に木を切っていた。突然、その斧の先が自然に飛び抜けて、「さとり」の頭を打ち砕いた。その異獣は再び言葉を発することもなく、死んでしまった。流石《サスガ》の「さとり」も、無念・無心に振るう斧には敵わず打たれたとの例え話である。武術・芸道（歌道も含めて）もそのように、相手が術技・心も上手の者である時は、当方の思うところ・なそうとするところを、悉《コトゴト》くに見破られてしまうものだ。ともかくも、上手に立ち向かうには、無念無想・死に物狂いの打ち・突きでなくては、叶わぬことであるとの訓えである。

「刃を遊ばせる話」

一つは、「荘子」の一章（養生主篇）に出てくる「刃を遊ばせる話」として、古くより広く知られている寓話である。包丁《ハウテイ》（お抱えの料理人）が、ある時、魏の恵王のために牛の料理手法を見せた。包丁の手捌き、肩の寄せ工合、足の踏み方、膝の曲伸・開合など、身の熟《コナ》し方・手際の鮮やかさは、全く堂に入っていて天女の舞のように絶妙であった。恵王もその妙技に打たれ感嘆の声を発した。「技蓋《ワザケダ》し此《ココ》に至《イタ》るか」と。すると、包丁は牛刀を置いて、自分が会得したものを技と呼ばれたことに釈然とせず、答えて曰く。「私の好（希）む所のものは、道であって技より遥かに進んだものであります」と。そして、続けて言った。「始め牛を解体する時、目に入るのは牛全体だけでした。どこから牛刀を進めてよいか見当も付かず、戸惑ってしまいました」。「三年経つと、かつての全牛は姿を隠し、自分の眼前に現れたのは、解体を加えられるべき構成部分の筋目の間隙を透けて見せている牛に変わってきて、刃の入れ処が掴める技の会得が可能となりました」。「今では、最早やその間隙を見るのに、形を超えた心の働きで牛と言う対象を捉えられ、肉眼ではなく心眼で牛に臨める道の境地に達したことを悟りました」。「牛の骨には間隙があります。しかし、この牛刀の刃は鋭く薄く厚みはないので、牛骨の間隙の中では、恢恢《カイカイ》（広々）

として刃を遊ばせるのに十分のゆとりがあります。私の牛刀が十九年も使い続けても、研ぎたてのように刃毀れ一つないのは、このためです」と。

此処で技以上のものとしての道とは、無為自然・無心と同義で、技を技として十全に発揮出来る全人格的精神の境地を指称している。無心の境地は、文字通りの木石《ボクセキ》・怠惰・無気力の敗北主義や赤子の無心では決してない。絶え間なき反復継続的鍛錬の結果によってのみ体得される心無き心・技無き技・舞い無き舞いなど、一種の逆説でしか表現出来ない悟りの境地と言える。

芸道・武道などすべての術技に於いて、その根底に技術以上の道の働きを会得しなければ、その術技を時・処・位に応じて十分には発揮出来ないのである。術技としての技から、術技を超越し支配する原理・原則としての道が存在することを示唆している。

結局、真に勝負に勝つ無敵の強者は、勝負に捉われることなく暇《ユトリ》の気持ちを持っている。勝負の場に臨んで、勝敗に心を乱されぬ無心の境地に立ち至るのである。勝負の世界に於いては、無心こそ最強の武器である。無心である時、人は自己の持っている技量・術技を遺憾なく発揮出来る。

技が技で有り得るのは、術技の持主が無心だからである。

石屋が無心に石の目を打って容易に石を砕き、大工が無意識の裡に木の柾目《マサメ》を知って鉋《カンナ》を容易く《タヤス》捌くのは、良く知られた話である。石屋や大工は、長年の経験によって石や木の剛柔の部位や加えるべき力の強弱や的確な角度を本能的勘で察知し（実践智を体得し）、無意識の裡に自然にその部位に対し無駄のない最も効率的有効な力を加えているのである。同様に、かつての百姓も、開墾地の硬軟を知って、自然体で無駄のない効率的有効な鍬打ちを行ったものである。彼等は、正に無為自然のままに、それぞれの動作を行っているのである。

因みに、最後の「刃を遊ばせる」寓話は、これに続く部分は一般には省略されるが、武道に引き直して理解する場合には、重要な示唆に富むと思われる。即ち、次の話が続く。
「・・・然《シカ》りと雖《イヘド》も、族《ゾク》（簇・叢）に至《イタ》る毎《ゴト》に、吾《ワレ》其の為《ナ》し難《ガタ》きを見《ミ》、怵然《ジュツゼン》として為《タメ》に戒《イマシ》む。視為《シタメ》に止《トドマ》り、行《カウ》為《タメ》に遅《オソ》く、刀《カタナ》を動《ウゴ》かすこと甚《ハナハ》だ微《ビ》なり。謋然《クワクゼン》として已《スデ》に解《ト》け、土《ツチ》の地《チ》に委《イ》するが如《ゴト》し。刀《カタナ》を提《ヒッサ》げて立《タ》ち、之《コレ》が為《タメ》に四顧《シコ》し、之《コレ》が為《タメ》に躊躇《チウチョ》し、志《ココロ》を満《ミ》たし、刀《カタナ》を善《ヌグ》ひて之《コレ》を蔵《ヲサ》む、と。」

その大意を意訳すれば、「・・・道の境地に到達したとは言え、・・・時には、骨・筋が錯綜し雑然とした場所に牛刀が逢着し、容易には解体の働きが進まないこともなくはない」。「・・・その場合には、有心に立ち返り細心の注意を払って意識を働かせる。・・・（肉眼で）丹念・微細に観察し、・・・そのために、無意識の勘や働きは鈍り、機能しなくなる・・・動作も遅滞し、執刀もスムーズには進まず僅かな動きに止まり・・・遅々として解体は捗《ハカド》らない・・・」。しかし、「・・・このように遅々としてではあるが、遍《アマネ》く解牛の処置を終了して終わった時は、最早や元の自然体に返り、泰然自若として辺りを見聞しその結果に満足し、丁重に牛刀を拭い、これを元の場所に収めることが出来る・・・」と言うのである。

芸道・武道に於いて、悟りを会得したつもりであっても、思わぬ予想外の出来事に出会い、従来の実践的経験では如何ともなし難い場合があるかも知れない。

道の探求には、終わりはない。困難に遭遇した時は初心不可忘の精神を持って、やはり無心から有心に立ち返り、更なる工夫・鍛錬の必要性と、克服に至る可能性を示唆している。

その場合であっても、事後処理をなすに当たっては、冷静に結果を顧み次に備える残心を忘れてはならない。

武道歌にも『勝負とは引しぼりたる梓弓　はなちても猶放ちても尚』（「直心影流初伝目録究理の歌」）とある。

6.「稽古の心構え」「他山の石」「西施の顰」「麓なる一本」

稽古とは、古の道を考えると言う意味を持つ。「・・・曰若稽古帝堯（ココニ古ノ帝堯ヲカンゴウニ）・・・」（「書経」）から、取られた。転じて、稽古とは、学問・学習・練習などをする意に用いられるようになった。そこから、師や先輩達が示してくれる範を信頼し守り考えて、自己を磨くことを意味する。

自己と他者は相互に「他山の石」（「詩経」）であり、相互に玉（自己）を磨く砥石《トイシ》の役を果たす。また、相互に自己の師でも有り得る。

異なる起源を持つ個体（他山の石）は、すべて異能・個性を持つ。従って、異能者であり個性を持つ他人は、自己の予測と経験を超えて自己を脅かす存在でもある。しかし同時に、他人の有する異能・個性は自己に異なる価値への新しい感動を与え、その後の自己形成への影響力について示唆をも与えてくれる。

武道秘歌にも『隔てなく初心の射手の言葉にも　悪きは捨てよ善きは用ひよ』（「小笠原流射法和歌百首」）とある。

逆に、無内容な一律的で個性のない形式的型を踏襲した既成品や、良いとこ取りをした一貫性のない物真似や、単なる小手先の外観に捉われたブランド流儀志向の粗悪な模造・模倣は、未熟な者相互にとって互いに、その他多勢の一員に過ぎないと言う安易な仲間意識と、稽古対象となる相手の実力・内容も多寡が知れていると言う自己満足や安心感を与える。しかし、その中には新鮮な感動も、新しい発見・創造をもたらすものは何も有り得ない。遂には、大海を知らぬ井蛙（井の中の蛙大海を知らず）となる危険がある。

中国に、「西施《セイシ》の顰《ヒソミ》に倣う」と言われる故事がある。西施は、中国の春秋・戦国時代の才色兼備の絶世の美女と言われた女性である。越王勾践が呉王夫差に敗れた時、勾践の忠臣范蠡は、臥薪嘗胆し復仇を企て、美女西施を夫差の下に送った。その西施がある時、胸痛を覚え眉を顰めた。この表情が、如何にも美しく情緒溢れるものであった。醜女が、これを倣ね眉を顰めたが、二目とみられるものではなかったとの故事による。因みに、西施は范蠡の思い人であったと解する説もある。

抑々、その下地・基礎の出来ていない者が、決して上手・達者の表面・外観のみを模倣すべきでない。基礎の出来ていない者の外観形式的模倣は、しばしば自分の予想に反し逆の効果を及ぼすものである。

多くの情報が氾濫する現代に於いても、武道術技解説書を読んだり、武道物知りの話を聞いて、直ぐ実用的に応用出来る類のものは術技・業と言わない。

武道・芸道に於いては、事理・原理を如何に多く知り理解しているつもりでも、直ぐには実践的に使うことが出来るものではない。理念としての知恵ではなく、実践過程を経た知恵（実践智）でなくては、物の役には立たない。

古流の武道伝書を直訳するのみで、その実体の何たるかを理解することなく鵜呑みにしたり、恣意的解釈に基づく武道書やビデオを見て、仲間内でのみ通用する術技を披露し自己満足し、既に名人気取りになっている者も多い。

古来武道や芸道の修行に於いては、書物（現代では写真・ビデオなど）から得た知識のみによる「習わぬ物知り」や「自己流による上手の物真似」や「奇を衒う異風好み」は固く禁じられていた。古来より型を覚え理屈を知ると、最早や悟ったつもりになる者が多かったことを示唆している。

未熟者ほど異常な格好や洒落に憧れ、外観を粧い、自慢気に知り顔で訓えるものであるが、内実に相応しくない人格のアンバランスを示している。

古今東西を問わず、実を知らぬ物知りは存在する。多くの武道歌は、いみじくも言い得て妙なる章句で訓え諭している。『いたづらに高き理ばかり語りても　業にうとくば空しかるべし』（「剣道いろは歌詳解」）。『上手とは外をそしらず自慢せず　身の及ばぬを恥る人なり』（「中島流砲術広明集」）。『つゝしまず兵法面《オモテ》に出しなば　人ににくまれはぢやかくらん』（「柳生石舟斎兵法百首」）。『兵法を書物斗《バカリ》に知る人は　習もおのがあだとなるもの』（「庄田喜左衛門兵法百首」）。『むかしより理を好めるは下手と成る　初学は業よ上達は理ぞ』（「長沼綱郷伊呂波理歌」）。『弓はたゞ習のまゝに教へなば　医書ばかりよむ薬師なりけり』（「日置流弓術歌之巻」）。『我芸に自慢をなさば下手としれ　まだ奥深き事を知らねば』（「中島流砲術広明集」）。『業芸は業を怠るその隙に　理のみ長じて下手となりけり』（「直心影流初伝目録究理の歌」）等など・・・。

確かに、我々を含めて武道・芸道を始めた当初は師や上手の先輩を模倣し、憧れを外観に求めた。憧れを模倣するのは、学習の初歩では重要である。しかし、いつまで経っても遅々とし、それに終始するから問題なのである。

かつて、唐代の愛国詩人杜甫が、「戯れに山水を画いた図に題する歌」の中で「・・・十日に一水、五日に一石・・・」と詠んだ。これは、創作過程は遅ければ遅いほど良いとの意ではない。一筆一筆には、すべてに亘る実生活を深く掘り下げ、客観的事物の無数細心の観察と反復練習が内包されている。初歩の学習も、その過程を通してのみ、一水一石の本質的特徴を掴み、事物の有りのままの活写を可能とすると言うのである。

当世、武道家を自称する人間も多い。しかし、彼等は高々仕事の片手間に稽古をするに過ぎないにも拘わらず、未体得の事実を伝書の自己流解釈によって、如何にも真実らしくテレビ・雑誌・新聞などで述べたり、道場を開いて教授している。日本人は、研究者や活字・電波に弱い。多くの誤解が武道修行者の間に氾濫しているのは問題である。現代では、実践を重視する日本の文化の伝承としての真の武道の事理を正しく伝えている者が少なくなってきている。

武道歌にも『如何にせん我さえ知らぬものならば　人に教へむことのは（言葉）もなし』（「直心影流」）とか、『麓なる一本の花を知り顔に　おくもまだ見ぬみよしのの花』（各流派に引用）と詠われている。古来、「我さえ知らぬ」未体験の事理について難解な解説をしたり、入口の一本を観て、その奥の数千本の満開の櫻花をあたかも観賞したかのように語る者が如何に多いことであろうか。仁和寺の法師が石清水八幡宮に詣でるが、麓の高良神社を拝し満足して帰ったとの「徒然草」の話を思い出す。

言葉では解説出来ないが、やはり、言外の幾千万の実践過程を経ることによる体得・感得こそ、武道極意への道である。それは、知ったか振りには説明不可能である。言葉の上では、やはり知らない（説明出来ない）と言わざるを得ない。

武道歌は良く知っている。『解《トキ》もせず言《イイ》も得ざりし所をも　知らぬ物ぞと知るが知るなれ』（「上泉信綱稽古訓」）とも言う。在るがまま無心の裡に本質を体得するものであると訓えている。

ただ、例外的に鬼才・異才と言われる者が出現し、自己流を伝えているのも事実であり、それは一種の異端児・突然変異的存在であって否定されようもない。しかし、飽くまで例外であり、その者一代であり、一般に通用する事柄ではない。

俗世に於いては、非合理性が幅を利かす事柄もある。官位・名誉・権力・富・段位など物質的・社会的なものを始め、文章・言葉など知性的なものまでを含め、一定の外観形式的型で粧うことも必要であろう。しかし、必ずそれ以前の汚濁に塗れた垢を擦り落とし、裸身に磨きをかけておく必要がある。実力不相応の素地の上から粉飾《メッキ》をすれば、容易に剥げ落ちるものである。いつまでも未熟なままに、異常に粧うことは人格のアンバランスを示し、過程を踏まぬ先走った願望を現すものと言える。碁盤に触れたこともない囲碁の名誉八段や、茶巾や和手拭いと雑巾の区別や絞り方の違いを訓える武道秘歌の真意を解し得ない武道評論家・学者も現実に存在している。

だからこそ、武道歌にも『みな人の心の奥は浅くして　ゆるし印可をのぞむはかなさ』（「本心鏡智流鍵鎗和歌」）とある。

その道への貢献・研究に対する感謝と敬意の標として、形式的に名誉段位・名誉学位を与えることは否定されるべきではあるまい。

しかし、流儀や道具や事理は、それぞれの芸道を志す者にとり魂である。道具を見聞し、例えとされている事柄の真意や一応のルール（事理）くらい弁えて、メッキが剥げない程度の受け入れ知識は確りと蓄えておくのが与えられた名誉に対する礼儀である。

7．「初心不可忘」の心

初心者は、かつての自己を映し出す鏡である。即ち、初心者を見れば、常に自己の初心を忘れさせないで思い出させてくれる。

武道歌にも、『仮にだも初心の者を笑ふなよ　習はぬ先の我身なりけり』（「宝蔵院流鎌百首乃歌」）と詠まれている。平生の稽古に於いて、上手は下手の手本、下手は上手の手本として、常に慢心を戒めなければならない。

また、『此道は上手ばかりが師ではなし　下手ありて又上手ともなる』（「剣術至極詳伝」）とある。

更には、「稽古は強かれ、情識（我意識）は無かれ」（「花伝書」）とも言われるように、自分より下手を馬鹿にする我意識を捨てて、絶えざる稽古実践を通してのみ、技の習得の道は見付け出すことが出来るものだとの訓えである。「士は当《マサ》に、已に在るものを恃むべし」（佐藤一斎）と言われる。

そして、不断の稽古の時には常に自分より上手の存在を認め、上には上がありと思い、傲慢になってはならないと自覚・自戒し真摯に鍛錬に励むべきである。逆に、実戦・本番の時には自分に勝る者なしと強く意念し、無心の中に自信を持って勝負にすべてを賭けるべきであるとする。

古来より、武道・芸道の稽古をするに当たっては、常に心に留意すべき注意事項がある。古来、稽古修行の妨げとなる十悪心の存在が挙げられている。即ち、武道・芸道に限らず、日常生活全般に亘り、人間の普遍的弱点とされる「我慢・我心・貪欲・怒り・恐れ・危ぶみ・疑い・迷い・侮り・慢心」を十悪心として取り上げている。

初心者は、基本の単純な反復継続的稽古である「守」の段階に於いては、心身の辛さに耐えて我慢しなければならない。しかし、惰性的我慢や痩せ我慢は自身を枠に閉じ込めてしまい、心身共に強情な拘りを生じる。そこから、自我より生じる自己満足・慢心へと発展し他者を侮り、修行は行き詰まる。その他の悪心（恐れ・危ぶみ・疑い・迷い・怒り）も、無心の集中力を欠き修行を中断させ、稽古を長続きさせない。

良師の指導の下での無我・無心の稽古によって、それらの壁を乗り越え、稽古の楽しさや充実感を発見・体感出来る。

一つの段階を成就すると次の段階が待っている。それは、自己実現・自己完成と言う、他人の真似出来ない個性化の過程なのである。断定的既存の価値判断に頼らない個性的・創造的行為である。

武道歌に『嗜《スキ》と功上手と三ツをくらぶれば　すきこそ物の上手とはなれ』（「剣術秘伝独修行」）とある。

無我・無心とは言っても、そう簡単にその状態に至れるものではない。

無我・無心に至る前提として、一意専心他事を顧みることなく、すべてを挙げて稽古に励む必要がある。先ずはともかくも、その事柄が好きだからこそ、一意専心稽古に励むことが可能なのである。

武道上達は、良師に就くのが一番であるが、良師がなくとも自分の心掛け次第で修行出来るものでもある。抑々、流儀は始祖の好きな手僻《テクセ》に始まるのである。先ずは、好きでなくてはなるまい。

また、目に見える型や外部に表現される身体動作は、他者も真似ることが出来る。これに対し、実は目に見えない型や内部変化として存在する活性化された呼吸力や潜在能力等は、重要性は遥かに高いが、外部に表現されないから他者は知ることが出来難く、真似ることも極めて困難である。

「花伝書」の中で、世阿弥は「舞なき舞あり」と言って、舞のない舞、即ち形として表に現れない形の重要性を訓えている。このことは、武道で言う心法や流動的で目に見える型には現すことの出来ない微妙な身体動作の重要性を示唆している。説明すべくして説明不可能な芸道・武道の深い無形の型に至る境地を示した言葉である。

8.「事理一体」の具体的習得法（順下修行か逆上修行か）

武道・芸道に於ける稽古修行について注意すべきは、理（理論）を学ぶには、実際との関連に於いて先ず事（実践）から始めなければならない。それによって理も一層の深みを増し徹底するものである。

前述したように、山鹿素行が柳生宗矩を適切に批評している。武道・芸道に於いては実践が重視されるべきで、所謂実践智を体得する必要性を説いたものである。

古来より、書物芸・口先兵法と言う言葉がある。武道歌にも『いたづらに高き理ばかり語りても　業にうとくば空しかるべし』（「剣道いろは歌詳解」）。『兵法を書物斗に知る人は　習もおのがあだとなるもの』（「庄田喜左衛門兵法百首」）。『弓はたゞ習のまゝに教へなば　医書ばかりよむ薬師となりけり』（「日置流弓術歌之巻」）。『我芸に自慢をなさば下手としれ　まだ奥深き事を知らねば』（「中島流砲術広明集」）。『業芸は業を怠るその隙に理のみ長じて下手となりけり』（「直心影流初伝目録究理の歌」）等など・・・。

「猫の妙術」を著した佚斎樗山子も、「・・・理は上より説下し、修行は下より尋ね上ること物の常なり・・・足代（足場）なくして直に登るべき道にあらず、必ず事に試み氣を錬り心を修し、困勉の功熟する（反復継続した稽古を蓄積する）にあらずんば、此に至る（至極の理に到達する）事あたはじ、・・・言を以て初學を導びかば、頑空に成て心頭無物（頑くなに理屈に拘り、道理に暗い愚者）と心得、惰氣に成て和と覺る（大したこともないと甘く考えて、いい加減な怠け心を起こして安易な方向に妥協する）誤あるべし・・・」（「天狗芸術論」）と。

また、渋川流柔術伝書にも「・・・柔術に順下の修行（工夫）と逆上の修行とあり。順下は先づ其道筋理合を得と・・・手足が其通にいく歟、・・・試ることにて、道理から入るを云なり。逆上はその反にて、先づ其道筋理合にかまはず・・・所作の行はるる事にて、事から入るを云なり。・・・逆上が本手の修行の仕形にて・・・」（「柔術大成録」）とある。

更に、窪田清音《クボタキヨネ》は「・・・理先立てば、活業（本物の技の習得）は為し難きこと知るべし。・・・無益のことを探求して徒《イタズラ》に歳月を送り、四肢を弱くし筋肉を細くし、心気を臆せしむべし。是れ、理に泥む《ナズ》（理屈に執着するあまり、かえって術技・所作の面では捗捗《ハカバカ》しい効果が得られない）の幣なれば・・・毫も理に拘わらず（しかし、その弊害は、理合に拘泥するために生じるのであって、理合自体とは無関係であり、理が誤りと言うのではない）。・・・事物のすべて先後の別あり。理より学べば其の理に泥みて業を為し難く、業を以て先とすれば理を漸々之解すべし。・・・然るに之に反し先なるものを後にし、後なるものを先にすれば基本を失い、口才のみに長じ（屁理屈・詭弁のみに走るようになり）、実用に適せず・・・」（「剣法規則條目口伝」）と言う。

要するに、初心者に徒に高尚な理想・理論・理念を説いても、かえって迷い悩ますだけであるから、説かないほうが良いのである。科学的に解析しなければ納得しない初心者や理屈や質問の多い初心者ほど、一ヶ所に落ち着かず道場・流儀を転々とするものである。

指導者にしてみても、武道書・学者・研究者等から受け売りされた理屈は、後知恵として如何様にでも付け加えることが出来る。人や書物から受け売りした知識・理論をもって屁理屈・詭弁を弄し弟子を煙に巻いてみても、自分を騙すことは出来ないし、実践・実技には何の役にも立たない。

武道に於いては、先ずは実践専修を経て自得した術技から初めて気付いた理でなければ役に立たない。知る者は、自得した時のみに「理解した」と納得出来るのであり、言葉で説明し尽くせるものではない。

武道・芸道で言われるところの事理とは、理が共通・普遍の性質を抽象しその本質・目的を現すのに対し、事がその現象・手段を現したものと言うことが出来る。

理の本質は、一定の形を示してその存在を明らかにしたり表現することは不可能である。単なる理屈・理論や説明を超越し、自分自身の経験・努力を通して体得・感得することによってのみその存在が間接的に証明されるに過ぎない。

しかし、重要なことは、理は自己がかつて体得・感得した抽象普遍的論理であると同時に、それに続いて起こる事（業・技）を新たに創造するための前提論理でもある。

実践・術技としての事と、原理・原則・論理としての理との一致は反復循環継続的稽古による習熟錬磨の末にのみ良く実現されるものである。

事と理の区別としての理は、実践の後に熟考し理解し判断した後知恵として分析された結果としての説明・解説である。事理の一方に偏することなく、事理一体となった時、無心の自然体を獲得したと言えるのである。

勿論、究極の術技は理も無く、事も無しと言われるが、それは百千の鍛錬・稽古である事の過程を経た後の無理・無事であり、人事を尽くした後の無為自然の意味である。一旦理を悟れば、応変自在な業（事）を発揮することが出来るのである。

武道歌にも『業にこそ理は有明と知りぬべし　障子明ければ月は射す也（事と言う身体則に則った術技の稽古の過程を経て、迷路から抜け出て実践智を体得すれば、理は説明・理屈を訓わらなくとも自ずから当然のこととして明らかとなる）』（柳生宗矩）とか、『その道のその理《コトワ》りはおのづから　わざを離れて業にこそあれ（理を極めるためには、業をさえ忘れて一意専心・無心で鍛錬・稽古に励み、実践智・身体知として説明し難い理合を獲得する過程の努力こそが骨・要領なのである）』（扱心一流）とある。

9．「稽古の方法」

次に問題となるのは、稽古法の前後についてである。

これについては、古来より概ね二通りの異なる方法があるとされてきた。事を分かり易くするために、読書法に例を取ってみよう。先ず各論的な専門書を読むべきか。それとも先ず総論的な基礎概説書を読むべきかと類似する問題である。

一つは、尋章摘句式で、細心に文章の一段落・一句・一字毎にその意味を吟味するやり方である。その欠点は、樹を見て森を見ずの類で、事柄の根源をなす主要点や本質が疎かになる。

他の一つは、大意を見、甚だしく解するを求めず式で、文章の主要点・本質を把握・吸収することによって自己向上に努めようとはするが、細かな字句の詮索には意を介しないやり方である。その欠点は、個別具体的対応に不足を生じる。

この両者は共に偏っている。正しい方法は、両者を統一して調和《バランス》ある方法を取ることにある。

正しい読書法としては、関連のある重要な章句は深く吟味しなければならない。しかし、重要なのはともかく、何よりもその文の大意・主要点・思想を理解するように努めなければなるまい。

即ち、読書は先ず基礎的な概論を述べた書から入り、その基礎の上に立って他の専門的詳細な問題に立ち入るべきであろう。

勿論、基礎（基礎的概論）は広いほうが良いし、その研修（専門的各論）も深いほうが良い。読書百遍意自ずから通ず。古来より、読むことには写すことも含まれる。多く読み、多く写すことも忘れてはならない。

この点は、家を建てる場合にも例えられよう。先ず、何よりも、基礎工事を確りとやらなければならない理である。砂上の楼閣であってはならない。

芸道・武道で言えば、一先《ヒトマ》ず術技を離れて基礎的稽古を反復継続して確り身に付けた上で、多くの見取り稽古や打ち込みや掛り稽古をも忘れてはならない。

武道・芸道に於いても、形式的に目に見える型として完成の域に達している技法のみに捉われてはならない。心法などの目に見えない技法や型には成り難い、流動的な変化態様としての基本身体則の作法など、全体の相互関連的身体動作・心の有り様を忘れてはならない。

そしてまた、個々の術技・型の成り立ちやその意義・理論〈理〉をも、学ばなければならない。

要は、両者の調和の取れた統一的方法が採用されるべきなのである。

多少本意と離れるが、誤解を顧みずこれを中国の民話に例えれば、「前者は沢山の散銭《バラセン》を持っているが、これを纏めて持ち運ぶ財布を持っていない。後者は反対に、財布だけは持っているが、それに入れておく銭を持っていない」。別の例えで言えば、「前者は山海の食材を多く集めてきたが、これを美味に調理する調味料や香辛料を持っていない。後者は反対に、調味料や香辛料だけは持っているが、肝心の多様な山海の食材を持っていない」場合に類似すると解し得ないだろうか。

例えの例で言えば、散銭は纏めて財布に入れて保管・携帯してこそ、時と場合に応じて必要な時に必要な分だけ取り出すことが可能となり、迅速・有効に機能を果たすことが出来る。また、山海の食材も、調味料や香辛料を加えて適度に調合・調理してこその真の珍味・幸が生かされてくる。

殊に、自分独自の味が調合された幾種類かの調味料や香辛料を創作するに至れば、山海の食材に対し自在に応変し千変万化の美味なる調理を作り出すことも可能である。

武道で言えば、幾つかの基本身体則を反復継続的稽古の末に自得し、自己の味付けを加味するに至れば、相手の出方に応変万化した術技・所作の対応が可能となるだろう。

10.「不断（平生）の稽古」と「本番・実戦の勝負」「常をもて手本とす」

術技を実戦・本番で遺憾なく発揮出来るためには、不断の準備（稽古）が必要不可欠である。

初心者はともかく、準備しておいた筋書き通り寸分の狂いもなく術技を再現しようと努める。しかし、実戦・本番に於いて筋書き通り吐出される術技は、寧ろ生半可で生命の吹き込まれていない原型の骸《ムクロ》に過ぎない。形式的借り物として準備されたものではなく、漸進的に反復継続した日常的稽古の過程を通して、熟練された自己固有の熟《ナ》れた術技を自得するよう鍛錬に励まなければならない。

「・・・銃の達人稲富一夢は、百歩にして柳葉を打ち、茅屋《ボウオク》の中に在りて、屋上の鳥の鳴く声にて其の集る処を察し、此を打つにあやまたず打落せり。かゝる上巧（名人達者）なれども、朝鮮の陣の時、敵に向ひては一玉も中らざりしと・・・「慶長軍記」に見えたり・・・世人芸術（武術）を勤むるを非と云ふに非ず。其の芸を講ずるの道を得ざるを痛む・・・」(「剣徴」平山行蔵)。

実戦と道場稽古とでは、既に心構えに大きな差異が存するのである。・・・前述の「刃を遊ばせる話」をも参照されたい。

熟成した個性に基づく固有の術技とは、手本から借用し準備してきた、一時的・表面的に身に付けた物のことではない。真の術技は、完熟し不動心を持って、無為自然の裡に全方位的に臨機応変の対処が可能なものでなければならない。

能や狂言の役者が舞台本番に臨む場合の心得(同じく、受験者が試験場に臨む場合の心得)についても同様であろう。役者の舞台道を説いた「舞台百箇条」(杉九兵衛)に曰く、「・・・稽古に飽くまで、精を出し・・・、さて舞台へ出ては安らかにすべし。・・・惣稽古(予行演習)といふものは、初日より二日も前にすべきことなり。初日の前日は篤と休みて、昨日の惣稽古のことを発々心に思ひ巡らし、気を休めて初日を始むれば、初日より落着きて間のあくことなし。前日にあたふたと稽古し、夜を懸けて物騒がしく、翌日を初日とすれば、悪い・・・此の箇条大切のことなり・・・」と。また「・・・大事は常の稽古に有り、・・・初日は根から忘れて出るなり・・・」とも。

要は、普段の稽古に怠ることがなければ、本番・実戦でも不動心を持って心安らかに臨場(臨戦)出来るとの訓えである。

武道歌にも、『稽古をば勝負するぞと思ひつゝ　勝負は常の稽古なるべし』(「直心影流初伝目録究理の歌」)。『常(常の稽古)をはれ(真剣勝負)はれを常ぞと心得て　はれなる場にて心おくすな』(「騎術藻塩草」)。『百の矢を射ると思へど常々は　只一筋の稽古なりけり』(「諸流剣道指南歌」)等など・・・。

「常をもて・・・手本とす」とは、守破離の「離」の段階に至ること、即ち作為・技巧の施されていない自己の個性に基づく固有の術技の自得を目標とし、そのためには不断（平生）に努力せよとの訓えである。付け焼き刃的に学習された借り物は、糊の確りと効いた仕立て下ろしの着物や筆下ろしの筆のように、どことなく不慣れで折り合いが悪い。着物が身体と一体となり着ていることを忘れたり、筆が手や腕の一部と化すためには、着熟したり、使い熟しと言う慣れ且つ馴染むことが必要なのである。泳ぎの達者は水を忘れ、馬の達者は馬を忘れ、足に適った靴は靴を忘れさせる。

「頃合いの好い温泉に浸かると、褌《フンドシ》を身に付けるのを忘れさせる」とは、横山大観の言であった。熟さず慣れない消化不良の所作や知識は、生命の吹き込まれていない形骸に過ぎない。本番初日の前日は、能く能く心身を休息させ、本番には自然体で常の稽古の成果を十二分に発揮すべく備えるのを好しとするのである。勿論、武道・芸道のみではない。受験やスポーツの試合についても同様の理が妥当する。年齢を重ねると一層その感を深くするのを知るであろう。

11.「律動交替のリズム」と「積極的休息の原理」

我々人間のあらゆる生活の営みに於いては、須《スベカ》らく陰陽・虚実・消長の律動交替と言うリズムを伴う。武道・芸道の稽古に於いて術技が熟成し量質転化に至るまでには、一定日時が経過し、エネルギーの蓄積が必要とされる。

ただ、その間に於ける時々の稽古の過程には、肉体的・精神的調子の律動的消長交替と言うリズム（現代的に言えば、バイオリズムとかサーカディアンリズム）が存在する。この調子のリズムは、四季・昼夜のような自然の規則的リズムのように正確に生じるものではない。外部環境のみならず自己の肉体・精神の好調・不調により、寧ろ、可成り好い加減な不規則・不正確な期間を置いて繰り返される（偏頭痛・神経痛・風邪などを想定してみよ）。問題は、この不規則・不正確な期間を置いて、いつ如何なる時・場合に不調（陰・虚・消・マイナス）の谷が起こるか、そして、この宿命的不調に対し如何なる対応をなすべきかである。

不調の谷を無理矢理に好調の山に転換させようとしても、無駄な努力に終わることがしばしば起こる（株取引を想定してみよ）。不調の谷では、積極的に多くを期待せず成果を控えめに見積もってその範囲で努力しながら、気長に好調の山の循環的回復を待てば、予期以上の成果がもたらされるものである。

無理な努力は、主観的には効果を上げているようにみえても、客観的・結果的には無駄に終わるのみならずマイナス結果となる場合が多い。殊に、ある程度年齢を重ねてからの稽古では、肉体的・精神的不調時に無理な我慢は慎まねばならない。

逆に、不調の谷に於ける控えめな無為・平凡と思われる努力は、客観的・結果的にみればそれなりに将来必ず術技円熟への重要な架橋の役割を果たしているものである。

なお、疲れを引き摺るのは、鮮明な記憶を精神のみならず身体に記憶させるには好ましくない。従って、激しい稽古の後には適度の休息間隔を置き、身体のみならず精神の疲労回復を図るべきである。時間の長短そのものは、必ずしも疲労回復に直接関係することはない。その錬度・精度・質が問題なのである。

生理学者の見解によると、疲労は細胞の物質代謝の過程で生産されるクレアチンなどの有害物質の蓄積による細胞中毒である。随意的に収縮を行うことの出来る骨格筋は、過剰活動を強いられる結果、筋肉疲労を起こすとされる。しかし、筋の過剰活動は、筋を支配する中枢神経系の過剰活動を強要し神経疲労をも起こしているのである。

殊に、余り重くない物を長時間動くことなく（動作を伴わないで）支えているような、筋収縮が機能するだけで筋弛緩の交替を伴わない静的な筋肉運動では、神経疲労度が激しい。収縮している筋肉からの連続的刺激によって大脳皮質の細胞が絶えず刺激を受けるからである。

処で、高度に分化した神経細胞は、自己の機能状態が悪化してくると、自ずから働きを停止する保護能力を持つ。その結果、皮質細胞を過労から守るための保護抑制が急速に発達し、条件反射も低下し、此処に疲労状態がもたらされる。同様に、精神活動が継続させられると、やはり抑制過程の発達により、精神活動能力も次第に弱化していく。

此処で、積極的休息の原理が、疲労対策として一定の効果を上げるのに役立つ。即ち、例えば、仕事に疲れた時の体操が、かえって疲労回復を早める。そのことからも分かるように、良い休息とは仕事を止めることではなく、別の筋肉群を働かせるような運動をすることであり、このほうが疲労回復が速いのである。

武道の稽古方法として、屈曲筋・伸展筋また遅筋・速筋更には左側・右側を交互に用いる術技は、相対的に疲労を回避し得る手段としても妥当である。

しかし、疲労回復に更に効果的なのは、潜在的生命エネルギー（気）が出入りする門戸である「経穴《ツボ》」や気の循環路である「経絡」への適度な刺激（鍼灸・指圧・静的ないし動的な整体）である。経穴・経絡への刺激は、それに繋がる諸器官の活性化を促し、新陳代謝を促進し衰弱したり損傷した組織の回復を早めると考えられる。

日本では古来より、武徳には養生・養心・養身を含意されている。武道の裏技として当身技のみならず調息・調心・調身に、経絡経穴の理が応用されてきたのである。武道整体術（法）の存在する理由が此処にある。

松尾芭蕉も、「・・・股引きの破れを綴り、笠の緒付け替えて、三里（足三里というツボ）に灸するより、松島の月まづ心にかかりて、・・・」（「奥の細道」）と述べているように、医療未発達の江戸時代に於いて、経絡理論は武士は勿論のこと、庶民の嗜《タシナ》みであった。

古流武術では、稽古の後で、武道整体術（調息・調心・調身）を各自ないし相互に行うのを例としている。呼吸法とも深く関連を有する。呼吸法については、別述する。

完全に管理された理想的な環境下での現代スポーツや武道に於いては、術技習得の前提環境として、可能な限りの理想環境状態を想定している。（真の武道からみると）机上論に過ぎない理想的条件を整えて練習をするのである。

しかし、武道術技を実際に必要とする場に臨んでは、理想的環境は皆無と考えたほうが良い。武道に於ける稽古は、理想環境を想定しない。従って、稽古の外的環境整備よりも、修行者の自己管理の一環として、稽古前後の武道整体術（調息・調心・調身）の導入がより一層重要と考えられた。

武道歌にも、『武士《モノノフ》の暑き寒きにわかちなく　野分《ノワキ》をかけて身をさらすべし』（「塚原卜伝遺訓抄」）とある。武士には、理想的環境など期待されるべきでなかった。

因みに、武道と管理スポーツとの差異は、（1）武道には原則としてルールがない（何が起こるか分からない）が、スポーツでは危険な術技を留技とし公平なルールを定めて（ある程度の予測が可能である）勝敗を決す。（2）武道は常在戦場であるから、言葉が悪いが騙し討ち的な不意打ち的術技《サプライズアタック》の使用も必ずしも不当ではない。（3）武道では一本勝負であり、スポーツのような三本勝負・総当たり戦など想定されない。大変・大事に臨んでは、一意専心、一回勝負にすべてを賭けた。

12.「師弟関係」「門人教育」「角を矯めて牛を殺すな」

以上のように不断（平生）の稽古を教授・監督する師や先達は、それなりの心構えを心得ておく必要があった。即ち、武徳を涵養する普遍的修行の場としての道場に於いては、武の絶対者である「武神」を想定している。武神の面前では、十人十色と言われるように個性の違いや長幼・巧拙・経験の長短を超えて、門人である修行者は社会的地位に拘わらず皆平等である。

師は武神の代理人であり、須く弟子に依怙《エコ》の心を持って接してはならない。「人に倚《ヨ》って貴《トウト》く人に倚って賤《イヤシ》きは、大丈夫の深く恥じるところなり」（佐藤一斎）とされた。少なくとも、建て前はそのようであった。

反面、修行者相互間では、先輩や長者に対する敬礼・謙譲の心を忘れてはならない。

更に、道場に於いては、師は武神の意思の体現者（道場管理・安全配慮・武徳や武技の伝達指導をする）であり絶対者である。師が不在の場合は、代行者が武神の意思の体現者としての責任を持つ。

そのため、道場に於いてはそれら先達の言動は武神の言動と同視され、弟子や後輩は先達の言動には絶対的に従順でなければならない。道場内の秩序と安全を保証するため、道場での敬礼・謙譲・従順は不可欠の規範であり、約束事である。

勿論、先達も、武神の眼に適う言動を心掛けなければならなかった。

また、師は弟子を教育しなければならない。江戸時代の教育論に曰く「・・・惣じて人を取り育て申す心持は、菊好きの菊を作り候様には致す間敷儀にて、百姓の菜大根を作り候様に可致事に御座候・・・」（「つらつらふみ」細井平洲）。姿形の見事な菊のみを栽培し、邪魔な枝・蕾を捥《モ》ぎ取り思い通りに咲かない花の未来・可能性を捨て去るべきではない。農作物は、上出来も不出来もそれなりに食用に供すことが可能である。否、寧ろ外観上不出来なものが上出来なものよりも、美味であることも強《アナガ》ちないことではない。・・・無駄なく長所・個性を発揮させ役立たせるべきである。一概に自己流を押し付けるべきでない。

更に、少しの癖・欠点を矯正しようとして不自然な自己流の人為的押し付け教育は、角を矯めて牛を殺す結果となる。即ち、癖は長い間の習慣によって身に付いたものであって、容易な努力では抜け切れるものではない。確かに、理想から言えば癖は良いものとは言えない。

しかし、無理に矯正すれば気勢の流れが抜けたり停留する恐れも出てくる。長期間に亘る熟達した術技は、癖となっている長い間の習慣化した身体的動作と結合して形成されてきたものであり、既に、精神的且つ身体的・生理的な構成要素となっている場合さえある。これらをすべて敢えて束縛・禁圧し矯正すれば、これに結合している末端に至る他の習慣化した変形要素をも、不自然に再教育する必要が生じてくるであろう。

術技にとって最も重要なのは、その効果を効率的に十全に発揮させることにある。そのためには、身体動作の安定性と淀みない（連続的な）技の流れが必要である。

例えれば、歯並びを無理に矯正することは、既に、習慣化した歯の噛み合わせの安定性とそれに結合して形成された他の身体動作をも不自然に再矯正する必要を生じ、かえって身体・精神の諸現象の流れを阻害し不健康をもたらす。歯列や骨格を矯正したためにかえって健康を害したとは、良くある話である。建て前だけの抽象論で、すべての場合に当てはまると考えて、規制しては逆効果を生じるのみである。

但し、幼少時の比較的簡単に矯正可能な時期に於いては、正しく本来の有り様に矯正すべきは当然である。

また、経絡理論からみても、無理な外観的骨格矯正を主眼とする整体術などは、習慣化した自然の「気の流れ」を阻害する恐れがある。須らく、自然の流れこそ重視されるべきなのである。外観的骨格でなく、生命エネルギーである気が潤滑に流れるように、所謂筋を通し流れをスムーズにすることこそ、第一の肝要事なのである。どの程度の矯正が妥当かは、それぞれ個人の個性を充分に勘案した上で流れが不自然にならない範囲で師が熟慮し、必要最小限に止めて判断・決定・指導するのが妥当である。

また、具体的稽古・修行については、原則的には易より難・基本から応用・実から理への教授過程順序が妥当とされた。

一書に曰く「・・・歳十五以下の人には表・掛張（基本の所作動作）を主に学ばしめ・・・筋骨柔なうちに身体つくり・・・幼者同士の試合をば許すべからず・・・殊に気弱き性の人などは、幼年より気崩れて修身の害となる・・・。また、十七八以上壮年の人には、・・・互いに引組んで力のあらん限り働いて強壮屈せず暴虎馮河《ボウコヒョウガ》の勇をも養ひ得るを専要とする。・・・中年以上目録相伝をも受けたる面々は・・・術の精妙を窮め、業を離れずして、心気を練る。・・・外柔らかに内強く如何なる強敵に立ち向かうとも聊《イササ》か心を動かさず、勝敗を度外に置いて深く流意（流儀の真意・事理）を尋ね、実心戎意《ジッシンジュウイ》の修練（真心を持って誠心誠意稽古に励む）こそ願う所なれ・・・」（「武議論」旅川流槍術）と。

反面、指導者の側は客観的にも主観的にも一見不急不要の瑣事や無駄と思われる事柄であっても、心身の鍛錬に励み、柔軟性に富んだ土台を蓄積すべきである。古来より、武道・芸道に於いては、「受身三年型三月」「笑い三年泣き三月」などと称して、一見易しそうな基礎的所作・動作の術技習得過程の難しさを訓える。その訓えに従い、師は弟子の十倍を知り、「不要の要の真意（要の本質は、不要によって支えられている）」（「荘子」）「・・・物事を精しく稽古せむ人は、よろつの道に、・・・よく窮め習ふべき・・・」（「昔飛衛といふ者あり」《改訂史料柳生新陰流（下）》）を体得出来るようにしなければならない。目に見えず、耳に聞こえないにも拘わらず、確かに存在するものがあることを認めないわけにはいかない。

更には、一見すると武道・芸道の術技と直接的な結び付きはないかのような事柄（自然現象・有情無情の万物）・諸芸であっても、技を行使する段階になって、術技を支える非常に重要な所作や精神的土台をなしているものの存在に気付くべきである。

武道歌にも『吹風も雪もあられも咲花も　勤る業の工夫とはなる』（「直心影流初伝目録究理の歌」）とか、逆説的に『世をわたるわざのなきゆゑ兵法を　かくれが《隠家》とのみたのむ身ぞうき』（「柳生石舟斎兵法百首」）とある。須らく諸芸・諸能事にも、心を尽くすべきなのである。そのことが、延いては武道上達への道にも繋がる。

13.「不要の要（無用の用）」の重要性

「不要の要（無用の用）」とは、比喩的に言えば、以下の如くに説明出来よう。即ち、狭間に空いた穴や窓の隙間・戸の隙間・覗《ノゾ》き孔《アナ》・額縁等も、確かに、穴や隙間が空いていることは認識出来る。しかし、穴や隙間が実体として直接見える対象となってはいない。穴や隙間の向こうの対象物や景色が見えるだけで、穴や隙間それ自体は空である。確かに無である。

しかし、そこに存在する空や無は、ある時には外部からみれば枠の中に吸い込まれ閉じ込められていく求心的凝集的効果を発揮している。一般には、絵画の額縁はその例であろう。また、逆に、内部からみれば枠の外に飛び出し広がろうとする遠心的拡散的効果を発揮している。一般には、城壁の銃眼・覗き孔はその例であろう。

その空や無と言う空間は、実体のないそれ自身を通して、ある時は求心的凝集効果を、また、ある時は遠心的拡散効果を発揮する。

即ち、額縁では、客観的には背景に存在する対象物や景色を画定し、求心的凝集（時としては、遠心的拡散）と言う動的効果を与える。銃眼や覗き孔では、主観的には覗き主体に対して、遠心的拡散と言う動的効果を与える気配りをなしているかのように感じられる。

このように枠に嵌められた向こうの対象物や景色は、最早や漠然とした対象物や景色ではない。それは、全体から切り取られ、集約され・限定された対象物であり景色なのである。島根県太田市にある足立美術館を訪問すれば、枠に取り込まれ集約・限定された対象の微妙な効果を垣間見ることが出来る。

心理学的にも類似現象として、他の領域から浮き上がって見える図に比較して、背景となっている地の関係にあるものに対しては抑制作用が働くとされる。地によって、焦点になる図が意識的に取り出され、より鮮明になる作用が働くのである。

縁先に座って薔薇を眺めている場合、薔薇に見惚れている間は薔薇の背後の街路樹は背景に沈む。小鳥の鳴き声・風の戯れ・土の香り・音楽などさえも、殆ど意識に上らない。深夜に天空の星を観る場合でも同じことが起こる。

図は地の反面である。近接したもの・類似したもの・閉じた形・纏まり易い形態・連続し易い形態は、図として浮き上がり易い積極的要因である。

図は反面として、常に地を伴っている。

地は図に比べ消極的な要素であるが、それは図を際立たせるだけでなく、図の意味を限定し具体化する地平であり背景である。価値付けの焦点は図にあるが、図を価値として且つ意味として成立させているものは地なのである。

一見同じ図であっても地が異なると、図の意味と価値は全く異なり得る。図と地の関係の総体が、生体と世界との関わりを表現するのである。

構造変換の単純な例としての「白黒のチェック」は、黒が図で白が地と見えることもあれば、白が図で黒が地と見えることもある。絵探しで、探し出すべき図の指定がなければ、変換は一層困難である。

探し出すべき未知のあるいは既知の図に対する主観的構えが構造を変換し、中心を移動するように歪力を与え、新しい構図を誘うのである。

ともあれ、一見すれば無用（不要）と思われる「枠」も、ある状況下にあっては外部から空間の中心に向かう動因を、また、別の状況下にあっては空間の中心から外部に向かう動因を潜在的に内包している。即ち、全方位に向けて内からは放射的発散の働き、外からは求心的凝集の働きの契機を孕んでいるとの意味と、確かな画定性を持った枠なのである。

枠に嵌められた対象物や景色が、求心的凝集的効果を発揮するか、逆に遠心的拡散的効果を発揮するか（「焦点となるか背景となるか」「図となるか地となるか」）は、外的・内的環境条件や見る側の主観により異なり得る。

子供の頃、内を黒く塗り潰した画用紙を丸め天空の星を眺めた記憶がある。そこには明らかに観測の対象として求心的凝集的に限定され、くっきりと浮かび上がった星や月を取り出して確認出来たものである。

集約し限定する枠組としての空や無は、それを通して求心的に凝集され、ないしは遠心的に拡散される契機を持つ対象物や景色を明確に画定する。最早や、空や無が無駄とは誰も思うまい。額縁にしても、如何なる機能を持つか。素人は、その機能を厳密には定義付けられなくとも経験上、全方位に働き掛け集約・限定（画定）する機能を持つことに、漠然とではあるが気付いている。

また、地上での実際の足の踏み場所としては、ほんの僅かしか必要とされない。しかし、足が踏んでいる場所を除いて、その周囲全体に地獄の底まで通じる深淵を穿《ウガ》ってしまってみよ。周囲（背景）を失ってその深淵に臨む時、人は、最早やその踏場に立ち止まってはいられまい。

殊に「延長・周辺・背景に存在する意味ある無駄」の範囲、即ち、物事が他との連関に於いて持つ価値や重要性は、それに関わる人により内外諸条件により個人差があり、一概に確定出来るものではない。

しかし、人は、心理的に必要とする周辺や背景の意味のある無駄が、確かに必要であり存在することは認めないわけにはいかない。この意味ある無駄なくしては、我々は、最早や日常を生きてはいけない。

因みに、古来より武道家が物我一体・無心自然体を体得する鍛錬法として、広さは足場が確保される程度で高さ一メートル程の柱上に立つ訓練をする。最初は、床の上で広さを限定して立ち、次第に、その広さは狭められ且つ高度を増していく。最終的には、最早や広さ・高さに幻惑されることなく、立身中正を危なげなく保つことが出来るようになる。同じ理屈で、武道鍛錬の一過程として、十数メートルの高さの橋の欄干上を歩いたり走ったりしたとの江戸時代の記録もある。「無眼流」の名称起源を想起されたい。

更には、網で小鳥や魚を捉える場合、有用なのは網の一目に過ぎまい。しかし、その一目が有用なのは、その延長・周辺・背景に多くの他の無用な網の存在があるからだ。

有機的関連性のある無用な物が延長・周辺・背景にあるからこそ、初めて有用な物も機能する。そこでは、有用と無用は相互・相対的に関連性を持って機能し、ある時の有用は別の時の無用にもなる。相互の有機的関連があってこその、網である。それは、蜘蛛の巣についても、竹笛の穴についても同様のことが言えよう。

網の一目・巣の一目や竹笛の一穴は、直接見ることが出来る。しかし、実は、直接には見えず・聞こえずにではあるが、有機的関連を持って延長・周辺・背景として有用に貢献している不要の要が多く存在することに、寧ろ心すべきなのである。ある一場面・一時期のみに捉われて、物事を不要・無用・無駄と判断してはならない。人物を観る場合に於いても、有機的一体として観察すべきなのは共通する理である。

特定の刺激に対して、かつて経験し身体に記憶され潜在化した多数の部分が網の目のように張り巡らされる。それらの複数部分が、無意識の裡に有機的に相互に関連結合し、全体に亘って新たな反応を惹起し、予期しない質的転換を遂げることがある。

このような多数の経験が潜在的記憶と化した部分は、特定の事柄と一体化して表面化するまでは、ある意味では背景であり不要である。しかし、それら各部分が有機的に相互関連し結合ないし融合して一体化した総体は、個々の部分自体では見られなかった新たな特性を持つ機能的総体に転換する。普段は潜在化しているが、ある特定の場合に新たな反応を可能とすると言う意味では、不要の要の一例である。

かつて、「人間は将来に於いて、宇宙食のような丸薬やチューブ入りの『完全栄養のエッセンス簡易食』を常食するに至るであろう」と述べた有名学者がいた。処が、現在では寧ろ人の健康にとっては、周辺・背景として無駄とされていた食物繊維の必要性が宣伝され、食文化のムードにさえなってきている。

同様のことは、人体にあっても医学上は不要と考えられていた盲腸・扁桃腺・知歯（親不知）なども、実は何らかの存在意義があるとされるに至っている。

一見不要と思われるが、実は意味のある不要が存在するのは事実である。

このように普段気付かぬまま、「集約・限定（画定）的な機能を有する不要」や「要の延長・周辺・背景に残された不要」、更には「相互・相対的な有機的関連を有する不要」と思われるものの御蔭で、我々は目に見えないあるものの存在に気付かされ、精神的ないし心理的に安定感・安心感を与えられ、大自然の中で不都合なく日常生活を送っていられる。

これらの不要とは、実は、意味のある外観形式的・暫定的無駄である。潜在化している有要・有用と言っても良い。物事は、相手や周囲環境との相対的関連と調和が十全に成り立って初めて真の意味が規定され認識出来るものである。

このように、普段は気付かず現在ただ今は不要と思われる努力も、要の意味を集約・限定（画定）し、要の延長・周辺・背景を形成し、要との有機的関連性ある網目を拡大していき、必ずや、将来無意識の裡にいつか・どこかで・何かに役立つと言える。言わば、一見して不要の要と言われる事柄は、現在ただ今は潜在化しているに過ぎないと考えれば良い。

ただ、我々の存在に直接関わる内外の環境は、地球上に於いては有限の存在である。そのために、意味のある不要の範囲や単なる無意味な無駄との境界を区別確定して行動（武道修行）する必要がある。それは極めて難しい。だからこそ、意味のある（有意義な）無駄の範囲を訓えられる、先達としての良き師や良き先輩の存在が必要且つ重要となるのである。

武道歌にも、『分け登る麓の道は多けれど　同じ高嶺（雲井）の月を見るかな』とある。極意・悟りに至る方法手段は、数多く存在する。最短の道と思い込んだ道は、実は、最難の険路であるのが通常である。また、迷路に迷い込むと最早や山頂への到達は適わない。樹海に迷い込むかも知れない。最適の「急がば回れ」に例えられる意味ある外観形式的・暫定的無駄な道が確かに存在するのである。

しかし、我々は、一見無駄であるが実は最善・最短の道を知らない。この秘歌の表面的意味は、目指す奥義は同じとの意であるが、奥義に至る善き過程を良き師による先導・助言の下に歩むべき重要性をも示唆していると解されるし、そのように理解すべきでもある。

眼前の利益・価値や効率のみを追求する現代の風潮は、良き先師の意味ある（有意義な）無駄を訓えている言動に容易には馴染まない。

不要・無用に対する認識を通して、人の主観的認識が周囲の客観的存在状況を正しく反映出来る能力（正しい認識能力）が涵養され、外的周囲環境に惑わされることのない適切な行動へと導かれるのである。

14.「必然と偶然」

人の意識は、一方では客観的に存在している状況を受動的・消極的に受け入れ、反映したものである。しかし、他方では、人はその意識を媒介として、客観的に存在している状況に対し能動的・積極的に働き掛けをなし、行動を起こすことも出来るのである。

従って、人の意識が、客観的に存在している実際の事柄の状況や本質・法則性を正しく反映しているなら、外的周囲環境や対象に対しても正しい対応（ないしは、間違いの少ない対応）が可能となるのは当然の帰結である。

しかし、人の意識は通常、恣意・主観・欲望によって、特定の事柄に捉われる。即ち、あらゆる過程に於いて、多種多様な外的周囲環境や条件が様々な態様で直接間接に人の意識に関わりを持ち影響を及ぼしている。のみならず、人は自分の恣意・主観・欲望と言うフィルターを通して、特定の事柄・側面に捉われている。

殊に、武道に於いては、外的周囲環境や対象（相手）に対して正しい対応が可能となる心身状態を常に備えておく必要がある。

即ち、外的周囲環境や条件の影響を冷静に受け止め、特定の事柄・側面へ執着し捉われることもなく、自己の意識が自由に働くことが要求される。所謂、不動心・無心・自然体をもって対処することが必要なのである。

そのためには、普遍的な予測可能な範囲内で必然的に発展する過程を通して、反復継続的稽古の蓄積成果と言う実践的経験を、個人が具体的に体得・感得していく外ない。これも実践智の応用である。換言すれば、知識ではなく経験によって培われた「勘」を重視すべきであり、その働きに頼るべきなのである。

また、ある事柄が出現するに際して、一定秩序・一定法則に基づく普遍性も予測可能も存在せず、従って、その事柄の出現を予め予測し確定することも不可能な偶然的状況に遭遇する場合がある。

あらゆる事柄の関連と発展は、必然性の側面と偶然性の側面の両面を含んでいる。事柄は具体的状況によっては必然と偶然の間を流動的に変移し、複雑な様相を呈してくる。

多様な事柄の発展過程の中で、我々が種々の動揺や偏差《ズレ》を絶えず経験するのも、具体的状況によって必然と偶然が極めて流動的に変移するからである。

武道に於いては、単に外的周囲環境のみならず、対象となる相手の存在を前提とせざるを得ない。相手が誰か・周囲の外的環境が如何か等、内外の条件によっては、予測に反する可能性が多分に生じてくるものである。

しかし、武道に於ける外的周囲環境に限定して言えば、偶然性の側面は一定の普遍的秩序・客観的法則性を根本的に変化させる程大きな影響は与えない。

蓋《ケダ》し、武道に於ける普遍的秩序・客観的法則性は、反復継続的稽古の蓄積成果と言う実践経験から得た、蓋然性の高い（その意味では、近似値としての普遍性・客観性であるが、神ならぬ人としては当然である）認識や知識であり、具体的に身体が記憶していて勘と言う形で獲得される。他方で、武道に於ける偶然性は、一般的には人が未だ自得していないし、身体が記憶するに至ってもいない、通常暫定的・一時的・一過性のものであり、頻繁に遭遇するものとは言えないからである。

暫定的・一時的・一過性に終わるか、更に、それを我々の身体に記憶し自得させて普遍的秩序・客観的法則性に組み込むに至るかは、実践的過程である反復継続的稽古に踏み止まって、如何にして忍耐・我慢との勝負に打ち勝つかに懸かっている。反復継続的稽古の蓄積成果として克服出来る自己コントロールが可能なものは必然の範疇である。

例外は原則を炙り出す機能を有するように、忍耐・我慢して注意深く観察すれば、形式的偶然的に出現した、個別の事柄と言う例外の中からでも、発展の必然性の要素と言うべき原則を発見出来るものである。対象となる相手に対しても、須らく、相手のプラス現実を、自己のプラス現実（相手のマイナス現実）に転化する咄嗟の工夫が肝要であり、これも勘の働きである。

体術（合気道・柔道・空手など）で例えれば、彼の吾に対する攻撃を、吾が受動的に転換入身を施したり、能動的に入身転換を施すことによって、そのまま彼自身に対する吾の攻撃に転化することは頻繁に起こる。逆に、吾が仕掛けた彼に対する攻撃技に対し、彼が転換入身ないし入身転換を施すことによって、吾自身が自滅することとも経験するところである。

ある側面の可能性を、一面的・恣意的・主観的に予測するだけであってはならない。稽古の段階では、比較的順調に機能している可能性を予測するだけでなく、最悪の可能性をも予測し稽古しておかなければならない。そうでなければ、困難な状況に遭遇すると戸惑いを生じ、全く受身・消極的な立場に陥ってしまい、手も足も出なくなることがしばしば起こり得る。

15.「現実と可能性」「負けに不思議の負けなし」

可能性と現実性は密接な関連性を有する。

可能性は、発展の過程を通して一定条件の下でのみ現実化する。そして、可能性が現実に転化し、転化した現実の中に新しい可能性が生じてくるのである。

武道に於ける可能性は、現実へと転化する十分な客観的根拠を持ったものでなければ存在意義があるとは言えない。

最も重要な実現可能に至る客観的条件・根拠と言えるためには、正しい認識に基づくことが大前提となる。その上で現実化が可能となる目標設定を置き、目標に向かって正しい指導が行われることが必要である。

従って、自然の法理を無視して、左足が沈まぬ裡に右足を持ち上げて水上歩行が可能となるとする荒唐無稽な術技や、手掌からの気を操って共鳴を惹起し、雲を呼び雨を降らすことを可能とする針小棒大な気功術などに対し、正しい認識を持った注意深い批判精神で当たらなければならない。

前者は、大前提となる重力・比重の法則を無視し、大局を有機的一体として観察しないで目先の部分的現象を恣意的に解釈しているに過ぎない。また、後者は、波動的気エネルギーの存在は認められるとしても、大宇宙自然の伸縮・開合・循環の法理に逆らって、膨大な自然のエネルギーの流れを僅かな人の微弱エネルギーをもって恣意的に変えられるかの如き虚言を弄するものである。

これらは、実現不可能な事柄を、詭弁・屁理屈をもって現実可能な事柄であるかのように恣意的・誇大妄想的に創作し、真面目な好奇心ある大衆を虚仮《コケ》にしたものである。

実現可能となる客観的条件・根拠として、反復継続的且つ漸進的稽古の蓄積が挙げられる。

そのためには、労を厭わぬ努力と、苦労を甘受する覚悟・忍耐・我慢が必要不可欠となる。このようにして、事柄が可能性から現実に転化するには、幾つかの必要条件が考えられるのである。なお、武道に於いては、必要条件なるものはあっても、究極に十分とか終点と言うものは存在しない。

先ず、可能性が現実に転化する対象（例えば、武道に於ける基本的術技）を確実に把握する必要がある。その上で、可能性を現実化する必要条件を考察すべきである。更に、合目的・合法則性に適った反復継続的実践行動（荒唐無稽・針小棒大に迷わされない正しい認識と稽古）を行わなければならない。

例えて言えば、植物の種子は植物に成長する潜在的可能性を持っている。しかし、適当な土地・湿度・温度・肥料などの諸条件が満たされ且つ自然界の法則に従わない限り、この可能性を現実に転化出来るものではない。また、植物の種子が植物に転化する過程では、種子の皮を突き破る潜在的エネルギーの蓄積や努力も必要不可欠である。

武道上達の過程でも、正しい認識に基づく目標設定・良き指導者の存在・一意専心的反復継続的稽古の蓄積（潜在的エネルギーの蓄積）が必要不可欠なのである。

因みに、世阿弥は能が物になる（上手・達者になる）ための条件として、素質・意志・師の三つを挙げている。しかし、能は飽くまで、見世物としての芸道であり、観客の評価こそ最も重要である。その意味では、見せ場の素質有る者だけが、その道を究めれば良いとも言える。

これに反し、武道は自己の生死・生き様に関わる人格形成の道であり、見世物ではない。すべての人を対象とした、ある意味では教育であり生活ないし人生そのものでもある。従って、素質の要素は二次的である。

武道にとって上手・達者になる最も重要な要素は、良師と素直と強い意志を持った反復継続的稽古である。武道秘歌にも『器用とは好きているこそきようなれ　生れつきても射ねば無器用』（「吉田流弓法拾徳之歌」）とある。

「勝に不思議の勝あり。負に不思議の負なし。」（「常静子剣談」）と言われる。現在ただ今は直接役立つことがなくとも、油断のない日々の厳しい稽古内容過程を通してのみ、大事や大変に臨んだ時、相手の実体を喝破《カッパ》し、安心感を持って自然体で対応出来る土台が培われる。日々の稽古あればこそその勝利と言う修行心理の妙を衝いた至言である。

幸運の女神の眼に留まり偶然の勝ちは有り得るが、逆に、負けにはそれなりの心に思い当たる理由・原因が存在する。試験に失敗した時、あの時やるだけやっておけば、それなりの結果を得たとの悔悟の念を誰しも経験するものである。

「玉簾不断」と言う禅語がある。滝を見よ。水玉は一滴一滴であるかも知れない。しかし、それが連続して流れ落ちる時、途切れ絶えることがない。武道を始め芸道に於いても、一瞬の油断（稽古の途切れ）こそ究極の敵である。やはり、「更に参ぜよ三十年」「初心不可忘」の心を忘れてはなるまい。

また、指導者は透明な心を磨いて事に当たるべきである。あらゆる事柄に於いて弟子より超越した精神と技を体得していれば、明鏡止水の境地に至り、依怙の心と態度は存し得なくなるものである。

更に言えば、真剣な稽古には寧ろ危険は少ないとされる。馴れ合いや恐れの心を持った稽古は不注意・傲慢・狐疑逡巡の心を生じ、かえって危険を伴うのである。

16.「奇計（策）と正道」「例外と原則」「戦わずして勝つ」

ただ、技には実を避け虚を撃つとか、奇をもって勝つと言う面がある。兵法（平法）の駆け引きで、意表外の手段で強敵に立ち向かうことも勝利を得る一手法である。奇計・奇策を練り必勝を期すべきと説く者も多い。「孫子」も、「・・・奇を出す者は、窮み無きこと天地の如く竭《ツ》きざること江河の如し」と言う。正だけ知って奇を知らぬようでは、実戦の波瀾は乗り切れないと言うのである。

また、「太公兵法」（六韜《リクトウ》）も、「・・・資《ハカル》は敵と家《ワレ》の動きに因り、変《カワル》は両陣（陣）の間に生ず。・・・善く敵に勝つ者は、未生に理《オサ》め無形に勝ち、戦の上なる者は共に戦うこと無し・・・」と述べ、正と奇を臨機応変に使い分けるには、予め情勢を見極め先手を取って備えを整えるを良しとする。事前に敵情を知り先ず形勢を制し、可能な限り現実の戦いは避けるべきと言うのである。

これを勝つことの意味に視点を置いて考えれば、個人的兵法（武術）に於いても何ら異なるところはない。予めあらゆる情報を収集し相手の虚を見極め、正と奇を臨機応変に用いその虚を先手先手と攻める。武道（武術）に言う、先の先を取ることと同じ発想である。より哲学的意味に於いては、不断より武蔵の言う当たらざる身体を涵養していれば、武（剣）技に頼ることなく、既に無形の裡に勝ちを収めていると言えるのである。

武道歌にも、『ふると見ばつもらぬさきに打はらへ　風ある松に雪をれはなし』（「示現流兵法書」）とある。

武道（武術）で言う先の先（心法）とは、予め敵情を知って正と奇の応変・使い分けにあるとは言え、極意として、究極的には武（剣）技と言う客観的・物理的威力への依存から脱却し、当たらざる身体の涵養に努め、戦わずして制す・勝って後戦うことを目標に置くべきなのである。

ともあれ、武道修錬は人間（人格）形成の道である。

初心者は、早急に効果が上がらずとも武徳の涵養に努め、右顧左眄《ウコサベン》することなく、正道を先ず習得すべきである。一時的に有効である奇を衒う技のみに執着することは、極力避けなければならない。

依怙の心を持って、偏った奇策的価値観のみに捉われ、恣意的自己流に陥ってはならない。身体則に則った、必死三昧の稽古や鍛錬は不可欠である。とは言え、弾力的精神を失うべきではない。

執着し過ぎると、唯一の事柄しか成し得ない・見えない・聞こえないと言う欠陥に陥る。また、確たる目標もなく物事を直線的・平面的・惰性的に追求すると、知識・記憶は無意味に蓄積され、そのこと自体が自己目的化し、漠然とした事理を小手先で操ると言う自己満足で終わってしまう。

正道とか原理・原則と言われる全般に亘る多くの事柄や術技は、単調で詰まらぬ基礎・常識から始まる。それがまた、武道修行者にとっては落とし穴でもある。

武道歌にも、『いつとなく修行の功は積ものを　若葉の色に迷ふはかなさ』（「山田光徳伊呂波利（理）歌」）とある。しかし、経験した事実は、身体の内奥に沈潜し身体が記憶（体得・感得）していく。自身による小さな努力の積み重ねが、個性ある果実を作り上げる。

意識的場合は勿論、無意識的繰り返しの中で、気付かぬ小さな発見と創造をもたらし、明確には確認出来ない漠然とした不確かな網の目が張り巡らされる。

それらは、表面的には無関係な事柄のようであるが、実は連鎖性を孕んでいるのである。反復継続的稽古は、能動的に身体動作をある方向に整序し、統合を容易にする回路を形成する。一見無用・不要と思われる事柄こそ、実は重要な核を創造しつつある。

最も詰まらぬ基礎・常識（不要の要・無用の用）と思われる事柄が、結果的には最も多くの物を与えてくれる。

このように、多くの実用的基礎や常識は、反復継続の苦労の末にのみ身に付くものである。

一般に、人はある技の事理を習得すると、更に、新しい高度な術技・技能・知識を求め上層部に積み重ねようと努力する。しかし、時間が経過するにつれ、堆積された下層部分は次第に薄れ忘れ去られ、「基礎や常識は、単純簡易だと錯覚」してしまう。

最も容易《タヤス》く思い出せる基礎や常識は、実は最も表現や説明のし難いものである。不要・無駄だと錯覚しがちな基礎常識の重要性を忘れることなく、奇をも含む正道とか例外を含む原則を体得すれば迷いや執着から解放され、自然体で行動出来るようになる。

その段階に至ると、咄嗟の機転で無意識の行動原理（勘・第六感）に従った応用自在な行動が可能となる。

多少例えが正鵠《セイコク》を得ていないかも知れないが、大河は多くの支流から清濁（正道と奇策・原則と例外・陰と陽・虚と実）を含むあらゆる物を呑み込む。静かなる時は汚濁（奇策・例外・陰・虚）を川底に沈潜させ、しかもその表面はあたかも滔滔と清流（正道・原則・陽・実）が流れている。しかし、一旦波瀾が起こるに至れば、汚濁を表面に顕在化させてくる。このように、真の武道習得の結果は、清濁併せ呑む大河のようでなければならない。

例外のない原則はないのと同様、奇策のない正道もない。宇宙自然の法理からみれば、例外は原則の弾力的拡張解釈の範囲とも言えなくはない。奇策も正道の余裕（遊び・ゆとり）の裡とも言える。

原則は典型的定型を訓え、例外は気付かぬ細事の本質を炙り出す。同様に、奇をもって、初めて正の本質を知ることもある。

新しいやり方も、すべてかつての他の古い様式を土台とする。同様に、奇策もかつての正道を土台に踏まえている。しかも、歴史は常に繰り返される。

逆に、例外が原則に転化することがあるのと同様に、奇策が正道となることもある。突然変異もかつては正常な母体から生じ、そこからエネルギーを受けた異端児であった。突然変異は消え去ることが多い。が、時として生き延び長い過程を経て常態となることもある。

かつて、幼稚園児が人間は猿から進化したと訓えられ、猿を飼育しいつになったら猿が自分の弟（妹）になるかと期待し観察を怠らなかった、との話を聞いたことがある。

通常の時間スケールでは、猿をいつまでも飼育して待っていても、人間には進化しない。しかし、エネルギーが蓄積され、突然変異の過程を幾度となく経て猿は人間にまで進化した。広義では、これらも陰陽の理・量質転化の理に基づくと言えよう。

一般的に言えば、本質的部分について根本原理が変わることは希であるから、正道や原則に従うのが正当である。しかし、周辺部分については、従来の考えを捨て新しい仮説に正当性を求めることが必要とされる場合も多い。常識的には、奇策に拘泥すれば、その奇策は普遍化をもたらす。人口に膾炙《カイシャ》し免疫性を獲得すれば、奇策性は消失する。最早や、奇策の所以たる特効性をも消失する。

人は予期しない偶然に出会うからこそ、驚愕し・心理的動揺を来し崩れ敗れ去るものである。しかし、予期しない偶然も当初は新鮮であるが、常用し普遍化すれば早晩《ソウバン》それは色褪せ萎《シナビ》れてくる。

古来より、奇策とは百に一つも用うべきではない。九十九まで正攻法で押し、後一つで奇策を用うれば見事に効果を発揮し得ると言われている。奇策を成功させるためには、先ず正道や原則を知り、それを踏まえた上で密かに奇策や例外を磨き、それを特殊化し条件付け自働化させ大事・大変に備える必要がある。

そしてまた、静かなる時は大河のように正を河面に、奇は河底に沈潜させ「秘する心」を保持しなければならない。それは、相手にとっては新鮮な驚きであるからこそ奇策・例外なのである。

しかし反面、奇策・例外とは言え、自己にとっては究極的には日常の反復継続的鍛錬を通じて、例外としてではなく寧ろ原則の範疇に組み込まれていくべきものである。

注意すべきは、武道の奇策とは、単なる意表を衝く予想外の技と言うのみではない。奇策は捨身的要素を多分に有するが故に、我が身の無事を願わず生死を超越して見切る不動心が伴わなければ、十全には有効的に使い熟すことは出来ない。

17.「発想の転換」「順逆の理」

思考や行動が、今・此処・私と言う自己中心的・主観的な状況の下に置かれると、癒着・執着・偏見・一方的・恣意的状態に陥り、自閉的となり易い。そうなると、最早やその泥沼から抜け出すのは容易なことではない。

このような囚われから解放され、より高度な社会性を備えた知的思考や行動を獲得する方法としては、発想の転換の理がしばしば有効となる。

明らかに共通の社会的行動の相手が予想される場合は、言語などを使用することを通して、共通の型と意味を獲得し且つ共有し、共通の可能性の広がりを得ることが出来、自閉状況から解放され得るものである。

例えば、我々が難問に直面すると、独り言を呟きながら考えることが稀ではない。この場合、自分自身で思考することが自己との対話である。一般に、伝達的な言語は、非伝達的な思考の媒体となっている。そうだとすれば､自己に語ると言う意味で､独り言は思考の媒体としての重要な役割を果たしているに違いない。

重要なのは、自己中心的な言語、即ち自我とそこから派生した所産としての自閉的思考と、社会化され自由に解放された知性的思考とを明確に区別すべき点である。

自閉的思考は、無意識的であり、現実に適応すると言うよりは、自我の願望を満足させようと努め、自分一人で想像的現実や夢の世界を創造する白昼夢的思考である。

子供の思考は最初は自閉的であるが、現実に適応する過程で次第に社会化され、より意識的合理的な自由に解放された知性的思考へと移行していく。

これは、思考が今・此処・私と言う状況への囚われから解放され、より高度の有効な社会性を備えた知的思考を獲得するに至ったことを意味する。

処で、発想の転換とは、物事の関係・法則を知り、順逆を使い分け、逆からの対応ないし新しいことに、自由に解放された目を向け考え方を変えてみることを意味する。

左右相称（対称）の動物では、概ね頭頂の方向と行動の方向が一致している。しかし人間は、足で立つことによって頭頂の方向と行動の方向が分離するに至った。

その結果、目の方向である「前」が実用的価値の方向であるのに対して、頭頂の方向である「上」は非実用的であり精神的な価値の方向である。足の方向である「下」は、寧ろ実用的であり精神的には反価値の方向となると考えられる。

しかし、容易に向きを変えることが可能だと言う空間的体験を通して、我々は主体的に多様性を可能とする非等質的空間は忽ち等質化されることを知っている。向きを変えれば、前は後になり、右は左となるのである。

最も向きを変えることが困難なのは、上下の交換である。上下と言う異質性は、空間それ自体が持つ価値として、上は上・下は下と固定される傾向がある。しかし、日常的には上り・下りの体験などを通じて次第に等質化されてきた。

身体の向きを変えることは、他の視点に移ることに外ならないから、この対象化され等質化された空間は、多くの主観の共有物としての普遍的な空間に外ならない。

かくして行為に於いて、前後・左右・上下を逆転することから、観念の中で前後・左右・上下を逆転することへと位置転換が行われ、空間としての空間が自覚されてくる。

このような反省意識は、行為のレベルから観念のレベルへの位置転換を可能とし、我々に「反省としての対象」と言う観念を成立させる。

それは、対象を対象そのものとして、世界を世界そのものとして把握させることにより、我々を癒着した環境や、その環境が不断に我々の行動を巻き込むことから、我々を解き放すのである。

例えば、誰でも体験したであろう迷路の逆走（迷路を出口から逆に辿る）によって迷路を貫通し得たとか、逆知覚（股の間から風景を逆さに見るなど）によって新しい発見や感動を体感するなど・・・。

知覚は、行動の粗筋を描いて現実の行動を導くだけではない。知覚によって、現実にその都度行動することなく、実践的関心のある側面や性質に着目し、それを抜き出し捨象し抽象化・普遍化する。

即ち、知覚によって、「見るために見、聞くために聞く」と言う相対的には非実践的な真理を観察し得る。同時に知覚は、対象を、主観を交えずに冷静に直感的・客観的に認識し得る源ともなる。

情動もまた、知覚や行動と結び付いて知覚的現実を情感的に価値付け、現実的に行動を側面から支持する。

情動は想像力を駆り立て、想像は情動を刺激すると言う、相互関連性を有している。想像力は、知覚や情動にも増して現前する自然的諸条件に捉われることなく自由にイメージし得る。想像力は、本来分離すべきであるのに癒着していた自然的諸条件から、人間を解放し得ると言う意味で、人間の自由の程度を端的に示している。

体験の変質に伴って時間的・空間的形式も変化する。さっき起こった現象（記憶）と同じ現象が今起こり（知覚）、また、再び起こるであろう（想像）と言うように、位相性・周期性が確定されてくる。

そして、一度現象の位相性・周期性が確定されると、位相的・周期的な現象は複数の間隔のある日など質的な時間を等質化し、一個の主観としてではなく多くの主観の共有物とでも言える普遍的な時間を測定する尺度となり得る。

武道・芸道に於いて秘技・極意を体得するには、「発想の転換」を習慣付けることが極めて有効である。一般の人の気付かない点に着目し、他人が未だ行使したことのない方法や手段を試してみるのである。

古代中国、周宣王のお抱えの天下無敵の力士商邱子が、その秘訣を語って、曰く「・・・人欲見其所不見、視人所不窺。欲得其所不得、修人所不為・・・」（もし誰も経験したことのないものを体認しようと思うなら、他人の窺い知らぬ物や場所に注目するのが良い。また、誰も未だ到達していない境地に至ろうと思うなら、他人の未だ試みていない方法手段を先ず試みてみよ・・・）「列子」（仲尼篇）と。

一般人は、目前の物を見たり聞いたりしていながら、漠然と惰性に流され、心此処に在らざれば、実際には何の意識も働かず、何も見ていなかったり・何も聞いていなかったりすることが良くあるものだ。

「見て観えず・聞いて聴こえず」とは、良く言われている言葉である。

我々は、漠然とした意識のレベルでは勿論、実は深層心理の無意識レベルにあっても主観的・恣意的に外界の対象を取捨選択して認識しているものである。我々は、視覚や聴覚を主とする感覚領域に於いては、対象となる事柄を主観的・恣意的に限定し、一隅のみを見たり・聞いたりしている。

順逆の理・発想の転換により、一定の纏まりを保っている既成の秩序を一旦バラバラに崩せば、そこに新鮮な発見や感動や創造が生まれてくるものである。

武道術技操作に於いても、右利き技に対し左利き技で対応し、剛の攻勢に対しては柔の受けで対応すれば、往々にして良く勝ちを得る。屈曲に拘るには伸展、伸展に拘るには屈曲で臨むのも、良い効果を上げ得る骨（要領）である。

同様にスポーツでも、腹面跳びで行き詰まったなら背面跳びを試み、ストライド走法に行き詰まったならピッチ走法を試みるのも、発想の転換としてしばしば良い結果が得られるのも良く知られた事実である。

此処で重要なのは、順逆の理・発想の転換が飛躍的有効に機能するためには、原則として逆（陰・虚・伸・脱）に挑む前の順（陽・実・縮・凝）の過程を、徹底的に経験し鍛錬し、なお行き詰まり外に手段方法を考え付かないことが前提条件となる。

順の過程を経てきた者が大きな壁に突き当たった場合にこそ、逆の方法手段が重要なヒントを与えてくれると言っても過言ではない。

順の経験度や徹底度が大きければ大きい程、逆に転換した時の効果も大きい。陰陽の理によっても、振幅が大きい程、順逆・転換の場合の効果・驚きの幅も大きくなる。陽極まれば陰となる理である。他の手段方法が存在し、順逆の理や発想の転換に疑問を持っている段階では、それほどの効果は期待出来ない。

本人は、順に拘り頑固に凝り固まっている。しかし、実は既に逆の兆しは芽生えている。本人だけは気付いていない。機を逸することなく、信頼関係にある良き師が後ろから軽く押してやるだけで良い。誰しもその効果の大きさに驚く。あたかも新発見の身体則のように喧伝される。逆に、鍛錬に裏付けられない発想の転換は、机上の空論に終わる。

その例を挙げれば、ある武道評論家が武道の極意は力を「溜めない・捻《ヒネ》らない・捩《ネジ》らない・踏ん張らない・・・」ことにあると述べている。可成り常識に反する発想である。ある特別の場合を想定している限り、それはそれで良い。しかし、勿論一般論としては、間違いと言わざるを得ない。

「溜めない・捻らない・捩らない・・・」のは、鍛錬した者が既に潜在的に蓄積されている筋力パワーを、「溜めない・捻らない・捩らない・・・」と言う脱力状態で、バランスを保って継続的・流動的・弾力的に最善の効果を発揮する場合についてのみ妥当する。

即ち、溜めないのは、溜められているパワーを無駄なく効率的に吐き出す（発揮する）ためである。意識的に捻らない・捩らないのは、捻り・捩り・鍛え上げたものを脱力状態で、無心の裡に自然体で無駄なく「捻られ」効率的に発揮・伝達することが可能なためである。踏ん張らないのは、言葉の綾であり踏み込みの静的反作用を効率的に利用するためであったり、踏ん張る土台の脆弱さを前提としたためであろう。

パワーを十全に発揮・伝達するには、バランス良く鍛錬された筋肉から生じる調和された有機的統一力が必要である。そのためには、エネルギー・パワーが充分に蓄えられ、鍛錬された弾力的柔軟性ある筋肉が左右から各層交互に螺旋的・段階的円錐状に堆積され、それによってバランス良く全方位から相互にサポートされた状態になければならない。全方位的に螺旋的・段階的円錐状の鍛えられた弾力的柔軟性ある筋肉によるサポートなく「捻らず・捩らない」パワーの出力などは、真に脆いものである。

例えれば、消防用ホース外形全体の在り方としては、捻らない・捩れない状態にあるのが良い。しかし、ホース自体の素材は、内容物である水を機能的・効率的に発揮・伝達するために、弾力的柔軟性ある繊維材が左右から各層交互に螺旋段階的に捻られた状態で堆積補強されていなければなるまい。同様に、武道鍛錬や稽古の段階で、パワーの基となる筋力をバランス良く鍛錬しパワーを蓄積することなく、身体運動・動作の「捻らない・捩らない・・・」練習に終始するのは、本末転倒である。

また、踏ん張るには、反作用を効果あらしめるための、踏ん張る土台に一定の剛性を必要とする。と同時に、踏ん張る土台との関係で、踏ん張る相対角度も重要である。脆弱な土台や、踏ん張る角度によっては、踏ん張る程にパワーは吸収されエネルギーを浪費する。例えば、泥土の中では泥土の表面に垂直角度で、踏ん張らない差し足・抜き足こそ効果的な歩行法なのである。逆に土台が強固であれば、確りと踏ん張る程に効果を期待出来る。

尾籠《ビロウ》な例え話で恐縮であるが、極論すれば便秘解消法も同様の理屈であろう。便秘を解消するには、肛門括約筋周囲を潤滑にし且つ脱力状態に弛緩させ糞便の流動を円滑にすれば良い。しかし、便秘の基となる糞便が肛門直前に詰まっていないとか、(鍛錬された)括約筋の絞りによるサポートの効かない脱力は、単なる無筋の脱力状態(垂れ流し状態)であって、逆に脱肛・脱腸など病状を呈し健康に害を及ぼす。

下世話に、誘い水に準《ナゾラ》えて誘い糞と言われている現象がある。次の排便を潤滑にするには、糞便を完全に出し切っては駄目であり、ほんの少々であっても誘い糞が残存しているくらいが良いと言うのである。残心の発想に似ているではないか。

18.「陰陽の理(表裏の関係)」「柔剛一体の徳(柔剛一体の理)」

順逆の理・発想の転換による逆の方法・手段の試みも、「陰陽の理」「質量転換の理(漸進的時々の量質転換の場合）」の訓えるように、一時的ないし一定期間では成功しても再び大きな壁に突き当たるであろう。その時は、再度逆の逆、即ち順に立ち返れば良い。

例えば、徹底的に屈曲筋に捉われて求心力術技を鍛錬した過程で行き詰まった時、伸展筋を主に用いる遠心力術技に目覚めれば、大きな効果を発揮し得ることに気付くであろう。再び壁にぶち当たり行き詰まれば、次に発想を転換すると言うように、順・逆の間を次第に振幅を狭めながら螺旋的上昇の過程を歩むことを、武道・芸道の稽古・鍛錬と言う。

武道の術技は勿論のこと、人生・自然・宇宙のすべてを通じて、反対に見える二つの物は、単に一つのスケール上の両極端に位置しているに過ぎない。

陰陽の理（表裏の関係）に於いては、例えれば、虚と実・出口と入口・倒と立・音と沈黙・光と陰・関心と無関心・柔と剛・愛と憎など、二つの相反局面の中、一方の側面が表面に出て他方の側面は潜在化し表面には出てこない現象・状態を呈する。一般生活の実際場面でも、一方のみが表面に現れているのが通常である。

しかし、表面に現れた一方のみを捉えたのでは、事柄の実体を掴み得ない。事柄の表裏を知ってのみ真実を知ることが出来る。

虚が表面に出れば実は内に潜む。出口があるから入口もある。倒がなければ立もない。音と沈黙も相対的現象である。光のみ知る者に陰の存在は理解出来まい。関心があるからこその無関心が意味をなす。愛と憎は表裏一体関係にある。柔・剛と言ってみても相対的現象・状態に過ぎない。

我々はあらゆる事柄に直面した時、表面に現れた一方の側面をみてその背後・内実に潜在化している相反する別の側面の存在を知ろうと努力すべきである。

陰陽の理によれば、成功と失敗も両極端の一つのスケール上にあると言え、どうすれば失敗するかを知って行動する一種の逆走・逆手も、成功へ繋がる一つの方法である。

表裏の関係は、一見相反関係にあるかの如くであるが、統一体の別の側面を表現しているに過ぎない。表裏それぞれがよって立つのは、同根で無色透明な区別のない全体としてのエネルギーである。潜在するエネルギーが同根であってみれば、愛が深い程、それが逆に反転した時、憎も大きい理である。

陰陽の理、両面現象に関する卑近で極端な話、得も言われぬ味とは便汁に近い味との説がある。

現に、タンザニアのハツァピ族は、獣の腸管を扱《シゴ》きその中身を取り出し、それを焼き肉に付けたり、煮物に入れ味付けする。胆汁の苦さ・糞臭・微かな草の匂いのするものを、得も言えぬ味とする。広西のトン族は、屠殺した牛の胃や腸から、牛糞状のものを取り出し、オレンジがかった黄色の膿汁を搾り出し、その苦みのする便汁で味付けする。勿論、そのままで使用するのではなく、藁《ワラ》灰や棕櫚の繊維で数回濾過し、液が黄色に変化したものを用いる。所謂クサヤも類似した面を有していると言って良かろう。

また、得も言われぬ究極の香り（香水）とは、行き着けば微かな便臭に類似した香りとの説があることは、周知の事実であろう。

因みに、武道で言うところの「柔」とは、心身の柔軟性を意味するのみではない。未調整のゆとりを含む、目に見えない一瞬の中の緩徐・強弱・剛柔・大小などのリズムである「序・破・急」の原理を発動出来る心法をも含意する。

つまり、柔の極には対立・相反する剛の兆しを感得出来るとするのである。柔と言い剛と言い、これも陰陽の理・両面現象の一側面・一局面を指しているに過ぎない。時・処・位に応じて臨機応変・神速に転換・切り替えの出来る心身状態が重要なポイントなのである。

人の心の働きは勿論、宇宙・自然の万物は、その行為の是非・形状の大小を問わず、有情・無情をも含め、それぞれ固有のリズムを有し、序・破・急の秩序を持っている。

武道・芸道に於ける所作・動作は勿論のこと心の働きに於いても、柔とは剛の契機を常に孕みながら、復元力を失わない揺らぎや余裕の範囲内で、流動的な弾力的活動性を有するとのイメージを有している。

多くの武道家は、「柔能く剛を制す」と称し柔の側面を強調するが、飽くまで、本質は「柔剛一体の理」をもって「柔剛の徳」とされているのである。

柔剛一体の理と言い柔剛の徳と言うのも、柔中に剛の契機を含むとの意である。具体的には四肢・体幹の表である筋肉は柔軟でなければならない。筋肉が柔であってこそ、身体は柔軟な屈伸運動も敏捷活発な動作も可能となり、正確且つ効率的な術技の行使が可能となる。

逆に、四肢・体幹の中にある関節・骨格は弾力的強剛（骨密度が大）でなければならない。骨格が弾力的強剛であってこそ、強力なパワーの発揮を可能とする。関節部位は弾力的強剛な骨格を連結する機能を有するため、飽くまでも柔軟な筋肉でサポートされ円滑性・弾力性をも兼ね備えていなければならない。

武道歌にも、『兵法はやはらかにして強くあれ　きつく弱きは下手のふるまひ』（「新陰流百首」）とか、『やはらかに強きは藤の枝かづら　かたくて弱き雪をれの松』（「一刀流兵法至極百首・溝口派」）とある。因みに、「きつく」「かたき」は弾力性に欠け精神的緊張をも示唆している。また、「弱き」は鍛錬度の低い状態を示唆している。此処では明らかに柔・強はプラスに、弱・硬はマイナスに捉えている。

伝書の中には中国の例に倣い、柔には流動性のイメージを含まないとして柔を嫌い、水の概念を用いる者もいる。同様に、柔は自然体であるが、和は人為的であるとして、柔を良しとし和を嫌う者もいる。しかし、これらはすべて言葉の綾であり、字義を詮索する問題ではない。その真意柔剛一体の理を読み取る心眼こそ重要である。

なお、武道・芸道に於いて善・悪とは原則として道徳的意味ではなく、善とは豊かに満ち足りた完全円満状態を、悪とは欲求不満・不完全状態を指称する。

従って、当然のことながら、柔道の極意と言われているところの「精力善用」とか「精力最善活用」とは、倫理道徳的な意味を含むものではない。無色透明なパワーやエネルギーを、最も機能的・効率的に有効活用せよと言う意味である。

財貨・名誉にしてみても元来は無色透明なある種のパワーやエネルギーの根源であり、それ自体が善悪を表象するものではない。しかし、それに対する執着や用方によって、清明・汚濁の色が付く。それに執着し、善悪に利用しているのは人である。

武道に関しても、倫理道徳を離れ無色純粋にどうすれば相手は受け身を取れないかを考えて術技を工夫すれば、極め技を体得することも可能となる。見せる演武のみに意を用いている裡に、真の術技操作の在り方を忘れてしまう。

なお、順逆・陰陽・表裏とは言え、現実問題としては百八十度・正反対の転換を意味するものではない。確かに、一般論としては陽（順）極まれば陰（逆）と言われる。

しかし、此処で陽（順）から陰（逆）への転換に於ける角度は、相手や外部環境によって異なるものとなる。要するに、陰陽の理とか順逆の理・表裏関係と言っても、百八十度逆転（正反対）とされる場合は寧ろ希である。極めて、その間の幅は曖昧であり弾力的解釈が必要となる。

多くの武道指南書には、「四十五度に入身する」とか「百八十度転換する」などの術技指導がなされている場合があるが、それ自身間違いではないが、演武に於いては敵としての抵抗する相手を想定していない。最も優美に見栄えする一態様を示しているに過ぎない。

物事は陰陽が有機的に統合一体化されたものとして捉えられるが、それはまた、内外諸条件・諸環境により強弱・濃淡の度合いをもって、ある時には陰、別の時には陽として現れる相反的両面現象として認められる。陰陽の理に於いては、相反的両面現象を知って初めて対象への理解・認識・行動（働き掛け）が十分に機能するのである。

古来より、「陰極まれば陽となり・陽極まれば陰となること、四時の流転の如し」「機には必ず転化あり」、「その勢の変ずるときとその赴くところに順って、その気を施せば『柔能く剛を制す』」とか、「盈《ミ》つれば即ち欠く」「形成の変は窮まらず」「理至れば即ち反し、盈つれば敗る」等と説かれている。

この理によれば、時・処・位に応じて、事柄に対して最善の対処対応の手段方法が存在するものである。

老子の「道徳経」は、古代哲学の最も早い理論的著作と言えよう。老子の言う道とは、宇宙の本体・物質の存在を示している。彼は、「・・・反《ソム》くは道の動なり・・・」と言う。これは明らかに、物質構造内部の対立物の相反性（プラスとマイナス・実と虚など）が、物質の運動を引き起こすことを示唆した説明である。老子はまた、「・・・道冲《チュウ》じ、而して是を用う、或いは充たず・・・」とも言っている。

「冲」は、動なる衝突を意味するが、静なる空虚の意味をも有する。即ち、無中の有ないし静中の動を意味する。極に於ける反転をも含意していると解し得る。

従って、現代物理学的に解釈すれば、「物体の起源には、原子（充実）と空間（空虚）の二つの要素が存在し、また原子は時として陰陽（プラス・マイナス）相反し、常時互いに衝突し、時々刻々原子の旋風を形成する」との解釈が妥当するであろう。万物共通の真理洞察の深さに、敬意を表すのみである。

19.「相反的両面現象」

相反的両面現象とは、物事はそれぞれの対立側面では相互に排斥し合っているが、また、同時に相互に関連し依存し促進し合う性質をも兼ね備えているとの内容を意味する。

そのことは、対立する両者は、相互に他方の存在条件となっていることをも意味しているのである。

相反とは言え、同一体内部での対立であるから、相互に排斥し対立する側面は同時にそれぞれが本質的には有機的一体物を構成している要素であり、時々刻々相互間で、排斥・転換過程を経過しながら、尚且つ同一性をも具備していると理解される。

統一体としての物事は、通常は一側面が表面に現れ、微妙に安定し中庸・均衡を保っているようにみえる。しかし、安定は相対的であるから、ある一時期に・ある側面で・ある条件の下でのみ、基本的に均衡を保っているとみえるだけである。

このような相対的安定の下では、均衡は常に破られる。常に、漸進的循環往復運動の中では、ある場所・時間・条件の下で、一方の側面が支配的・主導的地位を占めているに過ぎない。現象とは変転極まりない事柄の一時的外面的現れであり、時間的流れの中の単なる一通過点に過ぎない。

しかし、この状況の下で、エネルギーの蓄積（武道に於いては、良き指導者による正しい指導法の下になされた適切な稽古・鍛錬の蓄積）がなされると、今までは支配的・主動的地位を占めていた側面が、ある瞬間（限界点）に至ると、突然に対立・排斥していた新しい側面に取って代わる過程（量質転化）が起こる。

人の意志と努力・忍耐が関係する芸道・武道に於いては、この量質転化の現象は、相反する物事の間で相互に、螺旋的・段階的に高次の形態へと転化発展をもたらす。

武道・芸道に於いて術技の上達とは、漸進的循環往復運動の振幅が漸次小さくなりながら、上昇していくことを意味する。

一般論としての、自然界の現象や社会現象は、時々刻々変転極まりないものであって、具体的現れ方も異なるのは当然であろう。循環往復運動の振幅の大小や周期の長短を形式的・固定的に考えてはならない。

卑近な例えで、自転車の練習の場合を考えてみよ。足を付いたり転んだりする低次元の練習の蓄積の末、ある時突然に、何故か倒れないで乗れると言うより高次元の状態に到達したことに気付く。それまでとは、全く質の異なる技術を体得（倒から立へ量質転化）したのである。同じ現象は水練の過程でも起こる。水に浮いて泳げるのと、泳げないで水に沈むのとでは雲泥の差・天地の相違である。死に物狂いで藻搔いた水練の蓄積・溺れて水を強かに飲んだ苦しみと言う低次元の過程を経た末、ある時突然に、何故か水に浮き泳げるようになると言うより高次元に至った自分自身の状態に気付くのである。

その場合も、人の個性・能力・努力度・稽古量・指導の適否や外的環境・条件によって質的転化が生じる時間は異なるのではあるが、目移りしないで単調な稽古を忍耐強く積み重ねていくことが可能かどうかに懸かっている。

武道歌にも、『いつとなく修行の功は積ものを　若葉の色に迷ふはかなさ』（「山田光徳伊呂波利（理）歌」）とある。目移りせず、笊《ザル》に水を汲む如くに一見無駄で単調な稽古修行を蓄積していけば『いつとなく己が心に隙なくば　いかなる敵も松風の声』（「剣術落葉集」）とあるように量質転化が生じ、泰然自若として応変可能な心境に至るのである。

同じ物事の統一体内部に存在する相互に対立・相反する側面を、素直に肯定することによって、物事の運動・変化・発展・働き掛けの原理は発見される。内在する対立性を認めず、対立性は常に外部に存在し、同一性のみが統一体に内在する絶対的なものと考えるのは間違いである。

このように、恣意的・主観的に特定の法則性（身体則）や型術技のみに拘泥し、事柄に内在する対立・相反する側面を疎かにすべきでない。

ただ、物事の運動・変化・発展・働き掛けの主原因が、対立する内在的関連性（内部事情）にあるとしても、副次的原因として物事の外的関連性（外的環境）をも考慮する必要はある。内在的事情は根拠であり、外的事情は根拠を制約する条件である。一定の状況・場面に於いては、外的条件が決定的影響を及ぼすことも有り得る。

しかし、そのすべての場合、実際に運動・変化・発展・働き掛けをするのは特定の個性ある人であるから、外的条件は、内在的原因を介して初めて作用するとも言える。その意味で、決定的役割は人の個性に関わっている。外的条件にも拘わらず、如何にそれに対応するかは、最終的にはその人自身の判断・決断・行動・素質に懸かっているのである。

当初に於けるないし時々に推移する局面の形成を如何に運用・利用し、更なる形成の変化・発展を如何にしてもたらすかが、勝敗の分かれ目となる。

武道に於いては、攻守・進退・強弱・剛柔・遠近など対立する局面の形成を、兵法・術技により如何に変化・発展・逆転させることが出来るか、流動的状況の最中での対応が求められるのである。

「風林火山」と言う「孫子」の章句は、対立局面に直面した場合に於ける、兵法・術技の冷厳な判断・決断・行動を示唆した至言である。

20.「相反的有機的統一体の原理」

このように、あらゆる事柄は、相反と排斥を含む対立物の有機的統一体として、理解出来るのである。力学の作用と反作用・物理の陽電気と陰電気・化学の化合と分解・酸とアルカリ・生物の遺伝と変異・中枢神経の条件反射と無条件反射・光の波動性と粒子性・筋肉の屈筋と伸筋・運動の直と曲・人の生と死・人の美醜・物事の表裏・感情の憎悪・一日の昼夜等々枚挙に暇がない。

すべての現象は、全体的な秩序に従って他のあらゆる物と結び付いている。「宇宙に有機的なパターンが存在するということを予め確信していたなら、磁石が極を指すことは不思議でも何でもない」(ニーダム)。

武道・芸道に於いても、事柄の原理を良く理解し、筋肉関節の屈曲伸展・開合・剛強柔弱、呼吸の深遅浅速、身体動作の動静・遅速・大小と言った「逆対応的な身体則」に則った対処対応が、術技操作・動作の重要な要素となっていることを知るべきである。

事柄の相反排斥し対立する側面は、相互に依存関係・前提条件となって結合している。対立側面は相互に相反排斥し合うから、その運動・変化・発展・働き掛けが可能となるのである。ただ、表面現象として顕現している過程では相反排斥し対立する両者が同時並行的に作用することは不可能である。

武道に於いても、同一筋肉を同時並行的に伸展且つ屈曲として機能させることが出来ないのはその理による。一定時期・一定条件の下では、一方の側面のみが支配的に表面に現れる。他の時期・他の条件の下では、別の側面が支配的となり表面に現れる。

あらゆる事柄は振子運動のように揺らぎの制約を受けながら、相反対立する側面の相互転化現象を絶えることなく繰り返し顕現しているのである。

物理的・機械的振子運動と異なり、人の意志と努力と忍耐による継続的稽古を伴う武道に於ける運動・変化・発展・働き掛けの過程では、相反対立する側面の有機的統一体として、振子の揺らぎのように循環往復しながらも、その振幅を狭めながら螺旋的・段階的に漸進上昇運動を繰り返していく。

また、武道に於ける揺らぎながらの循環往復の運動・動作は、直線運動に於いてしばしば起こる直線的行き過ぎを制約する機能をも有している。制約的機能を通して、武道に於ける運動・変化・発展・働き掛けは、正常な範囲で復元・修正を繰り返しながら促進されていくと言えよう。

武道・芸道などの発展は、低次から高次へ・単純から複雑へ・量的変化から質的変化へのジグザグ的・漸進的な螺旋上昇過程を経ていく。

直線的でなく螺旋的であるから、平面的にみると絶えず元の出発点に戻っていく過程のようにみえる。しかし、僅かではあるが、実は漸進的に上昇しているのである。

実質的には、螺子《ネジ》の山の隣同士のように、より高次の段階を踏みながら、元の事柄の表面的特徴や特質が少しずつ高次元化して再び現れたに過ぎない。単純な平面的循環往復ではない。

武道・芸道に言う初心不可忘の心は、物理的原点回帰ではなく、やはり、漸進的な螺旋上昇過程を意味するものでなければならない。時々の初心を忘れてはならない。

武道歌に、『萠出るも枯るゝも同じ野辺の草　土よりいでて土にこそいれ』（「起倒流柔術・登假集」）とあるが、漸進的螺旋上昇志向の「時々の初心不可忘」を含意していると解される。

しかし、どちらにしろ安定静止した状態（求心力を失った振子のように中和し、潜在的エネルギーを喪失した停留状態）、もしくは、陰陽どちらか一方向のみに偏した直線的暴走状態（揺らぎ性を喪失した単純直進する状態）に至れば、武道・芸道に於ける循環往復運動としての進歩発展は停止する。

内在的相反・排斥・対立性を認めず、表面に現れた側面のみに着目するのみでは、具体的問題を直接解決することが出来ない。また、内在的相反・排斥性や対立性を認めても、それらに関する普遍的共通性の原理のみですべてが解決出来ると解してもならない。それらの特殊的個別性をも副次的に考察する必要がある。

注意すべきは、普遍的共通性と特殊的個別性との区別についてである。両者は、ある状況（同じ時間・場所・具体的条件）の下では、明確に区別が出来るし相対的でもある。しかし、ある状況の下では、特殊個別的と見做されるものであっても、別の状況下では普遍的共通性を認められることもある。

ともあれ、相反・排斥する特殊的個別性を考察する場合であっても、両者の有機的一体化を前提的基礎に置いて、しかも、終局的には現実に両者の統合を目的とするものでなくてはならない。

直接的に分析し考察するのは相反・排斥し対立する各側面であるが、どの側面も統一体に於いては他の側面と有機的に結合し依存した全体の中の一部に過ぎない。従って、どの側面にしろ、独立した部分としてのみ取り上げた時は、事柄の有機的一体性は崩壊し、その存在価値は失われる。

具体的武道鍛錬に於いて、屈曲筋を主に用いる柔道的投げ技と伸展筋を主に用いる合気道的当て技・突き技・押し技などとの関係を考えれば明らかであろう。伸展筋のみに着目したり脱力・抜力のみに拘泥するのは、相反・排斥し対立する側面である屈曲筋や踏ん張り力を疎かにし無視・排斥に繋がる恣意的見解と言えよう。伸展筋や脱力・抜力と言う側面のみを独立部分として取り上げる時、武道術技操作に於ける剛柔・押抜などの有機的一体性は崩壊し、応変自在な術技操作の存在価値は失われる。

武道・芸道の事理を含む実践智に基づく理論は、絶えざる反復継続した具体的実践を通して、特殊的個別から普遍的一般へ、更に、普遍的一般から個別的特殊へと循環往復をしながら、漸進的に発展する過程で理論化した後知恵である。その本質的原理は、実践智として自分自身で体得・感得する以外に知る方法手段はない。知る者は言わず、言う者は知らずとされる所以のものである。

そしてまた、武道・芸道に於ける循環往復運動（稽古・鍛錬・修行）は、漸次振幅を狭めながら漸進的高次元化し進歩していくのである。

中国の寓話に、「卵に毛がある」と言う寓話がある。毛が生えている鶏は卵から産まれる。それならば、卵の中身にも毛が生えているはずだとの詭弁《キベン》である。金の卵を産む鶏から同時に多くの金の塊と言う結果を容易に得ようと考えて、鶏の腹を割いて元も子もなくしたとの寓話もある。

禅の警句にも、「木を割りて見よ、花の在処を」と言う章句がある。その本歌取りであろうが武道歌にも、『年ごとににほふ吉野の山桜　木をわりてみよ花はあらじな』「柳生新陰流（武蔵野）」とある。綺麗な花が咲くから、木の中に何か秘密が隠されてでもいるのか。手っ取り早く木を裂いてみてもその本質は見極められないと言う訓えである。

事柄の本質ないし真理と言うものは、種々の形態・現象として時々刻々変転するが、ある時点ではその一側面・一部分のみが表面に現れるに過ぎない。事柄の本質ないし真理は、一瞬たりとも静止・固定することはない。本来ある特定の具体的形・事物として存在するものでもない。従って、ある時点の一面・側面・部分のみを観察して、恣意的・主観的に結論を早合点して捉えても、その本質は明らかにはならない。

これらの話は、停滞することなく地道な過程を踏む行動・実践を通してその本質を見極めることを軽視し、机上論・詭弁を弄して、外観上は尤《モット》もらしく目先の功利・結論をこじつける軽薄な怠け者を戒めた寓話であろう。

本質は、具体的形としては時々刻々変転し、さほどに単純な事柄ではない。具体的に認識し得たと感じた時は既に遅く、最早や、その本質的現象は変化し捉え難い。しかし、ある瞬間毎に一刹那ではあるが、身近に存在し感得することが可能なものでもある。実践智として感得する外ない。

推理小説の結論を早々と盗み見しては、最早や何の面白さも残るまい。読書の醍醐味は、変転極まりない事柄（物語の筋と言う本質）を時々刻々と感得するところにある。死ぬまで生きる日日の過程に於ける喜怒哀楽が則ち人生の本質である。

三．「気」と「合気」

1. 合気に於ける「気の概念」

合気で言う気の意味するものは、形としての実体がない。しかし、武道鍛錬の過程を通して、その実体が実感として体感可能となる一種の現象である。体感的に言えば、人の身体の内奥部、主に臍下丹田の周辺部位（心と身体の中間項として両者を媒介する生命の中枢機能を司る場所）に、凝縮的・求心的に宿ってくる充実感として感じられる。

気は、生命体としての人の身体内部に充満しながら循環し、生命活動を営ましめる一種の「潜在的生命エネルギー」と言える。それは、太陽エネルギーを根源とし、ないしは、その変形物としての大気や大自然のエネルギーとの循環的交換・交流を通じて存在し得る。

太陽エネルギーから変形された他のエネルギーや、光合成を第一段階とした植物・動物などの生態系に於ける生成発展過程を想定すれば、気の存在とか潜在的生命エネルギーなどの存在も、漠然・抽象的にではあるが実感出来るであろう。

気は、主に気体・液体などの流動体を媒介として循環的交換・交流をなしていると考えられている。気の循環が実存する生命の根源であるとすれば、気の離散や停止は死を意味するであろう。

気の離散や停止が生の終焉（死）であるとすれば、死そのものが独立して存在するわけではないことになる。このように気が常に流動することによって生命が維持存在しているならば、永遠に生命体は朽ちることはない理屈である。

しかし、人に於いては、気を入れる容器（内蔵を含む肉体）は有限であるから、容器である肉体の衰弱・消滅に伴い、気の集合・凝縮も不可能となり、気は離散消失し生命体を維持出来なくなるとも言える。

ともあれ、気は、全宇宙的外部環境とも循環的に交流していると考えられる。

気を抽象的に表現すれば、ある種の流動体に例えられる。それは、時と場合により、膨張・収縮・捩れなど絶えず流動且つ脈動している。また、絶え間ない離合集散を常とする。

生理学的に人の臍下丹田周辺部位は、脳の存在以前から原始的生命エネルギーの維持存在を象徴する栄養の消化吸収機能・排泄機能を司るのみならず、そこには脳の機能を代替するような重要な機能を有する諸器官が存在し、後には生殖機能を司る器官も存在するに至った原初的・本質的に重要な部位である。

このように、人は胎児の時代には、栄養摂取・呼吸作用共に臍の緒を通して母胎と一体的に機能し、臍下丹田部位は脳形成以前に於いて生命力の根元的機能を有していた。臍下丹田部位には、その時、既に交感神経が形成されていて、栄養摂取・排泄作用などの生命維持にとって必要最小限の機能は果たされていたのである。

ともあれ、本来人間が具有している身体性や身体知を通じて、人は自己の身体が（固有のリズムを持った）主体的・能動的には発音体・発信源として、また客体的・受動的には共鳴体・受容体としての機能性を潜在的に具有しているのを感得出来る。

人の身体性や身体知が活性化すると、外部の大自然・大宇宙を通して、気（潜在的生命エネルギー）が人体に取り入れられていることを体感出来る。大自然・大宇宙のみならず、人相互間は勿論のこと、森羅万象遍く気の交換・交流が行われている。

勿論のことではあるが、人間相互間に於いては他者を意識するから、一層気を通して発信・同調・共振作用を顕著に体感し得るのである。

例えば、主観としての他者の経験は、羞恥に於いて顕著である。我々が風呂に入る時、浴槽に対して恥ずかしがりはしない。恥ずかしいのは、私を見る「主観として意識している他者」を意識するからである。川柳に「屁をこいて可笑しくもない独り者」と言うのがある。他人に聞かれていないとか、見られていなければ照れない。自己の対他存在に対して他者意識が働き照れるのである。

我々は、相互に対象としての形態と構造を持つと同時に、その形態と構造は生きて機能し、具体的目標（対象）に向かって意識（一種の気）を働かせる契機をなしているのである。他者の身体の動作・姿勢・表情など、他者の意識の働いている様々な志向の現れを介して、他者の志向に自己が共振・同調していく。

その典型は、感情移入と言うよりは身体的志向の移入とでも言える模倣である。

知覚は、可能的行動の下書き的性格を持っている。従って知覚は、模倣行動ないしは応答行動の内面化された簡潔なデッサンとして、具体的目標・対象に向かって意識を働かせ、潜在的な共振・同調を伴っている。

無線の受信は、同調（波長が合う）によって現実化されるのに似ている。

我々は、他者の行動を知覚しながら、実は、潜在的には常に模倣あるいは応答の構えをし、密かに簡潔な下描きをしているのである。

重要なことは、共同行動の場合には、他者の行動の場と私の行動の場の重なりはより広く深くなり、具体的目標や対象に向かう意識の同調も的確となると言うことである。

殆どの場合、共同の場を私自身の場として生きることが可能となる。神技に近いチームワークや霊妙なアンサンブル（合奏・合唱）などは、このような行動の場の相互浸透ないしは相互融合の現れである。私の行動の意味と行動の場が完成されるのは、他者の行動によってである。また、他者の行動の意味と行動の場が完成されるのは、私の行動によってである。

共同作業・遊技・集団スポーツ・武道演武・演舞などが、著しく他者との親近感を増し他者理解を深め精神発達に影響を与えるのは、このためである。ルールのある共同作業・ゲームを通して、更に、それに伴う役割交換を通して、自己の行動を他者の行動として捉えることを学ぶのである。そこに、関係的・相互依存的存在が成り立っている。

例えば、孤独な老人やお宅族や引き籠もりの若者が、同好会・研究会・同窓会の名目で相互の親近感を深めていけば、他者理解や自己の精神発達にプラスの結果をもたらすことは、良く知られた事実である。

気を視認することが不可能なために、人は気の物質性を確認する途《ミチ》を持たないだけかも知れない。

即ち、大自然・大宇宙を始源とする気は、波動的に身体に反響・感応しながら、通常は人体の経穴と呼ばれる部位を中心とした身体諸器官や、皮膚感覚部位を通して体内に取り入れられながら、且つ大宇宙・大自然と小宇宙である人体との間を流動的に循環・交流していると考えても不思議ではない。

また、気の一部は、臍下丹田周辺に充実感を伴って凝縮的・求心的に吸収・蓄積されていく可能性を秘めている。それは、あたかもブラックホールに吸い込まれていくかのようにである。

このような潜在的生命エネルギーである気は、天地万物が宇宙や自然の法則に則って織りなす伸縮・開合しながら出入する波動の永久運動リズム、身体内部のみならず全宇宙的外部環境とも交流・循環しながら発現・共振していると考えても良かろう。

ゆったりとした深い自然呼吸（最も有効なのは逆腹式呼吸ないし準胎息呼吸）を反復継続的に繰り返す裡に、根元的な気が身体に環流しながら、その一部は臍下丹田に吸収・蓄積され、身体を活性化していくことを体感出来るようになる。

2.「気とエントロピー」との関係

なお、自然界は一般的には、物質とエネルギーは一方向のみに、具体的には、使用可能な物から使用不可能な物へ、利用可能な物から利用不可能な物へ、秩序化された物から無秩序化された物へと変化するとされる。形有るものは必ず崩壊し、常に秩序から無秩序に向かう。複雑さや乱雑さや出鱈目さが増す程エントロピー（科学的に、エントロピーとは、熱平衡にある系で、準静的に加えられた熱量をその系の絶対温度で割った値をエントロピーの増加分と定義される）は増大し、不可逆的秩序崩壊に向かう。

無生物の秩序は、外部環境に現れている諸要因の平衡した状態である。エントロピーの法則によれば、平衡を乱す新たな要因が出現すると、一般に無秩序な状態へと向かう。無生物の秩序体系では、一方的非可逆的であり、新たな条件の下で自らの秩序を可逆的に再構成することは一般には行われない。

しかし、生態系では、他の系との交渉を通じて、初めて自己の秩序を維持出来る開かれた動的平衡系である。従って、新たな要因の出現によって乱された平衡は、生態系自身の働きによって可逆的に回復され秩序が再構成される。宇宙が閉鎖系世界であると仮定すれば、宇宙は、やがてエントロピーの増大が極点に達し、熱的死の状態をもって終わるとされる。

しかし、エントロピーは不可逆的に絶えず増大するとされるのは、飽くまで、閉鎖系世界についてのことである。そのままに放っておくと、自ずとより乱れた状態になる。高温の物質は低温の物質よりその構成粒子がより激しく運動し、それだけ乱れ方が大きく、高温状態のほうがエントロピーが大きい。放っておけば、自然界・人間社会を含めて物事は秩序だった整理状態から雑然とした混沌状態へと必然的に向かう。

これに対し、開放系での物の世界では、エントロピーの減少（負のエントロピー）が存在するとされる。手を加え混沌とした塵をリサイクルしていけば、新しい秩序が整備される。

即ち、生物界では土と水を媒介として、あらゆる生物は自然界から負のエントロピーを摂取し、生物個体・生態系・地球や宇宙空間の間でエントロピーの受け渡しが次々と行われ、地上の諸現象が更新されその生命を維持している。開放系の典型である自然界に於いては、新生と枯死が絶えず繰り返され、無限の生育可能性を秘めているのである。

前述の理論が正しいとすれば、気も開放的循環構造を持ち、大自然と言う大宇宙と、人体と言う小宇宙の間で次々とエントロピーの受け渡しが行われ、諸現象が更新され、更新と新生がなされる定常性を維持していると考えられる。

3．「気の流れ」と「同調・感応・共鳴」「宇宙的リズム」

皮膚と言う境界面を隔てて、身体の内側に気（潜在的生命エネルギー）の流れの束があり、その外側にも大宇宙や大自然の気の流れがある。この内外二つの気の空間は、基本的には同じ時・空の場であり、相互に循環・交流している。宇宙や自然の法則に則って、その一方が他方に共振するように働き掛ければ、両者間に同調・感応・共鳴が起こり、リズムの一体化・共時が生じる可能性を有している。

また、人は相互間で、空間を媒介として自己周囲の人の気（雰囲気など）と言う一種の気を共有し、相互に感応・共鳴していく。勿論、人の間では空間的・時間的に緊密性・近接性が高い程、気の共有・相互感応共鳴の度合いも高くなる。

因みに、同調とは、二つの生成的構造の間に働く相互交渉の原理である。そして同調には、「同型的同調」と「相補的・応答的同調」があるとされる。

同型的同調が普通にみられる同調である。テレビで、俳優が泣くと子供は泣き顔になる。ボクシングや相撲の観衆は、贔屓《ヒイキ》のボクサーや力士の動作を無意識の裡になぞり、それに相応する筋肉の緊張によって、密かにボクサーや力士の動きに感応し同調している。

我々は、他人の不器用な作業を眺めていると、腕がむずむずする。ボクシングに熱中している人は、思わず顔を顰め顎《アゴ》を引き腕を突き出し体を左右に振ったりする。外に態度や表情を表さない人でも、選手の動きにつれて体の各所で筋肉が密かにうごめき、選手の行動を自分の心身の内面に素描《デッサン》している。激しいブロウは、灼け付くような痛みさえ感じさせる。

我々は、こうした感応動作やその筋肉的な素描、更には、単なるイメージによる観念的下書きによって他者の行動や表現の意味を、また他者の感覚や情動や精神状態さえも、言ってみれば、自分が相手に感応し身体的に感得し内面化するのである。

この直接的感応は、状況に応じて様々の度合いで意識化される。身近な人や畏敬して已まない人の癖が、いつの間にか自分に感染していて、後からそれに気付く場合がある。このように、感応による模擬模倣が全く当人には意識されないままに、密かに感覚的運動的次元で行われていることも珍しくない。

それは、対象の動作に後れてなぞる模倣と言うよりは、寧ろ、対象が具体的にある物に向かって意識を働かせているのに感応し、対象の動作を先取りする予期的（予想的）同調である。従って、対象が予期予想に反して失敗すると、自分の身体自身が失敗したかのような不快感さえ覚える。

魚や鳥の群に於いても、概ね相手に刺激されて一斉に群をなして泳いだり飛んだりする。一羽の鳥が何かに驚いて飛び立つと、すべての鳥が飛び立つ。一匹の犬が吠えると、他の犬も吠え始める。産院の赤ん坊は、一人が泣くと一斉に貰い泣きをする。

このような社会生活に於ける人間相互の知覚・感情・思考の伝達《コミュニケーション》以前の感染現象は、人間では成長するに従って、次第に相手からの影響による支配力を失っていくものである。

しかし、成人でも感染現象から完全に抜け出しているわけではない。欠伸《アクビ》や船酔いなどの場合に、類似の現象がみられるのは誰でも知っている。

感染は、自分と他人との未分化な自他の区別を付け難い精神状態に於ける、殆ど生理的次元の相互反応であって、真のコミュニケーションとは言えない。

しかし、我々が他者を理解するための最も低次の層には、このような共生・共存・共益・同一化関係とでも言うべき原始的な過程が働いている。

武道演武に於いて、師の術技に絶妙に感応する弟子の受け身を真の秘技と誤解するのも、この類の一現象である。武術の真の秘技とは、感染現象の影響を受けていない術技であることは言うまでもない。

同型的な同調が自分自身のものとして完全に内面化されると、相補的・応答的な同調が可能となってくる。

これは、ダンスや集団スポーツ・演劇・合奏は勿論のこと、様々な集団労働・知的共同作業・同好会・親睦会に至るまで認められる現象である。

それは深層に隠されているが、基本的な生理的心理的過程に於ける同調であり、緊密且つ的確なチームワークを可能にしている。

我々は、他者の行動を心の中で簡潔に素描しながら、自己も行動によってそれを補い、共同作業に於いて絶えず進展する部分的要素以上の全体的構造（有機的一体性）を完成し維持している。

それは、単に部分的要素の算術的和を超えて、全体構造として有機的一体化された機能であり、単なる知的理解では納得し難い。現実に身体的認識を通して、応答的役割的同調としての働きなのである。深層に隠された前意識的な次元での感覚的･運動的感応が、心理的次元での感情移入や共感や同情を支えていると解すべきであろう。

他人の感情や考えや性格を洞察する秘訣は、その人と同じ状況に自分を置き、同じ行動や同じ姿勢や同じ表情をしてみるところに存在するのである。これは、感応的同調によって、知的理解を超えた他者の内面的把握に達しようとする意識的な工夫である。

相手の行動や所作・表情に同型的に感応し同調するばかりでなく、それに応える仕方で相補的に同調する。この時、他者の演技・演奏・言葉・行為は、自分自身の演技・演奏・言葉・行為によって完成される。また逆に、自分のそれは、他者のそれによって完成される。

例えば、テレビを見ている子供でも、悲しみの場面では如何にも悲しそうな表情になって見ている。知的理解を超える内容であっても、感応によって驚くほど的確に人物の内面的状況を把握しているのである。

感応的同調は、幼児にみられるように初歩的には他者の行動を殆どそのままに模倣するところまでいくが、やがて簡潔な素描や身振りや表情による感応、更には、外には現れない内面的筋肉的次元での下書きに規模を縮小して簡素化される。最も進んだ段階では、単なるイメージあるいは概念によって、可能的行動を先取りし下書きする、観念的感応として外に現れないで内面化される。

逆に言えば、我々は他者の素描的身体表現の意味を、イメージや概念を介して感応的に把握出来るのである。ボクシングの試合の場合、最初は、贔屓のボクサーの動作に同型的に同調しているに過ぎないが、白熱するにつれて寧ろ敵方のボクサーの動作をなぞりつつ、それに応える形で相補的・応答的に同調し、贔屓のボクサーの動作の先取りをするようになる。

此処では、贔屓のボクサーの動作に対する同型的な同調と、相手のボクサーの動作に対する相補的・応答的な同調が絶え間なく交代し入り交じり、稀には一致することもある。

このように、同調性が極度に高まると、我々は世界の諸事情（内外環境や対象となっている相手や事柄）と休みなく共振する。このような過度の同調の状態では、僅かな構造的類似によって、次々と移調と同調が誘発され、目まぐるしい感応の連鎖が我々の生を支配し、自己催眠的主体性や独立性さえも曖昧ないしは喪失していくのである。

演武用に馴らされた弟子を連れ歩く、ある意味では似非武道家を、本物の達人・名人と誤解し錯覚し幻想を引き起こすことは頻繁に起こる現象である。

この現象を武道的立場から考察すれば、自己にはプラスとなるように且つ相手にはマイナスとして機能するような工夫が肝要である。

処で、人は天地万物との間と交流している。自然空間や相手の行動や所作（空気を主に、天の気・地の気・水の気・樹木の気・動物の気等など）を通じて、気を共有し相互に感応共鳴していると考えられる。

卑近な例を挙げるまでもあるまい。渡り鳥は、繁殖地と越冬地とを異にし、毎年定まった季節に遠距離間の移動・交流を繰り返す。植物の種子は、風に乗り海を渡り、世界中を移動・交流する。我々の呼気は空中に拡散し、その超微粒子は全世界の人・動植物と交流している。このように、あらゆる自然は相互に感応・共鳴の基盤を共有している。

抽象的には、人は全地球と呼吸を通じて気を共有し相互に感応共鳴しているとも言えるのである。

従って、大自然と言う大宇宙と、人体と言う小宇宙との交流を、心の深層を通じて深め一体感を増していけば、人の病（マイナス要因）とも言える物事への欲望や拘泥を忘れ、無色透明な澄み切った気を外部から体内に取り入れることが可能となるとも考えられる。

我々の体内には、体内時計とか生物時計とか言われる個体固有の周期的なリズムがあるとされる。朝に目を覚まし、夜に眠くなる。このような一日周期のリズムは日周（概日）リズムと呼ばれる。また、女性特有の月経周期や、動物の毛替りや渡り鳥の渡りなど年周期もある。

このような個体固有のバイオリズムが存在するのは、地球上の生物が地球の自転（一日周期）や月の公転（一月周期）、更には、地球の公転（一年周期）によって引き起こされる周期性を持つ外部環境の中に取り囲まれ且つ取り込まれているからであろう。

太古以来、海から陸へと上陸した生物は、海中とは格段の厳しい外部環境(日夜の温度差・湿度の違い・潮の干満・季節毎の気候の変化など）の苛酷な周期変動の過程で自然淘汰され、何層にも亘る周期性に感応・共鳴・同調出来た種のみが現在「生」を受けるに至っていると考えられている。個体固有のバイオリズムの起源は、此処にある。

宇宙や自然の法則・リズムの存在が認められるなら、宇宙のあらゆる事柄に於いても大自然のリズムを共有する者同士の間で、集合的無意識の普遍的秩序が相互に投影され、相互に偶然でない「共時的同調現象」が生じ得ると考えても不思議ではあるまい。地球的規模に於いても、両極端に位置する南極と北極のどちらでもオーロラがみられる。磁気嵐変動のリズムに附随して、両極に於ける共時的同調現象が起こっている。

因みに、釣り鐘に纏わる牛若丸と弁慶ないし楠木正成の幼少期（多聞丸時代）の逸話を想起されたい。牛若丸も多聞丸も、小指一本で大釣り鐘を大きく揺り動かすことに成功したと言うのである。最近でも、一トンの釣り鐘を小指で百四十回押せば、二十センチは揺れるとの、研究結果もある。

此処で重要なのは、タイミング・リズムを釣り鐘の「揺れの周期」に合わせる必要がある。最初は僅かな変化であっても、それが蓄積されると、大きな揺れに変わっていく。この現象が共鳴・共振であり、微力であっても対象に同調させることによって、最大限の力が引き出されるとの教訓である。

しかし、人は普通、気の存在や宇宙や自然法則に基づく運動リズムに気付かない。それを知ることが出来るのは、人の無意識の深層に潜在する一種の直観知能力（勘）によってである。

気や自然法則に基づくリズムは物とか部分ではなく、有機的に統合一体化された潜在的生命エネルギーに関わる作用ないし現象と考えるほうが理解し易い。気功・瞑想・呼吸法などを訓練することにより、自己固有の身体的リズムと精神的リズムを掴みながら、次第に大自然ないし宇宙と一体化していくことが可能と言われる所以である。

また、身体や五感と直接的に結び付いている意識と心の深層に結び付いている無意識的直観が完全に一体化した状態が、所謂心身一如として悟りの境地に至ると言われるものである。

4．心身の有機的一体（現象としての身体）

精神と身体は異なるものとして、両者を分離して各個独立のものとして捉えるべきではない。心身は有機的一体であり、一方は、有機的一体の一局面を現しているに過ぎないし、両者の作用は可逆的に相互に影響し合い効果を及ぼし合っている。

例えば、心の驚き・心配が、身体としての心臓・胃腸に大きな影響を与えることは、誰でも知っている。逆に身体の健康状態が悪いと、精神状態が不安定になるのも良く知られた事実である。

心身の有機的一体感は、日常生活を送る中でも、身体感覚を弛め精神を休養させた状態に於いて漠然と体感出来る。温泉に浸り一糸も纏わずくつろいだ状態にいる時、心身は融合一体となり、人に安らぎを与える。

因みに、心身一如に似せて剣禅一如と言われる場合がある。しかし、両者は明らかに異なる。前者での一体性は同一体の表裏一体性を意味し、後者の一如とは悟りを追求する心構えに於いての類似性を意味しているに過ぎない。

心身一如と言う場合は、心と身は有機的一体で不即不離の関係にあることを指している。概念上は分別・二個性が認められ現象としては異なるものと捉えられるが、その本質はただ一つであって表裏一体の関係にある。経験事実上も区分されない。

即ち、精神の統一的集中や瞑想と言う実践的訓練を通して、意識と無意識的直観が一体的に統合化し、次第に精神と身体の不可分一体性が「認識」され、両者の別が消滅していく。この実感を心身一如とか心身脱落と訓えられている。

古来日本人は、心と身体を不可分離・一体のものとして捉え、後述するように「気」ないし「呼吸」によって心と身体が相互必然的に交感し、究極的には心の深層に於いて心身一体を感得出来ると考えてきた。ただ現象面では、我々は、心と身体は相対的に独立した存在であるかのように感じるだけである。

しかし、呼吸法を体得し気を活性化させれば、やはり、心と身体の両者は有機的一体を形成していることに気付くのである。

ただ、現代的表現として誤解を避けるためには、寧ろ「心身一体」と称するのがより適切であると考えている。

5.「気の存在」「宇宙的リズム」への気付き

直観知による気やリズムの存在に気付き・体感したければ、(季節によって異なるが) 概ね二時から五時頃までの早朝に、山林・浜辺・渓谷・滝の周辺を無心に散策してみると良い。

そこでは、文明に毒された執着源(性・酒・食・金銭などの欲望) や騒音から隔絶された環境の中で、自己と大自然・大宇宙との一体感を満喫出来る。出来ればゆったりと、深い腹式呼吸を伴うとなお良い。少なくとも一回に一時間程掛けて、最低一週間程は継続すると良い。

近時は、巷間で森林浴としても注目されている。

但し、多数人での行動は、群衆心理・邪心・妄念・雑念に邪魔され集中力を欠き、自己固有の呼吸リズムは乱され、真の意味に於ける気付きや体感は得られ難い。単独ないし少人数で行うのが望ましい。寒中の水行・禊ぎ・滝行も、多人数で行うことは、同様に仲間意識に幻惑され集中力を欠き、自己固有の呼吸リズムは乱され、直観知能力の養成には相応しくない。

現代文明から疎外された静寂な外的環境の中で、ある意味で苦しさや緊張感を伴う、単独で行う(修)行こそ直観知を得るためには相応しい環境状態と言える。

現代人の感受する情報の八割は、視覚によると言われる。森林の緑は、七色の虹の中間に位置し、他の色に比べて心身を弛緩する効果が高く、安全感や安心感・安堵感を与える。更に、緑色は目や脳を休ませるだけでなく、免疫力をも高めるとされる。

次いで、情報感受の割合の多い聴覚について言えば、森林の空間は吸音効果に優れ雑音も少なく、その静けさが脳を休めてくれる。春から初夏に掛けて、早朝を過ぎ太陽の日差しが樹林に降り注ぐ頃になると、木々の息吹であるパチパチと言う芽吹きが彼方此方《アチコチ》から耳に入ってくる。昔は誰でも体験した事柄であるが、今では静かな森林に出掛けなければ体験出来ないのが如何にも寂しい。

人は往古に於いても生命萌芽の初期に於いても、視覚・聴覚に先立ち主に触覚によって情報を感受していた。体表、殊に経絡経穴を通して外部環境と対話していたのである。我々武道を志す者が、深層心理に働き掛け直感を体得するためには、原初体験に繋がる触覚を重視すべきなのである。文明の進歩発展は、原初の触覚の感受性を堕落崩壊させ、情報の多くを視覚から得るようになった。視覚はより事柄の表面的現象に惑わされ易い。事柄の本質を理解するためには、触覚による触手を鍛え直さなければならない。具体的には、宇宙自然のリズムや調和の精神を感得する訓練が必要であろう。

波のさざ波・陽炎のような揺らめき・そよ風の音・小川のせせらぎ・滝の音・野鳥の囀りなどは、心を癒してくれる。

これは、近時の科学的研究により、1／fの揺らぎと言われる自然のリズムに接することにより、生体のリズムが活性化するからだと考えられている。

即ち、揺らぎ（変動）の大きさは、振動数（f）に反比例するように変化する。「振動数がゆっくり変化する物の揺らぎ（変動）は大きく、振動数が速く変化する物の揺らぎ（変動）は小さい」と言うリズムをなしている。

1／fの揺らぎと言うリズムは自然界に普遍的にみられる現象で、多くの自然現象の動きの変化はこのリズムを元とする。人間の生体リズムも同じである。脳がリラックスした時に発するα波や、心臓の拍動のリズムも1／fの揺らぎであり、規則性のない自然のリズムだと言われる。

更に、渓流や滝などの水辺に多く発生するマイナスイオンは、精神的ストレスを鎮め、髪や肌にしっとりとした保湿効果をももたらすと言う。

当然のことながら、森林植物は、埃や有害物質を吸着し空気を浄化し、光合成によって酸素を作り出す。同時に、フィトンチッドと言われる揮発性物質を発散し、森林浴の効果を更に高めている。フィトンチッドは、アロマテラピーにも使われ、ある種のホルモンや酵素の分泌を促進ないし抑制させ、精神を安定させたり覚醒させたりする作用を有する。

未発見のその他の物質も多く発散され同様の作用により、人の心身に何らかの影響を与えているであろう。

このように、近時の研究によっても、森林浴によって、潜在化した直観知能力や乱れ歪んだ生体リズムを蘇生・回復・活性化させるのに効果があるとされている。

最近では森林浴の効果として、癌免疫のキラーT細胞をも活性化させ得るとの研究成果も報告されている。殊更に、1／fの揺らぎ理論などと勿体ぶる必要はない。自然環境に恵まれた日本人は、古来から無意識の裡に心身を癒されることに気付いていたのである。

人間の精神・身体は共に、ある意味で粘着性や膠着性《コウチャクセイ》を持った流動体に例えられる。気（人の精神や身体の活力源である潜在的生命エネルギー）が柔軟に流動していくうちに、気エネルギーの一部が身体の内奥（心と身体の中間項として両者を媒介する生命の中枢機能、通常は臍下丹田周辺の部位）に交換しながら吸収・蓄積され、充実した形で整ってくる。

しかし、文明に毒された現代人にとっては、気が人の体内で活性化され流動化するためには、現代文明から疎外された静寂な外的環境の中で、一定期間継続した訓練が必要とされるのである。本来の潜在的生命エネルギーや潜在化した直観知能力を、活性化し復元するためにも訓練を要するところに現代の悲劇がある。

確かに、精神や身体には柔軟性はある。しかし、思考・思想にしろ身体動作・身体則にしろ、長期に亘り慣れ親しんだ慣習に基づいて確立されてきたものである。従って、旧来の思考・思想や身体動作・身体則の方向性を、急激に転換することは極めて困難である。まして、その働きを長期間停止・休止していれば、思考・思想にしろ身体動作・身体則にしろ、その機能は硬化し弾力性を失ってしまっている。

反面、精神と身体を調和させ、時・場所・方法・リズムを考慮し、その活動周期に従って漸進的に反復継続した訓練を行えば、人の体内に於いて気エネルギーの活性化・流動化を促し、往古に人は誰でも持っていた心身の調和された統合能力を常時効果的且つ最大限に発揮出来るようになるのも当然の理である。

イメージとして捉えられる気とは、足裏（経穴で言う「湧泉《ユウセン》」を中心に踵・蹠骨・足指）を通して大地から受ける抗重力反作用を通して体感出来る「大地の気」と、頭頂（経穴で言う「百会《ヒャクエ》」）や手掌（経穴で言う「労宮《ロウキュウ》」を中心に手掌・手指）を通して磁気のような微妙な感覚（暖かい痺れに似た微振動）として体感される「大気の気」の総和と言える。

古来から気との関連性で最も普遍的な労宮・湧泉・百会・印堂・臍などの経穴は、大宇宙（大自然）と小宇宙（身体）との間の気の交流・循環にとって特に重要とされる門戸とされている。イメージとしての気呼吸は、経穴・経絡を通して行われると考えられた。

このように、気は消耗し尽くされるものではなく、丹田周辺部位を中心に流動的に時々刻々と循環交流的に交換されながら、その一部は新しい事態に対応出来る（必要に応じて全方位的に発動出来る）ように、主に臍下丹田部位に凝縮的・求心的に吸収・備蓄される。

6.「経絡理論」と「反復説」

経絡理論によると、内臓の生理・病理は経絡に反映され、外界の変化と影響は経絡を通じて内臓に伝わり、内臓と経絡は内外に於いて相互に反映し合っている。

また、手足の経穴に対する刺激は、細胞や神経など身体の他部分、更には枝分かれしている神経までにも伝導連絡し潜在能力を活性化させ、潜在的エネルギーを備蓄する準備を整える。この刺激反射のことを「軸索反射」と称する。

経穴に対する刺激が、脊髄や脳にまでも伝導するかは必ずしも明らかではないが、この軸索反射が人の心身全体に及ぼす生命力活性化の効果からみて、何らかの間接的影響を脊髄や脳にまで及ぼすことは間違いないと思われる。

また、最近笑い（一種の腹式呼吸作用・機能を有することから腹式呼吸類似の効果が認められる）の所作・動作が、遺伝子の活性化に寄与しある種のホルモンや酵素を分泌し、養命・養生に何らかのプラス効果を与えていることも検証された。

恐らく笑いの作用と同じく、経絡・経穴への適正な継続的刺激も適度な快感を心身に与え、ある種のホルモンや酵素の分泌を促し遺伝子の活性化に寄与し、養命・養生に一層の効果を与えているのではないかと考えられる。

なお、軸索反射の際に、感覚神経から放出される二種類の化学物質がある。

一つはＣＧＲＰと称され、血管を拡張し血液循環を良くする働きがあるとされる。即ち、経穴への刺激が血管延いては血液へのある種のプラス効果を有する。

他の一つはサブスタンスＰと称され、組織間の水分や栄養の移動・交換を円滑にする働きと共に、病原菌などの侵入者を殺す抗体を作る働きのあるリンパ球（白血球の一種）を増加・活性化させる働きがあるとされるものである。即ち、経穴への刺激が水分や栄養の摂取や排出への効果と共に、病気などへの免疫や抗体の活性化にもある種のプラス効果を有するとされるのである。

経絡・経穴は解剖学的には視認出来ないので、従来、西洋医学では具体的根拠がないとして否定されてきた。

しかし、中国・日本に於いては、古代からの臨床経験の蓄積により、内臓機能と皮膚体表間に成立する一定の機能的相互作用の存在と経絡系統の発見をもたらしてきた。経絡・経穴は、皮膚体表と臓腑・臓腑相互間・臓腑と特定の身体部位とを連繋し、生体内のあらゆる部位で起こる物質代謝の過程を特殊的に連結・調節している。従って、経絡・経穴とは、生体機能の有機的統一を保証する身体全体の順序立った系統と見做すことが出来るのである。

それは、自律神経の効果とも言え、皮膚や内臓の反射現象として現れる。

即ち、経絡系統は、直接的に臓器や身体の末端部位と連結し、そこに生起する物質代謝過程に密接に関係している。

東洋医学では、疾病は経絡自体や気血の流れの異常現象であるとされている。

これらの理論が正しいとすれば、経絡・経穴の器質的・機能的異常は、当然に諸臓腑に疾病をもたらすであろうし、逆に諸臓腑の疾病は、経絡・経穴の器質的・機能的異常をもたらす理である。

経絡は気の循行路であるとも言われる。

即ち、経絡の流れは、神経や脈管系（血管・リンパ管等）とは異なる独自の細胞の生成・維持・活性化に対する調整機能を持ち、（潜在的生命エネルギーである）気を循行させる一種の循環系として、体内に隈無く張り巡らされていると考えられる。

気の循行路である経絡の経路は、単循環体系をなす（閉鎖性の）血管系とは異なり、末端→表層→深層→臓器→末端を循環する複合的多数の循環体系を構成していると思われる。・・・前述したエントロピーの項を参照されたい。

それぞれの臓器には、多数の循環路が関係している。血液循環路の場合、その中心に心臓があり、主に心臓の収縮運動に基づいて、血液は循環する。

しかし、経絡路の場合は、心臓に匹敵する中心部位はない。

経絡路に於いては、専ら連続的ないし周期的に現れる縦運動・搏動的ないし震顫《シンセン》的に起こる横運動・混合的波状運動などの固有の自己収縮運動によって、気の循環が行われていると考えられる。

生理的諸過程は、このように経絡系統との直接的な関わり合いを持ちながら、種々の態様の現象を現す。更に経穴は、気が出入りする門戸と言える。また経穴は、皮膚浅部の表層部位に外部現象として現れる。そして、それは生体の諸臓腑の疾病異常に伴って、時々刻々と変転する一種の反射現象でもある。

従って、抽象的一般論としては、経穴を一定の固定点・固定場所と考えるべきではない。但し、生体の諸臓腑の疾病異常は一定範囲の部位に限定されることから、経穴は固定点ではないが、一定範囲の部位に限定されると言う意味では固定的でもある。

即ち、経穴は点としての固定性はないが、一定範囲の部位としては固定性がある。

鍼灸師の名手と愚手の違いは、ミクロな点単位の深浅・範囲・角度で探りを入れ、経穴を発見し手技を施し得るかによって決まる。

経穴は、そのような生理的諸過程に於いて現れる外部現象を通して、自然環境・物理的ないし精神的ストレスなどの内外の環境的諸因子が直接間接的にどのように関与・干渉をなしているかの情報を提供する場所としての性質を具備している。また、その情報を分析判断することによって、どのような物理的処置を如何なる場所になすべきかの情報をも知り得るのである。

このように経穴は、外部環境に対して特殊的に開かれた生体の（情報授受の）窓口でもあると見做し得る。

経穴への刺激効果は、経穴と臓器とを特殊的に連繫する循環路を構成する経絡を介してその臓器に及ぶだけでなく、経絡系統が立体的・複合的な多数の循環系を構成していると言う特性を通じて、幾つかの他の関連臓器にも影響を及ぼし得る。

このように、臓器間の機能的相関関係に着目して、生体機能の有機的一体性を重視すれば、全身状態を調整しながら、個別臓器の疾患をも調整していくことが可能であると考えられるであろう。

また、外界に対して特殊的に開かれた生体の（情報授受の）門戸としての経穴は、あらゆる生命の源泉である太陽エネルギーないしはその変形エネルギーを取り入れて、（潜在的生命エネルギーである）気の活性化は勿論のこと、何らかの形で細胞ないし遺伝子の形成・活性化に関与し、ある種のホルモンや酵素を分泌したり活性化させることが可能であるとの実証がなされている。

具体的には　昔から民間療法として知られているように、経絡理論による手の経穴、例えば合谷《ゴウコク》に対する刺激は、歯痛・肩凝り・胃弱・アレルギー性鼻炎・面疔《メンチョウ》等の治療にも効果があるとされる。

一般に合谷が代表する手の経穴や、湧泉が代表する足裏の経穴への刺激は、細胞や脳を活性化させるのである。両手ないし両足裏の経穴に対して有機的一体として協調的に刺激を与えると、一層その効果は上がる。

前述のように、経絡路は、神経や脈管系の走向とは全く異なり、もっと広く自由な脈管外の体液循環路（胎児に成長し脈管が完成する以前にみられ、体液の流動が残存していると思われる脈管外循環）を主体とすると考えられる。

例えば、頭頂のツボである百会への刺激は、痔の治療に効果がある。それは、脈管系統（血管・リンパ管など）・神経系統・その他の器官が未発生・未発達の早期（原始期）に、頭頂と肛門の間に何らかの癒着ないし脈絡が存在したことを意味すると思われる。同様に、足の膝関節の外側下部にある足三里は、胃腸の調子を整える。この間にも、何らかの脈絡があったのかも知れない。

例えれば、アイヌ人と琉球人は、当初、日本列島を占有していた縄文人（原日本人）の末裔で、その後に朝鮮半島から渡来した弥生人によって追い遣られて北と南の両極端に分離し、現在、北海道と沖縄に縄文人の痕跡を止めているると考えられるし、また、山陰の方言・イントネーションが、東北の言語と類似するのも、古代に於けるある部分社会の言語が漸次同心円的波紋状に分離・波及していったのではないかなど・・・。

これらの伝播の経路・筋道は、現在では最早や不明となってしまったが、残存する部分的痕跡・斑痕から僅かに往時に於ける同一性・親近性を偲ばせ得る。このことを考察すれば、経絡路の不思議も合点がいくであろう。

元来一体であったものが、同心円的に波紋状をなして分離・波及していったために共通性・類似性を有すると同時に、その分離・波及した経路・筋道が深層に潜在化し、現在では最早やその経路・筋道は発見する術もないが、痕跡の部分的残存や偶然に発掘されて初めて何らかの決定的痕跡を発見し得ると言う意味で、両者は類似現象と言える。

生物学にも反復説と言う法則がある。生物の胎児の成長過程は、その生物が辿ってきた進化の過程を再現すると言うのである。胎児は、卵細胞の分裂から始まり、魚・オタマジャクシ類似形態を経て猿類似の態様でこの世に出現するではないか。

即ち、「個体発生は、系統発生を繰り返す」とされる。この考えによると、人が未だ胎児前の時期に、頭頂と肛門が繋がっていた証左であると考えられる。また、経絡系統の発生分化は脈管系統・神経系統・その他の器官より早期に起こり、従って、経絡系統は生物の発生過程自体に対しても一定の役割を果たしていたと思われる。

更に、経絡系統は、高等動物に限らず、下等動物や植物にも存在すると言われ、最近では、馬・牛・犬・猫などの哺乳類動物への鍼治療のみならず、高級魚を一種の冬眠状態にして鮮度を保ったまま輸送する技術として経絡理論が応用されている。これらは、経絡・経穴の原初機能についての状況証拠と成り得るであろう。

因みに、胎児時代に於いては、栄養摂取・呼吸作用共に臍の緒を通して母胎と一体的に機能している。このように臍下丹田部位は、脳形成以前に於いては生命力の根源的機能を有していたと考えられる。臍下丹田部位には既に交感神経が形成され、栄養摂取・排泄作用などの生命維持にとって必要最小限の機能は果たされていた。その意味で、臍下丹田部位は経絡論からも、重要性が再認識されて良いであろう。

臍下丹田部位に対する活性化の働き掛けは、経穴刺激によるよりは主に（逆）腹式呼吸法によって内部より諸臓腑に刺激を与えることに依存するほうが、方法論的には妥当であろう。・・・「呼吸法」を参照のこと・・・

なお、経穴の部位について、従来中国は勿論のこと日本に於いても、固定点として人体上に表示されてきた。現在でも、多くの鍼灸・整体の流派では固定点への対応に意が用いられている。

この考えでは、一般に経穴は、経絡路上に於いて一種の宿駅のような機能を果たすものとして例えられる。しかし、体験上明らかに経穴の反射症状は、ミクロ的にみる限り変動・移動する一種の現象であり、固定部位を指称すべきものではない。この点は、前に詳述した。

経穴の反射症状は、生体に於ける情報授受と言う一種の生体反応現象であり、経絡路に沿って硬軟・大小・瘢《ハン》痕《コン》・変色の変化を示し、また現れたり消えたりする。

経穴の反射症状は、生命体としての人体の調和が崩れ歪みが生じ、人体が病的状態に陥った時に身体の表面に現れる。

生命の原初形態に於いては、生命維持にとって重要な情報授受のポイントである経穴は、位置的にも機能的にも固定化したものではなく、一定の部分・範囲に限定的であるにしろ、寧ろ曖昧・漠然とした現象としての存在であったに違いない。

経絡理論的に言えば、陰陽二気のアンバランスが生じ、鬱滞・逆調と言う体内の気の異常に外界の気が感応した時に、経穴の反射症状が身体の表面に現れる。

その時に初めて、経穴が感覚的（主に触覚・視覚を通して）に現象として顕現してきたと言えるであろう。

即ち、精神的・肉体的ストレスによって人体の調和が崩れ病的状態になった時、自律神経を介して筋肉や皮膚に痛み・痒み・冷え・発汗・凝り・乾燥・変色と言った様々な反射症状が現象（症状）として具象化してくる。

これは、反射症状が身体の体壁（皮膚・筋層）に現れるもので、内臓体壁反射と言われ、主に交感神経性の反射である。

痛み・痒みは、種々の内臓疾患に際し、身体表面の特定皮膚部位に知覚過敏点として現れた現象（症状）であり、痛点・痒点は概ね経穴と一致する。

凝りは、内臓からの刺激により、対応する骨格筋群が筋緊張・硬直を起こして現れた現象（症状）である。

発汗は、自律神経反射に基づく皮脂腺の機能亢進に起因し、汗腺を通して皮膚の表面部位に現れた現象（症状）である。

乾燥や色素沈着・斑点・丘疹などの皮膚変化は、一定の内臓疾患に関連性を有し、一般には関連する特定の皮膚の表面部位に現れてくる現象（症状）と言える。

以上の反射症状は、内臓から体壁への反射に基づいて現れるが、逆に、体壁から内臓への逆反射機構も成立している。

このメカニズム原理（相互に関連性を有する可逆反応）を応用し、主に経絡・経穴に刺激を加えて、内臓機能の変調を調整し得るとの理が発展したのである。

7．「経絡」と「気の交換・循環」

骨格筋の運動によって、静脈血やリンパ液のみならず脈管外の体液全体の移動が行われていることは、生理学的にも認められている。

腓腹筋（脹《フク》ら脛《ハギ》）の収縮運動により、下肢静脈血を心臓に環流させる、所謂副心臓的機能が認められているのは、健康ブームに乗って夙に人口に膾炙している。

骨格筋の急激な収縮運動による体液の移動は、急激な外部環境の変化に対応して、生命を維持するために敏速な行動を取る必要性から生じる。即ち、急激な骨格筋の収縮運動による体液の移動は、動物的機能の維持・活動に必要なエネルギーを緊急に運搬する必要上の緊急措置である。

逆に休息中には、緊急な外部環境の変化に対応した生命維持活動は不要であるから、骨格筋の急激な収縮運動による体液の移動は殆ど認められない。

ただ、植物のように激しい運動をしない生物でも、脈管外の体液運動は行っている。このような植物的で緩やかなリズムで行われる、副交感神経優位の状態での体液移動は、生命発生以来の緩やかな自然のリズムに乗って行われていると言われる。

それは、往古に於いては、あらゆる生物は、自然のリズムに順応した穏やかな運動による生命活動を営んできた証左である。このように自然のリズムに順応した穏やかな運動は、今の生物（殊に人間）にとっても大自然・

大宇宙の法理に適ったものである。

即ち、人も日常的に、原則的には植物性機能の維持・活動に必要なエネルギーの運搬だけを行っているのである。そのエネルギーの移動は、平滑筋運動と骨格筋自体の無意識的且つ自働的収縮運動によっている。

従って、当然のことながら、自然の生命活動リズムに反する急激な反応行動（主として意識的行動）を取らざるを得ない緊急時や防衛本能が働く時は、平穏時の緩やかな自然なリズムに乗って循環している「気血の流れ」は阻害され、生命活動のリズムとバランスが攪乱された状態、所謂不健康状態を呈すると言える。

これが、所謂ストレスの要因だと考えられている。勿論ストレスには、外敵や外部環境と言った物理的・外的な要因によるものと、欲求不満や心的葛藤と言った精神的・内的な要因によるものとが存在する。

これらの物理的ないし精神的ストレス要因によって、心臓の鼓動や呼吸のリズムやバランスが崩れた状態が、不健康状態にあることは明らかであろう。

気が、潜在的生命エネルギーだとすれば、植物細胞やアメーバーにも気そのものは機能的には認められる。即ち、一定方向への原形質流動による移動や食物捕捉や一種の植物ストレス現象も、気の作用の一種と考えられる。我々は、抽象的な気と言う言葉の綾に幻惑されて、恣意的に神秘主義に陥ってはならない。

生物が、単細胞から多細胞へ進化し高度な秩序化が進むと、物質代謝の分業と体内流動の専業細分化がみられるようになった。しかし、高等動物の複雑な物質代謝も、基本的には各細胞の細胞膜に於ける物質交換によるとされる。

脈管系の発達で、物質の流動は迅速効率的に行われるようになったが、体液の大半は相変わらず脈管外で行われている。そのパワーの源泉として、人体では筋肉収縮・伸展作用とそれに附随した関節の開合・伸屈作用が大きな役割を果たしている。

このように考えると、残された原形質流動によるエネルギー自体の移動も、気の循環現象とみることが出来るのである。

ミクロ的見地からは、細胞が生きている証は、気の細胞内外の交換と循環及び細胞内部の移動と循環によって、細胞の浮かぶ体液の状態がバランスを保っていることにある。

理論上、気の交換と循環がスムーズに進み、体液バランスが百パーセント保たれるなら、細胞の老化はないと言う理論が成り立つであろう。

人の細胞も内外の境界はあるが、細胞の内外を切り離されては生きていけない。同様に、自然としての大宇宙、人体としての小宇宙の何れも、ある意味では内（生体）と外（外部自然環境）の交換と循環及び内部（生体内部）での移動と循環によって生かされていると言えるのである。

人間は勿論、如何なる生物も外部環境（自然・宇宙）との交換と循環が行われなくては、存在し得ない。その意味では、人は主体的に生きていると思っているが、実は、宇宙を含む大自然の中で生かされているのである。

現代合気道の開祖と言われる植芝盛平翁の常套句でもあった。

人間も、この意味で小宇宙・小自然と言われる以上、宇宙・自然の法理やリズムに則って調和的に考え行動して初めて健康でいられる。調和の理念は、自然界と人間とのリズムのある調和、更には、人の体内に於ける気血のリズムに則った調和の両者に於いて求められる。

その意味で、宇宙・自然の法理やリズムに反する考えや行動は、神（宇宙・自然）の意思に反することになる。

日本文化の伝承としての武道に於ける身体則も、先人達が須らく神（宇宙・自然）の意思を知り、それに順い逆らわぬ型を創造してきたものである。少なくとも、植芝盛平翁・田中茂穂師（筆者の合気道の師）は、合気道理念をこのように解されていると筆者は理解している。

因みに、人の健康状態も須らく、伸縮・開合・出入りと言う陰陽の理に関わりを持つ。「筋肉の伸縮」・「関節の開合・伸縮・屈曲」・「九孔（目・耳・鼻・口・肛門・陰門・・・）の開合」・「呼吸」・「飲食と排泄」などを考えれば、容易に理解出来るであろう。

即ち、人は、身体の基本的原理である陰陽の理に則って、体内に空気（酸素）・飲食物（栄養分）・水（流動循環の媒介）を取り入れて、心身の健康状態を維持し運動エネルギー源を獲得することを達成しているのである。

問題なのは、現代人は、文明の進化に伴って物質的欲望や不自然な人間関係を強いられ、自然・宇宙の法理に反した生活を送っていることである。

人の欲望は無限に拡大していき、自我の赴くままに物欲・性欲・偏愛の虜となり、それらを取り込むために不自然な縮・開・入の面のみに重点が置かれ、前提となる伸・合・出の面を疎かにしてきたところに問題が生じた。

即ち、筋肉については腕力・暴力を肯定するために屈曲筋を主に鍛え、呼吸については性急に事を運ぼうとして浅く落ち着きのない吸気が主となり、飲食については貪欲な美食に堕し養分摂取過多の症状を呈してきた。

また、心の問題については、自然（神）を畏れない現代の風潮は、我慢の足りない我が儘な自己中心性の強い人間を生み出し、そのために他人との摩擦は増大し精神的ストレス・極度の緊張感に苛まされながらの社会的・家庭的生活を送ってきている。社会性や相互信頼関係を失った人々は、人間関係を荒廃させ、家庭内に於いてさえ波風が絶えない。近時、本能の赴くままに行動を起こす若者を中心とした殺人を頂点とした暴力犯や信頼関係の喪失に起因する詐欺犯の増加現象がそのことを象徴しているのではなかろうか。

縮むためには、先ず伸ばさなければならない。吸うためには、先ず呼《ハ》かなければならない。摂取するためには、先ず排泄しなければならない。現代の不健康・不健全の元凶は、この点についての逆転現象にある。

卑近な例えで言えば、乗り物に乗ろうとする際に、先ず降りる客を出さなければ、乗る客を入れることが出来ないのは当然の理であろう。

現代人は、自然（神）を畏れることを忘れ、貪欲で頑迷な考えに凝り固まり、精神的ストレスを抱え・柔軟性を失った硬い筋肉・汚染された空気を肺に充満させ、口でバクバクさせながら速くて浅い呼吸・栄養タップリの腐敗醗酵した糞便の詰まった巨躯などの悪現象を抱えていないであろうか。

此処に於いて、自然の法理に従って、謙虚で柔軟な心身を回復しなければなるまい。

そのために、自然の法理を感得し、心身の弾力性・余裕を取り戻さなければならない。具体的には、ストレッチ体操を励行し伸展筋を鍛え・活性化させ、空気の新鮮な場所での深くゆったりとした（逆）腹式呼吸を心掛け、栄養摂取よりも寧ろ快い排尿・排便を習慣付け、伸縮・開合・出入りのリズムとバランスに心掛け、無為自然体の心身状態を回復することこそ、必要且つ重要なのである。

なお、このことは社会現象としての、豊富な物質の生産・消費とそれに伴う多量の塵や廃棄物の処理の問題に於いても同様である。塵や廃棄物の処理問題こそ、先ず解決しなければならないのが自然の法理と言うものであろう。

因みに、現代人は物理的・心因的ストレス要因によって不整脈を訴える者が増えている。この症状などは病的疾患の場合を除き、本来の生命活動の正しいリズムとバランスを取り戻せば容易に回復し得るものである。

8.「自然法則（気の交換・循環）」と「原始感覚」

武道に限定して考察しても、古来より先人は、宇宙・自然の法理や陰陽の理を知り、それに則った行動則に従うべきと訓えている。

例えば、直心影流の基本の型であり剣の原理を説き明かしているとされる「法定《ホウジョウ》の型」の法の字を分解すると、「水（氵）ガ去ル」となる。水が高きから低きに流れると言う自然の法理を、剣の動きの型として定めたものであるとされる。

また、心形刀流に於いて極意技とされる「表刀剣」は、「・・・勝負は元々無い。無い勝負に拘泥するから自然の働きが出来ない。・・・心の拘泥から解放されると真に自由である・・・其処に自然の勝ちがある・・・」と訓える。具体的には、「・・・相手も当方も自然の法理に則っていれば、双方全くの対等で、勝つことも負けることもない。・・・もし相手が、自然の法理に反し邪悪な精神状態で不自然な呼吸や不自然な動きをした時にこそ、当方は自然の法理に従い自然な動きをすれば、自然の勝ちを得ることが出来る」と解されるのである。

更に、針ヶ谷夕雲の弟子である小出切一雲《コデギリイチウン》の開いた空鈍流の極意とされる「無刀の位」とは、「・・・人は生れ付き習わずとも自然に良知良能を具えている。・・・其れが六・七歳頃から次第に失われて、代わりに学んで得た智や習慣で得た悪智能や処世上の了簡等が身に付き、其れに応じた所作を生じるが・・・唯、自分の生来の良知良能に立ち返り・・・良知良能に任せて剣を使うのが平常心の極意であり、無刀の位である・・・」とされる。

抑々、地球は四十六億年前に太陽系と共に形成されたものだと言われる。地球は小さいために重力収縮による温度上昇が低く、元素合成は起こらなかった。

そうだとすると、我々の身体を形成している元素を含めて、地球上のすべての物質は、元を辿れば、ビッグバン直後に出来た水素などの軽い元素・過去の星の中で合成された炭素や鉄・超新星爆発時に合成された元素などによって出来ていると考えられる。その意味でも、人体は、小宇宙と言われるのも理に適うのである。

人間の判別性感覚とは、客観的対象として外部にある物を見分ける感覚である。これに対し、原始感覚とは、外部環境（自然・宇宙）や自己の内部（無意識層・身体諸器官）との有機的一体・融合化が認められる時に感じる感覚である。

日本語には、五感についても「見て観えず」「聞いて聴こえず」等と言う例えがある。この事実は、日本では古来より両者を明確に区別し、前者（見る・聞く）を判別性感覚、後者（観る・聴く）を原始感覚と捉えられていたことを示唆している。

五感は、本来客観的には判別性感覚であるが、自然・宇宙を含めて相手と一体感や共感を共有するに至ったと感じる時に初めて原始感覚を獲得したと言えるのである。

そして、判別性感覚の発達した人ほど、原始感覚は鈍感になっていく。逆に、未文明社会人の原始感覚は鋭敏である。それは、文明社会人の想像を遥かに超えたもので、文明人には超能力と映るのである。

新皮質が一旦発達した人間にとって、原始感覚を取り戻すのは困難であり、それを取り戻すには、それなりの期間を掛けた継続的鍛錬が必要不可欠であるとされる。

人間の五感の裡、本来最も原初的な感覚は触覚である。下等動物には、目がない。文明の発展は、人間の触覚（広義では味覚・嗅覚も含まれよう）の価値を相対的に低下させてきた。人間は文明の進歩・発展と言う名の下に、感性よりも理性を重視するようになった。それにつれ人間社会では、触覚・味覚・嗅覚に代わって視覚・聴覚の価値が相対的に上昇してきたのである。

気を練り(潜在能力を活性化させ)、気を充実させる(潜在的エネルギーの凝縮的・求心的蓄積を図る)ためには、(逆)腹式呼吸法や瞑想を通して感性を働かせる必要がある。両手・両足を同時協調的に用いると言う身体動作が伴えば、それは一層効果的である。脳科学者の言う、所謂、右脳活性化の鍛錬と通じるものがある。

武道に於ける気とは、心・技・体すべての気を振起させ、それらを統一・融合し、大事・大変に遭遇した時、石火(瞬時)の応変を可能とする潜在的エネルギーを意味する。

従って、武道に於ける気とは、いつ如何なる場合に於いても無心且つ自然体で対処し得る可能性を秘めた原動力としての、潜在的生命エネルギーとも言える。

このように、気の概念や呼称は、古来より武道全般に及ぶ重要なキーワードであるとされてきた。

最近は、気の概念について、生化学に於いても、流れ・揺らぎ・波動・リズム・共時性・共鳴等と言った概念に重点を置いて説明が試みられようとされている。

9．徒手武術としての「合気術」と「柔術」

広義では、合気術も柔術の一種である。しかし、近来多くの武道解説書によると、狭義の合気術とは、気を重視すべき術技であり、狭義の柔術や柔道とは異なる特徴を持つ術技体系であるとする。

このような解釈を前提にする限り、日本古来の精神的身体的文化の伝承としての徒手武術とは、現代的に言えば、狭義合気術と狭義柔術を統合した総合武道と言うことになる。

筆者も混乱を避けるため、日本古来の徒手武術を合気柔術と呼称することにする。

明治十年代、東京帝国大学の学生であった加納治五郎翁は、柔術（最初は天神真揚流、後に起倒流）を学び、厠に垂らした縋り綱に頼らなければ蹲踞《ソンキョ》姿勢を保てない程の、言語に絶する稽古の末、柔道を創始したと言われている。

因みに、他流からは、「講道館の足」と注目され、畏れられた。加納治五郎翁は自身も、速歩の達者として当時夙に有名であった。

翁は、柔道修行の目的を智育・徳育・体育に置き、柔術に於ける攻防の理である柔能制剛理論（柔の理）だけでは、攻防のすべての場合を説き明かせないとして、柔の理を更に発展させ、すべての攻防技法に一貫する理論「精力最善活用（精力善用）」を提唱され、現在では、それが柔道の極意とされている。

当然のことながら、此処での善に倫理・道徳的意味は存しない。

即ち、精力善用とは、心身の総合力を、最も効果的・機能的に円満に行使する（ないしは行使出来る）との意味である。

その意味での精力善用の理は、柔道・合気柔術を始め、あらゆる武道にも須らく妥当すると言って良い。

因みに、ある武道解説書では、善用を倫理道徳的に「武道（柔道）は正義の為のみに用いられるべきである」などと解し、「しかし、武道（柔道）はそんなに甘いものではない・・・」等と的外れな批判をなしている。加納治五郎翁が知育・徳育・体育と言った教育的効果に続いて述べていることに注目し、それに関連付けて倫理道徳的効果を述べたものと誤解したらしい。論外である。

一部の武道家は、合気術技の極意は身体の伸展にあるとする。しかし、伸展のみに拘ること自体精力善用の理からすれば、武道の事理に疎い証左である。

心身が有機的一体である以前に、身体各部位・各機能も当然に有機的一体であり、身体の伸展のみならず屈曲にも意を用いてこそ精力最善活用は可能となる。

身体は勿論、心身に於いても有機的一体としての総合力が最も効果的・機能的に発揮される時、自己の潜在能力は十二分に引き出され発展する。その過程を踏むことが単に術技の習得のみならず、知育・徳育・体育と言った教育的効果を伴うのである。

狭義の合気術を強調する論者は、伸びる方向（伸展）こそ合気道の秘技の所以とする。しかし、前述の精力善用の理から、これも部分的側面に拘り捉われた理論であると言えよう。

身体エネルギーは、身体と言う場に閉じ込められたエネルギーである。然うであるならば、伸びる方向と縮む（畳む）方向と言う相反する関係の中で伸びを強調していくと、どこかで縮ま（畳ま）なければ行き詰まる。身体を十全に機能させるためには、切れ目のない次の動作を流動的に継続させる必要がある。

伸ばされたり縮められたり（畳まれたり）すると言う身体構造からすれば、伸展筋も屈曲筋も共に重要な秘技の根幹をなしていると言わざるを得ない。伸展筋と屈曲筋が有機的関連性を持って結合し融合する過程にこそ、秘技の源泉が認められる。

伸ばすために縮め、力を効率的に出すために力を抜き、次の大なる一歩のための小なる半歩を踏むのが、術技を効率的・流動的に継続維持する手法（所作）なのである。

古来、柔剛一体の理（柔剛一体の徳）とか伸縮・開合一体等と称される所以のものである。柔能制剛の理（柔の理）は、その一面を強調され過ぎている。

ただ、剛の理は当然の理屈であると一般には解されていたからこそ、柔の理が強調されたとも言える。誤りと言うべきでなく、その背景・真意を看取しなければならない。

これは、武道に於ける身体則である陰陽の理且つ逆対応則にも適うものである。

別の武道研究家は、古武道の身体動作を「捻らず・溜めず・・・」などと述べ、武道の動作・所作を直線的動作に限定する。

しかし、後述するように古来より、古武道の身体動作は秘伝・口伝として、「方・直・円・曲・鋭」の五動作に分類されていて、その中に遅速を含むあらゆる身体動作が包含されている。彼の言うところの動作は、この五動作の中の一つである「鋭」の身体動作の応用に過ぎない。古武道の身体動作は、斯くも深遠な事理を極めていたのであって、術技の態様によってこの五動作を使い分けていた。

ただ、鋭の身体動作は、現代武道やスポーツでは余り強調される機会がない。

従って、あたかも古武道の身体動作は鋭の動作に特徴があり、鋭の動作のみが古武道の秘技たる身体動作であったと誤解したのかも知れない。

ともあれ、狭義の合気術技は、原則として相互離隔の位置から、離隔の体勢を前提にした当身技と関節技を主に使用し、相手の力学的弱点や生理的弱点を攻撃し、相手を制することを予定している。

狭義の合気術（道）の基本となる重要な術技は、相互に組み合わず手で掴むこともなく、肘と腕を伸ばし親指と他の四指との間を用いて施す動作・所作である「筈《ハズ》押し」を最も多く利用する。従って、目付・間合い・刀法の理など剣術原理が多く吸収・応用されている。

武道の術技行使に於いては、下半身から生じるエネルギーを大きな源泉とするが、直接発揮されるパワーは背筋周辺の伸縮とそれに結合する肩・肩胛骨周辺関節の開合によって生じるエネルギーに求められる。背筋を伸ばし胸は張らず引き気味に、肩の力を抜き柔軟に沈める。重心が上ずらないために肘を曲げ下に垂らす。此処では、肩胛骨の位置と柔軟弾力的な背筋が重要な役割を果たす。

所謂、伸展筋を主に用いた押し技・突き技・当て技等の遠心的技法が、狭義の合気術の中心技法となっているのである。

その意味で、狭義合気術は、明らかに伸展筋を重視する剣術技法に於ける身体則の系列に含まれると言って良い。従って、相撲・拳法・ボクシング等の突き・押しの武術・スポーツに対して、ある意味でのヒントを与え、また相互に応用し得る可能性があると考えられる。

これに反し、狭義の柔術や柔道の術技は投げ技を主に使用し、相手の力に逆らわず力学的弱点を攻撃し、相手を制することを予定する。

下半身から生じるエネルギーが大きな源泉となるのは、狭義合気術と同様であるが、上半身の直接発揮されるパワーは、原則として相互に襟・袖を組み合って手で掴み肘を曲げて引き付け、パワーの源泉を胸筋・上腕筋の伸縮とそれに結合する関節の開合から生じるエネルギーに求められる。

屈曲筋を主に用いて投げる求心的技法が、狭義の柔術や柔道の中心技法となっている。組討技法は場が狭いことを前提とするために、力の使い方としては一般的に求心的であり、遠心力を応用した技は使い難い。比較論的に言えば、受け身・防禦技・護身技が主体となる。

従って、狭義の柔術や柔道の術技は、求心力を応用した屈曲筋主体の立ち技としての叩き技・引き技・寄り技や、接近密着して屈曲筋を用いる寝技・絞め技・逆関節技などが多く認められるのである。

この意味では狭義柔術や柔道は、当然のことながら、屈曲筋を重視する組討技法に於ける身体則の系列に入る。従って、レスリング等の引き技の武術・スポーツに対して、ある種のヒントを与えたり、相互に応用し得る可能性があるであろう。

この理により、現代に於いて合気柔術と言われる体術は、主に腕・肘・手掌を主体とし、伸展筋を用いる剣術技法と主に掴み手を主体とし、屈曲筋を用いる組討技法の両者を取り入れた、総合徒手武術と言えるのである。

これら両者の調和的稽古を通して、身体の伸屈（伸縮）両機能が鍛錬され、柔軟性・弾性・巧緻性・敏捷性・安定性など心身両面でリズムとバランスが体得され、知育・徳育・体育の涵養に資するところが大きく、人格形成に役立ち得るとするのである。

因みに、主に屈曲筋を用いる組討技法と言っても、求心的な本来の極め技に先行して用いられる予備術技として、例外的に伸展筋を用いる遠心的突き技・押し技・当て技などの術技も認められる。勿論、予定された場と言う境界を取り除けば、状況は変わり、技も多様化するのは当然のことである。

10.「合気」「柔剛一体の徳（理）」

なお、武道術技としての合気と気合は異なる概念であるが、両者はしばしば混同されたり、同一概念として用いる者もいる。

但し、当然ではあるが、術技に関わる根底の心構えについてのみは、両者に共通する。

合気を掛けるにしろ、気合を掛けるにしろ、これらが武道術技として効果的な機能を発揮し得るためには、臍下丹田部位に蓄積された気エネルギーが効果的に発動され、相手に対して正確・効率的に伝達されなければならない。

そのためには、自己発の気エネルギーを全方位に向け正確且つ効率的に十二分に発動出来るべく、相手や外部環境を踏まえて、無心（不動心）の境地で柔軟な臨機応変が求められる。

しかし勿論、基本的には、合気と気合は別個の意味内容を持つと解すべきである。此処では、「合気」について考察を加えておく。

合気を一種の術技とみる時、一般的・抽象的には、本来の術技（極め技）を効果的に発揮し相手を制するための、すべての術技に適応し得る先駆的・予備的段階としての一種の（無形の）心法・心構えと解して良いであろう。

ただ、合気投げと称する術技を別個独立した技として、解説を試みている者もいる。

しかし飽くまで、合気投げは、以下述べる合気の意味内容を持つ心法ないし心構えを、あらゆる投げの術技と付加一体のものとして応用したものと解すれば足る。
因みに、合気の意味内容については、異論が多く定説はない。武道伝書の多くは、「合気を外せ」とか「合気を戒める」などの表現をもって説明する。

一書に曰く、「松風は松の鳴ること、風次第にて風強ければ松の鳴り強く風弱ければ松の鳴りも弱し・・・」と。従って、「・・・向うなりに応ずると言う心也」と。具体的には「・・・其れと同じく・・・打たば受け、退かば進み・・・敵に逆らわずして、・・・合気にならぬようになす（相手のペース・間・拍子《リズム・タイミング》などに逆らわずして、しかも相手に巻き込まれない柔軟な対応をなし、精神状態や術技に於いて、自己の主体性・主導権を失わぬようにする）べき・・・」（「一刀流剣術目録・松風之事」）とある。

また、「・・・合気の調子が外れれば（相手に逆らわずに、しかも当方が柔軟に臨機応変すれば、相手のペース・間・拍子は乱れてくるので）、あしらわれる人は縁を失い頼る所なく、業にも気にも勢が入らず・・・精力尽きるもの（好い加減に扱われた相手は、応対する拠り所を失い・・・技を掛けても効果が薄く、究極に於いては力を使い果たし、なす術もなく自滅するものである）・・・」（「扱心流・侍《アシライ》の心得」）ともある。

これに対して現代では、多くの武道書が、合気とは、「相手を含む天地自然の気と自己の気とを合わせる」こと、具体的には「相手の動きに逆らわずに、相手の動きに合わせる」こと、即ち「相手の気勢に逆らわないで受け流して、相手を制する」ことを意味するとの趣旨で説明している。

これは、恐らく植芝盛平翁の唱導を嚆矢《コウシ》とするのであろう。

しかし、相手の動きに逆らわず動きに合わせると言う意味が、相手のペースに合わせ、相手のリズム・タイミングに乗る（巻き込まれる）との意味であれば、自己の主体性は失われ敗北を意味するのではなかろうか。この趣旨の状態で自己が相手を制することが可能なのは、実力に格段の差があるか・馴れ合いによる場合しか考えられない。

やはり、誤解を生じないように解するためには、江戸時代の武道伝書の記述による如く、相手の動きに逆らわず柔軟に臨機応変すれば、相手は応対する拠り所を失い、相手のペースが乱れ、相手のリズム・タイミングが狂ってくる（それに乗じて、自己の主体性《主導権》を確保し不動心を乱すことなく術技を施せば、相手を制することが可能である）と解すべきであろう。

但し、翁は晩年には、武蔵の言う巌の身・不動心・当たらざる身体の境地を会得したとされている。従って、翁の解説は、合気道を通して体得された究極の悟りの境地（共存共栄・自愛他愛）について述べられたものであり、翁の人生哲学でもある。

武道修行過程にある我々が、翁の言葉をそのまま鵜呑みにして、理想の空中楼閣を術技の解説に当て嵌めようとするのは多くの誤解を生じる原因となるであろう。

また、柔術の極意である柔の理（柔能く剛を制す）とは、相手と調和的に一体化した上で、相手を制することとされている。その意味では両者は同視されて良い。

此処でも、相手と調和的に一体化とは、自己が主体性・主導権を持ってと言う形容詞を付加して、「自己の主体・主導の下に、相手と調和的に一体化して」と考えなければならない。

現代合気道の教本の幾つかは、柔剛など相対する気が和合し、どちらにも偏しない安定・円満な状態と捉えている。

しかし、これでは抽象的に過ぎ、相手剛に対しては、吾柔との意味では理解できても、相手の柔に対しては、吾剛にて対応するのか否か、他の解説部分では、吾剛の対応を常に否定しているかの如く述べられていて不明確であるし、偏しない安定・円満な状態とは具体的に何を意味するのかも不明である。

此処でも前述のように、臨機応変・柔剛一体の徳に思いを致すべきで柔能剛制（柔の理）のみに拘ってはならない。

武道伝書が述べようとする具体的な合気するとの意味を、柔剛一体の徳（理）に基づいて解釈すれば、次の如くに解されよう。

気を丹田に収め呼吸を整え、柔軟且つ弾力的に練られた筋や関節と剛強に鍛えられた骨をもって、相手の動きに逆らわず主導性を保持しながら、円滑・柔軟・流動的且つ停滞することなく継続的に対応する。

主体性（主導権）を保持しながら、時・処・位に臨機応変することは、結果的に相手を自己のペースに誘導することを意味するであろう。

古流剣術に言うところの続飯付けと同旨であり、自己の主導の下に、相手の力や動きに応じて、自己の力や動きも剛柔・強弱・遅速・大小と変化し、付かず離れず、逆らわず抵抗せず「柳に風と受け流す」理であろう。

この点、中国拳法に於ける化勁運用の要領（骨）と類似性を持つ。それによると、「付かず離れず、粘って離れず、抵抗しない。声無く息無く、円滑連続し中断することとなし。行く事猫の歩むが如く、身体は竜に似、手足は蛇行し均《ヒト》しく滞るところなし、気は雲の遊ぶに似、動くこと波に任せて浮沈するが如し」とある。

この理は、多くの現代の武道書に表現を多少変えたり、我田引水的に持論展開のために引用されているように思われる。

処で、他の古流では、「互いに合気となり、吾の充満した気に依って敵の気を砕き倒す」とか、「如何なる相手の攻撃を受けても、接触した瞬間に相手の力を無力化して、相手が抵抗不能状態に陥れば透かさず投げ技・関節技に転じ得る」と訓えている。

宮本武蔵も「五輪書」（火の巻）で、「枕をおさうると言う事」の中で「・・・枕をおさう（抑える）とは、（敵に）かしら（頭）をあげさせず、と言う心なり・・・人に我が身をまわされて（自分のほうが敵に思うままに丸め込まれて）、あとに付く（後手後手に回る）事悪し。・・・敵何事にても思う兆しを敵のせぬ内に我是を見知りて、敵を打つと言う・・・何事にても、・・・敵も業をせんと思うかしらをおさえて、何事も役立たせず敵をこなすこと・・・」と言う。

これは、要するに先を取る・先の先を取ることと同じで、未だ発せざる敵の気を未然に察知し、吾の思うままに扱うと言うことである。

古流の武術では、合気を外せと言い、また、合気して意のままに扱えと訓える。

これに対して、現代合気道では合気して逆らわず受け流せと言う。ただ、「外せ」とか「逆らわず受け流せ」では如何にも舌足らずの感は否めない。しかし、その真意を理解するには、「柔軟に臨機応変し、吾の思うままに扱う」と付言して解すべきであろう。

古流柔術と現代合気道（古流の一部を含む）とでは、前者は合気を外すと言い、後者は合気すると言うのであるから、一見して相互に矛盾するかのようである。

しかし、両者は決して矛盾するものではあるまい。恐らく、背後にある真に意図するところは、合気の言葉を用いると否とに拘わらず、先攻するにしろ後攻するにしろ、不動心を持って、吾が動きに入る前に、予め敵の気・動きを察知し、吾が主体性を確立し主導権を取れば、相手に逆らうことなく、柔軟に臨機応変することが可能となるとの訓えであろう。

考えてみると、如何にも当然のことを述べているのであるが、やはり武道・芸道に於いては身体知・実践智によってのみ悟り得ると言うのが極意なのであろう。

結局、先・先の先・後の先と言い（一般には、後の先を念頭に置いているようであるが）、これらすべて初心者への具体的教授に当たっての一方便としての言であろう。

即ち、武蔵の言うところの不動心・当たらざる身体・巌の身を体得し行動出来れば自ずから合気の極意と一致するに至る。

そのためには、自己の行動を起こす前に、「相手の心の動きや動作の方向性や速さを素早く察知し」「相手に逆らうことなく柔軟に臨機応変し」「主導権を取って、相手の重心を不安定な状態に崩す」等、先手先手と、相手より優位な位置を占め（先を取る・先の先を取る・後の先を取る等）、相手の出端《デバナ》を挫《クジ》くための適切な対応が必要となるのである。

処で、気は人間の身体内部を循環するのは勿論、全宇宙的外部環境とも循環的に交流している。この内外二つの気の空間は、同じ時・空の場であり相互に循環・交流している。一方が他方に共振するように働き掛ければ、両者間に同調・感応・共鳴が起こり、リズムの一体化・共時化が生じると考えても不思議ではあるまい。

武道として合気を考える時、人の身体内部と循環的に交流している外部の自然環境を媒介として一方から共振の働き掛けがあれば、自己と相手の間に（良い意味でも悪い意味でも）同調・感応・共鳴が生じ得ることは、容易に想像出来るであろう。

11.「気合」

武道術技としての気合は、抽象的に言えば、潜在的生命エネルギーである気を振起させ天地自然と同化し、同調・感応・共鳴を惹起させようとする息吹である。それが結果的に、天地自然の法則（理合）やリズムと調和しない相手の神経を攪乱《カクラン》したり、ある種の物（ガラスのような非弾力的な物質）を破砕する等の特殊効果を持つとされるものである。

これを経絡・経穴理論的にみると、気合は、気エネルギーを伝達したり配分する機能を持つ上焦（肺・心臓）中焦（胃・脾臓）下焦（排泄器官）との関連性が顕著に認められる。

経絡理論によると、この三焦を司る要が喉にあるとされる。即ち、気合によって、気エネルギーや気力は、喉を通じて音声音と化して、相手や対象に伝達され効果を発揮し得ると解される。

喉が、武術の急所とされているのも、このような経験則に基づいていると考えられ、言語音の共鳴は送り手の喉の空気と受け手の耳の空気との間に生じる。

然うであるなら、同じエネルギーの移動が、送り手の喉と受け手の耳の周辺部分との間にも起こり得ることが容易に想像出来る。生理的に気合とは、そういう意味をも含んでいるのであろう。

「オー」「ウー」と言う音は、口と目をも丸くし円唇（母）音を出し、攻撃的威嚇表情をも表わす。その威嚇表情と共に、その振動数が相手の脳波に調和すれば、共鳴を起こし相手を慌てさせる。威嚇表情による心理的動揺と、可聴下音を含む共鳴の創造との相乗効果が生じたのである。

相手に対する短調の気合は、突然に相手の動脈血圧降下反応を引き起こし、一時的・部分的な無気力状態を作り出す。

自己に対しては、長調の気合を突然・咄嗟に大きく発し、自分自身を発憤させ恐怖心を抑え気分を昂揚させるのに役立て得る。

因みに、長調は自然現象にその存立根拠を容易に見いだせるのに対し、短調は音響学的な説明が困難とされる。動物の生態構造や感受性などの相違により、外部環境に関する振動数や波長の好嫌もあり、共鳴する振動数や波長も異なるとされるのも当然である。

最近では、胎児や動物は勿論のこと植物でさえ、外部環境のある振動数や波長の影響により、成長や発育状況が異なり得るとの研究成果が報告されている。

能動的ないし受動的のどちらの場合であっても、人を含め生物個体の波長や振動数の影響の支配が可能な場では、それが自己の能力の限界内ならば、外部環境の振動数や波長を選択的に捉え得る。それぞれの個体は、外部環境に存在する振動数や波長を自身に応じた好嫌の共鳴振動数や波長に翻訳して、主観的に享受又は排除しようとするのであろう。

当然のことながら、前述の理論は武道術技にも応用出来ると考えられる。

相手と合気し、即ち自己の主体性・主導権を保って、相手を自己のペースに引き込み、自己の間・拍子に同調させる。それによって、相手のリズム・タイミングに混乱を生じさせ、間髪を入れず自己が能動的主導権を取って気合を掛ける。

その場合に生じる状況は、自己にとっては当然に予測の範囲内での状況変化である。しかし、相手にとってはそれまで安定且つ安住し依存していたリズム・バランスが、突然外部の気合と言う不測の事態によって破られ、精神的・心理的に不安定な状況が生じたことになる。安寧な自己の生活環境が依存していたリズム・波長・バランスの根幹を、基本的に変動・破壊される不安定な事態が生じたのである。

それによって、自己は当然に予期した通り、緊張から解放され自然状態・自己のリズムを回復する。これに反し、相手は合気を外され、予測不可能な精神的・心理的混乱を起こし、自己の心身に於ける内部リズム・バランスを崩す結果となり、容易に破れ去る条件が醸成されるに至るのである。

人の主体的・能動的身体動作の弱化や停止は、外部からの物理的締め付け・方向感覚の麻痺・心理的恐怖・外的一定のリズム動作や行動様式への共鳴・外部からの周期的刺激・合気外しによる内部リズムやバランスの乱れや崩れ等を、比較的抵抗感なく感受し受容した結果醸成され且つ助長される。

理論的には、その状況が持続する限り、益々心身の弱体化を来し敗北を喫するのである。これらの術技を用いることによって、相手を一時的に麻痺や昏睡状態に陥らせることも出来るとされる。

なお、具体的には、気合も一種の術技であるから、気合を掛けるタイミングも技を掛けるタイミングと概ね一致し、相手が息を吸い、吐こうとする瞬間、相手の出鼻、相手の引き際、相手の技の変化が尽きた時、作り・誘いに相手が乗ってきた時に相手に隙が生じ、その時を逸することなく気合を掛けるべきなのである。

武道の稽古段階に於いても、太く短く吸気し、細く長く吐息するように心掛け、常に気配を消しながら相手の出方に備えるべきである。

その際、概ね吸息は全容量の八割とし、吐息は二割を残す。循環させながら、常に二割の息を残存させ、二割の空間を保っておく。胸一杯に吸息すると、下方の臍下丹田部位には力が入らず、逆に上体のほうが硬化する。また、全部吐息すると、臍下丹田部位の力は失われ腰が据わらなくなる。

処で、中丹田を中心とする呼吸筋周辺部位と、臍下丹田を中心とする括約筋周辺部位は、生体内部の植物的機能を自動的・不随意的に調節する不随意筋と、生体の動物的機能に関わる身体運動を調節する随意筋の交錯する部位でもある。更に、それらの部位は、心の意識層・無意識層を連結する媒介項的部位でもある。

逆腹式呼吸は、中丹田を中心とした呼吸筋と、臍下丹田を中心とした括約筋の両部位を鍛錬し活性化する機能をも果たす。・・・呼吸法の章で詳述・・・

同時に（逆腹式）呼吸作用は、神経作用をコントロールし、精神的肉体的ストレスを緩和し、深層心理をも支配し得る重要な機能を司るのである。

逆腹式呼吸により臍下丹田部位を充実せしめ腹圧を高め、肚《ハラ》から気・息・身の一致した発声が気合となる。従って、気合は心身一体化の結果として発揮され、心身不二の関係にある。武道に於ける術技行使動作の細部に至るまで、気が充実した心身は呼吸と有機的一体となって連携していなければならない。

此処での呼吸は、吐くことに重点が置かれる。具体的には、剣・木刀・振り棒を振る場合、打ち込む前から臍下丹田に吸気を十分に充実させつつ振り被り、激しい気迫を持って気合を掛けながら呼気と共に振り下ろす。このような日常的鍛錬が重要なのである。

12. 術技としての「眼差し」

ある意味では、古来武道の達人は相手の目の動きに勝負を賭けた。相手の目の表情と動きを読み取って、素早く反応し対応する。相手の目の表情から相手の心の中を見抜き、反面、相手に対しては自己の心の中を見透かされないような眼差しで臨む。

眼差しの技は、自分には看《み》える（自覚している）が相手には看えない（見抜けない）、日本古来の簾《マジックミラー》の文化の一形態と言えるかも知れない。

相手の心中を読み取れない初心者の視線は、相手の動きに幻惑されたり、呪縛されて不安定な精神状態のままに、対象である相手とその周辺を彼方此方と移動し続ける。

人を一種の催眠状態・感受性過敏の状態へと誘導するためには、術者の眼差しと動作の反復行動が応用される。

逆に、相手の鋭い眼差しに曝され幻惑と呪縛の中で不安定な精神状態にある時、自己自身を取り戻す方法として、逆腹式呼吸法を用い精神的・心理的動揺を抑制し、自己沈静化を図るのが通常である。

また、相手に対しては、彼の眼差しを躱《カワ》し、意表を衝《ツ》いて気合を掛け、万が一の奇策を用い、（眼や指など）弱点を攻め、仮当（軽い当身）を撃つなど相手の動揺を誘い、返し技の術技を用いて相手を制することが可能となる。

このような対応は、相手が当初主導権を取っている場合にも、相手の対象として受動化されていた自己の主体性を回復（能動態へ転換）することを可能とする。斯くして、彼我の立場を逆転させ、自己の主体性を回復し自己が主導権を取ることによって、容易に相手を制圧し勝ちを得る道へと繋がる。

即ち、返し技の術技を効率的に機能化させる一連の行動則によって、相手の眼差しによって掛けられていた、羞恥・不安・恐怖など自己否定と言う呪縛や、他者や相手へ魂を依存してしまう主体性喪失と言う呪縛から回復し、自身を自然体状態に解放することが可能となるのである。

これらの究極の理想とする悟りの境地は、当初は、相互に対立していた対他としての存在（自己とは異質の相手）を、次第に相互に感応させ・感応し合うことを通して、最後は相互に共鳴・協力・協同・同化・信頼・尊敬する関係へと転換させ得る。終局的には、加納治五郎翁の言う「自他共栄」「共存共栄」「自他一体」の理、植芝盛平翁の言う「宇宙と一体」「愛気」「共生」の理へと昇華されていくのであろう。針谷夕雲の「相抜」の理もこの類と解して良かろう。

「易経」の訓えるように、すべての物事は動的リズム（揺らぎ）の中で潜在的エネルギーを蓄積しながら、和合・融合と言う調和的且つ循環発展的状況を目指す。

陽気（実）の時分にも、陰気（虚）を生み出す契機は既に潜在的に存在している。陰陽和合は物事の道理である。表裏・逆対応・正奇とか、一つの技の終わりは次の技の始まりと言われるのも同義である。

人を含むすべての事柄は、宇宙・自然の生命リズムに依存しているからである。

但し、武道に於ける調和・融合の境地に至るには、その前提として凄まじい稽古の長期的反復継続（エネルギーの蓄積）が不可避的に存在している。

四. 合気柔術の事理

1.「術技の分類」

武道の基本身体則に基づく動作・所作は、武道の原点・原理に遡って、眠っている潜在能力の活性化を合理的・効率的に図れるように工夫されたものが多くを占めている。

その目的に資するため、技法を（1）目に見える「普遍的・外形的に型として完成の域に達している技法」（2）目に見えるが「変化の態様が動的多彩で、固定的な型には成り難い基本身体則としての技法」（3）「目に見えない技法」とに三大別して考察するのが妥当であろう。武道術技は、概ね（3）→（2）→（1）の順序で連続不断に用いられている。

合気道的に言えば、それぞれが次のように対応するであろう。

（1）は、一教や四方投げ・天地投げなど動因を潜在的に内包しているが、外形的には「静的に完成された典型的技法」を指称する。

（2）は、静的技法である型を活性化し、それに真の生命力を与える「裏（虚）に隠されているが、実は本質とも言える動的技法」を総称する。

それは、形式的技の習得ではなく、技を繰り出す前提となる身体動作を養成することを意味する。即ち、相手の体勢・重心を崩し、力学的弱点を有効に攻撃したり、相手の経穴・関節・首と言った生理的弱点を有効に攻撃出来る環境を作り出すことを意味する。

具体的には、入身や転換に伴う重心の移動、運手や運足など腰肩腕や手足の態様とバランスを養う基本動作、臨機応変に必要な時、必要なだけの統一力を出し得る静中に動を備えた立位・座位の構えなどが考えられる。

更には、能動的又は受動的な入身・転換・回転・沈潜などの身体動作による（相手との直接攻防に入る前提としての）体捌き・手捌き・足捌きと言う体幹四肢の巧妙な対処・調整動作である「捌き」、相手の攻撃に対し、入身・転換・回転・沈潜などによる身体を躱し変化をなす「変り」、技に掛かり易い体勢に相手を誘い崩す準備動作であって、その巧拙《コウセツ》が技の効果を左右する「作り」、相手の重心を動揺させ、姿勢を不安定な状態に導く能動的動作である「崩し」、相手の姿勢が崩れた方向に適切に当身・関節・投げなどの技を掛ける能動的動作である「掛け」に至る連続動作など、変転極まりない動的技法を内容とする。

（3）は、目付・間・拍子・呼吸・外的環境の中でのリズムやタイミング・不動心を含む心法などの技法を総称する。

これらを総合的に捉えて主体性を保持し攻撃の機会を主導的に掴むと言う意味で先・先の先・後の先を取ると言い直しても良いであろう。なお、自己の持つ信念や倫理観などの精神的支柱も不動心との関わりで重要な一要素を占めその基となるものだから、（3）の心法的技法に含めて良いと考える。

（3）の技法は、（1）の静的技法や（2）の動的技法を習い・使う過程で、自然に自得していくものである。この段階に至って初めて、多彩な技を選択的に臨機応変して駆使し得るのである。

一般的に、体術の技法としての技の呼称は、一教（一ヶ条）・二教（二ヶ条）・四方投げ・天地投げ・入身投げ・転換投げ・合気投げ等、そして、それぞれに表と裏があるとされる。

これを詳細にみると、本来「教（ヶ条）」と言われるものは教授する順序を示しているのであるから、流派によって同じく一教（一ヶ条）と言っても、その術技内容は全く異なることも有り得る。また、此処で表・裏と言われているものは、実は入身・転換を意味している。そして、すべての術技の導入部分に入身・転換が考えられる以上、独立した入身投げ・転換投げと称する術技は存在しないとも言える。

このように解すると、正しい呼称は、例えば、入身一教腕抑え（入身一ヶ条）・転換一教腕抑え（転換一ヶ条）・入身転換一教腕抑え（入身転換一ヶ条）・転換入身一教腕抑え（転換入身一ヶ条）のように表現されるのが正しいと思われる。しかし、呼称自体がそれほどに有意義であるとは思われない。飽くまで、便宜上のものと解すれば足りる。

なお、合気投げのように独立した術技はなく、広い意味では合気術の投げ技の多くは、合気（自己と相手のリズムを調和させ、相手の力に逆らわないで、継続的流れの中で終局的に自己が主導権を取る）と言う意味で、気を合わせ（相手と波長を合わせ）て投げるのであるから、それらはすべて合気投げと総称すべきであろう。

術技の呼称はともかく、一般には（1）（2）の目に見える技を「有心の技」、（3）の目に見えない技（殊に心法）を「無心の技」と呼称されているようである。

有心の技と無心の技との関係は、ある面では両者は近間で直接連続的に、他の面では一見無関係に断絶しているかのように、更には、両者は遠間で間接的な繋がりを有しているなどの諸現象として現れる。

無心の技を習得するには、一意専心稽古に励むのみならず、その術技内容が熟成するための時間の経過が必要とされる。有心の技の次元で、身体則に捉われた長期間に亘る反復継続的稽古・修行の蓄積を通して、勘とか骨（要領）と言い習わされているが、言葉で表現出来ない暗黙の身体則（身体知）が蓄積し形成されていく。

このように、（1）の目に見える型のある技とそれに続く継ぎ技との間隙を、（2）の目に見えるが型となっていない基本身体則としての技や、（3）の目に見えない技が繋いでいる。原則的には、概ね（3）→（2）→（1）

の順序で用いられるが、継続する複数の技は一連の連続的身体動作となる。それはまた、円滑流動的に有機的一体として融合した一つの術技として機能する。単に外観的現象として捉えるのではなく、内面的且つ本質的なものとして連続的に捉えるべきである。

具体的には、(3)の心法、即ち、五感の総合力に加えて第六感(勘)を働かせて相手の攻撃意志を未発の裡に知り、自己が、常に主導的立場に立って臨機応変に出来るようになることが終局の目的となる。

次いで(2)型に成り難い基本身体則としての動的多彩な技、即ち「捌き」「変り」「作り」「崩し」(捌きにより体を躱し相手の力を流し・外柔内剛の力をもって続飯付けで粘らせ不利な体勢に導き・内柔外剛の力をもって相手の技を撥《ハ》ね除《ノ》け相手の力を引き流す)「掛け」(押し・突き・当て・撥ね等の技を発し極める)等の一連の連続動作を働かせる工夫が肝要となる。

殊に(2)の基本身体則としての技の裡、手足の連携動作は重要である。

合理的・間断のない加速的動きは、押しと引きの一体的動作、特に引き手・退足の応用自在な一体化された動きから生じる。

古来より、「足を手となし、手を足となす」と言われる鍛錬が、その土台を作る。残念なことながら、古の老大家ほどには現代の武道家の足指は働かない。

2.「守・破・離」の内容　「守」の重要性（「骨書き」「籠写し」）

古来より、日本の武道や芸道と言った各種伝統文化に於ける基本身体則や行動則は、武道相互のみならず各芸道との交流を通じて相互に関連性を有していた。

また、日本民族は、四海に囲まれ四季鮮明な日本列島に代々住み着いてきたこと自体によって、無意識層に潜在する根本的且つ普遍的な感覚・直覚を共有していた。

このような自然環境の下で、武道や芸道の型は、伝統的身体則に培われた長期間に亘る反復継続的修錬の過程を経て獲得し形成されてきたものと言える。

その体得方法として、古来より芸道・武道に於いては「守・破・離」の原理が重視されてきた。その中でも守の段階が最も重視される。

守の段階では、基本となる型を忠実に真似且つ学ぶのである。己の身体を型に嵌め込み、術技を確固たるものとする。しかし、型自体は静中に動（因）を潜在させているとの意味では流動的一局面・一現象とも言える。

守の段階に於いては、基本的型を忠実に真似ることを中心に置くことから、その実体・実質の学習は疎かになり、形式化・固定化に堕する属性をも有している。その意味では守にしろ型にしろ、堅固と共に脆さをも共有すると言う相反性を有しているのである。

具体的に守の段階に於ける修錬としては、書道の練習法である「骨書き《ホネガ》」や「籠写し《カゴウツ》」が参考になる。骨書きは、手本の字の骨の部分（中心部）をなぞり、次にその上を毛筆で書写する。籠写しは、手本の字の輪郭だけを一つの線で囲んで、次にその部分を書写する。

かつては、臨書と言って、脇に存在している手本（武道や芸道に於いては師の人間性と術技）のみを頼りに、それを見ながら何度も書写したものであるが、必ずしも万人向きとは言えない。殊に、手先の不器用な者や勘の鈍い者や逆に神経質な者にとっては、好い加減で杜撰すぎたり逆に細かなところに拘り過ぎて、真似るのは難しく、彼等にとって中々不向きである。

なお、骨書きや籠写しに該当する手法は、書法のみならず画法・彫像法などにも存在する。殊に、彫像に於いては、先ず人物の骨格を針金などを用いて形作り、その後に粘土で肉付けをする。そのためには、人体解剖学を学んで骨格や筋肉の構造を知らなければならない。

その意味では、武道の参考になるのは、寧ろ彫像法に於いてであろう。

相手の骨格や筋肉の態様のみならず、経穴・経絡・血管・リンパ管の正確な部位・奥行きを、着衣の上から瞬時の中に的確に把握することこそ、咄嗟の中に自己のペースで間拍子を取り相手の弱点や急所を捉えて、武道術技（殊に当身技）を臨機応変に行使し精力を最善活用し得るからである。

あらゆる事柄に於いて、学ぶとは真似ぶ（真似る）に始まり、真似ることが創造の第一歩である。学習には早道はない。一般には、一点一点と段々に積み重ねるしかない。急いではいけない。学習は、単に理解するのみでは足りない。脳で記憶するのみならず、身体で記憶する（所謂身体で覚える）ことにも頼らなければならない。

武道・芸道に於いては、寧ろ、身体で覚えることのほうが重要である。そのためには、一定の術技の熟成する過程・期間を経る必要がある。最も重要な節目は、初期段階である守の過程に於いてである。

高々幾つかの術技を覚えた時は、自分は、最早や可成りの使い手と思い上がるものである。修行を積んで幾らか本当の腕が立つと、かえって謙虚になる。腕が上がるにつれ、益々謙虚で慎み深くなる。

このように守の過程で初心を忘れず、虚心・専心学ぶことが上達の秘訣である。

武道歌にも『つゝしまず兵法面（表）に出しなば　人ににくまれはぢやかくらん』（「柳生石舟斎兵法百首」）とか、『のぼりきてしやみ（未熟僧・此処では初心者）の峠に至るとも　（悟りの世界は）まだはるかなり雲の上哉』（真之乱流「組合百首之歌」）などとある。

須らく、厳しい修行の過程を踏まねばならない。守の段階で学ぶと言う意味は、技を己の身体に熟成し自得する段階まで窮め、自在に行使し得るに至ることである。初心不可忘の精神で、稽古に励み実践智を感得することが肝要である。

手本を学ぶことは、人間形成にとり重要な要素である。そこで先ず良き師を選び、次いで、可能な限り術技（守の段階での型）を正確且つ早期に習得し得る方法を知る必要がある。

骨書き・籠写しは、共に手本を早く正確に習得する書法として、古来より中国は勿論、日本に於いても採用されてきた。現在でも、日本の小学校で採用している例がある。実際に、ある文字の書き方を稽古している中に、他の文字も巧く書けるようになる。一文字の中にも、他文字に共通する要素が存在するのである。

手の動きを脳に伝えるフィードバック、即ち、結果に含まれる情報を原因に反映させ更なる調節を図る信号は、眼だけではなく、横紋筋の内部にあって筋肉の緊張収縮の程度を感受し運動の姿勢を保つ機能を果たす筋紡錘や、皮膚感覚を通しても送られている。この情報が、運動指令の修正に使われている。

運動に習熟してくると、眼を瞑っていても手を巧く使い熟せるようになる。右手で文字の書き方を覚えると、左手を使っても足を使っても字の形に沿った動作がある程度は可能となるのは周知の事実である。

すべての芸道・武道に於いても、一剣は万剣に通じるのは共通する原理である。

勿論、書はダイナミックな手の動きの軌跡であり、形だけでなく動きを身体で感得する必要がある。字の大きさや動きの変化は、精神の安定を保つと共に、肩と肘と言う二つの関節を自在に動かす相互関連のタイミングや動静によって決まる。

書に於いて、「指は実」・「掌や肘肩は虚」である。直接筆を持って書に当たるのは、実である充実した指である。しかし、書の術技を巧みに操るには、虚である掌と肘肩の柔軟自在な対応が必要である。

武道、殊に体術に於いても、全く同様の対応が求められる。武道体術では、指が実・掌や肘・肩が虚の場合もあれば、指・掌が実・肘・肩が虚となる場合もある。ともあれ、精神の安定（無心）を保つと共に、肩と肘の関節を柔軟自在に伸縮・開合し、リズムとタイミングを図り臨機応変の対応が重要である。

「要は裏筋（虚）にあり」とは、経絡理論のみならず芸道・武道に於ける要諦である。隠れたもの・隠されたもの・無用の用の重要性を訓えているのである。

3. 「守」段階から「破」「離」段階への過程

楷書（守）が確り身に付けば、行書（破）・草書（離）の段階に至っても形が安定し、やがて自己の「型」の創造に至る。従って、楷書のことを、真（正）と言う。この段階に於いて、指の実状態・掌・肘・肩の虚状態、（武道では、指・掌の実状態・肘・肩の虚状態）を正しい姿勢を通して体得していく。

守・破・離の段階を楷（真）・行・草の段階として例えるのは、古来、我が国での書道・古流泳法に於いては既に普遍化している。此処でもそれに従う。

因みに、一般に、行書は楷書が多少崩れたものとの印象から、ともすると楷書に近いと思われがちであるが、全く見当違いである。歴史的沿革からすれば、行書は、もともと草書から発生し、余りに崩れ過ぎて読み難い草書の欠点を補う目的で、隷書に形を近付けたものに外ならない。つまり、隷書から草書・楷書が発生したのに反し、行書は、草書から隷書に戻る過程で更なる進化したものと言えるのである。

このことは武道・芸道に於いても多くの示唆を与える。難解に過ぎる術技を習得する方法として、オーソドックスな順序（例えば一教・二教・三教・四教・・・）と異なり迂回・順逆（五教・二教・一教・三教・・・）の手段が講じられる場合がある。流派・指導者により、Aの一教は、Bの二教・三教とも成り得る。これは、流派の沿革や流祖の個性・自主的判断に委ねられ一定の法則が在るわけではない。

成立順序の沿革は扨措《サテオ》き、修行者は必ず楷（真・正）から始め、それを完修しなければ行・草へと進めない。略式としても草から始めたり、草のみを目的としても本物には到達し得ない。単に抜力・脱力のみに現《ウツツ》を抜《ヌ》かしてはならない。

指の実・掌肘肩の虚の感触を正しい姿勢と共に感得しながら事（技）を習得し、一画・一画と象形的意味内容を充分に悟り理を感得し、骨格から肉付けへと習得していく過程を経て、初めて「みやび」の姿に魂が入るのである。

楷より始め無心に必死三昧に入れば、潜在的にエネルギーは漸次蓄積され、やがて特定段階に至れば基本構造そのものが急激に質的変化を遂げる。楷段階から行段階・行段階から草段階に至る、潜在的エネルギー蓄積過程が存在する。

あらゆる事象に於いてみられる、所謂量質転化の現象である。

しかし、「木を割りて見よ花の在処を」と言う禅句や、それを本歌とした武道歌『年ごとににほふ吉野の山桜木をわりてみよ花（秘技）はあらじな』（柳生十兵衛「武蔵野」）が訓えるように、常に観念・理屈に捉われている我々は、事柄の本質を真摯に探究することなく、眼前の現象である利便・効用と言う結論を早急に求めて已まない。

一般的に、事柄の本質は十分に熟して初めて外形として顕現するものである。焦っても、手っ取り早く得られるものではない。

因みに、前述の武道歌は、『年毎に咲や吉野の山桜　木をわりて見よ花のありかを』（道隆蘭渓）を本歌としたものかも知れない。

花を咲かせるのは花の生命力であり、秘技を獲得するのは稽古蓄積と言う潜在的生命エネルギーである。金の卵を産む鶏の腹を割いて金塊と言う目先の利益・功利を求めたい願望が先走る。これでは、本質への量質転化など及びも付かない。

武道の型の体得方法についても、全く同様である。手本である師の骨格と関節の動きをなぞるのが骨書きに当たり、筋肉の外観の動きの輪郭をなぞるのが籠写しと言えよう。

実はこれらの方法は、武道に於いて古くから他流の技を盗むために用いられていた手っ取り早い方法であった。そのために、道場では隠し窓を作り、袴《ハカマ》を穿いて稽古中の身体則としての動作をなるべく隠し、部外者の見学も許さなかったのである。なお、袴の装着は、隠し窓の役割のみならず美的感覚・威厳の象徴・礼装としての意味合いも含意されている。

因みに、字の形をイメージする目習いは、武道で型や技の動きを見て倣う見取り稽古に当たる。また、字の形を手の動きにより表現する手習いは、武道では実際に動作して稽古する打込み稽古や掛り稽古に相当すると言って良い。

注意すべきは、写真やビデオを見るのは見取り稽古ではない。映写はすべてを平等に隈無く映し出す。加えて解説者の詰まらぬ恣意的主観が入り純粋性が失われている。

これに対して、実際の見取りは臨場感（武気とでも言うべき雰囲気）を肌で感じ、その中で個人的な進捗状況に応じて、見取る者が無意識の裡に自己にとって重要なものを選択している。訓練を経た者にとっては、観て見えず・聴いて聞こえずが生じているのである。

無駄な部分を捨象して、重要な部分を選択して観・聴すると言う態度が大切である。すべてを吸収しようとするのは、不可能であるのみならず、エネルギーの無駄でもある。段階に応じて、自己にとって必要十分に重要なものを観たり聴いたりすれば良い。真の名手の演武なら、観る者各人各様に、何か観るべきもの・得るべきものがあるはずだ。観ることにより、力の入れ方、抜き方、技の態様、変化、間合い、タイミング、リズム感など、あらゆることをそこから学び取れる可能性がある。観るべきものを観、得るべきものを得るのでなければならない。

自己が現在置かれている進歩段階の状況を自覚することなく、漠然とすべて隈無く学ぼうとするのは、自分自身が混乱を起こし逆に害となる。

4．守・破・離の「型稽古に潜む陥穽」

処で、これらの稽古を通して守・破・離の型を学ぶ過程では、実体・実質を疎かにし形式外観に捉われ、マンネリに陥る危険が常に伴う。

守の段階に続く破の段階は、師の模倣を脱却し、自己の体型・資質・個性に基づく柔軟な対応や変化を可能とする主体性確立の段階と言って良い。

破が恣意的となるのは、守の過程が形式外観に捉われマンネリに堕し充実感のない浅薄なものとなっているからである。

守の量と質が、破の質を決める。守と言う型の破り方は、その人の個性や創造性に関わるものである。

しかし、破の段階にいつまでも止まっているのは自己流の型への拘りであり、真の創造とは言えない。型を忘れ、形も心も忘れ切った捉われのない無心・不動心・平常心で、宇宙・自然の原理に則り、他の模倣を許さぬ程に個性的で自由な心身技法を用い得るに至れば、自己に適応した無意識的・直観的・創造的に動作が可能となる段階（離の段階）に到達したと言える。即ち、悟りを得たのである。

この段階に至ると、形式的には主観と客観に分離される事理も、最早やその区別を忘れ事理一体融合し、武道の極意や芸道の妙境に於いては相互に脈略相通じるところを得ると言える。即ち、すべての武道・芸道の悟りの境地は、異なるものではないのである。

そして、一剣は万剣に化し、万剣は一剣に帰することを悟る。離の段階に至る熟達の極に至れば、凡百《ボンピャク》の技はその種類・態様の如何を問わず、須らく相互共通する深層因子を体得するに至るのである。

武道について具体的に言えば、守の段階で習得した数多の型・身体動作の中から、直面した眼前の危険に対して現在必要とされている最適の型・身体動作を第六感（勘）により見極めて選択・決断・行使することが可能な状態に至ったかどうかなのである。端的に言えば、眼前の相手・環境に臨機応変して、無意識の裡に最適の技を最も効率的に必要なだけ十分に発揮出来るように繰り出していけるかの問題である。

ただ、無と言っても虚無ではない。長期に亘り螺旋的且つ循環的段階、即ち、上昇的且つ漸進的に初心に立ち返る過程を踏み、一意専心に反復継続した稽古に励んだ結果としての無である。

武道歌も『萠出るも枯るゝも同じ野辺の草　土よりいでて土にこそいれ』（起倒流柔術「登假集」）と詠っている。その真意は、悟りは極く身近な普遍性（自然の法理）の中に存在する。どの段階に於いても初心不可忘の心を持って、平面的にではなく螺旋的に回帰しながら、基本に忠実に励めと言うのであろう。

四季の変遷・万物再生と言う日本民族固有のＤＮＡに内在する宇宙・大自然の法理に無心に従えば、相手・外部環境の変化に臨機応変し得るとの訓えである。

無心に自然の法理に従順し得るに至るには、初心不可忘の心を持って稽古の蓄積をなす過程が存在しなければならない。その稽古蓄積過程は、螺旋的に僅かながら常に漸進的上昇回帰の道を意味する。

無心に臨機応変し得る状態とは、凝縮され全方位へ無意識の中で瞬時に発動し得る、直接的且つ本質的な要素が含まれた状態である。

当初の守の段階では、ある種の固執・執着が必要である。しかし、最後に至る主体性・独自性獲得の離の段階では、ある種の決断・飛躍が必要とされる。幾ら稽古に励んでも守に終われば、単なる上手・達者に過ぎない。

因みに、画法にも「六法論」と言われるものがある。対象の持つ響き・匂い・活気が、画面に生き生きと描写されているか（気韻生動）、対象の骨組みを確りと踏まえた筆使いであるか（骨法用筆）、対象の持つ形体や色彩を忠実に書写しているか（応物象形・随類賦彩）、構図についての独自の創意工夫が施されているか（経営位置）、師となる先人の手跡を模写しているか（伝移模写）の六法である。

これの意味するところは、先ず対象を写し取るには、必ずその形体が似ていなければならない（武道・芸道に於ける、先師・先達の所作・術技を忠実に真似ぶ・学ぶ守の段階の重視）。形体が似るには、その対象の持つ活気・勢いを完全に捉えることが大切である。活気・勢いと形体の相似は、須らく当初に立意した構想を基とした筆の運用法に帰結する。基本となる筆の運用法重視と言う意味で、画の上手は書をも得意とするものである。

処で、骨法や用筆は学ぶことが出来るが、気韻（武道で言えば気の充実ないし心法の体得）は簡単に会得し得るものではない。

武道に於ける気韻は学んで得る実践智に負うところが大であり、後天的才とも解し得る。しかし、後天的才とは言え、気韻を獲得するためには、万巻の書を読み万里の道を行き、胸中から俗世の塵濁を除く無心の境地に到達する必要がある。

武道に於ける気韻の獲得は、一種の修養であるが、並大抵の努力では叶わぬ厳しい修行でもある。

一部の道統を継ぐ者は別として、芸道が、所謂お稽古事・教養の範疇に属すと解されてきたのに対し、武道の目的が生活の延長上にあり自己充実・自己完成・人格形成に直接関わるもので、武道修行には天才・鈍才は関わりがない点に於いて異なった。

しかし、現代に於いては、寧ろ、その立場が逆転している感があるのは否めない。

ともあれ、武道・芸道の悟りの境地への過程は、相互に類似する。有心から、無心へ・目に見える形のあるものから、目に見えない形なきものへの稽古段階、即ち守・破・離の過程を漸進的に踏むべきなのである。

哲学的に言えば、論理矛盾のように聞こえるが、創造的な事柄の背景には類推的・模倣的な事柄が、直接間接に役立っている。否、寧ろ類推・模倣こそ、創造の前提・根幹である。勿論、単に類推・模倣を押し進め・押し広げるだけでは、新しい自己の主体性確立としての創造には至らない。そこに、創意・飛躍が必要なのである。

5.「型の意義」

武道を始め諸芸道の「型」とは、技を本質的直接の成立要素・根拠としながら、形が長期に亘り反復継続され普遍性を獲得し、加えて規範性・模範性・機能性・合理性・安定性・美徳性等の属性を有するに至ったものである。

型は、外観形式上は最も単純な所作・動作であるが、その型の内実として動的要因を内包している。それは、立位・座位を中心とした姿勢である構え・体捌きと、脚・足を中心とした運足・足捌きや、手指・手掌・肘・腕を中心とした運手・手捌き等の足運び・四肢の捌きを土台としている。

ただ、型がその本質性・属性を含め真価を発揮するためには、心法としての不動智・不動心の伴った所作・動作として行使されなければならない。

心法は、形として表面に現れないだけに、その習得は並の努力では果たし得ない。古来より心法としての不動智・不動心が、武道の極意・悟りとされ常人の計り知る範疇を超越しているとされる所以のものである。

従って、型稽古自体に錬丹（生命エネルギーとしての気を、臍下丹田に凝集する鍛錬）の法が伴うのを常とする。具体的には、腹式呼吸法や瞑想法を伴った型稽古によって、無念無想・不動心を養うのである。

完成された型は、日本古来の生活習慣に根ざした先人の貴重な考えや手段方法を極限にまで理想化し洗練されたもので、抽象的・美的身体の自己表現であると同時に、人格形成・自己実現・自己完成を象徴しているとも解される。それは現代に於いて、日本が世界に冠として誇れる無形の文化遺産でもある。

極度に抑制された抽象的形態である型は、その背後に先人達の膨大な体験が捨象された精神的・肉体的な巨大エネルギーを凝縮・潜在化させることによって、激しく深い静中に動なるものを内包した表現として伝達されてきた。

外観的には静なる型と型との間・点と点との間には、無限の動的可能性と多様性が秘められているのである。即ち、型そのものは、一見すれば実体のない静的存在であるかのようにみえる。しかし、周囲の他者（相手や外的環境）をも求心的・凝縮的に無限小・ただ一点として捉え包み込んでいる。

即ち、陰極まれば陽となる理で、静の極限は動への転換点であり、その中に対象と外的環境に即応出来る無限の動的可能性と多様性を包含し、既に周囲の他者をもその中に捉えている（巻き込んでいる）ことを感得しなければならない。

その意味で真の型とは、相手や外的環境に対応して静中の動因が感応して臨機応変し、時々刻々微妙に変化しているある種の現象と解しても良い。

形式としての型は、決して外的な容器（外枠）ではない。即ち、先ず外枠があって、それが型を規定したものではない。逆に、相手や外部環境に臨機応変した内実である実体としての術技のほうが、形式としての型を規定するのである。

内実とは、武道の身体則を含む自然や宇宙の原理・法則に従って反復継続した実践過程を経て表現されたものであって、現象と本質との統一体・事理一体のものであり、しかも本質（原理・法則性）を中核とする。より抽象的且つ生理的に考えてみても、自律神経系や内分泌系の働きは外部身体に比し身体内部に沈潜していて、通常不随意的であり外部感覚に比し識別し難い。しかし、それは上位の志向的構造を支える準備態勢ないしは行動への構えとして既に有機的一体として活動する動因を孕み、より積極的意味を持っている。

意志的活動を開始すると、それだけで最初の心臓の収縮に続く弛緩の時間が短縮する。腕を動かそうとするだけで、未だ腕を動かさない裡から腕の皮膚血管が拡張する。これは、来るべき身体行動の準備態勢として合理的なのである。

他方で、内実の周辺部の機能・働きは、内実である実体の運動過程の中で、一定条件の下に時代や周囲環境に適応しながら流動的に変化していく。

このように、内実が形式的型を規定すると言っても、型が術技の消極的・受動的要因に過ぎないと言うことではない。逆に、本来的には、形式的型は術技の内容に対して非常に重要な作用・機能を有してきた。即ち、形式的型が術技内容の本質に適応している場合には、型は術技内容の発展に対して強力な推進的作用を及ぼすものである。

しかし、形式的型が時代の趨勢や周囲環境の変化に対応出来ずに迎合・軟弱化し、術技内容の本質に適応せず固定化した場合には、型は形骸化し、個性を喪失し稽古内容もマンネリ化する。それは、寧ろ術技内容の発展・活動を妨げる作用を生み出す。

幕末の剣豪榊原健吉の高弟山田次郎吉翁曰く。「古法は一切型・組太刀ばかりである。丁度操り人形の如く舞楽舞の如く型に嵌めて動くのみで、もし術者にして神気が籠らねば軽業師の曲芸にも及ばぬ・・・」と。

一刀流などは、双方が刃引きの真剣を使い位・構え・長・短・間尺を測りつつ、敵の刃が我に当たらぬことを修行し心気（心法）を練った。これは、古法の型が内実と現象との統一体であったことを、表現したものであろう。

一定の形式的型は、一定の術技内容の発展活動には必要であって、決して何の意味もなく消極的に術技内容から生まれてきたものではない。形式と内容とは、相互に依存し合い、同時に相互に制約し合っている。先ず、術技内容が存在し、それが形式的型を規定するのであるが、逆に、形式的型もまた術技内容に反作用を及ぼしてきたのである。

注意すべきは、両者は相互依存・相互関連し合っているだけではなく、相互対立・相反し合う場合が生じると言うことである。

即ち、確かに、形式的型と術技内容との関係では、積極的に発展活動する術技内容のほうが決定的重要な地位にある。

例えを挙げれば、黄金を素材とする彫刻は、外観（姿）が仏であろうと鬼であろうと、価値そのものは外観の背後の実体である黄金にある。確かに、加工技術や表現美の価値がより優れている場合もあろう。しかし、生死に関わる混乱期に至れば最早や外観は問題とされ得ない。国家の大事に殉じるために国宝級の美術骨董や貴金属を惜しげもなく手離した戦時期、また、子等の餓えを防ぐために美術骨董や貴金属と引き換えに僅かの食料と交換した戦後期の極限状況を知る者は、極限では外観の背後に存在する実体・本質こそ物を言うことに思い至るであろう。生死に関わる場合、やはり内実としての本質こそ真価を発揮する。

これに対し、形式的型は、ある一つの型が一度決まると、相対的に固定化してしまう傾向にある。そのために、発展活動過程に於いて、形式的型は術技内容に立ち遅れ、両者間に齟齬を生じることがしばしば起こる。柔術から柔道へ・撃剣（剣術）から剣道へ至る過渡期を想起されたい。

即ち、術技内容は、既に前進発展し本質的には既に変化を生じ始めたのに、形式的型はそれに平行した変化が出来ず基本的にはやはり固定した状態の範疇に止まり続ける。また、術技内容が既に新しい本質を備えてしまったのに、形式的型は古い状態のまま静止し陋習《ロウシュウ》を固守すると言う状況が生じる。

新しい術技内容は、最初は古い形式的型の内部でのみ、醸成され熟成し発展し得る宿命にある（静中に動因を含む）。その結果、最後には新しい術技内容と古い形式的型とは、相反的対立を生じた状態で同居することとなる。

人間の子が親の下で成長していく過程での関係を考えれば、容易に理解出来るであろう。最初は、子は親の膝下に於いて躾けられ教育され、成長していかざるを得ない。しかし、成長過程で子自身の主体性・自立性が確立していくに従って、親子間に相反対立状態が生じ得る。それは、倫理道徳や善悪の問題ではない。

成長過程での相反的対立状態は、あらゆる事柄に於いて必然的な熟成・発展過程の宿命であり、正しく歩むべき過程こそ指導されるべきである。

師と弟子との相克が生じ得るのも、宿命の理である。これも、倫理道徳や善悪の次元の問題ではない。その場合に、師の度量と良き理解の下に、正しく歩むべき指針が与えられなければ、しばしばある種の悲劇が生じることもある。

此処で、敢えて矛盾と言う言葉は用いないことにする。矛盾とは、飽くまで、相容れないとの意味で用いる。有機的一体としての相反対立は、相互に容認し得る相対的場合を想定しているからである。陰（虚・柔）の中には陽（実・剛）の兆しを孕んでいる。

6.「型の弾力性・多様性」

先に述べたように、形式的型と術技内容との関連では、両者が適応する場合と不適応の場合とがある。しかし、内容（内実・本質）こそが、形式・外観に対し決定的重要な地位を有するため、術技内容に適応し得なくなった古い形式的型がいつまでも存在することは許されない。このようにして、術技内容に適応する新しい形式的型が生まれてくるのである。

このことからも分かるように、術技内容に基づいて形式的型の意味を理解すべきで、表面的に形式的型のみに偏重して解釈をしてはならない。また、術技内容の必要に適応する個々の形式的型を、臨機応変に運用すべきで、決して融通の利かない外観的・形式的型に捉われて術技内容の要求を無視すべきでもない。

その意味で、真の型は、弾力性と余裕を内包している。同じ術技内容であっても、相手が異なり発展過程での活動状況・外部環境に変化が生じてくれば、違った形式的型を用いる事態も生じ得るのである。

真の型と言うものは、やはり、一見静的ではあるが動因を内包した時々刻々変化しているある種の動的現象である。

武道は、現実には対象（相手）や外的環境を想定し、自他共に動的・具体的存在として捉えられるから、型が内包する動的可能性・多様性を具体的現実に顕現化・実体化して対応する必要が生じてくる。

一般に、現代の武道家達の間では、型は単に実戦に於ける対応の仕方の統計的・経験的確率の問題であると信じられているようであるが、決して正しい理解ではない。

このことは、型の内包する動的可能性・多様性の例えを単純化して、その原理を書道筆法伝授の法に取ると分かり易い。

書道伝授の基礎的方法として、後漢の蔡邕《サイヨウ》が崇山の石室で神授されたと言う「永字八法」の訓えがある。

即ち、「永」の字の内容には、諸字の基本的八通りの筆法法理が含まれ、この八法を習得すればすべての書法に通じるとされる。それは、「側《ソク》」・「勒《ロク》」・「弩《ド》」・「躍《テキ》」・「策《サク》」・「掠《リャク》」・「啄《タク》」・「磔《タク》」の八法である。

「側」は点で、頭を傾ける姿を。「勒」は「横画」で、勒（抑）えるような気持ちを。「弩」は「竪（縦）画」で、石弓を張るような気持ちを。「躍」は「跳」で、跳ね躍るような筆勢を。「策」は「仰横画」で、馬に策《ムチウ》つような勢いを。「掠」は、長髪を掠《カス》めるように梳《クシケズ》る姿を。「啄」は、米を啄《ツイバ》む鳥の嘴《クチバシ》のように疾く鋭い様子を。「磔」は、捺筆で押し気味に肉を裂くような動きを。それぞれ表わしているとされる。

八法は四法に基づき、四法は一法に基づく。即ち、一点が基本となり、点を横に引く、点を縦に引き下ろす、点が縦に跳ねる、点を左右に跳ねる、点を左右下に抜き流す。これを良く知れば、即ち筆を知ることになる。すべて「点」から起こり、変化して、字を構成することを意味する。文字の発展過程は、簡単から複雑へと向かう。

このように、抽象論として極論すれば、点は一切の筆画の起点であり、全方位的に動的発展の契機を孕んでいる。縦線は、多くの点が縦に引き伸ばされたものである。横線は、多くの点が横に引き伸ばされたものである。左右・縦の跳ねは、点の発展と変化に外ならない。現実はそう単純ではないが、イメージ的に理解されたい。

須らく芸道・武道に於いては、その前提としての基礎的法が必要である。これが守である。ただ、基礎的法は発展的動因を内包し、それを超越したところに破があり離がある。基礎的法が、無法の法とか天然の法と称される所為のものである。

古来より用筆の方法についても、「・・・書を良くする者は、指実にして掌虚なり（道具としての筆を直接握るのは指であるが、その内実として筆を操作しているのは隠れて見えない掌のほうである）・・・腕運びて手は知らず（運筆に重要な働きをしているのは直接筆を握っている手ではなく、手から離れた腕のほうであって、手は寧ろ腕の道具的存在である）・・・」とか「・・・江声を聞いて（大自然の法則・法理に無心に従順すれば）筆法進み・・・蛇の闘うを見て（動植物の肢体態様を詳細に観察し工夫すれば）草書長ぜり・・・」などと言われてきた。

これは、経絡理論と同様に先端の流行や外観に現れる所謂「実」に捉われることなく、表に現れない隠れた裏筋である所謂「虚」に注目するのが、術技の骨（要領）を獲得する妙味である。

虚の部分にこそ、自然の法則・法理が潜んでいる。自然界の色々な現象や動植物の肢体態様を観察し工夫することによって、書法運用の助けとなることを訓えている。古来、「有法は無法に基づく」と伝承されてきた所以のものである。

中国・日本では古くから、書道のみならず、他の芸道・武道に於いても、自然界の諸現象やあらゆる動植物の生態（肢体態様）に潜む抽象的法則性を観察工夫して、諸々の基本的法則性は生まれてきたことを知っていた。但し、この段階に達するのは、守の段階を超越した者のみについて言えることである。あらゆる芸道を掌握・運用するに当たっては、須らく守から始めなければならない。基礎となる身体則に伴う身体動作の鍛錬を忘れて、自然界の諸現象や動植物の生態に潜む抽象的法則性である無法にのみ心を偏し、その模倣に現を抜かすのは、馬鹿げたことである。・・・守・破・離については、・・・前述・後述・・・

書の基本法である永字八法を武道に置き換えれば、剣術・合気術が遠心的伸展技法を基本に置くことから、一法は点に当たる伸展の最も基本となる技法である突きや伸ばしであろう。突き・伸ばしと言う伸展の基本身体則が、縦一本引き下ろして正面打ちとなり、横左右引きが胴抜きとなる。更に、斜左右抜き流して袈裟斬りとなり、斜左右跳ね上げて切先返しなど、基本の八法に変化するとも考えられる。

尤も、同じく上肢を問題とする場合であっても、武道は書道と異なり、相手の出方に臨機応変し且つ外部環境・条件に対応しなければならない。更には、パワー・エネルギーの淵源である下肢との関連・連関に基づいて上肢の機能は作用するのであるから、事はそれほど単純ではない。飽くまで、部分的・抽象的理論としての例えである。

此処では、伸展筋の十全な機能発揮が、遠心的術技の基本身体則となる趣旨を述べたに過ぎないのである。しかし、伸展するためには、その前提として屈曲しなければならない。結局、伸屈併せ有機的一体としての身体則が重要なのである。

ともあれ、現実に武道の術技を行使する場合は、術者はある特定の場・環境に孤独の状態で抛擲《ホウテキ》されたに等しい。その後は、意識・無意識に拘わらず、自己のみの潜在的可能性に依存信頼して、選択・決断・行動する以外に術はない。

斯くの如き究極の極限状況に於いては、自己の選択・決断に基づき意識的に用いる技と、第六感（勘）の赴くままに無意識的に用いられる技とが相互に協調・調和し合った一瞬（石火）の術技の行使により、自己の運命（生死）が決せられると言う不安定且つ絶体絶命の危険な崖縁に立たされる。

我々は、それを追体験し再発見する過程を経て、先人の心の波長と同調し共鳴した時に、初めて型の本質を獲得（体得・感得）したと言える。

離の段階に至って、初めて真の無とか自由を知る。

しかし、その前段階として守の段階があり、忍耐・我慢を伴う有とか不自由を訓え込まれる。その過程を通して守段階に習熟し、自己と言う個性にとって応用が可能か不可能かを的確に見分けられる選択の基準や規範を無意識の裡に習得していく。

無意識の勘・骨（要領）を習得する過程が「破」の段階である。

破の段階を経る過程を通して、普遍的型の中に潜在している日本民族が反復継続的に習得・伝承してきた民族共有の普遍的な身体則を明確に体得しながら、加えて独自の型を確立していく。此処に至って初めて「離」の段階に達したと言えるのである。

また、型は変わりつつも変わらぬものと言える。

言い換えれば、型は時・処・位に応変して外形的・外観的には変転極まりないものであるが、他方で、型の基本や根元に潜在する万古不易の本質をなす周期性・法則性が存在する。

経験的事実からすれば、型の本質そのものは、停滞することも偏することもなく、温故知新の心を持って、本格（正道）と破格（奇道）の両端の間を振り子のように往復している。この場合の往復運動は、その幅（余裕）の中に普遍的本質を内包して、平面的ではなく螺旋的に漸進上昇しながら回帰する。

別言すれば、普遍的型は、意志的・動態的・求心的意味を持つ多即一の心と思索的・静態的・遠心的意味を持つ一即多の心の両端の間を、余裕を持って復元可能な揺らぎの範囲で絶えざる漸進的円環・螺旋運動をしながら確立されていく。

しかし、人間の心理は、恣意的都合の良い両端何れかの型に固定的に偏し易くなる。弾力的考え方を失い、特定の事柄に固定的に偏心し、特定の価値観に執着し捉われるなら、無心・自由な心身の働きは不可能となる。

武道歌にも、『身を思ふ心ぞ身をば苦しむる　身を思はねば身こそ安けれ』とか『心こそこゝろまよはすこゝろなれ　心にこゝろこゝろゆるすな』（沢庵「不動智神妙録」）とある。

ともあれ漸進的円環・螺旋運動は、固定的型と惰性を排し、感受性を新たにする。同時に初心不可忘の心をも再生していく。

なお、一般には基本となる型を徹底的にマスターすれば、原型と同じような動きに近付くことが可能となる。しかし、一概に型と言っても、華道の天・地・人とか真・行・草、茶道のお点前《テマエ》など、基本的単純な型もあるが、より複雑・複合的な型もある。例えば、能などで言う序・破・急は上演全体の流れの型を、茶道などの守・破・離は修錬の過程の型を指称する。これらの複雑・複合的な型にあっては、事はそれほどに簡単ではない。相対的に武道の守・破・離の概念が抽象的で具体性に乏しいのに反し、泳法（これは武道に含まれる）・茶道・華道・書道などの真・行・草に於いては、より具体的に揺らぎ・遊びの状態を感得出来る。抽象性が高い分だけ、武道の習得は難しいと言える。

7.「撃剣（剣術）の型」の起源

因みに、型と言っても、その起源は、本来の目的とするところに応じて異なっている。撃剣（剣術）の型を例に取れば、その起源も三種に大別されよう。

第一は、神人（神官）を媒介として発生し、神聖な精神性を象徴的に表現する祭祀・儀礼の作法としての、所謂「祓い太刀」である。神道の神官による幣祓いの作法は、この祓い太刀に由来している。その淵源については、・・・前述した。

因みに、古来より、穢れは荒蕪・汚れたものであり、洗い清めれば落ちる。祓いや祓い太刀の作法により祓い・清めれば、後に汚れは残らないとされてきた。古代に於いては、穢れは気枯れ・邪気であり、危険なもの・害をなすものであった。しかし、後に儒・仏・道教などの影響を受けて、穢れとは、道を汚そうとする私欲・権力のことをも指すようになった。道とは、人間の歩むべき道であり、儒教では仁・義・礼・知の四徳に基づいた行動を指す。

「鹿島神流」（関文威著）によると、「・・・祓い太刀は御剣祓とか御太刀祓とも称せられ、天照大神の神勅を受けられた武甕槌神が悪神を悉く追伐されたときに、用いられた神業（神技）のことである。即ち、横一文字に抜刀した剣を霞に斬り上げ袈裟に斬り下ろし、再び霞に斬り上げた剣を横一文字に祓った後に納める。此処に、霞斬りと袈裟斬りは諸々の悪神を追放することを意味し、横一文字の祓いは追伐したものを許し順わせて、夫々の位に鎮めさせて再び仇をなさせぬようにする大神の神意を表している・・・」と。・・・この点についても、前述した・・・

因みに、武甕槌神は、天照大神の命を受けて出雲に降り、大国主神の御子である事代主神《コトシロヌシ》・建御名方神を服従させ、大国主神に国譲りをさせた神であり、神武東征の時、熊野の難に遭遇した際に賊徒を退治した霊剣「布都御魂剣」を天皇に献上したとされる。・・・これも前述した・・・

第二は、闘争に於ける攻防の際の対応・手段を媒介として発生し、当たらざる身体の根本をなす武威を端的且つ単純に顕現する武（実戦）の型、所謂「基本太刀」である。二心を求めない一の太刀とか死して後已むと言われるように、極めて単純な型である。

剣技は千技万法あっても、帰するところはただ一つ斬ると言う一事である。二の太刀・三の太刀など、丁丁発止と机上の応変は考慮しない。禅語に「更に参ぜよ三十年」と言われるように、この斬る一事を会得する永い反復継続的修行過程が必要とされる。

このように、百千の鍛錬を経れば、結果的に一太刀をもって「剣を長空に揮《フル》うて、その及ぶと及ばざるとを問わず。及ぶもよし及ばざるもよし。」その心は無念無想である。思想を超えた思想なので、ただの無ではない。百鍛千錬の後の精金・鍛鉄《タンテツ》なので、火の中に入れれば色転鮮やかとなるのである。不尽の無思想である。実戦に役立ち得るのはこの型である。各流派とも、この型から派生した所謂「・・・太刀」「・・・太刀」を想定するのが一般的である。

第三は、平穏時に於ける道場剣法を媒介として、営業用ないし家元の権威を維持するための手段として工夫創設された道場演武・詳細術技の型、所謂「昌（詳）の太刀」である。各流派共、何百と言う型の態様を誇り、昌（詳）の型が術技の大部分を構成する。

器用な弟子に直ぐ上達されては、営業として成り立ち難いし、師の権威も保てない。生命を賭した実戦に於いては、実用価値の疑わしい難解で大袈裟な術技や枝葉末節の所作に拘る術技である。それらの術技は、斯く来れば斯く捌《サバ》くと言うように二転三転と変化させ、軽業舞踊のように連続術技を机上論的約束事として組み立てられている。中国の拳法・剣技では、応変する昌（詳）の型が中心をなす。

免許皆伝に至るまでの複雑な過程を長期に見込んで、営業や権威の観点からいつまで経っても師を超えられない仕組みが考案されていった。遂には、難解な抽象的術技が流派の最高口伝・極意であるとする、本末転倒の様相を呈するに至るのである。

現代の武道考証家も、本質の何たるかを弁えず徒に術技の多様性に感嘆するばかりで古武道の深淵なること神技に値するなど戯けたことを言う。如何に多くの神技を型として扱えても、実践での一撃必敗では張り子の虎にもならない。

8.「構えの意義」「立てば半畳・寝て一畳」

構えは、連続的にではないが、位相的周期的に繰り返される現象局面に対して、意識的行動が行われるための準備態勢であると定義されよう。

武道を始め諸芸道に於ける構えも原初形態は繰り返される類似現象に対応するための準備態勢である。しかし、殊に武道に於いては、非位相的非周期的な突発的予想外の現象にも臨機応変に対処出来なければ意味をなさないとすれば、究極的には無構えこそが理想とされるのである。

それはともかく、最も基本的な生への構えは、自律性の構えとして環境の変動がもたらす直接的な影響から生体を守る意味で、原則的に意識的行動を可能とするために自覚した目覚めとしての構えが働いている。ただ、直接生命侵害に関わる生への構えは、昏睡状態に於いても無意識の中で働いている。

これに対して運動の構えは、意識とは関係なく姿勢や筋肉の緊張を維持して、位相的周期的な運動が行われるように生への構えを背後から支えている。

持続的ではあるが、非位相的非周期的な筋肉の緊張は、運動神経細胞を潜在的な興奮状態に置き、その興奮性を高めて活動の準備態勢を整えている。

処で、筋肉が硬直していても緊張していても、自由な運動は出来ない。運動は、非位相的非周期的な緊張によって背後から支えられながら、位相的周期的な筋肉の緊張と弛緩が次々と起こることによって行われる。

その際、現実に機能している位相的周期的な運動に必要な筋肉以外は、活性化された状態で背後に休んでいなければならない。

筋肉に限定して言えば（精神状態とか心理状態については、此処では考えない）、解放され休んでいる部分が多ければ多い程、それだけ新しい可能性を多く持つことが出来る。次々の瞬間に新しい仕事をするためには、次々の瞬間に於いてなるべく多くの筋肉が休んでいることが必要となる。

常識的には、内骨格の脊椎動物では骨格の外側・周囲に筋肉がついていると考えられている。しかし、武道・芸道に於ける身体の所作動作を考察するに当たっては、寧ろ脊椎動物である人間については、軟体動物に骨格の入った状態を考えたほうが適切かも知れない。

即ち、皮膚と言う生きた袋の中に流動体が詰まって入っていて、その中に骨も内臓も浮かんでいる状態を想像すると良い。このような状態の中で、人間は、身体のしなやかな弾力的柔軟性ある動きを獲得する。

それと同時に、骨格が動きの構造を規定することによって、外部環境から受ける刺激を受容する感覚器（自己受容器）の発達と相俟って、自分の姿勢や身体の様々な部分の相対的な位置関係を的確に把握することが可能となる。

それは、足で立つことによって、生物の中で最も自由な運動可能性を獲得した人間が、同時に最も的確な操作能力を獲得するに至る基盤でもある。

以上の理論を前提にして、構えの意義を考察すると、武道や芸道に於ける構えとは、あらゆる動作・動きを集約し凝縮された一種の型と言って良かろう。

そこから始まりそこに終わる一連の動作・動きの凝縮構造を持った、一瞬の動作・動きである。静止した状態に見えるが、単なる静態ではなく、空間的にも時間的にも連続して動いている静（極限の動中静・ないしは逆に動因を内包する静）と言える。

古来より、「立てば半畳寝て一畳（・・・あればすべての術技動作・所作は足る）」とか「一畳の間・四畳半の間の所作・振舞い（・・・の中にすべての術技動作・所作が凝縮されている）」等と言われる。

狭い空間の中での技は、静中動・動中静の凝縮された技の密度の高さや重要性を示唆・暗示している。

例えて言えば、連続的な動きを一瞬止めた投影図を体現しているかのようである。動を内包する静的身体の動作形態のみならず、身体内部の緊張感覚とでも言える気合や気配りと言う精神性をも調和的に統合的に内包しながら、しかも、逆にその気配を消す・消えていると言う内向的相反（逆対応）性をも共存させているのである。

型の極致には、所謂無構えがある。百鍛千錬の体験を通じて初めて得られる、融通無碍・全方位的応変を可能とする構えを超えた構え・構えでない構えである。百鍛千錬の稽古から湧出する不尽の構えであり、自然体の中から周囲の空気の動き・緊迫感が直ちに醸し出される雰囲気を内包している構え無き構えである。

決して、体験を踏まずに真似たり、案出されたものではない。入りてから出なくてはならない。入らずして（稽古・鍛錬をしないで）、出る（結果のみを求める）ことばかり真似ても、無意味である。「鬼を真似た蛙の褌」のように、虚仮威しでは洒落にもならない。蛙には臍がない。隠すべき物が未だない。入口から出口までの道程・過程こそ、道の所以である。

9.「構えの沿革」

武道を始め諸芸能の定式化された型や構えは、舞踊を起源として不必要な無駄や乱れを整理する段階があったと思われる。

武道・芸道と同様に舞踊に於いても、髪の毛一筋の間と言われるように、間は最も重要とされた。空白の舞の中に、無限の意味を感じ取ろうとする現れである。

また、日本古来の「舞」は、動よりも静を重視する。

静の中に無限の可能性且つ多様性を含む静中の動を感じ取ろうとする日本民族独特の感性であろう。

態様と動きを極力抑え動作を省略した舞のほうが、動きのある「踊り」よりも美しいとされる所以である。

型に対する日本人の感性も、静の中に無限の可能性・多様性を感得するところにある。

舞は、天鈿女尊《アメノウズメノミコト》の例えを挙げるまでもなく、本来神事的・宗教的な意味を持つもので、恐らく、土地の精霊鎮魂と共に天上の神霊降下を請う儀式としての神楽を嚆矢とするものであろう。

ただ、舞踊が後世実際の祭式儀礼に発展するには、定時期に神前での神聖なる演舞があったに違いない。

この神前演舞の定時性・規則的反復継続性が、単なる祭式儀式から芸術への昇華の重要な要因であったと想像される。

反面、本来の創造に代わって形式的慣習と秩序規範が重視されるに及んで、無形の命（内実）は希薄化し一定の型としての形態と機能を重視するに至った。

しかし、周辺の型や振りが、その時々の創造と内実をもって、形式化した本来の型の間隙を補填し再生・活性化させ、芸道に生命を吹き込む機能を果たしていたのである。

ともあれ、世阿弥は「風姿花伝」の中で次のように言っている。「・・・申楽神代の始まりと言ふは、天照大神天の岩戸に籠り給ひし時・・・神楽を奏し・・・天の鈿女の尊・・・榊の枝に幣を付け・・・謡ひ舞ひ奏で給ふ・・・申楽の初め・・・」と。その際「・・・天の鈿女の尊、天香具山の天之日影を襷《タスキ》に繋けて、天之真析《サキ》を鬘《カズラ》として天香具山の小竹葉《ササ》を手草《タクサ》に結ひて、天の岩戸に槽伏《オケ》せて踏み・・・」（「日本書紀」）とされる。

このようにして、舞は伏せ槽延いては茣蓙《ゴザ》一畳の上で舞うのが起源となり、座敷舞として発達したであろう。これは、元来、農耕儀礼として地霊を鎮め、豊饒な土地・農作物の復活再生を懇願すると言う地上的なものへの執着の現れでもある。舞は、穏やかに流れるような曲線的で円い動作・所作の連続である。角張ることなく止まることを好まない。西洋の踊りのように天上方向への旋回や上昇的動作や直線的運動の集合態様とは明らかに異なる。

因みに、西洋のバレエやダンスでは、人間の感情は地上の束縛から脱し天に向かって自由になりたいとの精神・身体の動作表現として、跳び上がり・跳び回って自由を謳歌すると言う趣があるとされる。

これに対し、日本では、古来神は天上から舞い下り地を徘徊し、神と人が共に悦びを分かつと言う神人共歓の思想があり、舞踊は神に対する畏敬の念の現れとして、地上に神を迎え地を鎮める習慣があったからだとされる。

従って、古代の日本の舞踊の基本には、足で舞台を強く踏むと言う所作や動作がある。その際、跳び上がるのは地上から離れるのが目的ではなく、踏むための準備の所作ないし動作なのである。跳ねるところに力点はなく、続いて起こる大地を踏み轟かし強く踏むことによって、土地の精霊が目覚め憑依するところに眼目があった。

これは、恐らく、道教ないし修験道にみられる呪術的儀式での所作や動作の影響をも受けたものであろう。天鈿女尊の神話を引用するまでもなく、力足を左↓右↓左（この順序も道教的影響によると思われる）と踏んで太陽神の活力を振起させ、大地に籠る地霊の魂を呼び覚まし、悪霊が頭を擡《モチア》げることのないように踏みしめ、同時に神聖領域に悪霊が侵入することを禁じるのである。これが、古代以来の信仰（鎮魂儀礼）の作法であり、今日に至るまで相撲の四股《シコ》として伝えられている。

日本武道の基本身体則は、上虚下実にあるとされるのも、農耕に於ける身体動作・所作は勿論、日本古来の鎮魂儀礼作法からも、影響を受けているのは明らかである。

このような過程を通じて日本の舞からは、漸次呪術的儀式から分離して大方は限定されたもの・小さなものに対する凝縮的・潜在的・非顕現的でありながら、内実に動的要因を包含している美的感覚が生じてきたものであろう。

そこでは、伏せた槽・畳一畳の上でも舞えるように極力動作・所作は抑えられ、動因を含む無駄のない動き「静中の動」こそ美しいとされてきた。

その伏せた槽・畳一畳の中を、通常では摺り足で、時として踏み轟かして舞うのだから、その所作や動作は手足の指の動き・視線に至る僅かなものまでも計算し尽くして構成されてきたであろう。具体的自己の意志とは関わりなく、あらゆる感情や意志を最も洗練された抽象的型の中に包含して完成させ、型と型との止まることのない連続を通して、抽象的人間感情や意志を表現しようとする。それは他面、聖なるものとしての儀式であると共に、人間の持つ最高の美的表現でもある。

なお、踏む動作とは別に舞踊・相撲の基本動作として摺り足・出足がある。摺り足や出足は、鎮魂の力足を踏むための準備動作に過ぎない。力足を踏むことが目的であるから、摺り足や出足は力足を際立たせるための準備であり、技巧でもある。

爆発の前段階として、エネルギーを蓄積するための抑制であり、次の動作へ移る瞬間の緊張姿勢である。此処にも、陰陽の理や逆対応則を窺うことが出来るのである。

因みに、大分県宇佐の若宮八幡神社に「秕《シイナ》（実が入らない穀物）相撲」と言う行事がある。自ら転ぶなど身の入らない相撲である。これは、五穀豊穣を祈願する行事である。この場合は、地霊神・邪悪神の鎮魂のための動作と言うのではなく、神人共歓を意味するものであろう。

10.「武道に於ける型」「本質的型と周辺的型」

武道・芸道に於ける本質的型と周辺の型は、例えれば、概ね舞踊と振りに対応すると言って良いだろうか。

古舞は回るの意味で旋回運動を指し、儀式的色彩が濃い。踊りに比し、静的且つ象徴的であり跳躍運動は少ない。これに対し、踊りは跳躍運動を主とし動的・具体的で、庶民的親近性を持っている。

この二つが舞踊の基本動作であるが、他に身体の動作に意味を保たせる振りがある。もともと、神霊発動を促す儀式的な言葉であるが、歌詞の意味するところを形に現す仕種・所作、例えば、「富士の山」と言う歌詞に対し両手で山を描くなどである。動作に伴う表現・意識的動作に仕種で説明を加えるものである。

古来、振りは文句にありと言われるように、舞踊の振付けは歌詞に準じたものであった。しかし、その基本は物真似的動作・所作である。その他の意味のない単純な動作・所作も、組み合わせ方により古くからの民族意識が働き共感的意味をも持っていた。

しかし、ある意味では（殊に武道に於いては）、静なる本質的型は、形式外観に捉われマンネリに堕すると言う陥穽《カンセイ》に嵌る恐れがある。

そこで、本質的型の周辺部の動作・所作である周辺的型が時々の創造とその内実と言う動（因）を本質的型に注入し、型と型との間（旧型と新型・連続する第一の型と第二の型等）の間隙を埋め再生と活性化を図り、文化の伝承としての身体則（武術術技）としての本質の連続性・継続性を可能としてきた。

この意味では、時々の周辺の型の蓄積こそ、基本身体動作の最も重要な部分を形成してきたとも言えるのである。中心にある本質的型は、固定化・形式化する弱点を常に持っている。しかし、周辺の型は、外的環境や時代の趨勢に柔軟・弾力的に対応し、微妙な変化を怠らない。このように、本質を生かすのは、常に周辺部の充実が担ってきた。

ともあれ、武道は、本来同次元の具体的存在対象である人を意識した闘争を前提として想定している。従って、その起源に於いて舞踊や儀礼の動作・所作とは大いに異なる。

しかし、武道に於いて術技が体系化され、聖なる儀式面も重視されるに及び、力足・摺り足・半身などの準備段階の基本動作である周辺の型も演武の型に取り入れられ抽象化されるに至ったと考えられる。

ただ、武道に於いては、現在では実体のない抽象化された儀式としての型（もともとは本質的型）は、本来の型の一部を伝えているに過ぎない。

武道の真の奥義を極めるとは、太古の昔に獣と同じ機能を備えていた自己の中の潜在的資質を開発することにある。我々の遠い祖先は、生命の危険を顧みず山野河川を跋渉《バッショウ》し、風雪の中を佇立徘徊し、海上を浮遊し、極限状況の中で忍耐力と眼・足・胆・力など武道に不可欠の精神的・肉体的要素を涵養してきた。

このようにして、武道術技は大胆且つ細心の精妙さを発揮し、抽象的には無限大から無限小に至るまでの具体的動作を応変自在に駆使し得ると称されてきたのである。

現代では、既にその内実としての意味が分からなくなった型もある。しかし、実はその中には、現実的具体化に至るまでの気の遠くなる程の過程を読み取らなければならない。

武道の型には、それなりの実践の裏打ちが存在したはずである。

我々現代人は、それらの型が創造された原初体験に迫る能力・努力を失っているために、その型の意味する内実を理解することが不可能となっている。型の持つ神秘性・抽象性を、単に表面的に儀式化して受容しているに過ぎない場合が多い。

ともあれ、構えや型は、鎮魂儀礼の準備段階的動作・所作のみを極端に美化・様式化・日常化してきた過程で、芸能・武道・作法の基本動作・所作となって昇華されていった。換言すれば、構えや型は、凝縮された単純簡素な外観の中に、美と機能を探求し内包されてきたとも言える。

長期に亘る農耕作業や畳上での生活が基本であった日本独特の生活様式の下で発見され培われ伝承されてきた精神的・身体的文化としての構えや型は、求心的・静的曖昧さの中に潜む最高の美と機能が工夫創造されてきたものであろう。

その中に密度濃く集約された繊細さは、相似的に拡大伸展されても均等な密度の濃さ・間断ない流動的連続性を保ち、その正確・精密・円滑さが失われることはない。

構えや型は、自己の重心即ち腰（臍下丹田）を要とする上下左右に扇形をイメージして構成されている。順構えは、同側同時（同側並進）性、即ち正半身（右の上下肢が前）が基本身体則としてイメージされる。これに対し、逆構えは、即ち、逆半身（左の上下肢が前）が基本身体則としてイメージされる。

扇形の要、即ち、臍下丹田に向かう求心的な引き寄せ・捻り・握り・屈曲を主とするパワーと、扇形の要（臍下丹田）を発源とする遠心的な突き・押し・当て・伸ばし・伸展を主とするパワーは、順構え・逆構え双方に複雑に取り込まれて有機的関連をもって機能し、それぞれ多彩な術技を生み出している。

此処で注意すべきは、扇形の要である臍下丹田や腰の部位に於ける（それが求心的術技であれ遠心的術技であれ）扇形の要を中心とした腰の螺旋的回転の重要性についてである。身体知・実践智として、体得すべき言外の極意である。

また、一般的に実践過程では、逆構えは順構えに対して例外的であり、意表（奇策）の効果が期待される。

順構え・逆構え共に、具体的には腰の要である蝶番《チョウツガイ》に当たる処、即ち、臍下丹田部位を緊張させ気エネルギーの集中且つ凝縮した状態を保ち、全方位への臨機応変な対応可能状態である静中の動・究極の動中の静なる態様を常に備えている動作・所作と言えよう。

殊に、能に於いては、腰を区切りにして上半身と下半身は別物と考える。足を活発に動かし反動を付けるのを嫌う。上半身に足の動きが伝わらないように、また上半身を平静に保つために、摺り足で歩くのである。上下肢独立の所作は、前述のように武道の所作・動作にも生きている。

但し、武道では上下独立の所作・動作が、それぞれ別個の機能を分担している点が重要である。しかし、上肢・下肢は内的潜在的には有機一体として機能している。

因みに、凝縮（圧縮）されたものと、単なる小型のものとは全然異なる。凝縮（圧縮）されたものは、その中心である要（臍下丹田部位）に裾野・周辺へ向かう能動的拡散（広がり）の契機を含み、そこには「蓄積された巨大な精神的・肉体的エネルギーの爆発の契機」が認められなければならない。

凝縮（圧縮）されたものは、潜在的且つ爆発的で全方位的な膨張的パワーを発揮出来る気の発動契機を孕んでいる。単なる小さい動きでない凝縮（圧縮）された動きこそ、伝統的日本文化の根元にある基本身体則である。この場合も、扇形の要に当たる臍下丹田や腰の部位に於ける、螺旋的回転力の重要性を言い過ぎることはない。

▼▼補足――――

古武道宗家に於ける一子相伝

因みに、日本最古の柔術の流派とされる竹内流の道場は、冬は積雪で交通も難渋し今でも猪・鹿・熊が出没すると言う、作州建部（岡山県津山地方）の山頂の本家と、麓の分家の二か所に現存している。四百五十年昔の武道場建築様式（岡山県重要文化財）をそのままに踏襲し、隠し窓の付いた僅か十二畳の板敷きの間に過ぎない。

現在でも一子相伝とされ、四天王などと呼ばれる術技の優れた高弟である古老の指導を受けながら、親子妻子が中心になって、無形文化財としての伝統を守っている。早朝・夜間に亘って、体術は勿論のこと太刀・棒・杖・槍を縦横無尽に使用する稽古が続いている。

教本はなく、弟子入りした当日に与えられたノートに、教授された口伝を自己流に書き留めた絵日記のようなノートが、生涯稽古を通して自己のみに通用する教本となる。

現在は、少子化で事情は異なるが、古来より竹内家に限らず兵法宗家の子弟は、心身の資質が最も優れている者をもって後継者とした。道統を継ぐに足る器量有る後継者は、幼少時より四天王などと称される技量抜群の高弟達から激しい鍛錬を受け、流儀の事理・常識を体得させられた。

他の流儀でも類似のものが認められるが、新陰流に「鳥飼」と言われる鍛錬法がある。鵜や鷹に獲物を捕える技術を覚え込ませる方法に似せ、流儀の形（型）を正しく体得していれば、如何なる相手の撃ち込みにも対応し得るとの信念（心法）を、幼少時に体に覚え込ませる方法である。

生死の迷いは、生まれたばかりの時にはない。それが年を取るに従い迷いを重ねる。成長するにつれ、分別・遠慮・見栄などが起こり、遂に心に住み着いてしまう。

しかし、幼少時に該教育を受けた者は、自己が習得した流儀の術技に絶対の信頼を置き、自信を持って相手の太刀は我身に当たることはないと信じ、白刃を眼前にしても不動心を持って自然体でいられた。

兵法の病として忌む臆・怯・恐など、人間の弱点を幼少教育によって克服することの重要性を鳥飼は、見事に訓えてくれる。

11. 「術技分類」に基づく稽古法

（1）の目に見える型の技法のみに執着することは、その型が創造されるまでの背後に隠された努力・犠牲・歳月を忘れ、マンネリ化した惰性に陥る危険を常に孕んでいる。型への単なる執着は、平面的繰り返しに過ぎない。漸進的に近似的段階を追って上昇していく螺旋循環的な繰り返しでなければ向上は望めない。この螺旋循環的過程を踏まえて、初めて、稽古を始めた頃の感動・恥ずかしさ・醜さを含めた素直な初心をいつまでも忘れてはならないと言う、「初心不可忘」（花伝書）の真意が読み取れる。

「曲なれば則ち全し、迂れば則ち直し（急がば回れ）」（「老子」）と言われるように、盲目的に一直線に前進することのみを知って螺旋的漸進や更には一過性の後退を知らないと、かえって大きな超えられない障害に打ち当たる無駄や危険がある。暫定的後退は、長い継続的過程の中では前進と言う意味を持つのみならず、急速な後退・転倒を緩やかに受け止める緩衝機能をも蓄えているものである。

「進道は退くが若し」と言われるように、前に進む道は一寸見《ちょっとみ》では後ろに退くように見える場合もあるのを知らねばならない。前に険路・泥路・水路などの進歩にとって障害となる事柄が在れば、短気を起こさず多少の回り道をするのが賢明である。

進む意味が有意義に成り立つためには、その中には時と場合により、退くことの必要性・重要性が含意されている。武道歌にも『いそがずばぬれざらましを旅人の　跡よりはるゝ野地のむら雨』（太田道灌「暮景集」・「如水流秘歌」）とある。短慮不成功・急がば回れとの訓えである。

世阿弥も、「するわざ」に対する「せぬひま」の重要性を説いている。芸道・武道を通して、退くことやせぬひまは、戒心すべき心得である。

此処で「初心」とは、習得し始めた頃の初期の初心のみならず、習得各段階に於ける時々の初心をも指称する。それぞれの段階に於ける、技の未熟・欠陥・醜悪に対する不安・羞恥・屈辱等のマイナスの価値体験を肝に銘じながら、年々歳々より充実した成果を身に付けるために、退きながら螺旋上昇すべきことの必要性・重要性を訓えている。

求道（道を極める）とは、命在る限り無限の自己能力の開発に心すべきことである。初心は、潜在能力の確認・点検・整備する作業を密かに行うための訓えなのである。初心を忘れることなく、「更に参ぜよ三十年」の心で稽古に励めば、大局的にみれば退きの過程があっても螺旋上昇の過程であって術技が退歩することはない。武道・芸道の道は、一期初心・生涯果無しとの秘伝・口伝を内容とする。武道歌にも『萠出るも枯るゝも同じ野辺の草土よりいでて土にこそいれ』（起倒流柔術「登假集」）とある。

精緻な型に至った努力・犠牲・歳月を忘れないためにも、更には、古人の歩んだ道程の追体験・再発見をするためにも、芸道・武道を志す者は（2）の目に見えるが型には成ってない（成り難い）、多彩且つ微妙な動的基本身体則としての技法に最重点を置いて稽古に励むべきである。

また、初心者は技を大きく使うように心掛けるべきである。抑制された小さな動作は、充分大きく動けるようになった技を極めた者のみに許される。大きく動ける者が凝縮された抑制的な動作を精緻且つ流動連続的になすのと、未だ不充分な動きしか出来ない者が単に小振りに動作するのとでは、見た目には似ていても一歩の千里の違いがある。似て非なるものである。書道に於いても、草書は楷書から始めそれを極めた者のみに許される。

身体の裡に秘められた弾力的強靱さを持った抑制的動作は、連続して展開される次の動作が全方位的に無限の可能性を持って発動出来る潜在的な契機を予想させる。これは、（1）の型の技法の稽古に終始していては体得出来ない。夙に、（2）の動的基本身体則に基づく技法の稽古・修錬の蓄積過程を経てのみ体得可能となるのである。

分化した術技の指導・稽古の後は、必ず各技法を再統合し、部分は単なる全体の一部ではなく、個々の部分は有機的一体として連結され関連性を持った「超要素」であることを検証し確認すべきである。

特定の刺激に対して、二つ以上の複数の部分が無意識の裡に相互に有機的関連を生じてくるのが常である。この状態が継続的に蓄積されることによって、張り巡らされた網の結び目のように全体に亘って連鎖的に結合反応を起こし、遂には、独立した各部分では機能し得ない有機的一体としての質的転換を遂げる。

このような各部分が融合し一体化した総体は、個々の部分自体では予期し得なかった新たな特性を持つ総体として機能するようになるのである。

我々武道修行者は、実践者であり思想家ではない。具体的に技の発揮を考え行使するに当たっては、個々に亘って分析・解析し、各部分が何をするかに拘泥することなく、全体として何が出来るかを問題にしなければならない。後世に残すべき後知恵・知識としての伝書や口伝の形式を通してのみ、分化した術技の検証・確認の手続きが必要なだけである。

対象を細分化してしまうと、各部分は本質性・基本性・有機性を失う。各部分が感応・共鳴・同調を起こし、有機的に結合・接続・融合された時、初めて質的変化の生じる基礎が成り立つ。・・・最終章の「西洋的還元論」と「日本的全体論」を参照されたい。

多くの新しい流派は、(1)のみを強調し、華法だが、静的・平面的で単純な型武道となり、また別の流派は(3)のみを強調し気を中心とした抽象的精神武道延いてはオカルト・神秘・念力・催眠的武道となる。更には、対象を細分化し、主観的・恣意的に特定の理屈で武装した論理武道・ある面のみに着目した、思い付き武道・分析的な理論や公式を駆使した身体科学武道・武道伝書を直訳し、その内容を固陋《コロウ》執着する秘伝武道など多彩である。

このように、武道界の現状は武徳の本質から乖離《カイリ》し、アンバランスな状況を象徴しているかのような様相を呈している。真の武道とは程遠い。

武道の神髄は、複雑怪奇・華麗多彩な術技ではなく、見た目には単純・剛毅《ゴウキ》・朴訥《ボクトツ》な術技でありながら、瓦礫から得た珠玉のような実践智である。

五．「潜在能力」と「心法」

1.「生理的機能・感応能力・反射能力」の潜在化

人間は文明の発展を通して、今現実に目前に現れている生物学的諸要因や環境を征服・克服して、その制約から最大限に解放され、目前に現れていない可能的・潜在的な環境に対しても大幅な対応が可能となってきた。

処で、意識の在り方の段階は、無意識な状態・潜在化し休眠状態の意識、ないしは麻痺（植物的）状態の意識・目覚めている（動物的）意識の三つに分けられる。

更に、目覚めている意識は、行動の自働化に伴って無意識へと向かう意識（本能・反射）と多様性の中から選択によって意識化へ向かう意識（知性）とに分けられる。

殊に、人間は、予め簡潔になされた素描の実践的可能性のある諸反応の全体を、漠然とではあるが内外の環境に繰り広げようとするものである。対象をデッサンにより予め吸収することによって、観念的・抽象的にではあるが、対象を自分のものとして捉え所有していると言える。

処で、我々現代人は、動物が本来具有する肉体的且つ精神的能力への刺激も訓練も与えられないままに、文明社会・環境の中で生活を続けている。

そのため、我々の先祖が原始太古以来困難を極めた経験を通して獲得し承継してきた能力を、次第に消失させたり潜在化させ、心身の調整能力を退行させてきた。

外的環境が他の動物と同じ自然な状況にあれば、恐らく現在でも、それらの能力は機能的に作用しているであろう。

武道術技を行使するに当たっては、無意識に自然体で電光石火に臨機応変出来るように身体機能が働かなければ意味をなさない。

人は眠っている間には、尻が痒いのに頭を掻く者はいないであろう。尻が痒ければ、尻を掻く。本来人間には、本能的に害を防ぎ・快感を得る生理的機能や感応能力・反射能力が備わっているのである。所謂、無意識の「勘」の働きと言われるものである。

確かに、人間は生まれた時には、自然人として莫大な潜在能力や可能性を与えられていた。しかし、文明の進化につれ、人は一瞬毎に文明生活への選択を迫られ、文明と言う一時的な便利さや欲望の満足を選択したのと引き換えに、本質的に神から賦与された潜在能力や可能性を一つずつ手放してきた。

文明人は、多くの選択肢の中からただ一つの物質的所産を選択すれば、必然的に他の残りすべての選択肢を捨てなければならなかった。

そしてまた、文明社会の便利性に浸った現代人は、太古以来順応してきた大自然・大宇宙の法則に則ったバイオリズムと言う生物学的に必要とされる制約を、文明を阻害するものとして感じ、排除しようとするようになってきた。

寧ろ逆に、現代人は生物学的制約を自在にコントロールすることが文明人の証であるかのように振る舞ってきた。そのために、文明発展による安全な外的環境の中では、動物としての予知能力・バイオリズムや、本来具有していた先天的・本能的反射能力や、後に厳しい外的条件によって獲得した後天的条件反射能力などを機能的に使用する必要性は失われた。このようにして、これらの能力は退化したり潜在化して機能し難くなった。

しかし、現代でもバイオリズムの変調は、ストレスを生じ不健康の要因となることは周知の事実である。のみならず、それは多くの先天的・本能的反射能力や勘を失わせてしまう原因ともなっている。

文明生活と言う便利性や欲望の満足と引き換えに、捨てた別の可能性と言う潜在能力や大自然・大宇宙の法則に則ったバイオリズムなどは、無意識層に抑圧され沈潜してしまった。

捨てられた可能性や狂ったリズム（脱バイオリズム）も、変調の初期段階では比較的容易に調整し回復出来るのであるが、それが慢性化すると心身に本質的に変調を来し、回復には相当の努力と時間を要する。

我々武道修行者が真の武道術技を体得するためには、自己の努力と体験によって、これらの失われたものや潜在化したものを取り戻す外ない。

2.「潜在能力」の活性化

武道の本質に迫ろうとする者は、これらの潜在能力やバイオリズムを、再び再生・復活・再発見し活用する努力を積まなければならない。

行動・実践の過程を通して、先ず周囲環境の事物との関係で感性を獲得し磨き、更に物事の原理・知識・法則性などを理性的に見定め理解し体得可能な域に到達する必要がある。

生物は程度の差があるにしろ、すべて感覚的能力を持っている。原始的低級な生物の感覚能力は、外界の直接的刺激に対して自己が生き延びるために有利か不利かを区別する能力に過ぎない。

これに対し、知覚や表象は、中枢神経を持ち条件反射を形成し得る動物だけが獲得出来る能力である。

ただ、人が感性的認識として感覚的・具体的に知覚した現象は、対象としての事柄自体の本質や全体ではなく、事柄のある側面や部分の特質を反映したものに過ぎない。その本質・全体・関連性などを見定め理解するためには、行動・実践を反復継続することによって認識の量的蓄積の過程を経て、理性的認識に到達する必要がある。

即ち、武道について端的に言えば、多角的側面からの多様で豊富な漸進的反復継続的稽古の過程を経ると言う体験を積み、術技の原理・知識・法則性を知識として知ると同時に、身体で知る（身体知）ことによって質的転化の状態を体験して、初めて理性的認識に到達出来るのである。

例えば、人間は感性的認識により、感覚的・具体的に五官と体幹・四肢を作用させ、話したり考え行動して普通の感覚や印象を持つことが出来る。しかし、これらの感覚や印象によって人間の本質を理解したことにはならない。

人間の本質は、一定の社会的関連に於ける総和として規定されて初めて意味を持つ。人間は一人で存在し生活しているわけではなく、少なくとも動植物を含めた外部環境・相手・対象が存在してこそ、自己の存在に意味も価値も生じる。このような社会的関連の中に於いて、多様な外部環境・相手・対象との相関関係を反復継続的で豊富な体験・経験を積んでのみ、人間を本質的に理解出来るようになるのである。

此処で（後述する）真庭念流の秘技・極意とされる「過去の技」「未来の技」ないしは「事前の孔明」「事後の孔明」の話を想起されたい。

武道に於いては、時と場所による多様な外的環境が想定されると同時に、異なる相手や対象が存在する。それぞれの場面での、多様な外的環境と異なる相手や対象に働き掛け、感応させ共鳴を引き出し、そこに適切な効果を発現して初めて意味がある。武道での独善は、無内容・無意味である。

人間が本来所有していた、より機能的な肉体や精神に自己を改善していくためには、絶えず社会的関連の中で自己の肉体と精神の有機的一体としての適応機能やリズムを活性化させる必要がある。

そのためには、時・処・位に応じて筋肉や五感を司る諸器官と勘（第六感）を主とする精神的諸機能を刺激して、それらの反応作用を惹起させる訓練が不可欠である。

例えば、遠目・生食・闇路や険路の歩行・季節感・日夜感などの必要性がなくなったので、近視・犬歯退化・転倒反射として両手が出ない・皮膚感覚の退化・自然法理に則ったリズム等の生理機能の消失や退化が生じた。機能的な筋肉や精神は、機能の態様や潜在化していた期間の長短によって、それを再生したり回復しうる訓練の期間は異なる。

ともあれ、文明と引き換えに退化したり潜在化した先天的能力の復活や発達は、反復継続した適切な日常的訓練による以外には不可能である。

恐ろしいことに、現代人は（殊に女性は、化粧品や芳香剤や消臭剤の影響から）物質に対する皮膚感覚を始めとして多くの五感を退化させつつある。ある食品が腐敗しているかどうかを判別するのに、腐敗の特性であるヌルヌルとした感じ（皮膚感覚）・饐《ス》えた匂い（嗅覚）・ピリピリ酸っぱい感じ（味覚）などに疎くなってきている。現代人は今では、五感に替えて賞味期間の表示を頼りにして腐敗しているか否かを決めている。最早や、自分自身の五感さえ信用していない。第六感に至っては、何をか況《イワン》や。特殊訓練を経た人を除き、最早や消失したと言っても過言ではあるまい。

先天的本能反射や後天的条件反射を含めた反射運動や衝動的動作は、本来的には意識を伴わない。しかし、退化し潜在化したこれらの運動や動作を活性化させる訓練を行うには、先ず、有意的・能動的に事を始める必要がある。

処で、有意的動作も、長期に亘る集中的反復継続によって、次第に意識の関与が希薄化し、遂には意識の関与を喪失し、全くの無意識動作に変化していく。所謂、動作習熟に伴う意識の退化現象である。

一般に、特定動作が長期的に反復継続されると意識を伴わない一定の習慣動作が成立し、心（精神）と身体は有機的一体となって質的変化を生じ、当初は必要とされた努力も漸次希薄化してくる。

このように、有意的動作も反復継続による反射性を帯びてくると、動作が機械的に働いてくる。長期に亘る訓練は、それぞれの術技特有の慣れ現象を生じ、無意識の裡に勘（感応能力と反射能力）が働いてくるのである。

しかし、多くの自称武道家は、反復継続の訓練を疎かにして、当初から勘に頼ろうとするが、本末転倒である。それでは、反射能力を復活・発達させることは期待出来ない。

正しい鍛錬過程へ立ち向かう有心・偏心・執着心から始めて、専心の反復継続的な鍛錬の末、無意識的体感に取り込まれ同化し、習熟して慣れる過程を経てのみ無心（無念・無意識）へと「量質転化」出来るのである。

更に、習熟による慣れ（勘の働き）は、心の余裕や落ち着きをもたらす。事に臨んでは、何よりも慣れの過程が機能しなければならない。個性ある人間が、習熟による慣れの状態を獲得すれば、時・処・位に応じた身体動作（武道の術技）を臨機応変に行使出来るようになる。

勘を身体が覚えてしまえば、中断期間を置いても短期で取り戻すことが出来る。此処で勘とは、環境に応じた固有の身体動作と共に、時・処・位に応じた特異な心理状態をも含んだものを指称する。

此処でも、完成された無心な自然体から出てくる勘の働きや動作は、身体動作全体の一部としてではなく、無意識状態の中で肉体と精神が有機的一体化し、量質転化された総和の中の超要素的性格を備えたものを指称する。

3.「耐久力」の活性化

また、管理された専門スポーツ競技や武道は、真の耐久力を育てない。有機的一体化された人間を作り上げるには、心身全体の調和と協力を伴う訓練が必要である。

かつての文明化される以前の素朴な時代、生を受けてから死に至るまでの間ずっと、裸足で凸凹道を走り・草履を履いて山野を跋渉し・組打ち・木登り・河川湖沼を泳ぎ且つ沈み・山林田畑での勤労・早朝から夜遅くまで寒暑に晒され、所謂「日常生活そのものが荒波」であり、その荒波に揉まれる過程で、肉体と精神に調和と忍耐を備えた人間が作られた。渇きに耐えることが人体組織の水分を絞り出し、空腹が内臓諸器官から脂肪分を奪うのである。

真の武道では、渇水に耐えうることも武徳の一項目である養命・養生（此処では忍耐・調身・調心を伴う心身の健康）の涵養に繋がった。

これに反し、管理スポーツや競技武道では、最適の環境条件が準備される。水分の補給をも云々する。

武道歌にも『武士の暑き寒きにわかちなく　野分をかけて身をさらすべし』（「塚原卜伝遺訓抄」）とある。

欲望を完全に満足させると、人間は心身共に堕落する。最適の外的条件が整えられてのスポーツや競技武道では、変化の激しい外的環境に対する心身の適応能力は備わらない。心身全体の調和した真の意味の頑強・健康な人間を作らない。

必要以上の条件整備された過保護や、睡眠や飲食物を含む過剰な欲望充足は、それらが不足するのと同様に人の心身にとって危険である。

飢餓状況にあっても、人間は宿願達成のためなら、苦痛や困難に容易に堪え忍ぶことが可能であるし、またそれを可能としてきた。受験勉強ですら然うである。況や武道を極めようとする者は、先人達の苦痛・忍耐を通しての鍛錬を肝に銘ずべきである。

4.「潜在能力活性化」の訓練法

最適条件を前提に組み立てられた机上の論理的武道・科学的武道・道場武道と異なり、真の武道に於いては如何なる外圧や環境にも左右されず対応出来るために、潜在能力の活性化に着目してきた。

そのためには、身を心に先行させなければならない。所謂身体知・実践智の重視・優先と言う考えである。荻生徂徠の柳生宗矩に対する批判を想起されたい。

殊に、身体動作に於いては、普遍性を有し応用技の多彩且つ微妙な動的基本動作となる、(2)の型に成っていない基本身体則としての技法を最重要視すべきである。その具体的成果が、(1)の型の技法に於いて現れる。また、その基本身体則に先行して・あるいは同時且つ相互に作用したり感応しているのが、(3)の目に見えない技法である。

（2）の技法が充分体得出来ると、必然的に単一的型から応用自在的型への進展が可能となってくる。
（1）の技法、例えば四方投げの型にしても、主に伸展筋を用いる・主に屈曲筋を用いる・伸展筋から屈曲筋へと切り替える・屈曲筋から伸展筋へと切り替える等の技法態様をもって自由に対応出来るようになる。また、合気道の二教の型にしても、主に屈曲筋を用いる引付けないし引落としの技法態様と、主に伸展筋を用いる突崩しないし押崩しの技法態様が考えられる。

心法的技法が、より重要かのように説く論者もいる。しかし、武道鍛錬の過程で潜在能力を活性化させるために、初心者は何よりも身を心に先んじ鍛錬することが重要なのである。

また、互いに気が充実していて互角なら、消極的・受身的となるのは不利である。

心身共に積極的・能動的に思い切って踏み込む体勢を取るほうが優勢となる。

殊に、初心者は心身共に萎縮していて動作も緩慢となり、間拍子も外れ易い。従って、初動態勢としては、消極的・受身的な受け・引き・退きに繋がる動作から始めるべきではない。消極的・受身的術技を十二分に使い熟すことの可能なのは、良く百千の鍛錬を積んだ者のみに許されるものである。

具体的には、自己が主体的に間拍子をコントロール出来る積極的・能動的動作、即ち（左・右）転換・（直・左・右）入身に繋がる動作から初動すべきである。これらの動作を徹底的に稽古し、その中から極意の基本身体則を感得し体得しなければならない。

積極的・能動的動作に入るに際しては、同時的に極力外部抵抗を排除する工夫が肝要となる。それによって、臨機応変且つ弾力的対応が容易に可能となり、続く承継動作へ連続的円滑に移行出来るのである。

そのためには、転換・入身動作と同時に、流す・外す・躱す動作が無意識の裡に関連動作として有機的に機能し、双方の動作が融合的一体としての身体動作となるように反復継続練習を行う必要がある。所謂、攻防一体の理である。

その際、一種の心法として坂道を上下したり・薄氷を踏むなど、日常容易に体験可能な環境下での動作や所作を始め、風・水・雲・柳など自然現象の動き・働き、鳥禽・虎・蛇・猿と言った、動物の姿態など種々の動作態様を、術技に於ける迅速・強剛・柔軟・伸展・屈曲・開合・流動・巧妙などの身体則の象徴として捉えることが重視されてきた。

これらの動作・働きなどを、自己の身体行動や動作に置換して、イメージすることが重要である。その過程を通して、イメージとしての不動心・当たらざる身体の域へ少しでも近付くことを念意するのである。武道歌にも『吹風も雪もあられも咲花も　勤る業の工夫とはなる』(「直心影流初伝目録究理の歌」)とある。現代各種スポーツに於いても、強いイメージを念意することによってある種のホルモンが分泌され、そのイメージをサポートする作用が実証的に認められている。武道に於いてもスポーツと同様に、所謂イメージトレーニングの効果を期待出来るのである。否、寧ろ武道に於いてこそ、より重要性が高いと解して良いのである。

5．「気配を消す」ことの意義

忍者的超能力を憧憬し志向する特殊な武道家は、自分の気配を消すことを最重要の秘技とする。これに対しては、如何に解すべきであろうか。

相手側からみる時、一般的に気配とは、近間で、毛穴や皮膚感覚及び聴覚を通して、空間を伝導してくる微波動（微振動）等一種のエネルギーを身体が感覚的に捉え得る現象とでも定義出来るであろう。

気配を消すことの武道としての意義は、吾が気配を消すと相手も警戒心を持たず、構えもせず、争いもしないと言う点にある。

この点、多くの武道各流派も、相手の警戒心を起こさせないように、相手の攻撃に対し吾は消極的・受身的に流す・外す・躱す動作から技に入っていくのを原則としている。要するに、相手に警戒心を起こさせず、警戒心を解かせ、構えや備えを作らせないような工夫をしているのである。

別段、秘技と称す程ではなく、武道の一般的心得の一つであると解したほうが妥当であろう。合気するとか柔の理と言うのも、広義では気配を消す意味をも含んでいる。

勿論、合気の理・柔の理さえも問題とする余裕を与えない、機先を制する石火の技も有り得る。所謂、先の先を取るのである。これも、心法の一種である。

それはともかく、これと異なる意味での気配を消すことを秘技とするのは、陰に籠る忍者や夜盗の類が用いる呼吸を止めたり、抜き足・差し足・忍び足などの忍びの動作態様を主とする技を指すであろう。

これを比喩的に言えば、身体の動作態様を外部環境と同化させ、宇宙・大自然と共に呼吸（力まず自然体で緩やかな腹式呼吸）をすれば、彼我の波長は一致し、自ずから気配は消える。

相手に知覚されることなく近接するには、外部環境と同化した呼吸と身体動作をもって、加えて自己の身体運動を努めて抑制ないし静止すれば良い。

生物学的にも、すべての動物の視聴覚は、静的事物に対するよりも動的事物に対して敏感に反応するとされる。

内に我を忘れ外に物を忘れるなら、利害や技巧に捉われなくなり、呼吸も身体動作態様も自然や外部環境と波長が一致し、宇宙・大自然と共存し得る普遍性や一体性を獲得し、自他の違和感を消失させ得る理である。

ともあれ、己に争う気（意志）がなくなり無心の自然体になれば、気配は自然に消えてくる。気配を消すのではなく、気配が消えていくことこそが最終眼目である。

しかし、武道にとってより重要なのは、自己の気配を消して相手に接近することではなく、直感的に外部環境や相手の危険・異常な気配を察知し、咄嗟にそれに対応して吾が身を護ることにある。

武道との関わりで気配を問題にすべきは、外部環境や相手の気配を感じ取り・悟るための意識的稽古（先見の明の理・・・後述）にある。

武道鍛錬に励み、外部環境や外圧への捉われから解放された不動心と、客観的威力への依存から脱却し戦わずして人を屈せしめる、当たらざる身体を涵養する過程で、心身から気配は消えていく。

既に、自他共に積極的且つ能動的に争う必要性に欠けているからである。武道鍛錬による武徳の涵養を忘れ、枝葉末節的な気配を消すことのみに意を用いるのは本末転倒である。武徳の涵養に努め、直感・直観・勘を養うことにより、自ずから外部環境や相手の危険・異常な気配を察知し得るようになることこそ肝要なのである。

6.「心法」としての「間」「拍子」「間は拍子により、拍子は間による」「先ず勝って、しかる後に戦う」

目に見えない技の典型的な例として、「間」や「拍子」がある。

間と拍子の両者は不即不離（表裏）の関係にあり、基本的には静止的「間」と動態的「拍子」は相互に依拠し合って成り立っている。

間と拍子の取り方によって、遅速・遠近の感じ方が異なってくる。間や拍子は、一瞬のタイミングを重要な要素とする瞬間的な現象であり、タイミングを捉えて発現した後は跡形もなく消滅する。これらは、ある瞬間や場と言う状況の中で問題となる特殊な現象だと言える。

あらゆる物質の運動は、時間と空間の中に表現される。時間とは物質の発展過程前後の連続性の問題であり、空間とは物質自体の伸縮性の問題である。時間と空間は物質と不可分の関係にあり、客観的に実在する現象である。運動形態としての時間性（発展速度）と空間性（発展規模）は、その事物の性質・内容・周囲の具体的関連条件によって規定される。

従って、間は型としては存在し難い。古来より、「火鉢に手を翳す要領で、間を取れ」等と訓える。火鉢に手を翳すのにも、火に触れれば火傷をするので火に触れてはならず、遠う過ぎても暖を取ることが出来ず役には立たない。

主観的には人の感受性や、客観的には火力からの遠近・大小・強弱により、一概には定まらず丁度良い頃合いと言われるものがある。このように、間とは本来微妙な動態を静止的に捉えたものである。

現在では、火鉢を知らぬ者が多いので、理解し難いかも知れないが、「頃合い」に一定の決まった間隔があるわけではない。火に手を翳す人の感受性以外に、炭の種類・灰の鮮度や多寡・火鉢の大小・周囲の環境などをも考慮しての丁度良い頃合いがあるものである。何にでも丁度良い頃合い・兼合いと言うものがある。

武道に於ける間とは、生と死の臨界と言う狭間で決定的な意味を持つ「時間と空間に於ける、選択と決断の場」を意味する。

抽象的に言えば、相手は吾に容易に届かず、己は相手に斬り・突くことを可能とする丁度良い頃合いを意味する心得である。

一見、客観的には相手が吾に届かなければ、己も相手に届かない理であり、敵を避けるかのようである。しかし、その内実は相手の攻撃・反撃に備え、不動心を持って（主として臨機応変に始動する加速力を発動すべき）潜在的エネルギーを、生死の臨界の狭間に蓄えて、臨機応変して瞬間的に働き機能する状態現象とも言える。此処に攻防一体の理が働いている。

前述の如く、吾より打ち易く敵より撃ち難い間では、吾が届くなら敵も届くはずである。この理を、古来より武道伝書では「斬られて斬れ」「虎穴に入らずんば虎児を得ず」等と訓える。相手に斬られる間合いに入らなければ、相手を斬ることも出来ないと言う意味合いを持つ一種の心法である。

稽古の蓄積の過程を踏んで、具体的な相手や時・処・位と言う外部環境に応じ、無心の働きで「間は拍子により、拍子は間による」と言う微妙な理を習得するのである。

動静一体・虚実一体の理・攻防一体の理などと言われるのも、相互に相通じるものがある。

新陰流にも「一拍子打」と言う訓えがある。「・・・吾身も動かさず、心も付けず、如何にも速く直ぐに打つ拍子也。敵の太刀、引かん、外さん、打たんと思ふ心の無き内を打つ拍子・・・此の拍子能く習ひ得て、間の拍子を速く打つ事、鍛錬すべし。・・・」と。

相手の心を咄嗟に察知し、本能的勘によって先ないし先の先を取った打ちである。防御と攻撃を二分した二段打ちではなく、正に攻防一体の一拍子打、その呼吸が極意だと言うのである。

間への捉われを忘れ、しかも間に乗る瞬間の選択と決断は、心身一如の状態で初めて発揮される。相手との関係で、呼吸を外すか捉えるか、それを如何に把握するかは、経験則（実践智）に基づき体得した勘に頼るの外ない。

此処で重要なのは（心法は別として）、身体則としてのリズムを崩さない運足・足捌きである。生死の狭間と言う場では、相手に気配を感じさせないように、構え無く通常の歩み足で脚・腰の弾力的・臨機応変な対応が求められるのである。

処で、間には、訓え得る間と自得すべき（訓えられない）間がある。

即ち、一つは近間とか遠間などと言われるもので、遠近・拍子・リズムのように意識的に把握が可能であり、伝えたり訓えることが出来る間である。

これに対して、遠近・拍子・リズムなどとは異なり、「程《ホド》」と言われる意識的には把握出来ない間がある。この種の間は、曖昧・漠然・不規則・微妙で、伝えたり訓えることが出来ない。大凡の頃合い（時間的間）や広がり（空間的間）を表し、その間の取り方如何により、同じ技が精彩を放って生きたり欠いて死んだり、技が十二分に効果を発揮し得るか否かの重要な要素となるものである。

間の概念には、前述のように距離・位置・方向など「空間的性格の間」と、遅速・継続・間断・余裕など「時間的性格の間」がある。

しかし、時空の間は、概念としては空間と時間に分けられるとしても、両者は表裏且つ一体の現象であって実際には分離出来るものではない。

端的には、距離と時間の相関関係であり、身切り（見切り）と同視される。距離・時間・虚実の総称であり、掛り・呼吸・力学的機微・勘と動作など、あらゆるものを一擲《イッテキ》の瞬間に最も効果的に集めようとする電光石火の現象である。無心の中に、瞬時に判断・決断・行動を成し得る一種の閃きである。これも、一種の心法である。

技と次の技との間に存在する時空の間隙は、空虚な時空ではなく充実した時空である。時空の間隙が内容を充実するためには、心の間合いとでも言うべき内心の心遣いと、それを相手に悟られないための心法の工夫が背後に存在していなければならない。両者が一体化し具体化された時、時空の間隙が充填される。

古人も言うように、「間合い」と言う心法を極めると、「先ず勝ってしかる後に戦う」理を悟るに至る。間合い（拍子をも含み）を掴めば、既に勝ちを得たに等しいと言う理である。先を取るとか先の先を取ると言う理にも適う。

因みに古来より、一般には、初心者相手の稽古では間合いは近間に、互角相手では一足一刀の間合いで、真剣勝負の場合は遠間に取り捨身で飛び込むを良しとする。

しかし、変転する外的環境での無意識の反射神経を養成するためには、咄嗟の予測や対応が比較的困難な近間の練習を重視するのが妥当である。殊に、初心者の体術稽古に於ける間合いは、近間での応変が重視される。

7.「間拍子と逆対応」「裏の間拍子」「残心」「目付」

間拍子の取り方に於いても、逆対応関係がみられる。即ち、長い　トン（－）と言う踏み込みは「見える表の一拍」であり、その直前には短い　ト（・）と言う「見えない裏の一拍」がある。その瞬間に息を詰めている。時間的な間は勿論のこと、空間的間合いであっても、頃合いを計って詰めて詰めて、それでも残されているのが真の間である。隠れた短い裏の一拍と共に息を吐きながら同時に始動し、そのままで息を止め次の動作を待つ。その間の中に、次に続く一瞬の動作が、無意識の中に隠され・準備され・控えているのである。

実際の時間的間は、言うより短く瞬時の現象である。経絡理論が訓えるように、裏筋（隠れた裏の一拍）にこそ秘技の秘密が隠されている。

間が抜けると間抜け、拍子が抜けると拍子抜けとなり、目に見える技は死に体となってしまう。次の一瞬の動作を油断なく狙っているかのように、間を決めるのである。

そこには空気の波動や振動を超えて、気迫に満ちた静的無音状態の僅かな間の持続状況が存在する。沈黙の背景があればこそ、次に発せられた言葉の存在感が一層深まるのと似ている。それと同様に隠された裏の間・拍子の存在によって、次の一瞬の動作が精彩を放って発動される。

このように間や拍子は、静から動・動から静・ある動から他の動・実から虚・虚から実へと、次に移行する接点となる目に見えない刹那現象を巧みに利用した技（心法）である。

具体的には、捌き・作り・変り・外し・崩し・掛けなどの所謂本格的極め技の予備的技として、相手の出端・引端・起頭・技の尽き際などに用いる技が存在する。そして、更にその前提として、自己固有の身体則《リズム》の波や時空の頃合い《タイミング》を計る行為として存在し準備されるべき技と言って良い。

此処で「外す」とは、相手の間・拍子に乗らないことを意味する。

なお、残心とは、技を用いた後に、次の技や動作態様との間隙に生じる問題である。即ち、その間に些かの油断もなく、次の技や動作態様との間隙を繋いで、現に使った技の作用を持続的・効果的に機能させながら、続いて起こる事態へ応変し、次の技や動作態様に繋げる心奥の気配りや心遣いの事である。

問題は、その場合の精神状態にある。端《ハナ》から心を残すのではなく、そこに拘る心を捨て、結果的に残るのが残心なのである。

残心が真に機能するには、その心奥の充実した緊張感が、無意識の裡に結果として、自ずから外に溢れ出ることが重要である。

古人はそれを説明するに、逆説的解説を試みている。「湯飲みの中の一滴の水をも残さず捨てるには、緩やかに傾けるが良い。しかし、断然切れよく急激に捨てると、寧ろ一滴の水が残る」。この心掛けが、則ち残心であると。

例えが尾籠で申し訳ないが、経絡論での便秘予防法は、次の排便との間隙を繋ぎ次の排便を誘うためには、断然切れ良く急激に出し、結果的に僅かの種糞《タネグソ》（次の排便の誘い水的存在）を残すことが重要とされる。搾り出したり、長時間に亘り緩やかにすべてを出すのは、次の排便との間に間隙を生じさせ排便の流れを中断することになる。

同様のことは、武道に於ける呼吸法についても言える。呼吸の息継ぎは、次の術技動作との継続性を確保するために、必ず二分ないし三分の気を残しておく必要がある。この息継ぎの残気も一種の残心と言える。

意識的に残そうとする残心は、次への繋ぎの持続的効果を持つ気配りも心遣いも感じさせない。真の残心とは、無心の所作・動作の結果としてのある種の現象である。その意味で、残心とは一種の間の表現効果と言うことが出来る。

目付とは、油断なく相手の身体動作とその背後の心の動きを察知する、目（心眼）の働きである。それはまた、次の動作に移る前の一種の（心の）構えであり、目に見えない技（心法）の一種でもある。

目付・拍子などと言われる心配りは、人の瞬間の感覚の中に宿る知であり、鍛錬・稽古を通してのみ体得出来る非言語的知である。

此処でも、西洋の理論知に対する、東洋（日本）の実践智と言う微妙な働きが重要な機能を果たしていることを知るべきである。

目は心の窓と言われるように、その人の目を見てその心を知ることが出来る。人の感覚器官の中でも重要な機能を果たしているのは目である。古来より、不動心を養うには、不動眼の鍛錬をせよと訓える。

不動眼の稽古は、凝視不瞬から始めるのが良い。全身全霊で相対する場合には、瞬きは出ない。人が目を付けた処は、その人の意念が働き心を置いた処である。

武道の観点から、攻防未発の構えとしては、所謂「遠山の目付」と言われるように、心に余裕を持ち八方を見透し、心を一点に固着・執着させてはならない。

古来より、「目通り・乳通り・肩通り」と訓えられている。目の通り・肩幅・乳の通りを四角に結んだ箇所が、第一の目の付け処とされる。他の処に意を及ぼしてはならない。注意が緩慢になれば、そこに隙が生じるからである。

須らく、全身あまねく遍満して意を用いなければならない。相手に対する恐・驚・疑・惑の意により、心を捉われてはならない。

因みに、目通り・乳通り・肩通りなどの目付については、礼法の小笠原流でも訓えるところである。しかし、一度攻防起発すれば、相手の面部中心に目付する。第二の目の付け処と言われる。具体的には、相手の額の通り・臍の通り・肩幅より一寸までの処を四角に結んだ範囲である。概ね、目から喉仏にかけて顔辺りに重点を置いて、自己の目を注ぐが、視線を固着せず、とは言え瞳を動かすことなく、所謂、見でなく、自己を第三者の立場に於いて見る観と言われる心眼で見るのである。

術技動作の動きにつれ、相手の崩れる軌跡を追い、倒れた相手を見越し再び遠山の目付に戻る（残心）。注意すべきは、一概に目に見えない技（心法）と言っても、目付のように「目に見えるが型に成っていない身体則」と接点を持つものから、自己の信念や倫理観のように心奥に深く沈潜し全く表面に現れないものまで、その幅は広い。

8．「武道鍛錬」と「運動神経」「律動的消長」

前述のように、武道に於いては運動神経は必ずしも最重要の要素ではない。寧ろ、技を有効に発揮し得るためには、主体性をもって時・処・位に応変して、目付を働かせ・間（頃合い）を計り・間を詰め・間を抜かず・拍子を抜かず、時には、相手の仕掛けに対して間を外し・拍子を外す事理を体得することのほうが、遥かに重要な要素となるのである。

事柄の全体・本質・法則性などを理性的に見定めた上で、理解が可能になるためには、反復継続した稽古を通して感覚・印象の感性的認識・体験を豊かにし、量質転化を図る必要がある。豊富な感覚的認識の体験過程を経ることを前提として、初めて理性的判断・思考・推理が可能となる。

このようにして、周辺の無駄を削ぎ落とし本質を残し、総合的に秩序立てて理性的判断・思考・推理を無意識の裡に構成し得る訓練を通して、一即多への応用・変化や、表面外観を見て内部内観を洞察することが可能となる。このような感覚的体験（実践智）過程を経て、我々は普遍的・典型的法則性を発見し体得出来るようになるのである。

実践を経ることなく、感性は育たない。実践による感覚的体験・体得を通して、初めて理性的判断・思考・推理を可能にし、理論的知識・事理を弁えることが出来ると言える。

ともあれ、技能を易から難・単純から複雑・基本から応用などと階層的に捉えることは、随意運動の階層化に繋がる。

言葉や文字に表現出来ない暗黙智・身体知の働きによって、個々の筋肉の作用が易から難・単純から複雑・基本から応用へと、整然と無意識層に潜在・堆積・記憶されていく。

更に、それらが融合し統合されていけば、特定の目的に沿って臨機応変して活性化・顕在化し、効率的に機能し得るようになるのである。

これは、自己自身でしか体感・体得し得ない実践智である。勘とは一種の実践智であり、運動神経とは必ずしも直接の関係を持たない。

このように、武道の鍛錬・稽古・上達に関しては、運動神経は二次的である。一種の心法であり且つ実践智である勘の養成（無意識層への働き掛け・生理的には感覚と随意運動の活性化）こそ最重要である。

運動神経は、此処では勘に一歩譲る。逆に、器用な者は器用なために、かえって思い上がったり、怠惰となる傾向がある。

運動神経の劣る者が悲観するには当たらない。鈍だからこそ、懸命の稽古の反復継続が可能であり、エネルギーの蓄積は大きくなり、無意識層に働き掛けるエネルギーも大きいものがある。それが量質転化をもたらし、上手・達者に至る近道であり、好きこそ物の上手とか、急がば回れと言われる所以である。

武道歌にも『不器用も器用もともに実有て　功がつもれば道を知るべし』（「二刀流兵法問答」）とか、『不器用と人は云とも稽古せよ　器用ばかりはいかで有べき』（「直心影流初伝目録究理の歌」）を本歌とする諸芸道・諸流派の歌）とか、『無器用に百曲《モモクセ》（癖）有るも人々の　稽古によりて鎗（鎗の上手）になるべし』（「宝蔵院流鎌百首乃歌」）等とある。

実践智を体得するには、人間の営みとしての反復継続的な稽古過程を経る必要がある。稽古過程に於いて、術技の熟達にもすべて律動的交替（陰陽・虚実のリズムの周期）が存在する。さしたる効果も実らない虚・陰・谷の時期にも、反復継続的稽古の過程を忘れてはならない。

果実が甘く熟すのに一定のエネルギーの蓄積の期間と、寒暖と言う苦労を伴う負荷が必要不可欠である。同様に、武道術技が円熟するためには、やはり一定のエネルギー蓄積（稽古の蓄積）の期間と苦労と忍耐を伴う鍛錬が必要不可欠なのである。

この稽古の蓄積過程に於いても、当然のことながら律動的消長（出来不出来・斑）が現れる。俗に、調子の好し悪しと言われるものである。

この調子の律動的交替の時期（周期）は、昼夜四季のように正確・規則的なものではない。可成り不規則・出鱈目・偶然性の強いもので、ある期間を置いて繰り返されるものである。これは、ある意味では万人共通の宿命である。問題は、この宿命的な律動的消長を如何に克服するかである。

不調を好調に強いて転換しようとする努力は、徒労に終わることが多い。寧ろ、不調の時は積極的に多くを期待せず、出力を最小限に抑えてその範囲内で努力するほうが、かえって予期以上の成果が上がるものである。焦らず気長に好調が巡ってくるのを待つのが良い。須らく、焦って無理するのがすべて失敗の元となる。

すべてに万全を期することは難しい。名人・達人と言えども、時を選ばず随時成し遂げられると解するのは錯誤である。表面に現れない水面下で、無為自然の稽古によって不調を消極的に繕っていたのである。

名人・達人の境地に近付くにつれ、自ずから律動的消長の周期は狭まってくる。ただ、傍目・素人目には、寧ろ、彼が常に普遍の好調を保っているかのようにみえるだけである。効果が直ちに表面には現れない、一見無駄と思われる無為の稽古によって、出来不出来の調子の山の頂上と頂上とが架橋され、逆に、調子の谷はその間に捨象され、将来の技の円熟への連続性が保持される。

実は、無為の稽古こそ、究極に於いて自己のリズム（守・破・離）・調整機能を回復し、自己に相応しい合理的動きを体得出来る近道なのである。

自分の技は、他人から定型を習うものではない。此処で必要とされるのは、最後までやり通す覇気と我慢・ハングリー精神を持って、最初から自己の限界を想定せず、余り理屈を言わずに努力することである。

漸次自己に独自のリズムが完成するにつれ、我慢・忍耐は楽しみに転化する。これも一種の量質転化の例であろう。

現代は、過栄養と低栄養とが共存する、錯覚された豊かな社会である。

例え話をしよう。昔の野菜と、現代風温室栽培の野菜では、その中身の栄養が違う。今風の物は、確かに格好が真に良いが、中身が薄く形式外観的・美学的要素が強い。大地の栄養分が充分に吸収されていない。これに比べ、昔風のものは、逆に、不格好ではあるが土の匂いに満ち、ビタミン・ミネラルが充分に蓄えられていた。美学的食物が幅を利かせているから、心臓病・糖尿病・頭の脚気（精神病）など生活習慣病が多発する。現代武道は、今風の野菜となってきてはいないだろうか。私一人の杞憂であろうか。

9．「先見の明の理（「勝って後に戦う理」）」「直観的行動」としての「先の先」「後の先」

「三国志演義」の諸葛亮（孔明）について、「事前の諸葛亮」と言われることがある。世情何故、諸葛亮には先見の明があると言われているのか。歴史上では一般に、彼は天文地理・陰陽五行（易の法理）に詳しく、風雨を呼び神仙同様の人と見做されている。

しかし、当然のことながら、その実、彼は、平素から注意を払って種々の状況を調査研究し、各地の山川の形勢・道路の道程・民情風俗等豊富な人文地理の知識を蓄えていた。政治・経済・歴史的背景についても掌《タナゴコロ》を指《サ》すように通じていたのである。

しかし、その裏に存在する「（先見の明がなかった）事後の諸葛亮」をも、知らなければならない。歴史上明らかなように、彼も、いつ如何なる時でも先見の明があったわけではない。馬謖《バショク》を誤用して、孔明軍の要地であった街亭の守りを失った。此処で言いたいのは、泣いて馬謖を斬った故事来歴についてではない。

諸葛亮の先見の明は、数え切れない程の調査や研究・各種の体験・書物や先人達からの教訓の中から得られたと言うことである。

物事は、事柄が以前に存在・発生したことがなく未経験なら、誰にとっても、その事柄に対する予測・予断は困難を極める。少なくとも、対象となる事柄に対する情報を収集し予備知識を備えることによって、その萌芽を察知・判断・決断することが可能となる。その過程を経て、初めて、その事態に対応した適切な行動に移ることが可能なのである。

あらゆる事柄に於いて、且つ、誰にとっても、事後の諸葛亮から事前の諸葛亮に到達するための過程が存在し（それが正道であり）、必ず経過すべき認識過程でもある。

事後の諸葛亮は、鈍の結果ではない。決して恥ずべきことでもない。事前の諸葛亮と言われる背後には、かつて、事後の諸葛亮と言う実践智（裏筋）があったことを忘れてはならない。

事後の研鑽・努力こそが、事前の明・先見の明に繋がっているのである。

孫子も「・・・戦わずして人の兵を屈するのは善の善なるもの・・・」と言い、戦わずして勝つを最上とし、先ず勝ちてしかる後に戦いを求めるための理論と実践を説く。

将たる者は、主導性を発揮して、ともかくも正確な情報を収集することを第一とする。先ず、彼を知り且つ己を知って、的確な状況判断の下に自己の弱点を補正し、優勢な兵力をもって集中的に敵の虚を撃つ。

戦場は自然の外的環境と同様に、絶えず変化して已まない。この自然の外的環境の絶えざる変化と、それぞれの地域の人文地理から学び取った情報や知恵を生かすこと、則ち、先見の明・事前の諸葛亮こそ、『兵法の極意』なのである。

これと関連して、念流秘伝書に「・・・神僧より伝へられし過去現在の二術は魔法なり・・・」(「念流正法兵法未来記」)と記され、真庭念流の極意を伝えている。

この伝書を解説しているある武道書に曰く「・・・『過去の術』とは、念流において用いられる言葉で、未然に相手の心の動きを知る術である。相手がどのように動くかが分かれば、こちらは先手先手とその動きを封じ、あるいは、その逆を突けば良いわけで、負けることはない。絶対必勝の術なのである。・・・過去の術は、その余りにも不可思議な力を持ったものであるところから、魔法とも呼ばれている(遁甲術・忍術あるいは呪術であったとも言われている)。・・・未来記と言う語は予知と言うことであり、念流の極意は予知にあり、それはこの過去の術によって得ることが出来る・・・そして全力を傾倒して過去術を修業する・・・」とある。

この解釈では術技の内容は全く不明であるが、訳者は「過去の術は、・・・不可思議な力を持ち・・・」とか「・・・過去術を修業・・・」と述べている点からすると、彼は、過去術はある種の実技と解しているようである。

しかし、伝書によると「・・・極意は予知にあり。予知は過去の術によって体得し得る・・・」のであるから、結局、予知とは事前の孔明の理と言う一種の心法を現していると考えられる。過去の術とは事後の孔明の理を示唆している。

要は、一意専心あらゆる場合を想定し事前に稽古に励んでおれば、如何なる場合に於いても、自ずから先を取る・先の先を取る・後の先を取ることが可能となり、常に主導権・主体性を確保出来ると言う訓えであろう。戦わずして勝つないしは勝った後に戦うの理である。

敵の動きの前に、彼の意思を察知した段階で吾が動き始めれば、吾の動作は具体的にはゆっくりしているとみえても、質的・相対的な速さに於いては彼に勝り、吾が主導権を確保して彼を制することが出来るのである。

ともあれ、日本武道に関し、実践から体得した感覚的体感について一般的に言えることは、構え、型、技、勘(間や拍子を含む心法）など、これらすべてに亘り精神的且つ身体的民族文化の伝承として、日本古来の日常生活の慣習の中に潜在化した身体則に根付いたものであった。

長期間に亘って忘れ去られていたこれらの潜在能力も、一定期間に亘る稽古の反復継続によって活性化し、感得し体得出来るようになると考えられる。

人間は、本来先天的な本能反射や後天的に獲得した条件反射など、身体的特性を発揮出来る可能性を備えていることは明白である。ならば、日常的には少ない量的時間でも、質的に充実した長期間に亘る漸進的反復継続した訓練を経ることにより、相対的に鋭敏な直観的行動を回復・改善することも可能であると考えられる。

殊に、外的条件に捉われないで、先を読み・先を取ることを可能とする、勘と言う心法を養い活性化させれば、型に成っていない基本身体則としての技法を自在に駆使出来るようになる理である。

此処で「先の先」とは、攻撃意志を持った相手と対峙した時、その機微の間に咄嗟に相手の心意を察知し、その攻撃動作を未発に知り、これを制することを言う。相手の攻撃動作が有効に発揮される以前の段階で、それを封じ込め・有効化させせないで制すことが出来ると言う戦わずして勝つ・勝って後戦うの理である。

これは争わずして勝つと言われる明鏡止水の境地（心法）でもある。

武道歌にも『右都流渡毛月《ウツルトモツキ》（相手の心）母雄茂波図宇津須止裳《モオモワズウツストモ》　水《ミズ》（自己の心）最遠藻倭寿比路佐和能意計《モオモワズヒロサワノイケ》』（「竹内流柔術」を本歌とする諸芸・諸流に引用歌）とある。

即ち、吾が明鏡止水の境地（不動心・無心）であれば、月が自然のままに水に映っているように、相手の心はそのまま吾の心に伝わってくる。相手も、自分の心が映し出されているのに気付かない（何の備えもしない・油断がある）。

しかも、水面（自己）と月（相手）との間は遥かに隔たっていながら、月は無念に影を水に落としている（相手は、吾に本心を曝け出している）ように、吾は相手との精神的関係では遠く安全な間を保ち、安心立命の境地に立ちながら、相手の心意を瞬時に明察し、石火の応変を可能とするのである。

この境地に至って、初めて先の先の勝ちを良く成し得るものである。

別の武道歌にも『兵法は立ざる先の勝にして　身は浮島の松の色かな（吾は常に明鏡止水・泰然自若・安心立命の境地である）』（「直心影流初伝目録究理の歌」）と詠まれているのも、同じ理である。

付け加えて言えば、具体的術技操作の過程では、技の発動の前提として、先ず、相手を呑む位置関係、合気柔術の場合であれば、自己は相手の背後・側面に入り込み、相手との相関関係の中で自己が十全の力を発揮出来る位置を占めることが重要となる。

これにより、相手の統一力の集中を妨げ・崩し・分散させ・封じ込めるなど、相手が力を有効に発揮出来ない不安定状態を作り出す。それによって、自己の技の行使を有効且つ容易に可能とする。その動作は、咄嗟の機微に係り、ほんの微妙な動きに過ぎないかも知れない。

これに対し、「後の先」とは、先の先のように相手の心意を察知しその攻撃動作を未発に制御するものではない。具体的基本動作は、相手が先ず攻撃動作を起こそうとするのを、受けて反撃すると言う段階を踏む。相手の攻撃動作が正に自己に及ばんとする一刹那、咄嗟にこれに対応して躱し、同時に相手を反撃・崩し制することを言う。

後の先は、相手を誘って先に仕掛けさせたり、相手の攻撃に遅れて自己の動作を起こしこれを受け・躱すので、客観的には後手・受身の体勢にある。

しかし、自己の後手にある体勢を挽回する精神的気構えに於いては、正に先を取るべきとの心法としての訓えである。と同時に、後手・受身の体勢で受けながら、相手を崩す反撃体勢の中で一瞬の機微を捉えて劣勢を優勢に転換（挽回）すべき体勢の妙をも訓えている。

やはり、明鏡止水・安心立命の境地にあってこそ、結果的には主体性を確保し　主導権を取り得る臨機応変な対応が可能となるのである。

六、呼吸法

1．五感に替わる「無意識的直感（第六感・勘）」の必要性と重要性

身体動作は、ある特定の目的・対象に向かう感覚と筋肉の協同作業である。外部刺激に依拠する感覚の中でも、視覚と聴覚が特に重要である。通常の場合は、外部刺激は視覚からの認識を通して筋肉の働きに作用するのが一般である。

視覚から認識したイメージで構成された状況は、視認した本人にとっては、客観的に認識したものとして捉えられている。

しかし、視認のイメージ的状況は、視認者の個人的判断や心理状態や感情までも混入し、恣意的・主観的且つ個別的に特定化・個性化して捉えられた欠点を持つ。加えて外部環境にも影響され、視覚から認識したイメージは、不定形であり不規則でもある。

また、視覚は意識的・無意識的であるとを問わず、その外部刺激を自己の恣意・主観によって遮断することが出来る。

このように、恣意・主観と言うフィルターを通した視覚からの認識だけに頼ると、誤認・思い込み・錯覚などの現象を伴う。このように、人が視覚を通して客観的に正しい認識を得ることは困難である。

即ち、人が視覚を主とする五感に頼って行動すると、誤作動を生じることが多い。このことは、日常的にも一般に予想される現象である。

武道の術技を実際に行使せざるを得ない緊急状況や極限状況下では、通常より精神的・心理的に不安定な状態に陥っている。その状況下では、寧ろ誤認・思い込み・錯誤が日常的に起こり得ると考えるのが常識的である。更に重要なのは、このような状況下では、人間の眼の性能に比べ、身体動作の動きのほうが遥かに鈍い反応を示すと言う事実である。

加えて、神経伝達速度にも限界が存在する以上、仮に、眼の分解能では対象の動きを誤認することなく正確に捉えていたとしても、それに対する的確且つ迅速な対応行動は、必ずしも期待出来るものではない。

それればかりでなく、外部の事柄への視覚反応時間は種々の要因で変動する。例えば、刺激が複数なら、単純反応より時間が長く掛かる。刺激面積を広くすれば、反応時間は短くなる。片目で見るより、両眼で見るほうが反応時間は短くなる。心理的にも、予測可能で緊張状態にあれば反応は速くなり、予測不可能な不意打ちには反応が遅れる。

逆に言えば、これらの理屈を応用して、両眼が不完全にしか機能しない側面ないし背後からの攻撃や、両手や手足を同時に機能させる同時分散攻撃を仕掛けたり、視覚への刺激が少なくなるように動作を小さくし、短距離から技を施すと、相手に対する予測不可能な不意打ちの効果を十全に発揮出来るのである。

従って、武道鍛錬の過程に、少なくとも自己の側では錯覚を生じたり反応時間に左右されない創意工夫や訓練が必要とされる。

即ち、予測を期待する意識層感覚に頼ることを止めて、予測を期待することなく心の深層に宿っている無意識層感覚（直感）に頼る工夫と訓練が必要なのである。それに依拠すれば、見えない危険をも察知し、咄嗟の的確な対応が可能となるであろう。

視覚等の五感への依存に替わって、呼吸作用（操作）に基づく直感（第六感・勘）を活性化させて応用するのが妥当とする所以である。

武道修行に勤《イソ》しむ者は、一般的・日常的認識に頼ることを極力制限するよう心掛けなければならない。蓋し、一般的・日常的認識は、ある存在を感覚で捉えた上で分析・思考し、それに感情などの恣意的主観を加えて価値判断する過程を経るからである。

一般的・日常的に働いている五感による認識に替わって、無意識層感覚を通して作用する直観（第六感・勘）によって、全体的且つ総合的な存在関係や位置関係を咄嗟に感得出来るようになることが肝要となる。

人為的外部環境に左右されない深夜や早朝に、自然を相手に一人稽古に励む理由が此処に存する。訓練によって意識層感覚の五感及び五官のコントロールが可能な状態を容易に感得出来るようになる。

勿論、この過程（訓練）を通して、無意識状態の中でも視覚・聴覚・嗅覚・味覚・触覚の五感自体も、それぞれが本来持っている特殊な感覚が研ぎ澄まされていく。

即ち、無意識状態にあっても、訓練によって五感のあらゆる感覚は鋭敏化し、周囲の気配を咄嗟に察知し、音無き音・形無き形・匂い無き匂い・味無き味を正確に識別し、第六感を補助し確かなものとしていく。なお、此処では、「直感」は直接的感受性、「直観」は認識能力の意味に用いた。

反射的動作は、記憶を伴わない中枢神経系の働きであって、特定の刺激に対して特定の応答をする。しかし反射的動作は、意識が明瞭で五感すべてが研ぎ澄まされた状況にある時にでも起こる。

即ち、ある瞬間では意識的動作は背後に隠され機能せず、無意識的に「直観」による機能のみが顕在化する場合も有り得る。

このように反射的動作の特徴は、視覚・聴覚・嗅覚・味覚・触覚などの五感と第六感（勘）と言う相互に極めて異質の感覚が入力されているにも拘わらず、ある時には意識的状態によって、また、別の時には無意識的状態によって、意識・無意識を使い分けて筋の収縮・伸展と言う出力を機能させ得るところにある。

我々は太古に於いて、各種の本能的・反射的動作を発揮することが可能であったし、初期設定されたバイオリズムが機能していた。しかし、文明化した近代ないし現代社会規範の中で、これらの能力やリズムは無用の物と見做されたり邪魔者扱いされ、次第に潜在化させられたり埋没させられてきた。

確かに、人が文明社会の中に埋没し、その社会規範に馴染んで快適な環境を享受するためには、本能やリズムを押さえ込み潜在化させる必要の生じる場合が多くなってきたのも事実である。

しかし同時に、人が生命や身体に関わる原始的ないし本能的緊急事態に直面した場合、必要に応じて臨機応変に、直観・雰囲気・気配などと言われる本能的部分や初期に設定されたリズムを直感的に潜在的深層から引き出し顕在化させることも必要なのである。

因みに、殊更に（腹式）呼吸法の鍛錬を行わなくとも、火事場の馬鹿力と言われる現象が生じることは良く知られている事実である。それは、幼児などを助ける一種の種族保持本能や自己防衛のための個体保持本能などの発現現象と言え、本能に起因する現象である。

この本能は、通常では判断作用を伴わない。一般的に本能は、無意識層に抑制的に潜在していて顕在化していないか、容易に顕在化し難い状態にある。

そして、この火事場の馬鹿力は、無意識的に機能している抑制装置が一時的に解除され、無意識層に潜在化していた能力が、一時的に活性化し顕在化することを意味する。

しかし、常時抑制装置が解除されてしまうと、常に自己の肉体能力の限界を超える活動を生じるおそれがあり、自己損傷に繋がる。そのため、肉体能力の限界を超えないように、抑制し調整する機能が働いているのである。

その意味で、限界まで力を発揮させる練習・稽古のみでは、筋肉を自損する危険が伴う。

そこで武道に於いては、火事場の馬鹿力と言われるような潜在能力を十全に発揮出来る訓練を行う前提として、潜在能力を発揮顕在化させることによる血管・内臓・筋肉の損傷を予防し危険を惹起させない内臓・筋肉の健康管理と強化が必要とされる。

そのためには、日頃から（逆）腹式呼吸法を伴う訓練によって、身体内部の内圧を調整し血管や内臓の内壁と筋肉の鍛錬強化と弾力化に努めることが必要不可欠となる。

因みに、人の能力の顕在化されている部分は僅かであって、寧ろ、潜在化されている部分のほうが多いと言う学者もいる。そして、彼等は潜在化部分の活性化を喧伝する。ある者は脳（右脳・記憶力・・・）を、ある者は筋力（腕力・走力・持久力・・・）を、ある者は超能力（予知能力・透視能力・霊力・・・）等などと。

しかし、火事場の馬鹿力の例でも分かるように、潜在化した能力の一部のみを取り出して活性化・強化するのは、精神・肉体・精神と肉体などのバランスを崩し危険である。

「陰陽の理」によりその裏筋をも同時に活性化・強化することを忘れると、新たな問題（裏筋を傷つけ弱化させる危険性）を生じるであろうことが危惧される。

2.「呼吸法の機能」とその重要性

呼吸は生気（生命エネルギー）の出入りを暗示し、呼吸の途絶は生命の終焉を意味する。

武道・芸道に於ける呼吸法とは、単なる呼吸の仕方ではなく行法としての呼吸法を意味することから、調身・調心と一体となった調息と位置付けられる。

方法論としては、呼息が意識的に完全に行われれば、吸息は空気圧によって自然無意識の裡になされると言う意味で、意識を伴う呼吸法は吐くことに重点が置かれている。生命の終焉を迎える時に、人は無意識には息を吸うことが出来ても、生の証として意識して息を吐くことは出来ない。

処で、呼吸は無意識的・反射的にコントロールされているものと、意識的・意志的にコントロールされるものとがある。呼吸は生命維持にとり必要不可欠な運動であるから、緊急時にバックアップすべき二重回路が生得的・予備的に準備されている。

即ち、反射回路の不全や過激運動や情動不安のために通常の反射呼吸では不十分な状態が発生し生命の危急が生じた時、意識的・意志的呼吸が補完的代償機能を行使し得る安全装置が準備されているのである。

無意識的・反射的反応は生まれながらに具備されていて、物理的刺激・情動・感情と言う刺激（原因）によって受動的に惹起される機械的反応である。

これに対して、意識的・意志的反応は、自発的・意図的反応である。これは訓練経験によって変化し得るものである。

しかし、意識的・意志的呼吸法を上達させ巧妙に操作《コントロール》するに至るには、厳しい修錬過程を要し経験的体感として獲得されなければならない。

当然のことではあるが、師が教示する意識的・意志的呼吸によって外部に客観的に表現された身体的変化は模倣出来ても、師の内部の心理的・精神的変化までは模倣することは出来ない。自己が実践し体得する外ないのである。

重要なのは、無意識的・反射的反応に於いては、心のほうから一方的に身体に働き掛け影響を与え得る、即ち不可逆的な因果関係を有すると言う点である。

これに対して、意識的・意志的反応に於いては、心と身体との関係は、心から身体へまた身体から心へと言う、相互的な可逆的因果関係を有すると言う点である。

従って、一定の限界があるとしても、呼吸操作によって心に影響を与えることが可能となるのである。

武道・禅・ヨーガなどに於いて、呼吸法や瞑想など養命・養生（調身・調息・調心）を目的とした行法が重視されるのも、この理に気付いて応用しているからである。

呼吸と同様に、無意識的・意識的双方の反応を具備しているものとして、肛門や膣の開閉を司る括約筋の筋肉反応が挙げられる。

括約筋の筋肉反応は、本質的には無意識的反射反応であるが、意志によってコントロールすることも可能となる。ただ、そのためには長期に亘る反復継続的な厳しい訓練が必要なのである。

これに対し、呼吸筋の反応は、無意識的反射も意志的反応も共に生まれながらの生得的に具備されたものである。

経絡理論によれば、人間の身体の中で呼吸筋の周辺（中丹田・胸部周辺）や括約筋の周辺（臍下丹田部周辺）の部分は、重要な経絡・経穴部位を擁している。

それらの周辺部位は、交感神経と副交感神経や、随意筋と不随意筋が交錯している。と同時に、中丹田部位や下丹田部位には、心の意識層と無意識層も交錯している。

これら交感神経と副交感神経・随意筋と不随意筋・意識層と無意識層の交錯部分である呼吸筋周辺部（中丹田）と括約筋周辺部（臍下丹田）は、それぞれの拮抗・相反機能を媒介・架橋し得るチャンネル部分としての重要な機能を有していると解されている。

此処では、一先ず呼吸法に限定して考察を試みる。

ともあれ生理学的には、吸息は交感神経（神経を興奮させ、一般に生体を活動的にする）に支配され、呼息は副交感神経（心臓に対しては制止的に、胃腸運動に対しては促進的に作用するほか、血管拡張・瞳孔縮小・温熱発汗などの働きがある）の支配下にあるとされる。交感神経と副交感神経とは、拮抗的・相反的に作用し心身機能の調整・バランスを保つ機能を司る。交感神経・副交感神経の両者で自律神経を形成している。肋間筋を中心とした胸筋で息を吸う呼吸を胸式呼吸と言う。外肋間筋（吸息筋）が収縮し引っ張ると胸壁は外方に膨らみ空気は肺に吸い込まれる。内肋間筋（呼息筋）が収縮し引っ張ると胸壁は内側に縮み空気は肺から押し出される。

これに対し、横隔膜により息を吸う呼吸を腹式呼吸と言う。

人は、随意的に外肋間筋を働かせて横隔膜を機能させないことも、逆に横隔膜だけを機能させることも可能である。

呼吸筋の収縮を調節したりストレッチ（特に細かいバイブレーション）に反応する受容器細胞（感覚細胞）は、肋間筋（呼吸筋）に特に密に存在している。受容器細胞を効率良く刺激するバイブレーションの特定周波数・特定振幅もあるとされる。

殊に、呼息している時に一定のリズムをもって長息で緩やかに呼吸筋をストレッチすれば、神経中枢とマッチした受容器細胞からの情報を呼吸筋の運動に送ることが出来、胸筋を中心にして柔軟性や可動性の効果が高まる。

一定のリズムをもって長息で緩やかに吐息しながらのストレッチを禅・ヨーガ・気功・諸芸道（殊に武道）では重視するが、呼吸と連動した身体運動の重要性を示唆している。

処で、呼吸作用は人の生命誕生と同時に始まり、四六時に亘り片時も休む間はない。

誕生時の呼吸は、腹式呼吸（臍下丹田部位を意識する呼吸）に準じた胎息（臍を中心とした一種の腹式呼吸）である。これは、深く穏やかな大自然のリズムに則る呼吸で、人体自体が小宇宙・小自然として、自己の外部環境としての大宇宙・大自然と渾然一体化していることを感得させる呼吸法である。

このように腹式呼吸や胎息は、長くゆったりとしたテンポでリズミカルな長息の呼息作用で、心身の緊張を解き自然体へと導いていく。

文明社会の中で生活する人間は成長するに従って、胸や肩で浅く速い呼吸をするようになる。病人・虚弱者は、殊にその傾向が強い。

しかし、臍下丹田に気力を充実させ、意識的に腹式呼吸（真の深呼吸）の鍛錬を行えば、自然に胎息的呼吸に返るとされる。

ともあれ、呼吸をセルフコントロールすることは、いつでも無意識層への働き掛けの道を開く可能性を有している。意識的にはコントロールし難い身体的領域や生理的情動を、自律的に制御することを可能とする手段として腹式呼吸を利用出来るのである。

恐れや怒りを生じている時の激しい呼吸・憂鬱な時の溜息・退屈な時の欠伸など、呼吸のパターンは情動と関連している。

また、心に恐れや怒りを抱いた場合には浅くて早い胸式呼吸になり、逆に落ち着いて穏やかな気分の時は深くゆったりとした腹式呼吸になる。

更に、生理学的見地からも、リズムを伴って深い呼吸を繰り返すと、脳内にセロトニンと言う物質が増え脳の活動を高めると言われる。

即ち、腹式呼吸法を取ることによって、自律神経の働きを安定させ中枢神経をコントロールし、脳を覚醒する一方で、不安や恐怖心を抑え、更には、免疫力を高める機能が増大するのである。

加えて、セロトニンは、重力に抗して働く筋肉・足の筋肉や背筋などによる抗重力筋の機能をも高めると言われる。

なお、意識的に深呼吸（厳密には呼気作用を重視する腹式呼吸）を行いながら、怒ったり泣いたりすることは出来ない。怒りや泣く動作は一種の呼気作用を伴う動作であり、同種の動作を同一部位（場所）を用いて同時に行うことは困難だからである。

逆に言えば、意識的・能動的に深い呼気作用を重視して行う腹式呼吸を鍛錬して、意識的に機能させれば、同じ呼気作用を伴う「泣き」や「怒り」の激情動作を自然に鎮静化し抑制することが可能となるのである。比喩としては余り適当ではないが、一種の毒をもって毒を制する作用と類似した現象と言えようか。

同様の見地からすれば、「笑い」は一種の深い呼気作用であるから、人は笑いながら吸気することは出来ない。笑いは、深呼吸（腹式呼吸）本来の精神沈静・精神安定と言う機能効果をもたらす。また、少なくとも笑っている間は、ストレス要因について何も考えない。逆に、精神的ストレスの要因である雑念が浮かべば、直ちに笑いは消え失せる。加えて、笑い自身について生理学的見地からみても、「大いに笑う」と免疫を司るＮＫ細胞が活性化するし、関節リュウマチ炎の痛みとなるインターロイキン6と言う物質が減少する。更に、痛みや苦痛の緩和に役立つとされるβエンドルフィンの分泌を増すなどの働きもあるとされる。

更に決定的なことには、最近の新聞記事によると、心底から笑う動作そのものによって人の遺伝子を活性化させ、ある種のホルモンや酵素の分泌を促す効果が検証されたと言う研究結果が発表された。

そのメカニズムは必ずしも明らかではない。しかし、呼吸による中丹田部位や下丹田部位の活性化が遺伝子にさえ影響を与える重要な働きをしているると考えられるのである。笑う門には福来たるとは、正に至言である。

3. 呼吸法の機能と「武道への応用」

武道では、前述の理を応用し、(逆) 腹式呼吸作用に伴う機能、即ち、無意識層への働き掛けを通して、目に見えない術技として一種の心法である第六感 (勘) の養成に意を用いている。古来、武道の稽古に呼吸法が取り入れられている所以でもある。

日常、呼吸は無意識的に行われる。しかし、必要に応じて意識的呼吸法を取り入れ、これを筋肉運動と連動させる。その訓練を重ねることによって、視覚等の五官 (目・耳・鼻・舌・皮膚) の機能である五感 (視覚・聴覚・嗅覚・味覚・触覚) に依存することなく、無意識層を源とする潜在的直観力・第六感 (勘) を活性化させ活用させ得るのである。

身体内外各部の感覚の訓練は、内外刺激に対する体表・皮膚・筋肉・関節は勿論、内臓などを含めた体内の深部近くの受容器細胞の感度をも活性化させるのに役立つ。

古来より武道に限らず諸芸道に於いても、下丹田に気を置き、気を発する鍛錬法である、(逆) 腹式呼吸法の諸機能が注目されてきた。

江戸時代の貝原益軒の「養生訓」や平野元良の「養性訣」にも細かく述べられている。殊に、武道に於いては、養命・養生は武術の事理云々以前の大前提として、養生殊に呼吸作用は武徳の一つであり、生命エネルギーの根幹をもなすものである。(逆) 腹式呼吸の諸機能が如何に必要且つ重要であるかが理解されよう。

要するに武道・芸道は勿論、あらゆる「・・・道」を目指す第一歩として、浅い胸式呼吸法によることなく、深い（逆）腹式呼吸によりリラックス状態で瞑想に耽り、身体内外各部の感覚を訓練し活性化に努め勘を養うのを良しとするのである。

殊に、武道に於いて危機的状況下の中で、冷静に自己を取り戻すには、呼気を重視する（逆）腹式呼吸（深呼吸）を実行するのが最も手軽で手っ取り早く、且つ効果的な方法である。

心理的動揺に伴って起こる浅い呼吸や速い動悸を、呼気重視の（逆）腹式呼吸によって抑制し、心理状態を正常に引き戻すと言う作用・効果は、誰しも経験するところである。

また、武道術技を操作する際の力強い動きは、（逆）腹式呼吸の過程で息を吐きながらないしは息を止めて、臍下丹田部位から全方位的に身体抹消部位に向けて気を吐く意識《イメージ》を持ちながら発動される。それによって、初めて武道術技の十全な効果が発揮出来るものである。

武道との関連で重要なのは、繰り返すが、呼吸が、自律神経を介在として心と身体に深く関連性（影響力）を有している点に於いてである。

呼吸は、自律神経によって自己の意志に関係なくコントロールされている反面、訓練を伴う自己の意志により呼吸の遅速・深浅を自在にコントロール出来るものである。

緊張すると息が浅くなり、緊張が解けると息が抜ける。リラックスする時は、息が吐出される。即ち「吸気が短く速くても、呼気が長く遅い」呼吸パターンでは、生理的にも心理的にも緊張・興奮の程度を低く抑えることが可能となる。

このように､心の変化が呼吸の変化を無意識の裡に惹起していると同時に､呼吸を意識的に操作することによって心の情動を転換させ得ることにも気付くはずである。

即ち、呼吸作用を媒介として、精神と身体が相互的・可逆的に影響を与える機能を促進・活性化出来るのである。

ただ、武道との関連で言えば、常に呼気が長く遅いのが良いとは限らない。日常の鍛錬に於いては逆腹式呼吸によって心身を深い安静状態に保ち、技を掛ける場合には吸った息を吐きながら行い、技を極める瞬間には一時息を止める。

しかし、息継ぎの瞬間、その気配を相手に悟られてはならない。不動心・無心の状態にある時、意識は既に呼吸から離れていなければならない。

そのためには、無為無心・自然体に至る過程に於いて、自発・自然・自動的な「準胎息（一種の胎息）」に落ち着いていくのである。

即ち、当初はあたかも胎息のように、臍と臍の裏側の経穴命門《メイモン》（背中側腰椎二番と三番の間）との間で、自然のリズムを保って呼吸するかのようなイメージを持つ。

具体的には、臍から命門へと吸い・命門から臍へと相対的に緩やかに吐くイメージで行う。一度身体が記憶すれば、念意《イメージ》することによって一瞬且つ自動的に準胎息呼吸状態に至るようになる。

このように、胎息呼吸に伴って臍と命門の間で並行的に自発的内動を繰り返す（調息）中に、自然体のままに胎息に委ねられる状態に至る。その過程を通して、息継ぎの気配は無意識の裡に消えていく。

更に重要なのは、臍と命門の間を並行的に自発的内動を繰り返すことによって、身体の重心が上下に揺れることを防ぐ。

通常の腹式呼吸・逆腹式呼吸によれば、イメージ的には気は中丹田（胸部）と下丹田（下腹部）の間を往復することになり、身体の重心は上下に振動していることになる。

因みに、このような準胎息呼吸を中丹田呼吸と称する者がいるが、単に上丹田（額部位）と下丹田（臍下丹田部位）の中間との意味で安易に用いたものであろう。しかし、中丹田の位置が胸部周辺と解する私論では、その立場は取らない。

なお、論者によっては、上丹田を胸部・中丹田を鳩尾部・下丹田を臍下部と定義付けている者もいる。呼称でなく実際の部位はどこを指しているかに注目すべきである。

更に、古流柔術・中国拳法・空手などの当身技や打撃技に於いては、短息での呼気ないし止息により、一気呵成・瞬時石火の爆発的エネルギーを放出し、効果的パワーが発揮され得るのである。

因みに、古武術に由来する自彊術《ジキョウジュツ》の呼吸法は、腹を引っ込ませて吸息し直ちに呼（吐）息する「弾みのついた呼吸法」である。

自彊術は、武道家中井房五郎によって明治末に創始され、その理解者であった教育家十文字大元（自彊術の継承者は十文字学園ないし小野田家）によって東京・関東を中心に普及し、現在、健康体操の一種として夙に人口に膾炙している。

このように、逆腹式呼吸法を操作することによって、胸筋と横隔膜を交互に働かせながら、意識と無意識・意識と身体・交感神経と副交感神経・随意筋と不随意筋を繋ぐ橋梁のような役割・機能を備えている中丹田と下丹田の鍛錬とその活性化をもたらすことが可能となる。

更に言えば、人は勿論鉱物を含む万物は、宇宙自然の原理（宗教的に、神の意志と言っても良い）によって、それぞれの個体が固有の周波数を持って振動し、また、周囲の振動に共鳴・共振・同調している。

他方で、呼吸が安定しているか乱調であるかは、精神的にも肉体的にも自己を律する箍《タガ》が弛むか否かと連動している。

即ち、呼吸作用によって、精神的動揺を含む自己の持つ精神的・肉体的な固有振動リズムをコントロール成し得るし、また呼吸状態をみれば自己が精神的・肉体的に調和の取れた安定状態を保っているか否かを窺い知ることも出来るのである。

因みに、五感の中でも聴覚は、意識の有無に拘わらず絶えず外部の自然環境との繋がりを保ち、情報入力機能を果たしている。

聴覚は無意識状態・瞑想状態・非言語活動状態にある時でも、無自覚に日本文化の伝承にみられる情緒性や曖昧性を感得（所謂「左脳処理」）している。逆に、邦楽・動物の鳴き声・虫の音に至るまで、日本人は言語脳で処理し、意味のある情感を感得（所謂「右脳処理」）している面もあるとされる。

武道に限定してその効用を考えると、聴覚と第六感（勘）との関係は、ある時は相乗的プラス効果（例えば、肯定的な陽の情感の感得が精神的・心理的安定に役立つとか、集中力を助長する）に、また、別の時には相殺的マイナス効果（例えば、否定的陰の情感の感得が精神的・心理的動揺を来すとか、集中力を妨げる）として相互関連的に作用していることが窺える。

聴覚の機能は、武道にとっては、プラスにもマイナスにも機能し得るのである。そこで、武道鍛錬・稽古の過程を通して、咄嗟に精力最善活用が可能となるように聴覚機能のプラス効果を取り込み、マイナス効果を意識的に遮断し臨機応変・選択的応用が出来るような工夫・訓練が肝要である。

ともあれ、日本の伝統的芸道・武道・禅などは、自己が自己の身体を通してのみ感得し身体が記憶する、実践智の体得と言う特性を持つ。それは日本人の伝統的智恵として、無意識の中に情動コントロール・創造力・判断力などの知恵を育むのに役立ってきたものと考えられている。

4.「呼吸法と身体則」の機能的関連性

武道術技に於いては、更に重要な問題点として、呼吸法と筋肉及び首・四肢の向きなどの身体則との関連性が挙げられる。

呼吸法と筋肉との関連性について言えば、呼気と伸展筋・吸気と屈曲筋とが対応的に関連している。

手掌を身体の内側ないし上側に向けて回転（小指側を身体の中心線に向けて引き気味に内転）すると腕の屈曲筋が機能し、逆に、手掌を身体の外側ないし下側に向けて回転（小指側を身体の中心線の外方に伸ばし気味に外転）すると伸展筋が機能する。

この際に、内転する時には両手五指を閉じ（握り）、外転する時には両手五指を開く（伸ばす）と一層屈曲作用・伸展作用の実感を体得出来るであろう。

柔術流派の多くが「吸気時に五指を握り、呼気時に五指を開く」とするのも、同じ理屈であり、生理学を弁えない往時に於いても経験的に体得していたのである。

合気道各流派で採用されている「呼吸法の養成」とか「膂力《リョリョク》の養成」と言われる稽古法も、二人が相対して交互に「・・・相手が、吾の両手首を握る時、吾は（吸気をもって）丹田・脇下・指先に気を充実させながら五指を意識的に握り、（呼気をもって）両手を開き伸展させながら相手の脇下に向かい、押し上げる如くなして、相手の体を崩し、（呼気を止めて）四方八方に投げる・・・」等の練習をするのである。

呼吸法の養成に際し、相手の呼吸を図り、相手の心身状態の虚実を知ることも重要な稽古内容である。相手の息継ぎ時、即ち、相手が虚状態に陥っている時に、無意識の裡に技を掛け得るに至る程度の稽古の蓄積が望まれるのである。

また、脚の屈曲筋・伸展筋について言えば、前進速歩では、踵の接地それに続く足親指付け根での踏み込みにより、主に脹ら脛を中心にした脚の屈曲筋・速筋が機能し強化される。逆に後背走・後背歩では、爪先の接地それに続く足親指先での前蹴り、更に続いての踵での前蹴りにより、主に太股を中心とした脚の伸展筋・遅筋が機能し強化される。

なお、細かく言えば、武道稽古としての後背走・後背歩は、真後ろに向かうのみではなく、脚・首・腕共に僅かに左右交互斜め向きにも行うのが妥当である。

方向を咄嗟に急転換する必要性が生じた場合には、脚の側筋を鍛錬しておくことは必要不可欠なのである。・・・後述・・・

首の向きについては、「頚《ケイ》反射」との関連で問題となる。手で掴んで引く時は、主に肘と上腕の屈曲筋を使うが、その場合は、引き手と反対方向に首（視線）を向けることにより、屈曲筋は強化され屈曲パワーが効果的且つ機能的に発揮される。その際、屈曲筋を機能させると同時に、呼吸法は吸気を伴うないし呼吸の一時停止を伴うのを原則とする。

逆に、筈に挟むようにして肘・手首・手指を伸ばす時には、主に肘と上腕の伸展筋を使うが、この場合は伸ばす指先方向に首（視線）を向けると、伸展筋に対する制約が弛み伸展するパワーが効果的且つ機能的に発揮される。その際、伸展筋を機能させると同時に、呼気を伴うないし呼吸の一時停止を伴うのを原則とする。

これらの作用は、合気道・柔道の達者や上手な者の自然な動きを細かく観察すれば、看取され理解出来るのである。

心・呼吸・筋肉・技の機能的関連から、武道の技法もそれに相応しい身体則に則って行使されるべきである。問題となる武道術技に関わる基本身体則としては、「呼吸法・自然体・運足法・掌中作用・同側同時（同側並進）則・逆対応則（上虚下実・上静下動など）」など多くの動作態様が創意工夫されてきた。

武道術技操作と関連する呼吸法に即して言えば、座禅より立禅・立禅より動禅に伴う呼吸法（中丹田呼吸法）のほうが武道鍛錬に適応していると考えられる。

但し、座禅や立禅を否定するものではない。ただ、動作を伴う必然性から、咄嗟に対応出来るための、心技体の一体化を目途とする（行）動禅を終局的には体得しておくべきであろう。しかし、余裕時間がある限りで、精神的・心理的により深遠で充実感のある瞑想と腹式呼吸を実感・体得出来る座禅・立禅を修行することは望ましい。武道術技としての所謂心法の養成には不可欠である。

処で、マラソン・ジョギング・ウォーキングなど、リズムを伴う継続的運動を意識的に行うと、セロトニンと言う物質が増え、自律神経機能は安定し心理的不安や恐怖心を抑え、抗重力筋を活性化し機能的にする作用があるとされる。・・・既に詳述した。

この理から考えても、意識的に行う深い（逆）腹式呼吸法を取り入れながら、同時にリズムを伴う継続的動作である（行）動禅を実行することは、武道鍛錬の一方法としては優れたものと言えるのである。

この鍛錬法は、リズムに乗った呼吸法と同時にリズムに乗った手掌の反転動作を同時に取り入れると相乗効果を生じ、セロトニン効果を一層際立たせるであろう。

それに比し、座禅に於ける瞑想や呼吸法は、座禅修行に相応しい静的身体則に則っている。心法の鍛錬には、妥当するところが多いが、術技動作との併行には馴染み難い。

なお、初心者が直ちに（逆）腹式呼吸を行うのは難しい。ともかくイメージを描きながら、意識をある対象に集中し雑念を払い除けることから始めるのが良い。イメージを拡大し、足心呼吸（臍下丹田部位より更に下部の足の裏の「湧泉」と呼ばれるツボでの呼吸をイメージする）を心掛けると、重心は容易に下部に移行し上虚下実状態となり、要領（骨）を掴み易いかも知れない。

中国人特有の白髪三千丈式のイメージ的表現を借りれば、「真人之息以踵、衆人之息以喉（真の道を体得した人は息を足の裏からなし、一般の人は息を喉からなす）」（「荘子」）となる。

因みに、最も簡易な瞑想法として、白隠禅師の寝転ぶ瞑想法（臥禅）がある。

一般に、座位・起立位・運動体位と順次に姿勢は不安定となり、安定を保つためにはその順で緊張の度合いを高める必要がある。緊張を要すれば要する程、睡眠作用や催眠作用を妨げ意識水準を高める傾向がある。

体位によって、（逆）腹式呼吸と胸式呼吸の優位性が転換することは良く知られているところである。一般的には、立位の時呼吸筋の活動は高まり、胸式呼吸が優位となり、仰向けの臥位の時、横隔膜による（逆）腹式呼吸が優位となる。

即ち、立位では胸式呼吸が楽に行え、臥位では（逆）腹式呼吸が楽に行えるのである。寝転ぶ瞑想法（臥禅）に於いては、この理が見事に応用されている。

詳述すれば、先ず仰向けに寝て眼を瞑る。眠り込まないようにして、両脚を強く踏み揃えるように長く伸ばす。体中の元気（気）を、臍下丹田・腰・脚・足心（土踏まず・湧泉と呼ばれるツボ）に満たすとのイメージを持つ。

具体的には、息を下腹部から足心まで入れて、そこから乾いた砂に水が染み亘るような感じのイメージを持って、ゆっくりと息を吐く（数をゆっくりと数えるのが具体的であり、雑念除去にも良いようである）。

呼気と吸気は二対一ないし三対一の割合が妥当であろう。初心者にとっては、息を吐くのがポイントであって、息を吸うことに意を用いる必要はない（寧ろ、吸気に意を用いるのは進歩を阻害する恐れがあり良くない）。

寝ている時のリラックス状態のイメージを、座った時（座禅）・立っている時（立禅）・動いている時（動禅）でも、同様に体感し応用出来るようになることが望ましい。

しかし、一般に座禅に於いて瞑想すると言っても、初心者には雑念を捨てること自体至難の業である。先ずは随意的呼吸そのものに意識を集中没頭するのであるが、具体的にはある対象に意識を持続することから始める。対象とするのは、自己の身体についてが良かろう。具体的には、息の出入り・胸腹の動き・呼気の音声・四肢末梢部位の常と異なる感覚（鈍重・痺れ・火照り）などに意識を集中しながら感得していく。随意的呼吸によって生じるこれらの身体状態の変化を感覚として受け止める努力が不可欠である。この感覚変容への気付きが、心理的・精神的に鎮静効果を及ぼしていく。

しかし、武道修行者にとっては、飽くまで、心の沈静化が目的であるから、随意的呼吸への過剰な意識の集中は逆効果となるから注意すべきである。随意的呼吸が過剰に優位を保つと不随意的・情動による呼吸が弱まり（禅修行では、寧ろこちらを重視するが）、本来の自然呼吸に伴う生理現象に不都合が起こる可能性が生じる。馴れるに従って漸次「漠然とした受動的意識の集中状態」を感得していくべきである。

序でながら、次に比較的容易に成し得る「仁王禅」（立禅）を紹介しておく。これは、眼を瞑るのではなく眼は見開き、一点を瞬《マバタ》きせずに凝視する。吸う息は、開口し下腹部に吸い込み生命エネルギーを取り入れるイメージを抱く。吐く息は、口を閉じて鼻から出しながら、同時に邪悪・雑念をも鼻から流し出すとのイメージを抱く。座禅に限らず、立禅・臥禅に於いても意念が重要である。各自で試みると良い。

臥禅・座禅・立禅に対し、動禅（行動禅）はリズムを伴う術技動作や予備鍛錬動作と言う比較的激しい身体動作を伴うので、臍下丹田部位は柔軟且つ弾力的充実度を増す。

武道には武鍛の事理に相応しい鍛錬法があると考えられる。

ともあれ、日本文化の伝承としての修行法は、それぞれの流儀に最適の身体則に則っている。恣意的に、良いとこ取りをしても機能的関連性に欠けるので、逆効果に陥る恐れがあり、十分に注意を要する。可能なら、良き指導者の下で行うのが望ましい。

もともと、機能的関連の薄かったものを恣意的に統合するには、非効率で莫大なエネルギーが必要となるので、効果を充分に期待出来ない場合が多い。

同様に、異なる自然風土に基づく身体則を土台にして発生したボクシングやフェンシングの技を、日本古来の伝統的身体則に則って構成された空手・合気道・剣道の技に取り入れても、必ずしも成功するとは限らない。

因みに、日本古来の伝統的身体則は下降的動作を伴う上虚下実状態を基幹に置いている。これに対し、欧米の身体則は、上昇的動作を伴う下虚上実状態を原則としている。

5. 「逆腹式呼吸法」の訓練法

呼吸訓練では、呼吸の仕方や呼吸筋の動かし方をトレーニングする。具体的には、横隔膜を働かせて息を吸う腹式呼吸と、肋間筋・胸筋・頸部筋などの呼吸筋を働かせて息を吸う胸式呼吸を使い分けるのである。

肋間筋を中心にした胸筋で息を吸う呼吸を胸式呼吸と言う。吸息の際に胸筋を収縮させて胸壁を膨らませ、同時に腹を収縮させる。

これに対して、横隔膜で息を吸う呼吸を腹式呼吸と言う。一般の順腹式呼吸（腹式順呼吸）では、吸息の際に横隔膜を収縮させ、下部胸壁を外方に拡張させ腹腔内圧を上昇させて腹部を膨らませる。同時に胸腔内圧は低下し空気は肺内部に吸い込まれる。分かり易く言えば、吸息の時に下腹部が膨らみ、吐息の時に下腹部が縮むのである。

逆腹式呼吸（腹式逆呼吸）では、「吸息の時に下腹部が縮み、吐息の時に下腹部が膨らむ」。実際に行えば容易に理解し得るところである。

処で、逆腹式呼吸を行うと言うことは、即ち「胸筋」と「横隔膜」を交互に機能的に操作し活性化させる鍛錬を行うことを意味する。逆腹式呼吸法は、順腹式呼吸法に比し遥かに腹圧を高めることとなり、内臓諸器官の鍛錬と同時に、内臓諸機能を活性化しガス・便・尿の排泄も順調となる。

殊に、芸道・武道との関連で言えば、逆腹式呼吸に於いては吐息の時に下腹部が膨らむので身体の重心は下方に低く安定し、術技・気合を起発する時と同調させれば、その効果は大きい。

多くの武道術技や気合の起発は、吐息と同調するのが原則である。

注意すべきは、初心者の無理な呼吸法の鍛錬は、呼吸筋疲労を惹起し易い。また、不随意的に腹式呼吸を続けることは、特殊な訓練を積まない限り極めて困難である。重要なことは、武道鍛錬の一部としての正しい意識的呼吸法を習得するには、良い指導者の下に身体動作を附随させながら、長期に亘る反復継続的訓練が必要とされるのである。抽象的理論を知っているのみでは、実際の動作・行動には何の役にも立たない。

体術習得過程に於いては、武道の基本身体則に則り、逆腹式呼吸を心掛ける。具体的には、自然体に於いては胎息に準じた準胎息呼吸と同調させ、武道術技や気合の起発に於いては通常の逆腹式呼吸と同調させる。

加えて、速歩・上下四肢や手掌の翩翻《ヘンポン》・屈伸動作とを相互に関連させた、運足の稽古などを取り入れる。

逆腹式呼吸と速歩との関連動作は、通常の自然体に於いては準胎息呼吸を行い、身体の重心が上下動しないように安定性を確保しながら、臍（下丹田）に紐を繋いで引っ張られる要領で、且つ、同時に臍から内圧を掛けて押し出す（進める）要領で速歩を取りながら、下丹田部位を中心に腹式の逆呼吸法を操作するのが最適である。

順腹式呼吸法に比べて、臍下丹田の充実に更なる大きな効果を及ぼす。

また、瞬間的静止状態での術技・気合の起発に備えて通常の逆腹式呼吸を行い、身体の重心を下方に低く落とす訓練も重要である。

これらの有機的に相互関連させた稽古を通して、基本身体則を感得させるのが妥当である。呼吸法に於いては、主体は飽くまで、呼吸（殊に呼気）の仕方にある。

しかし、初心者にとっては呼吸法のみに集中することは極めて困難なことである。そのために、呼吸法に伴う手掌などの所作や動作を同時並行的に操作することは、呼吸法を効果的に機能させるための重要な補助的手法となるのである。所作や動作には、ある種のイメージ（重心の移動など）を伴うとその効果は倍増する。・・・具体的には前述・後述。

重要なので重ねて述べるが、経絡理論によると、中丹田や下丹田は、意識と無意識・意識と身体・交感神経と副交感神経・随意筋と不随意筋等の交錯する部位であり、これら拮抗相反する二者を有機的に連絡調整し交流を図る媒介項のような役割・機能を備えているとされる。

逆腹式呼吸法を操作することによって、胸筋と横隔膜を交互に働かせながら、中丹田（呼吸筋周辺部位）と下丹田（括約筋周辺部位）の鍛錬を促し、その結果として諸機能の活性化をもたらすことに繋がるのである。

即ち、逆腹式呼吸法に於いては、下丹田部位を中心とした腹式の逆呼吸法の操作に引き続き、中丹田部位を中心にした胸式呼吸法が操作されるから、交互に操作される「腹式の逆呼吸」と「胸式呼吸」との相互関連動作によって、中丹田部位（呼吸筋）と下丹田部位（括約筋）の両部位に対し活性化を働き掛ける結果となる。それが、延いては無意識層に潜在する直観力の養成に資する。

更には、武道にとっての関心事である、身体の重心の上下移動を容易に促す効果が認められ、上虚下実状態を自在にもたらすことを可能とする。

また、逆腹式呼吸と両手掌の翩翻と屈伸の関連動作は、指・肘・腕の屈曲筋と伸展筋は勿論、腹直筋・腹斜筋・僧帽筋・胸筋・広背筋・肋間筋など多くの筋肉を強化し、その活性化をもたらす。

呼吸と動作の関連性について言えば、手掌を内側ないし上側に向け閉じながら吸気し、手掌を外側ないし下側に向け開きながら呼気すると、副交感神経を刺激し、身体はリラックス状態となり緊張感が解かれ、身体の軽快感が得られ血圧も低下する。

長期に亘って、この関連動作を反復継続訓練すれば、手掌の動作（上向き下向き・内向き外向き・握る伸ばす・閉じる開く）の始動によって条件反射的に呼吸作用はコントロール（各々が吸息・吐息に対応）され、同時に無意識層への働き掛けが起動し、遂には手掌の動作のみによって直接的に無意識層が感応し精神的・心理的・肉体的にも自然のリズムを回復し自然体が得られるようになってくる。

因みに、歩行を伴わない静的な気功法に於いては、呼吸法と共に手掌を上下させると同時に膝も上下に軽く屈伸させる（膝を伸展する時に吸息・膝を屈曲する時に呼息する）のが一般である。これによっても、身体の重心移動（殊に上下方向）の効果を感得し得るのである。中国の気功法は、概ねこの要領で行われる。

具体的に武道鍛錬として行う場合は、速歩の鍛錬が重要である。即ち、速歩で前進しながら臍下丹田部位に、「浮遊する風船ないし浮子」をイメージし、ゆったりとした長い呼気を吐きながら両手掌で風船ないし浮子を押さえ付ける動作を並行させる。

先ず、口・鼻や臍から体内の毒気を吐き切るイメージで呼気（吐息）する。その際、中丹田（胸の部位）に凝縮されていた気で腹部が凸状態となるように内側から大きく押し下げ且つ押し出すように広げる。同時に、気の一部は臍下丹田の中心部に凝縮して収める意識で充実を図る。そして、臍下丹田部位にイメージを集中しながら、胸部位が凹状態となるように縮めながら、口を閉じる要領で肛門を閉ざす。

それと同時並行的に、肩の力を抜き肘が上がらぬように両肘を垂れ、両手掌根で緩やかに浮遊する風船を臍部まで押し下げるようにイメージする。その際に、肩から肘、次いで手首・手掌・手指へと漸進的に力が抜けていくイメージを持つ。

武道鍛錬としては、上半身の動作（逆腹式呼吸法及び同時並行的に行う手掌・肘の動作）と下半身の動作（速歩）は、別個独立的に並行して行う。

吸気（吸息）については、臍・足裏湧泉・頭頂（百会）・手掌（労宮）から気を吸い込むイメージを持って、鼻から息を吸いながら胸が凸状態となるように大きく伸展させて押し広げ、同時に下丹田の一点に凝縮されていた気が胸部を押し上げる気持ちで腹は凹状態になるように縮めながら、口を窄《スボ》める要領で肛門を締める。

それと並行して、両手掌は風船の浮上ないし天から糸で吊り上げられるようなイメージを持って胸の辺りまで緩やかに上げる。吸気動作は呼気動作に比べて比較的速やかに行う。逆に言えば、呼気動作は比較的に長く・ゆっくり・深く行う。なお、言葉で述べるのは困難である。体得する外ない。これも、所謂実践智であり、身体知である。

初心者が比較的容易に習得する骨（要領）は、吸気は意識せず、比較的ゆったりと自己のリズムに合わせた呼息回数を念頭に置いて、呼気にのみ意念すべき点にある。

両手掌は浮遊する風船を包み添えるように付かず離れず、呼気・吸気に合わせ交互に屈伸翩翻させながら速歩を取る。此処では下肢の動きに左右されないで、呼吸作用が独立して上肢の動きをコントロールし、上肢のみを自由に機能させることが重要である。その際、呼気と吸気の比率は、概ね四対二ないし六対二の割合で、個人差・経験差によって応変すれば良い。

因みに、先ず綱引きをイメージしながら、前方に伸ばした手掌で綱を強く握リ締め（手掌を閉じ）、肘から引き付ける。次いで、前方に厚い壁が存在するかのようにイメージしながら、手掌を壁に押し付けるイメージを持って手指・肘を伸ばす（手掌を開く）稽古動作がある。この動作は、呼吸法に伴って両手掌を同時に翩翻させ、上肢の伸筋・屈筋の鍛錬を行う動作と基本的に同様である。古くから、柔道・柔術の稽古にも採用されていた。

ともあれ、感覚と筋肉の協同作業である身体動作や重心の移動と呼吸法は密接に関連している。武道に於いて、相手が剛で攻撃してくれば吾は柔になってこれを受け流し、間髪を入れず吾は剛に変化し相手に反撃を加える。

この際、呼吸も進退動作も剛柔・柔剛と変化し、常に有機的一体として統一動作をなす。呼吸の虚実と筋肉や身体動作の虚実の状態は概ね一致する。

そして、稽古中は呼吸の完全な虚状態、即ち完全に息を吐き切ることはしない。呼吸法と筋肉作用や身体動作を関連的に訓練する場合も、息を完全に吐き切ることなく意識的に二分か三分残存させて次の動作・術技の発動に備えておくのが理である。

しかし、未熟な段階に於いては、一般には残存意識は全く問題にする必要はない。吐き切ったつもりでも、二、三分は必ず残存するものだからである。

処で、阿吽《アウン》の呼吸と言われることがあるが、その内実は逆腹式呼吸のことを指称していると思われる。神社の狛犬や仁王（金剛力士像）の一方が「阿」の呼吸を、他方が「吽」の呼吸を象徴している。

阿は、口を開き横隔膜を押し下げる感じで肺の下部に息を入れ、且つ腹部を凹ませ臍下丹田部位を押圧する。

吽は、臍下丹田部位を押圧したままで、息を止め気力を丹田に充実させる。至誠無息とは、この無息充実した状態を指す。その後、静かに緩やかな吐息を（吐き切ることなく）、丹田の力を抜かず腹部を膨張させながら「吽～」と短息で一気呵成《イッキカセイ》に鼻から出す。

なお、阿・吽に心の浄化・反省・改悛などの精神性を意味付け、阿は邪心を持つ者の神域への入場を許さず押し止め反省・改心を促し、吽は心を浄化し順う者に対しては神域への入場を赦《ユル》す意味があるともされる。この解釈は、日本民族古来の止戈為武の思想と一致する。

書道で楷書を一気に書く時、茶道で茶筅《チャセン》を回して茶を点《タ》てる時、相撲の立会いの時、弓道の矢離れ直前の時、あらゆる武道で気合を発する時など、至誠無息（吽）の状態で短息一気呵成の勢いを醸成する。

繰り返すが、武道の事理としては如何なる状況下に於いても、残心を忘れてはならない。そのためには、呼吸と身体動作を常に有機的・連動的に機能させ、虚状態から実状態に直ちに反転し得る身体動作の余裕（余力・蓄え）を常に残し、続いて起こる動作に備えておく必要性がある。筋肉や身体動作と密接に関連している呼吸作用に於いては、すべて息を吐き切る完全な虚状態を作るべきでない。

また、稽古途中での雑念は、意識・動作・呼吸の三位一体を解体し不安定状態に逆戻りさせてしまう。従って稽古途中での雑念は、精神統一の過程で払拭されなければならない。殊に実戦に於ける呼吸の乱れは、命取りとなる。

七．身体動作の柔軟性・弾力性

1．自然体としての「円相水走り」

「小笠原流」礼法では、礼儀作法の基本身体則である自然体としての姿勢について、円相にして水走りと訓える。腰を落とし気味に、膝は曲げず伸ばさず、紙一重に曲げると言われるように、立身中正ではあるが幾分膝関節・股関節に緩みを持たせ、下半身を充実させる。左右の足に平等に体重を掛け、足裏（その実質は踵）を紙一重に浮かせ、腕・手・指で球を抱えて円を作るように円相に構える。

この構えの姿勢が円相にして水走りと言われる。即ち、肩から水を流した時、水が腕に沿って流れ、指先から滴り落ちるような姿勢で対応するのが、理想の自然体だと言うのである。日本古来の日常的慣習に従った所作としての自然体で、最も美しい基本姿勢とされている。

肩・腕・肘関節の柔軟性と下半身の充実性が重要なポイントをなしている。耳朶が肩の上に垂れ下がるように、背筋は真直ぐに姿勢を正し、頭はその上に正しく保ち、肩の無駄な力は抜き、胸は張らず、口を軽く閉じ、心気を鎮め気を下丹田に置き、目は自然に前方を見ながら、両手は自然のままに体側に垂らす。

その際、身体の重心をその中軸垂線（中心線）を通り腰眼に一致させるのを良しとする。概ね、臍下丹田部位周辺に位置するであろう。

「腰眼」は、全身の中枢関節となる両股関節を結ぶ横軸中央点であり、中心線は頭頂の百会から横軸中央点を通り肛門と陰門の中間の会陰《エイン》に抜け両足の中間に至る。

イメージとしては、「天地に根を下ろした大木のように、天地間に我一人立つ」との気概で天地と一体となり、構え無き構えである自然体・無構えの姿を、自分を客観的外部に置いて観る気概を持つ。

古来より武道・芸道を嗜むに当たり、身体を正す時、精神も自ずから正され、心を正す時、自ずから肉体も正常化するとされてきた。これが則ち心身一如の理合に適う。

不動心を伴う円相水走りの構えは、武道を始め、あらゆる芸道に通じる自然体の姿勢である。如何なる場合でも、自己の主体性を保ち、必要に応じて必要なだけ機能的統一力を発揮出来る姿勢である。それは、時代の流れに添って日本人の心の在り方・教養が深まるに応じて、洗練され形成されてきたものである。日本人共有の無形文化財でもある。円相水走りの構えの特徴は、機能的であるだけでなく、所作・動作の美しさにもある。

このような鍛錬された自然体は、最も合理的・機能的姿勢であるから、疲労度も少なく同じ姿勢を永く保ち続けることを可能とする。同時に、日本人の深層心理には、「美しくなければ不自然である」との感覚が内在している。そのためには、身体の安定性と四肢の柔軟性が備わっていなければならない。すべての無駄を省いた能率的動作は、美しくもあり実用・実践とも結び付いている。心が動作に生きるためには、身体構造に反しない動きが基本に存在していなければならない。永い年月を経て今日に伝承されてきた型や形は、生活の知恵から生み出され、精錬を積み重ねてきた機能的動作でもある。

鍛錬された自然体を基本にした所作・動作の最も卑近な例として、竹箒の用い方を考えてみよ。右手で箒の上端部分を持ちそこを支点として固定し、左手で下方部分を軽く握りながら円動作を中心とした全方位的な動作をもって掃く。梃子《てこ》の原理（円や曲と言う所作・動作）を巧みに無意識の裡に取り入れている。

因みに、合気柔術の術技行使の骨（要領）として、ミクロ的にみる時、支点となる部位を固定的に働かせるべき、との訓えがあることを想起されたい。

更には、酒の徳利の注ぎ方を考えてみよ。右手の人差し指と親指で軽く首の部分を握り、それに中指を軽く添え小指を伸ばし気味にして注ぐ。小指を伸ばすことにより、人差し指と親指の握りは必然的に締まる。小指の伸展により、人差し指の屈曲筋が巧みにしかも無意識の裡にコントロールされている。小指の伸展の強弱（筋肉の伸屈と言う陰陽の理）により微妙に徳利の首は抑えられ、徳利が手から落ちそうで落ちないのである。

この動作・所作は、一般の剣・木刀・杖棒などの武器を操作する際に茶巾を絞る如くと訓えられているのとは、丁度逆の場合である。合気柔術の術技行使の骨（要領）として、四教絞め技を主とする経穴・経絡の急所を攻める場合に応用されている。

辞儀をするにも、先ず正しい姿勢を示さねばならない。第一に「うなじ」を真っ直ぐにして、第五腰椎の処から静かに屈し、体を起こす時も相手との心の途切れがないように静かに起こす。背筋を真直ぐ、息を詰めず、胸を張らずと言うのが骨（要領）である。腰の要を腰眼と言い、第四腰椎を指す。腰椎と頸椎は、可動性の多い処であって、姿勢はこの二か処から崩れるとされる。逆に言えば、武道術技行使の眼目として、この二点を重点的に崩す工夫が重要なのである。

武道に於いて姿勢の安定を保つためには、腰と頸の安定が殊に重要である。四肢の所作・動作は、腰の安定した動きに伴って初めて強力となる。腰が、安定し柔軟に動くためには両膝を軽く曲げることが肝要とされる。また、身体の安定は、常に首（頸骨）の安定と連動している。あらゆる場合に応変して、首（頸骨）の可動的安定性を保つ工夫と鍛錬が必要である。

座位は、可動範囲の大きい股関節と一軸性に近い膝関節とが取る屈曲位の組み合わせによって、その態様も決まってくる。板敷きの床面では、跪坐には膝と足指の先を床面に着け、踵に尻を乗せる場合と、膝から上が垂直に立つ（尻が浮いている）場合とがある。後者の姿勢で歩くのが膝行《シッコウ》である。

座位に於けるこの姿勢は、自己の主体性を保つのは勿論、身体の安定と次の動作への対応（全方位に向けての所作・動作）にも役立つ。

武道や芸道に於いては、精神的に安定した心構えも重要であるが、具体的には足の痺れを防ぐのも重要なことである。ある意味で跪坐は、足の痺れを予防し精神的動揺を防ぎ、残心の身体動作への具体化であるとも言える。

因みに、古来、重心を踵に掛けると、膝は長くなると訓えられている。これは、臍下丹田の中心部と爪先立の踵が一直線をなすとの意であろう。

江戸時代、畳が普及するにつれ庶民の間でも、座位の基本姿勢である自然体は正座となった。上肢の姿勢は、立位の自然体と同様であり、それに加えて手指を揃えて軽く内股に添える。両足は親指を重ねて、両膝は左右着かず開かず紙一枚を挟んだ状態に緩める。「膝頭を短く座れ」とか、「膝頭で座れ」と言われるように、重心を軽く両膝頭に平均して掛ける。この姿勢を取ることによって、重心は自然に臍下丹田に収まる理である。

なお、武道や芸道では、水に柔・順・流・粘・滑・圧・多方向の特徴をイメージしている。柔では流動的動きを現すには不充分とし、好んで水と表現する者がある。しかし、両者の使い分けは言葉の綾に過ぎないと考えて良い。

礼法の所作が煮詰まり、すべての無駄が省かれ、合理的で機能的な必要最小限のものが型となる。美しさの中に精神性・秩序性・倫理性が付加され、そのまま武道の基本姿勢である無構えの自然体（の構え）となった。

無構えの自然体を体得するに至ると、優美性は勿論のこと、生理的に合理性・機能性が備わってくる。

自然で優美な体位と、敏感に感応する勘と、それに加えて迅速（武道的に言えば神速）に臨機応変する瞬発力と耐久力が発揮されるようになってくる。

ある流派は、円相水走りを、自流の秘技・口伝とする。しかし、円相水走りは、小笠原礼法の基本姿勢の身体則であると同時に、あらゆる武道や芸道の基本姿勢でもある。

2. 柔軟性と弾力性についての「古来の訓え」

武道の基本動作の中でも、弾力的な対応動作は極めて重要である。腕は関節の回転によって運動する。従って、手掌や指先を目標に向けて移動し攻防の動作を始動するには、肩・肘の関節の動かし方を臨機応変且つ適切に決めなければならない。

関節の回転力は、筋肉の収縮によって生じる。

処で、手掌と手指で目的物を確り握ると、その部位の屈曲筋が働き、その作用によって手首関節は固定化し、手首の動きは弾力性を欠くに至る。この場合に、硬直化した手首関節の代償機能は、肘や肩の関節の働きによって果たされる。従って、肩や肘の柔軟な使い熟し方が、手掌と手指の効果的な働きを左右する。

逆に、肘・手首・指先を確り伸ばすと、その部位の伸展筋が働き、その作用によって肘関節は固定化し、肘の動きは弾力性を欠くに至る。この場合に、硬直化した肘関節の代償機能は、手首関節と肩関節の働きによって果たされる。従って、手首や肩の柔軟な使い熟し方が、肘・手首・指先の効果的な働きを左右する。

「関節の作用や機能」は、その弾力性や柔軟性を重要な要素として成り立つ。しかし、それと共に、彼我の攻防に於ける相関関係の中で生じてくるであろう、関節の「相対角度」も重要な要素をなしている。

古来より四肢の微妙な所作・動作の勘所を訓えるのに、日常的に行われる所作・動作をもって例えられてきた。

腕や肘関節の力加減については「赤子を抱える如く」「風船を抱くが如く」、膝関節の締め具合については「馬腹を締めるが如く」、手掌の握り具合については「卵を握るが如く」「傘を差すが如く」「茶巾を絞るが如く」、足の踏込みについては「薄氷を踏むが如く」「卵を踏むが如く」「赤子を踏むが如く」等とも言われる。

微妙な所作・動作の力の入れ方・抜き方は筆舌に尽くし難く、実践的に悟らせる外なく、異なる日常的道具の種類や用方を用い、例え方を違えて適切に訓えてきた。

しかし、その要諦は締めず緩めずとの訓えである。即ち、内部方向に対しては中心へ凝縮的に、外部方向に対しては全方位へ拡張的に、臨機応変柔軟弾力的な対応が可能となるような身体動作態様の重要性を訓えているのである。

前述の例で言えば、「赤子を抱える如く」とか「風船を抱くが如く」とは、赤子や風船を落とさぬように、とは言え、力を入れてはならず出来るだけ柔らかく抱く要領である。

「卵を握るが如く」「傘を差すが如く」とか「茶巾を絞るが如く」とは、小指側から締めていき人差し指・親指は弛めて、手掌のパワーと柔軟な自在性とのバランスを保たせるのである。ともかく、それぞれの術技行使に備えて最も効率的に効果を発揮(精力最善活用)し得る身体態様を訓えているのである。

「薄氷を踏むが如く」とは、暗闇・険路・氷上など危険が予測される道を進む際、重心を後ろ足に残したままに前足の踵から着地して危険性の有無を探り、危険がないと判断されれば、前足に重心を漸次移動し後ろ足を引き付ける安全・安定を心掛けた歩法で、極端には一種の引摺り歩きのことである。

この歩法を、古来中国では「禹歩《ウホ》」と言った。禹は、古代伝説上の聖王で、治水に功を治めた夏《カ》の始祖である。

彼は、治水事業に当たり天下を行脚視察した。そのために、脚（足）は躄足（イザリ歩き）となり、それに似た歩法を禹歩と称した。

脚（足）に障害のある人は、健常者と異なり、一歩一歩と安全を確認しその上で安定した足取りでゆっくりと歩まざるを得ない。

処が、テレビ番組で自称武道家が「薄氷を踏む歩法とは、足の裏全体に平等に体重を掛ける歩き方だ」と説明をしていた。如何にも正しい説明のように聞こえるが、恣意的解釈に過ぎない。足の裏全体に平均的に体重を掛ける歩法は、忍者の歩法にもある。歩法それ自体が存在しないのではない。解釈が間違っているのである。

序に言えば、首は「猪首の如く」強く曲がらず逞しくとされる。これに対しては、弾力的柔軟性をもって対応すべきとの批判がある。

しかし、気の起発前後は、身体と精神の平衡をもたらす「身体と目付の安定性」を最重要視すべきである。勿論、身体の安定・平衡性を求める首（頸骨）の柔軟・弾力性は必要であるが、安定性を確保している限りでは、やはり首は猪首の如くであろう。目付との関係では、目は遠山を見る如く相手の全体像を捉えよとも訓える。

八．日本の伝統的武術に於ける身体動作

1. 秘伝書・免許状記載の秘術的・呪術的符号（言葉）

武術の極意としての身体動作については、古来武術伝書・允可状《インカジョウ》の中や道場の板壁の上に散見している。一般には、「方」「直」「円」「曲」「鋭」などの抽象的言葉によって表現されている。これらは言葉と言うよりは、寧ろ暗示的暗号ないしは秘術的・呪術的符号とも解されてきた。

秘技・極意とされる身体動作を、神秘的な標識や符合を用いて暗示的・象徴的に表現し、対象とする不特定多数者に畏怖・憧憬の念を与える心理的効果をも期待した。

特定の者を対象にし秘技・極意の真意（神意）を理解させるには、直接に言葉や所作を用いて伝達する外なかった。しかし、それを究極的に理解するには、実践智として自身による体得以外には有り得ないことは、多くの伝書からも窺い知るところである。

そこで、これらの暗示的暗号や秘術的・呪術的符合を多くの伝書・秘歌と照合させながら深く考察すると、簡単な暗示的・符号的言葉の中に極めて広範囲の含蓄ある意味が含まれていることに気付く。

そこには常に一種の秘伝性が付与され、魔法的神秘性を帯び、口伝によってのみ真意（神意）は伝授される。

秘密とされる暗示的・符合的言葉は、その意味内容を体験的に知らされた者にしか通じないものであった。

従って、これらの言葉を一律且つ一般的に定義化し、分析科学的に解しても余り意味がない。稽古の過程で、先人の体感を自己にのみ通じるよう翻訳し追体験・再発見することによってのみ、初めて知り得る事柄である。

先人の体感した極意・悟りを含意している暗示的・符合的・抽象的言葉を翻訳するに当たっては、時・処・位と言う外的環境の中での自身の体感した経験に基づき、臨機応変で弾力的な解釈が必要とされる。

また、実際の場で身体動作の発動が促される場合は、これらの五つの身体動作（方・直・円・曲・鋭）が単一に独立して機能することはない。単なる型としてではなく、実践的に操作される技としての動きは、五動作の裡幾つかの動作が複合され融合された動きとなるのが通常である。

極言すれば、それらの言葉の一般的意義は存在せず、特定の具体的個人にのみ意味が通じる符牒とも解される。それだけに、言葉の表面的意義に捉われて狭義に解しても無意味であるし、一般人に理解出来るものでもない。秘技・秘伝は、技無き技・用無き用・為す無く為し・心無き心・舞い無き舞いなどと、古来より芸道・武道各流派に於いて、逆説的表現によって伝えられてきた。

古来、日本民族は、日常的な身体動作に於いても、最も合理的・機能的で、心身の調和が保たれている無構えの自然体に基づいて行動していた。

無理のない鍛錬の結果生まれた、自然体に基づく動作は、骨格や筋肉が本来有している機能を、必要な時必要なだけ、円滑で効果的・機能的・美的且つ持続的に発揮させ得る、調和の取れた安定性と柔軟性・流動性を備えているのである。

人間の筋肉は、日常生活の中で自然に鍛錬されていく。赤ん坊の頃から然うであるように、最初は意識的に無形文化の伝承として躾けられた動作を正しく訓えられ、その訓練を長期間に亘り反復継続的に維持する努力を通して、それが日常的に慣習化され、鍛錬された自然体として成立してきたのである。

自然環境の中での動作が減少し、正しい躾も放任され、文明社会環境に支配された動作が増大するにつれ、日常生活の慣習も身体動作も変化してきた。

しかし、変化する環境の中で、合理的で無理のない動作を行うためには、文化の伝承として躾られてきた基本身体動作を根幹に据えながらも、相手を含む周囲の外的環境との調和をも必要とされる。即ち、その時と場に応じて臨機応変し、弾力的に対応し適応していく、「為似《シニ》せ」の理を学ばねばならない。

因みに、老舗とは為似せであって、父祖伝来の重要な基本方針たる規範の骨格は守るが、その本質が商売の累代繁盛にある以上、寧ろ、表面に出ない隠れた些末《サマツ》な周辺部分には臨機応変して対応し、各時代に即して生き残れるように、弾力的に適応させるべきものであった。

これは古今東西を問わず、あらゆる文化伝承の在り方でもある。

2.「方・直・円・曲・鋭」の意義

方・直・円・曲・鋭の意味も、この観点から考察しなければならない。これらの身体動作も、各時代の内外の環境変化に対応し、適応して生き残った武術の身体動作なのである。

(1)「方」とは、単なる正方形ないし長方形を意味したものではない。原則的には、重力の利用を伴わない上中下段・左右・中央・脇・前後方など「上下や四方八方への方向性を伴う、安定的な自己行動可能範囲の直線的動作」を意味した。

それは、攻防殊に防御の限界範囲をも意味した。限界範囲を超えると、自己の安定性が崩れ十全な防御を不可能にする危険性を示唆するものである。

具体的身体部分としては、主に、上肢の動作を意識したものと考えられる。

例えば四方投げとは、四方八方に自由自在投げ分けるとの意味であろう。四に意味があるのではなく、方に意味を持たせるべきなのであろう。

但し、具体的な術技操作としては、相手や内外環境との相関関係により方向性を決めた後に、相手の両踵を結ぶ直線の垂直二等分線上と吾の踏込み足の延長線との交差点を目標に、双手ないし片手で崩し投げる、ないしは締めて極めることになるであろう。

（2）「直」とは、直線を意味したものではない。原則的には、重力を利用した「主に直下への方向性を伴う垂直的動作（希に直上への垂直動作をも含む）」と、同時に「相手や内外環境に応変した垂直方向への相対的加速」をも含意したものであろう。重力に逆らうことなく、寧ろそれを利用する、正しい上下方向に内在する本来的に潜在する安定的な自己行動可能な動作を意味している。
具体的身体部分としては、主に、下肢を中心とした体幹の動作や、下肢を中心とした静中動の型を意識したものと考えられる。

例えば無構えは、臍下丹田に気・重心を凝縮的に垂直方向に沈め落とし、上虚下実状態を作り、千変万化の応変が可能となるように、柔中に剛・静中に動を裡に秘めた「構え無き構え」である。四教は、人差し指の根元で相手の経絡を圧迫し一瞬虚状態を作り出す術技であるが、吾の体重を利用して直上・直下の方向に加速度的に攻撃を加えて極めるのが効果的とされる。小手返しの変形技として、小手を返し、垂直方向へ加速度的に攻撃を加え落とし、吾が体重を掛けて極めるのも同様の理である。

（3）「円」とは、単なる丸い閉曲線を意味したものではない。無理も無駄もない循環的な円錐曲線、即ち真円・

楕円・双曲線・放物線その他の「滑らかな平面上の全方位的な方向性を伴う曲線的動作」を意味するであろう。融通無碍の円滑・円転を意味する。

しかし、現実の具体的動作では理想的閉曲線としての円の動作は不自然・不可能であり、寧ろ、通常はそれら円錐曲線の一部分の意味と解すべきであって、決して四十五度・九十度・百八十度・三百六十度等、特定範囲の軌跡を意味しない。

具体的身体部分としては、主に、上下肢の動作を意識したものと考えられる。所謂「梃子の原理」を応用する場合は、須らく、結果的には円運動の一部ないし変形したものと解して良かろう。

四肢の伸縮・進退動作に起因する作用点の軌跡は、悉く広義の円運動をなしていると言って良いのである。例えば一教は、手首・肘・肩の各関節部位を中心・支点としてそれぞれ別個の円運動をなしながら、全体として力の道筋は体幹に近いほうから上肢抹消に及び、しかも、相互に有機的一体となって、あたかも、太陽と地球と月が相互に公転・自転するような関連動作を行うのである。この肩が回り・肘が回り・手首が回り・指が回る関連動作は、二教を始め他の多くの術技でも応用されているのである。

これらの術技行使の要領（骨）は、ある部位（支点や中心に当たる部位）をある瞬間（別個円運動の連関的移動に伴う瞬間毎）に於いて、可能な限り固定的に用いて、円運動の力を複合的円滑に伝えることにある。・・・言葉では表現不可能なので、古来より多くの術技は口伝とされてきた・・・

（4）「曲」とは、単なる曲線や曲面を意味したものではない。「円滑で弾力性を備えた落差を伴う螺旋的（竜巻状の結び・捻り・捩り）方向性を伴う立体的動作」と、同時に「相手に応変した螺旋状の相対的加速（巻き込み）」をも含意したものである。平面をイメージする円と異なり、曲には立体的に受容すると言う、防御的意味が含まれている。

此処でも円と同様に、曲の具体的動作は通常螺旋的立体動作の一部分であって、ある流派の演武のように決してグルグル回転を意味するものではない。

主に、体幹や四肢の動作を意識したものと考えられる。

因みに、ある伝書では、相手に逆らわない抵抗しない、所謂合気しない曲・円の動作を巴と表現しているようである。これは、主に体幹と足・脚を念頭に置いたものである。

殊更に足・脚に着目し、その足場を円・曲の中心とイメージして、巴の足（脚）と言う場合もある。

机上論としては、両足幅を直径とした円の中に両足を常在させ、最少の安定的位置範囲として全方位的応変が可能だとされる。

しかし、現実には、精神的・心理的・肉体的な個人差により安定的位置範囲は可成り異なり、一般には、可成りの広さ（余裕・ゆとり）を必要としよう。

筆者の経験からすれば、少なくとも肩幅を直径とした円の中（範囲）を想定すべきであろう。動作・所作を最小にして最大の効果を上げるのが理想であるとしても、安定こそ最重要事とすべきである。

古流流派でも、自流の秘技の極意を、卍ないし巴と言う呪術的・呪文的な暗号・符号で表現しているものがある。

相手の如何なる動きに対しても、自己は千変万化し電光石火・瞬時に応変するのが卍（卍巴《マンジトモエ》）だとするのであろう。

卍は、十字の変形であり、流動的柔軟に変転することないしは円満を象徴した秘術的・呪術的符号と解される。

十字は、吾と彼の相対・衝突を現す。卍はそれに続く円満自在の応変を現す。それに矢印が付いていないのは一定方向の円環運動のみを示すことなく、上下前後左右など全方位への自在な応変を暗示しているからであろう。矢印を付ければ、右転・左転と限定的な変化を現すことになるが、それが昇華すれば矢印は不要、否、寧ろ矢印を付するべきではないのである。

十が卍（巴）に応変し、そして、終局的には○（円）に変化する。則ち、○（円）が象徴するものは、円満自在に流転して止まない天地万物・大宇宙の原理や法則を意味すると解して良いであろう。

なお、此処での円は、平面的のみならず立体的曲をも含意していることは明らかである。抽象的に言えば、円を遠心的に拡大していけば宇宙へと繋がり、円を求心的に凝縮していけば中心の一点に至り、そこに自己（真理・悟り）を発見するとの意味をも含んでいるのである。

自己は円（曲）の中心にあって凝縮的無限の可能性を秘め、ある時は遠心的に、ある時には求心的に、相手に応変して全方位的に円転自在・千変万化の働きを成し得るに至るとの訓えである。

吾が常に中心にあって（主体性を持って）、相手に逆らわない柔軟な曲・円ないし巴の所作・動作で相手に応変すれば、切れ目なく連続した敏捷な技の行使が可能となる理である。

なお、逆らわない柔軟性とは、あるいは密着した粘性（続飯付け）、あるいは脱力して追順（付かず離れず）、あるいは受け流し（柳に雪・風）、あるいは求心的巻き込み・遠心的逆巻き込み（巻き出し）等、表現は異なっても同じ意味内容を現している。

因みに、卍には左旋と右旋（逆卍）がある。道教的呪術性を重視するある種の神秘主義的武道家は左旋を良しとしたが、現代では余り意味はない。同様に解して良い。

例えば、入身投げは、吾は円（曲）の中心にあってその場を動かず主導権を取り、意のままに相手に吾の周囲を回らせる動きをなす。

盛平翁の口癖は、「吾が宇宙の中心じゃ」であった。この場合は曲の中心であろう。また、二教・三教等の手首・手指・肘を捻転させる術技は、四肢と言う身体の一部位を攻撃するものではあるが、明らかに小指・親指を動的な中心として螺旋状の動きを施すべきものである。

（5）「鋭」とは、表面的には無駄のない鋭い機能的動きを意味したと考えられるが、それだけではない。対象との関係である場所（点）と他のある場所（点）とを結ぶ「直線的最短距離を移動する方向性を伴う直線的動作」、と同時に「無意識に発動される直線的な咄嗟の疾速（素早さ・最速）」をも含意している。勿論、その重要な意味するところは、如何なる対象をも、鋭く攻撃する鋭鋒を意味するものである。従って、単に身体の所作・動作のみならず、武器と言う道具の操作についても、多くの示唆を与える。

主として、上肢と下肢の動作を意識したものと考えられる。

例えば、最短且つ最速の身体動作を要する当身技が、その典型技であろう。

巷間多くの武道書の中で、脱力とか溜めず・捻らず・・など力の出し方を説明しているものは、恐らく鋭の動作態様を指称したものであろう。勿論、古武道の身体動作は、一部武道家が誤解しているように、鋭の動作に限定されない。古来より分類されてきた、前述の五種類動作の中の一部に過ぎない。

実際の動作は、これらの動作方向が組み合わされ融合した動作と考えられる。例えば、円・曲の動きの中に直・鋭の力が求められることもある。

入身、転換・転身などの動作は、相手や内外環境との相対的関係から方・直・円・曲・鋭と言った単純な動作と言うより、寧ろ、これらの動作が複合されたものと解するほうが通常と言えよう。

主に剣術・合気術の術技に於いて機能する伸展的・遠心的力は、主に背筋・背骨から発し、主に柔道の術技に於いて機能する屈曲的・求心的力は、主に胸筋・前腕筋から発する。

上下四肢は体幹と共に入身転換し、手の動きはある時は波状的円曲に捻転し、ある時は直線的に鋭く敏捷に、足（脚）の動きは虚実を分明にする（安定且つ平衡を保った重心の移動）と同時に、巴の動き（相手と衝突しない強靭且つ柔軟な移動）をなすのを良しとする。

また、例えば、掴み技の場合、手を対象物まで持っていく到達点まで移動する動作と、掴むための手の構えを作る動作が必要となる。その際、無意識の中に先の運動動作が最適（可能な限り迅速且つ円滑）となるような軌道を予定し行動している。

その場合、身体の前面で行う運動は確かに直線である。しかし、人の身体的構造から、横に伸ばした手を前に持ってくる運動では、最短の直線的動きは困難である。実際の動きの軌道は円弧を描く。どのような構えをすれば掴み易いかは、操作対象の形・性質・機能等をも考慮した基準で決定される。

更に、これらの身体動作の対応の仕方として、例えば、相手の方の身体動作に対しては、当方が方で受けるのは原則的には剛対剛の直線的衝突となり、両者の損傷・エネルギーの無駄が大きい。原則的には曲の動作で受け・制すべきであろう。

この場合、自己が主導権を取り、渦潮のように円ないし楕円の中心・動因となり、相手は外周上を移動せざるを得ないように支配する。彼我が接触する一瞬に技は施され、渦潮の中に巻き込むイメージを持つ。その際、螺旋的上下動を伴う巻き込み動作に、加速性を伴わせることが重要である。

前述のように、この身体動作を、別の伝書では巴と表現している。その際、足腰のバネの強化が、その土台となるのは言うまでもない。

螺旋的巻き込みの余裕がない場合、相手の方（直線的）の攻撃動作を一瞬に躱す必要がある。この場合は、引き戸の引き違えのように、方の身体動作で相手側面に入身で入り、瞬時に曲の身体動作で転換・転身をなす。その際も、付かず・離れずの感覚で間を取り、有効方向へ間断なく加速的力を添加し続けるのが妥当であろう。

なお、方・直・円・曲・鋭の身体動作は、究極的には十方位の基本動作を鍛錬することによって体得し得ると考えられる。古来より、「八方斬り・八方突き」「三方斬り・三方突き」などの稽古は、全方位に対して方・直・円・曲・鋭の身体動作を鍛錬する意味合いを含んでいたのであろう。

この場合、一般的には、ともすると、上半身の身体動作をイメージしがちであるが、より基本的動作としては、下半身に重点があると解すべきである。体術では、これを称して巴の足と言う流派がある。

武道整体に於いても、十方位へのストレッチにより、すべての経穴・経絡に刺激を与え心身の調身・調息に寄与するとされる。

なお、ある中国拳法書は、日本武術（主に柔道を対象）と異なる点を次のように強調する。即ち、「力は骨より肩背に陥りて発する能わざることを知るべし。・・・勁は筋にとりて能く発し、且つ四肢に達するべし」「力は方形にして勁は円形運動である。力は渋滞し勁は流動的である。力は遅く勁は速い。力は散じ勁は集まる。力は浮き勁は沈む。力は鈍にして勁は鋭い」と。

しかし、前述のように、日本武術の身体動作の中には、円ないし曲の動作を始め、あらゆる身体動作を想定し秘伝・口伝としていた。残念なことに、現在までその意味内容を明らかにすることが出来なかっただけである。中国拳法書の著者が研究不足であって、特別中国拳法に特異な優越性が認められるわけではない。

3. 日本古来の伝統的基本身体動作としての「立居振舞」と「武道動作」

戦後教育の荒廃や欧米文化の強い影響から、現代日本人は、伝統的美徳として伝えられてきた古来の精神的・身体的文化である芸道や武道の基本身体動作を忘れ、また、ある時は身体表現や型を封建的だとして故意に破壊したり、非科学的だとして恣意的に矯正したりしてきた。

このように、現代日本社会に於いては、伝統的な正しい姿勢を含む正しい動作の日常的慣習の多くが失われつつある。

これらの状況が、日本古来の以心伝心と言う相互理解の精神性を喪失させ、また秘技への認識不信を醸成している。芸道や武道を再認識する意義の一つは、失われつつある伝統的美徳である精神性を備えた身体動作の復興にある。少くとも武道の理念は、そう有るべきである。

日本文化の伝承としての芸道や武道に於いては、古来の日常生活の中での立居・振舞や身体各部位の纏《テン》・撚《ネン》・捻《ネン》・翻《ホン》などの所作や動作の態様が、そのままに基本身体動作を形成してきた。

理想的環境や一定条件を前提としたスポーツやスポーツ武道・論理武道では、物理科学の理論や法則がそのままに適用される状況が多い。これに反し、あらゆる外圧や内外環境の変化を想定した真の武道では、相手や時・処・位に応じた臨機応変で弾力的な解釈や対応が求められる。

型や技法は、種々の武道解説書で述べられているような、一義的に円運動・中心線・伸展筋・井桁の伸縮・

一二〇度で転換等、一面的なものではない。

武道論者の多くは、これら部分的動作を恣意的・主観的に武道術技上の唯一最善の動作と捉えようとする。それらの身体動作が、武道術技操作にとって重要であるのは間違いないとしても、飽くまでもある特定の場合に想定される身体動作の一態様や、一場面での対応動作を示しているに過ぎないことを認識すべきである。

それぞれ微妙に異なる状況場面に於いては、その場面に最適な骨格・筋肉・関節角度など相互の関連動作や心法の働きが妥当するのである。それらを無視し、ある部分やある側面をもって一般論・抽象論として述べるのは多くの読者に誤解を与える。

武道に限定して言えば、精神性を具備した身体とは、呼吸法（当流では逆腹式呼吸法）を通して心身が有機的に統合調和され、「心・気・力の一致」「心・技・体の一致」が認められ、潜在的生命エネルギー（気）や潜在的パワーが、臍下丹田部位から術技の作用すべき各部位（四肢・体幹）に向かって伝達・発現される、伝達回路が最適に整備された心身状態とでも言えよう。

そのためには、逆腹式呼吸法による臍下丹田部位の充実が不可欠の要件である。臍下丹田部位を充実させればそこに重心は安定的に収まり、身体動作は効率的・機能的に働く。その場合、身体動作は先ず重心の収まっている丹田部位（腰）から始まり、筋肉・関節の柔軟性と相俟って、気エネルギーやパワーは滞りなく流動的に四肢の末端部位に向かって全方位的に伝達され、相手に対し最も効果的に発現されることになる。

逆に、臍下丹田部位に気が充実しなければ、重心は臍下丹田部位から離れた不安定な抹消部位に移る。身体動作の始動も、重心が不安定に収まっている四肢の抹消部位から起こる。身体は調和的均衡が崩れた状態に置かれ、精神状態も不安定な状態となる。

これを立て直し復元しようと焦ると、心理的動揺を来し関係部位には力が入り、動作は不器用な非効率的・非効果的に陥る。

あらゆる身体動作は、筋肉の伸展・屈曲と関節の開合による力によって発動される。筋肉は伸びれば、必ず縮まる。伸びる部位があれば、必ず縮まる部位がある。

しかし、虚実は必ずしも伸屈・開合と一致しない。ある場合は「実＝合・屈曲」「虚＝開・伸展」となるが、別の場合には、「実＝開・伸展」「虚＝合・屈曲」と成り得るのである。

運動は、支点を中心に力点・作用点の正反両作用によって機能する。その支点が、身体の中心部位（臍下丹田部位）に近いほど安定度・安定感が維持される。

古来より、臍下丹田部位を腰眼と称し、その部位を中心に屈曲筋が機能する場合には求心的に、伸展筋が機能する場合には遠心的に、身体動作は作用する。

その際、理想的には腰・背筋を伸ばし体幹を正中線上に保ち、四肢は体幹から離れ過ぎないように保ち、手は小指側に、足は拇指側に力点を置いて働かせれば、自己発のエネルギー・パワーは最も効率的有効に相手に伝達される。

一般的には、手の小指側に力点が置かれると、上肢の中心が安定し上肢による求心的ないし遠心的作用が自在となり、肘関節の開合は無意識の裡に理合した動きをなす。同様に、足の拇指側に力点が置かれると、下肢の中心が安定し内外側への対応が自在となり、膝関節の開合が無意識の裡に理合した動きをなす。

なお、柔とは身体的柔軟性のみならず、ゆとり・幅・多様性を持った序・破・急の理に則り、精神的に余裕のある心法（無心・不動心）の働きをも備えていなければならない。

4.「気功（武功）」「中国拳法」と「日本武道」との異動「自然現象・動植物の動作態様・姿態の模倣」

中国の気功・拳法が、武道と如何なる関係があるかは、必ずしも明らかではない。

一般的には、気功は単錬法（一つ一つの動作を反復する方法を取り、心理的意味を持つ呼吸法を伴う）が多いが、拳法は型演武を通して一定時間動きを連続させる（歩法を中心に前進後退・斜前斜後の移動につれ、重心の移動を体得し、調息・調心・調身の操作を伴う）。

しかし、錬気を貫くところは気功・拳法共通の特色であるとされる。概ね、拳法を稽古する者は気功も同時一体として稽古すべきとされているので、日本武道との関係に限定する限りで、両者は一体的に解して良かろう。因みに、気功と経絡は多くの点で共通性を有していると考えられる。

気功・拳法の意義・内容については諸説あるが、浅学非才を顧みず、日本武道術技との関連で参考になる点、多少の考察を試みる。

十六世紀の中国の道教に源を発する誇大妄想に捉われた武気功について、「七破論」と言う書で次のような面白い批判がなされている。

曰く、「誇大妄想な武気功の宣伝する出鱈目なテクニックの齎す災厄は、枚挙に暇がない。・・・肩や背骨を動かし、バキバキ音を立てる。・・・頭蓋骨を叩き、コンコン音を立てる。・・・石のようにジッと静かに座り続ける。・・・雷のようにゴロゴロ腹を鳴らす。・・・猿のように逆様にぶら下がる。・・・竜（蛇）のように円形に為って眠る。・・・息を止めたまま風のようにグルグル旋回する。・・・誰も追い付けない位速く走る。・・・此のような下らないテクニックに因って、人の命が損なわれることもある。偽りを破り、妄想を止め、一刻も早く正道に戻らねばならない」と。

それはともかく、初歩的基本の型・所作動作を鍛錬し習得した上で、所謂、守の段階を超えた者に限定する限りで、自然現象・動物の態様の模倣は有意義である。

しかし、単なる物真似ではなく、それら自然現象・動植物の動作態様・姿態の本質を知った上で、その現象や態様のイメージ（意念）を強く抱くと共に、術技操作にそれらの態様の本質的意義を適切に取り入れるのは、術技の向上のために有効な手段である。

即ち、それら動作態様や姿態の本質である強弱・剛柔・伸縮・流動・迅速・巧妙などの性質が、如何なる外部状況に調和的に臨機応変しているかを観察し、人に相応するように換骨奪胎して利用すべきなのである。術技向上に大きな示唆を与えるであろう。

中国太極拳の創始者とされる張三丰《チョウサンボウ》は、武當山中でカササギと蛇の格闘を見て拳の極意を得たとされる。カササギが地上の蛇を狙って上下に飛び交い、蛇は身を捻転し首を伸縮して迎え撃つのを見て、剛柔の理を悟ったと言うのである。

人間にとっては、太古の昔に有していた本能的部分や、無意識的部分として心の深層に潜在化させ今では最早や意識化・顕在化していない部分が数多く存在する。

自然現象や動物の所作・動作は、注意深い観察者にこれらの隠れた本能部分や無意識部分をそれとなく気付かせる働きをしている。人間にとって思い掛けない知恵を授けてくれるのである。

古来より、中国は元より、日本でも武道各流派の始祖は、自然現象や動植物の所作・動作態様・姿態から極意・秘技を考案したとされる例が多い。

心身一如と言われるように、人間の精神と肉体は有機的一体で不即不離の関係にあり、具体的イメージを強く抱いて身体動作を行えば、イメージに適合した動作が比較的容易に模倣され得る。勿論、そのイメージ通りの類似動作が身に付くわけではない。

しかし、自分があたかも龍になったり・猿になったり・鶴に成り切ったとのイメージを強く持つことによって、そのイメージは感情移入され心の深層に刷り込まれる。

例えば、龍のイメージにより体幹の柔軟な渦巻き状の動き・猿のイメージにより上腕から指先に掛けての脱力状態・鶴のイメージにより上腕を柔軟に煽る動き等のような、それなりのイメージした事柄・動物・自然現象等に類似した身体動作を、抵抗なく的確に演じ切るのに有効であることが認められる。

重要なのは、その物を真似る意識では足りず、その物に成り切ると言う強い意識が必要である。生理学的にも、ある事柄を強くイメージすることによって、ある種のホルモンが分泌され、イメージの効用を助けると言われている。

また、中国拳法では、遅緩（ゆっくりと穏やかに用いる）、双手再出（両手を同時に用いる）を過誤とする流派があるが、多くの太極拳では遅緩・双手再出は、寧ろ、正当に認められる技法である。

日本武道の術技としても、前者は続飯付け、後者は二刀流、諸手突き・諸手当て等と広く認められている。殊に日本の体術に於いては、双手再出は諸手同時に攻撃・諸手同時に防御、片手を攻撃・片手を防御の外に、足・脚との相互関連動作を組み合わせて、多彩な有効術技が創出されているのである。

ただ、中国では大袈裟な白髪三千丈的なイメージで表現される事柄が多くある。残されている記録を、そのままに真実と取る愚を犯すべきではない。

現代でも、気功によって雲を移動させ雨風を呼ぶことが可能だと誇大宣伝する自称気功家が存在する。これらは、イメージの手法を理解していない者の言であって、明らかに偽者である。

我が国に於いても、自流の権威を高めるために非常識な武術話が膾炙していた。

「或時豆州（真田伊豆守）申さるゝは、武芸の名人は壁をわたり候など世に申候、先生（関口流柔術の関口氏業）にも壁を横に走り候・・・其事施して見せしめ給へ、・・・先生笑ひながら、・・・『武芸修行を心に懸候者、右様の事して人々を誑し候事あらんや。・・・皆武芸つたなき、心正しからざる者どもが、幻術等行ふて、・・・むかしの名人の妙処ありしに附会して、さま〴〵申伝へたる成べし。』（真に武芸修行を心掛ける者が、そのようなことをして人々を誑かすことなど有るわけがない・・・このような話は全部、武芸は拙《ツタナ》く心掛けの悪い者が、営業用の術技に利用するために何らかの細工を施して人を誑かすのである・・・昔の名人が秘技・秘術を用いた話にヒントを得て、種々の創作話を作ったものが伝えられているのである）・・・と申されたりしかば、・・・」（「紀州柔話」）。

「・・・或いは其の人を誉めんと欲し、九寸五分の刀を以って一間先の人を斬り、中を飛びて三間先の人を縛する等、奇に渉る事を云うべからず・・・」（「見聞集」窪田清音）。

昔も今も、自己を上回る術技を見れば、すべて不思議であり超能力と映る。如何に人間に潜在能力が存在し超能力的に映るとしても、自然の法則・宇宙のリズムに反することを成し得るわけではない。

雲が集まり且つ散るのは、自然の法則・宇宙の法理に則った伸縮・開合のリズムに基づいている。須らく宇宙の法理・宇宙のリズムを侵し得るものではない。

かつて、風を呼び雨を降らせたと伝えられている者は、自然のリズム・法則を予め経験的に知って利用し、大衆の無知を逆手にとり欺瞞したものであろう。

諸葛亮は神仙術に長《タ》けていたとされるが、神仙術とか気功を用いたわけではない。事前の諸葛亮と言われるように予てより自然風土・人文地理を研究し探索して、宇宙自然の法理・宇宙自然のリズムを知悉していた。須らく実践に基づく知識を根幹に据え、万巻の書を読み解いていたのである。・・・前述・・・

5．武道極意としての「心法」「八寸の延金」「無刀取り」

ともあれ、気功のみならず、日本古来の武道に於いても心法と言われるものの中には、イメージそのものを技と呼称している例も少なくない。

例えば、小笠原玄信斎―針谷夕雲―白井亭などが会得したと伝えられる秘術「八寸の延金《ノベガネ》」について述べれば、杖の先に鎖と分銅を仕掛けた振り杖と言われる隠し武器だとする説・激しく飛び跳ねる動作を伴う忍者的中国武術の一種とする説・間合いを見切る一種の心法とする説などがある。恐らく、この中の間合いを見切る一種の心法と解する説が妥当であろう。

心法説の説くところは、古来真剣で斬る場合、物打ち（切っ先三寸）の処で斬るとする点を重視する。処が、真剣勝負の場に臨んでは精神が萎縮しているので、刀の切っ先が相手に届かず空を切る結果となることが多い。このような心理状態に対処するための極意としての心法が、八寸の延べ金だと言うのである。

心法説も、更に大別して二つの考え方がある。一つは実際の刀身よりも八寸（約二十四センチメートル）長いものと見做して使えとする説で、他の説は刀を八寸（約二十四センチメートル）の長さしかないものと見做して使えとする説である。

そこで、前説の内容であるが、真剣は短刀であっても、長物だと屹度《キット》思って（心から長剣であると意念し信じて）使えば、心が萎縮することなく心身に余裕が生じ、腕・手の延長である剣の延びも良くなる。出来る限り精神的に伸び伸び《リラックス》していれば、身体的にも延び延びと真剣を使えると言うものである。心理的萎縮から解放されることによって、心身のリラックス化と術技の自在な行使と言う理論的極意を訓えたのである。理屈としては、成程、尤もである。

しかし、真剣勝負に於いては、理屈を幾ら訓えられ納得してみても如何とも為し難い。相手の真剣を眼前にしては、精神・身体共が萎縮するのが常態であり、届くはずの真剣も届かないのが道理と言うものである。

「常に八寸に及ばぬ延べ金として使え」とする後説は、八寸の短刀であってみれば、柄を握った手掌は少なくとも相手の直前八寸に位置しなければ、物の役に立たない。相手の直前八寸に入り込む決死の覚悟こそ重要と訓えているのである。正に、後説は、心法としての虎穴に入らずんば虎児を得ずとの理屈を超えた極意を訓えたものである。

前説・後説共、心法として具体的に体験した技の使用者の闘争の場での精神的・心理的状況を踏まえた実践智としての訓えであろう。

ただ、心法は非言語智・実践智でありながら、不特定多数者を対象とした伝書と言う特殊性質上からすれば、表現としては必然的に抽象論・一般論として述べられることが多いであろう。その抽象性にも差異が存する。

両説は共に心法とは言え、前説は一般論的で後智恵での理屈に走り過ぎ相対的に抽象性が強い。これに比して後説は、真剣の場の切羽詰まった状況が伺え、相対的に実践智を重視し、より具体的に捉えていると考えられる。

当然のことながら、術技を直接使う者としては、より具体的切羽詰まった極限状況の説明のほうが納得し易いし、重視せざるを得まい。

前説は、論理を重んじる学者・物知りの後智恵としての机上的論理性が強い。これに対し、後説は素朴単純であるが、実戦の体験者の論であろう。

このことは古来、「真剣は鍔元で斬れ」「外すことは考慮せず、二心を求めず一の太刀に心を込めよ、万一誤ることあらむ時死して後已むのみ」とか、「長剣をもって勝負を為すに、其の長を心とせず、短剣をもって勝負を決する如く物打より先はなき物と思い・・・いざというとき、常寸の太刀を用うれば、勝たざることはなし」（「剣学心要」）などの訓えの中にも含意されていると解して良かろう。

言うは易く、行うは至難の業である。長短一味の心法を会得すれば、行き着く先は「無刀」の位であろう。

槍術の秘伝に於いては、逆説的に「長は突け、短は斬れ」と訓える。

槍自体の長物の道具性に惹かれると、最初から長く使う心に安んじ、槍の先端は死に体となり、届いても突く力は弱くなる。だからこそ、更なる長物を想定し（実際の長さより一層長い槍だとのイメージを持って）、吾は安全の立場を確保したとの心に惑わされることなく、油断あれば先端は死に体になると屹度心に刻んで、長い槍が柄まで届く程力を込めて突けと。

また、短槍を用いる時は最初から心が萎縮して身体も硬く縮こまり、槍の先端は相手に届き難い。だからこそ、短槍では物打ちより手元までは既にないものとして、更なる短物として（実際の長さより一層短い槍だとのイメージを持って）切っ先で斬り裂くとの決死の覚悟で使え。即ち、身を捨てて、力を籠めて短柄の手元までも届く程斬り突けと訓える。

長は突き、短は斬れとは、如何にも当然とも、相反するとも取れる表現であるが、此処でも言わんとするのはただ一つ、真剣勝負での心理的萎縮を戒めた長短一味の心法であり、無刀の位の極意である。

また、塚原卜伝の編出したとされる「一《ヒトツ》の太刀《タチ》」と言われる極意があり、直心影流には「一刀両断」と言われる訓えがある。

これらの術技も、実は、やはり心法なのである。勝負の勝因は、客観的には時間的要因と空間的要因、主観的には人の心理的要因の関連・絡み合いの中で導き出される。天の時・地の利・人の和（人の心の持ち方）と言っても良い。勝機は、三者の一瞬間の集中にある。それは、僅かな齟齬によって微妙に変化する。

表層的理解としては、先の先を取り、相手をただ一刀の下に両断し、二の太刀のない烈しい剣技であるかのようである。しかし、その本意は、一の太刀とか一刀とは心の剣を意味し、外からの誘惑や圧迫、内からの情欲・妄想・邪念・萎縮などに少しも心を動揺させず、心の利剣で、自己自身に生じる雑念を一刀両断し、ただ明鏡止水の不動心・平常心で如何なる変化にも対応出来る働きをなせと言う意である。古来より、見聞覚知は外賊なり、情欲意識は内賊なりと言われる。

更に、可成りの剣術流派で「無刀取り」と言う技を掲げる。多くの武道解説者や歴史学者は、無刀取りを図解入りで「吾は両手掌で相手の真剣を挟み取る剣技」とし、具体的術技と解している。しかし、双方がそれなりの剣の術技を習得・鍛錬していた当時の社会事情を考えれば、具体的術技と解するのは非論理的・非常識と言うものである。

此処でも、無刀とは、相手が刀を持っているが吾は徒手空拳をもって対処すべき決死の心構えとしての心法と解すべきで、無刀の位を指称しているのであろう。

徒手空拳の場合、相手の刀は長く自己の徒手は短いから、入身・転換によって相手の懐に入らねばならない。

相手の刀は吾身より外へ流れ、吾は相手の太刀の柄の下になって、相手の腕を抑える。此処で重要なのは、斬られることを覚悟で相手に寄り添う心である。このように解すると、「勝負に於いては、総じて技を使う時は無刀の心を奥義と心得よ」（各流派秘伝書）と言う含蓄ある訓えが理解出来るであろう。

無刀とは、具体的術技ではなく、究極の一種の心法である。

無刀取りの極致は、武闘否定・止戈為武の思想に至るのも至極当然である。

富田流の伝える逸話がある。曰く「・・・富田重政の主君前田利常が、『富田流に伝わる無刀取りの秘技を是非見たい』と言って、重政の面前に佩刀《ハイトウ》を突き出した。其処で、重政は『無刀取りは、秘伝秘術であり他聞を憚ります。今、襖の陰から此方《コチラ》を窺う者が御座います。お叱り願いたく存知ます。』と言った。利常が何気なく後ろを振り向いた瞬間、重政は真剣を持った利常の利腕を抑えた・・・」と言うのである。内容が全く同様の逸話が、柳生十兵衛と初代将軍家康・・・ないし柳生宗矩と三代将軍家光に纏わるものとしても伝えられている。これらの逸話は、勿論創作された話であろう。

八寸の延べ金と言い、無刀取りと言い、その訓えるところは同じ理屈である。即ち、真剣勝負に於ける、人間の心理的畏縮を打ち破るための心の持ち方（心法）、則ち、決死の覚悟・無心・不動心を訓えたものである。

太刀を小太刀のように使い、それを突き詰めていけば無刀に至らねばなるまい。心法も、出来る限り具体性を持たせて訓える必要がある。

当流でも、例えば、天地投げの技を使うに際し、坂道を駆ける下るが如くに技を使えなどと訓える。これも、一種の心法と解している。

6.「技は身体で覚える（体得・感得）」

身体動作を伴う技は、個性的である。秘技は、一般的に存在するものではなく、全く個性的で個人的なものである。技は先ず、模倣すべき手本の役割を果たす一般的な型に始まるとしても、長期に亘る反復継続の過程での実践を通して個性化され、自己の型やリズムが形成されていく（守・破・離）。指導に当たり、一般技法の解説は必要としても万人共通の指導法はなく、弟子の個性や経験に応じた助言が重要となる。

竹内流に倣った流派では、弟子個人個人にノートを持たせ、稽古の過程で適時アドバイスを与え、各人に自身で勘・壷・間・拍子等を感得させ・記録させる。同じ術技でも、訓える相手によって、ある場合は力を抜け・間を空けろと言い、別の場合には力を入れろ・間を詰めろ等と訓えざるを得ない。このノート記録が、個々人にとっては実践智を伴う最善の教本となるはずである。

武道は理屈で覚えるものではなく、身体で覚える（体得）ものである。

水泳にしろ自転車にしろ、その物理的原理や理屈を公式化し記憶しても、また何百冊の指導書を読んでも、更には、如何なる精神論を述べても、所詮は、実践が無ければ泳ぐことも乗ることも出来ない。好く水を泳ぐ者は、水を忘れ、水と同化する。

武道・芸道に於いてもしかり。鍛錬された無心の自然体としての身体則と同化すれば、心に余裕を生じ畏怖・

迷い・執着の念を忘れる。弓道に於いては「・・・矢を放つ前に的を貫き・・・」、馬術に於いては「・・・鞍上に人無く鞍下に馬無き・・・」、書道に於いては「・・・筆良く手を忘れ、手良く筆を忘れる・・・」等と言う心身一如の状態に至る。

個人に適した個性的指導内容やアドバイスをメモする「個人ノート」を作成させる所以は、実践智として忘（無心）状態に至る近道として、取りあえずは邪魔となる（屁）理屈先行の抽象的一般論を先ず忘れ、具体的実践から入門させることにある。

勿論、充分な稽古を経た後の守・破・離の守を離れる時期には、一般的抽象論である理論を知ることも必要である。

抑々、名人・達人の域に達した者から、その極意を聞き出すことは一般的には難しい。何故なら、彼が体得・体感した現象は、（言葉にすれば）蓋然的且つ漠然としたものである。彼の体得・体感した極意の存在を証明することも不可能であり、彼自身が会得したとする極意体得の認識も曖昧で不明確なものである。論理としても非合理であることも多い。

彼は自己の行動則を、主観的にルールとして意識していないのが通常であり、客観的に厳格なルール化も不可能である。精々言葉によって曖昧に、「こういう時、こうすればうまくいくことが多い」と言う程度の漠然とした形を取らざるを得ない。・・・「猫の妙術」の部分を再読されたい。

しかし逆に、達人は多くの漠然とした自己体験を通して実践智を体得しているので、他人の漠然とした言葉からも自己体験との比較考証をなし、そこから有意義なヒントを得て、自己に適合出来るよう自由に発想し創造的思索が出来るのである。

しかも、日本語や日本民族の所作・動作の意味内容には、漠然とした不明確な余裕・曖昧・遊びと、時間的且つ空間的な間の問題を含んでいる。

しかし、このような曖昧な他人の言葉や動作に対しても、名人・達人は自己の豊富な経験に基づいて、客観性を持った主観的解釈が可能となるのである。経験豊富な名人・達人は先見の明があり、本質的に蓋然性が高く漠然とした体得・体感した事柄を、更に抽象化された表現であっても、彼は何となく理解し得るのである。

日本的相互理解の発想は、言語表現の柔軟・許容・寛容等の曖昧な性格と個人の体得・体感から得た実践智への期待に起因するところが大きい。

稽古を充分に積んで、外的環境にも経験豊富な者が、伝書・古文書を読み自由に発想し創造的思索をすれば、極意の一端を知り得ると言うのもこの理による。

曖昧な不完全さから出発（抽象的と言う意味ではなく、飽くまで、具体的である）し、漸次に、正確で且つ完全を目指す方法が、真の武道へのアプローチの仕方としては妥当する。

武道に於いて、潜在能力を引き出し直観を刺激し、創造性や独創性を育むには、自己を「曖昧な範囲や場と言う不完全で多様な環境」に置いたほうが好ましいのである。単純明快・完全で分かり易い環境に置かれて良く理解する者は、理論家ではあっても実践者ではない。理論家は、実は何も真実は理解していないのが実情なのである。

序でながら、武道を始め芸道に於いて、その術技の最高峰にある名人は、凡人の計り知れない型と芸（術技）の知識人である。名人が、凡人と隔絶された孤高・超俗の分水嶺を超え、逆に、世俗性さえ身に付けた時、庶民万物と調和し普遍性を具有するに至る。その道に悟入した者を「達人」と称する。この域に達すれば不動心が備わり、鍛錬された後の清濁併呑の自然体で弾力的対応が可能となり、眼光炯々《ケイケイ》とした名人と異なり、凡人と最早や区別出来なくなる。相手は警戒心を解き、彼の懐に入ってくる。・・・「猫の妙術」を三読されたい。

名人には、実践的関連性を見失っても自己の術技・美学を追究する意欲が表面に出過ぎる嫌いがあると言える。

武道は元より芸道の探求に於いても、現実の認識としての応用と調和が最終的には求められる。型と芸（術技）に長じても、敵に討たれ・大衆に認められなければ、道の目標である人間（人格）形成は画餅に帰する。

ただ、現実の社会・実戦の場では、術技は名人位に達せずとも、充分に達人たり得る。両者のどちらが上位と言うのではなく、見る側面が異なり「ずれ」があると言える。実戦の場、殊に、非常の際には、型に嵌った術技・知識よりも、普遍的判断力・弾力的包容力・臨機応変な対応のほうが勝ちを制し、重要な役割を果たす。予測不可能事に臨み、如何に対処対応するかが問題となるからである。

大阪夏の陣に出陣した後藤又兵衛・真田幸村が剣の名人とは聞かないが、明らかに豪傑であり兵法の達人であった。

名人と達人の違いに関する、次のような易占に関わる寓話がある。

とっぷり暮れた冬の夜、易の先生のところに隣人が物を借りに来た。先生は、高弟に「何を借りに来たかを占ってみよ」と命じた。高弟は、「乾為天《ケンイテン》」と言う卦《カ》を得た。これを判断すると、卦の中に乾三つ、巽《ソン》が三つある。易の象意では、乾は剛金、巽は長木と判断する。つまり、乾は短く硬い金物、巽は長い木を意味することになる。そこで、高弟はこの卦を示し、「長い木に短く硬い金物の付いている物、即ち鋤でありましょう」と判断した。先生は呵呵大笑《カカタイショウ》し、「否」と。「では何ですか」。「斧である」。「お前の立てた卦は、それなりにそれで良い。判断もそれ自体は、間違いとは言えない。しかし、もうそろそろ寝ようという時刻に、誰が鋤を借りに来るか。今夜は殊の外寒さが厳しい。囲炉裏で焚く薪が足りなくなって、薪作りをしようとしていて斧を破損した。そこで、斧を借りに来たのであろう」。

「易占を判断するのに抽象論をもって数を選し、教室で教わった型を多く覚え、観念的に種々の知識を組み立てる立卦に力を注ぐことも、元より大切だ。しかし、それ以上に、智恵を働かせ物事の筋道を推察し、種々の経験に基づいて、具体的現実に即応出来る創意工夫をし、卦を読み取ることが大切だ」と。

果たして、隣家の主人に用向きを尋ねると、斧を借りに来たのであった。

治安上の不穏の気配が感じられる時、「乾為天」と同じ卦が立ったとすれば、それを判断するには槍であり長刀・薙刀《ナギナタ》で有り得る。

このように、不確実で多様な具体的実戦の場と言う環境の下で、長期に亘る反復継続した稽古を積み、常にイメージの中で反芻すれば、具体的現実に即応した判断・選択・決断の過程は、心の深層に沈潜し身体が覚える（体得する）のである。これを称して、実践智ないし身体知と言う。

7．体得についての「古人の訓え」「教本と師の真偽」

自らが自得し悟道に達することなく、未だ自己が具体的な体験を経ない事柄について、単に言葉の暗記に過ぎない抽象的理屈をもって他者に訓えてはならない。

古来伝承されてきた武道秘歌にも窺えるが、『いたづらに高き理ばかり語りても　業にうとくば空しかるべし』（「剣道いろは歌詳解」）とか、『業芸は業を怠るその隙に　理のみ長じて下手となりけり』（「直心影流初伝目録究理の歌」）とか詠われている。

武道は実践を通して体得するもので、他人や書物から文字や言葉をもって習得することは出来ない。古来より不立文字とか、以心伝心などと言われる所以のものである。

あたかも、良き師の発する同一振動数の心の波動に音叉《オンサ》のように共鳴する自己の心である「不異同一の心」を、師と共有出来るように邪魔な周囲の雑音を消し、自己の恣意・好み・感情・主観に捉われない心掛けが肝要である。武道歌にも、『妙（妙技）の字は少き女《ワカ》（妙の字を分解すると「少ない女」となる）のみだれ髪　ゆふ（「言う」に掛ける）にゆはれずとく（「説く」に掛ける）にとかれず』（「剣術秘伝独修行」）とある。

妙とは、神変不測、則ち、人知で計り知れず、予測不可能な不思議な変化を指称し、言語や文字をもって伝え難く、その人が体感自得し得て初めて解悟し、自然と心身が相手の出方に臨機応変することを言う。

禅語を引用した武道歌では、『言ひ捨てしその言の葉の外（言外の悟り）なれば　筆にも跡を留めざりけれ（筆舌には尽くし難い）』（道元）と訓えている。

医道秘歌にも、「医は意なり意と言うものをえとく（会得）せよ　手にも取られず画に描かれず」（「古今齋以呂波歌」　亀井南冥）とあるのも同義であろう。

古来より、知る者は言わず、言う者は知らずとも言う。人が感得したり認識して、それを言語化する過程では、言葉自体の持つ漠然・曖昧と言う特性と共に、相手や対象に関わる相対性や感得・認識した本人の主観や恣意性の介入を免れず、言葉で有りのままを捉えることは不可能である。

物を言う度に、誤解を生じ自己の可能体験の範囲は狭められていく。物を言う度に、自己の言った正にその言葉自身によって束縛され、言葉尻を捉えられての他者の批判などに曝され自縄自縛の状態に陥る。

概念を正確に定義し厳密化しようと試みれば試みる程、現実から乖離していく。説明すればする程、益々本質から遠ざかり、文字や言葉で訓えることには、言い尽くし難い難しさ・もどかしさと言う限界がある。正に「知る者は言わず、言う者は知らず」である。

況や、武道に於いて、万人共通の一般論など在るわけのものではない。武道や芸道の作用や技能は、言葉や文字を媒介とするには馴染まず、人から人へと身体で覚えさせながら口伝えしていく口伝と言う形でしか真意は伝達されない。

武道歌にも『解もせず言ふも得ざりし所をも　知りぬ物ぞと知るぞ知るなれ』（「武道稽古訓」）とある。にも拘わらず、別の武道歌が『ふもとなるひと木の色をしりがほに　奥もまだ見ぬみよしのの花』（起倒流・真之神道流伝書など諸流）と訓えているように、実践智とは程遠い浅薄な物知りが多かったのである。観点を変えた武道歌に『奥山は心をいれてたづねずば　ふかき紅葉のいろを見ましや』（「真之神道流伝書」）とある。武道の奥義を究めるには、真剣に取り組まねば成果を得ることは難いのである。

武道に於いて変化ある可能性・発展を求める者は、静かに客観的場の状況の中に自己を置いて、第三者の眼で観る必要がある。我々の感覚は、利害打算による主観的・恣意的な偏心を通して物事を認識する危険を常に孕んでいる。気を充実させすべての執着から脱し、客観的虚心の状態で（主観的「見」でなく、客観的「観」の眼をもって）、対象を有りのままに認識するように努めるべきである。言葉では表現出来ない、自己体験によってのみ感じ取るしか方法がない実践智・不言の言によって知るべきである。

理屈を求めず、理屈を与えもしない。目に見えない物を心で「無形に観」、耳に聞こえない物を心で「無声に聴く」心構えが重要である。人生や自然や美などの抽象的物事について、一切の感情を殺して、冷静にそれは何かと根本的に思索し、単なる物の表面的観察を超越し、その本質を観照することこそ重要である。自得するの外ない。何度でも言うが、本質を有りのままに観よ。努力・忍耐を忘れ早とちりして、手っ取り早く成果・結果のみを求めてはならない。事柄の本質は、十分に時間を掛けて熟成した時、初めて外形を顕現するものである。

余談ではあるが、「秘すれば華、秘せずば華なるべからず」（「花伝書」世阿弥）と言われるが、個性としての秘技も相手の意表を衝くものであればこその生命である。予測不可能なサプライズ・アタックだからこそ、秘技は華と成り得る。公開すれば一般性・普遍性を獲得し、最早や秘技としての機能を持たなくなる。だからこそ、妄りに人に見せたり訓えるべきではない。

真の華は、あらゆる時・処・人を前にしても咲かせるだけの神速不測の能力を内奥に秘している。才長けていて、色香を秘すればこその奥床しさである。人前にさらけ出したり吹聴しては、その魅力は薄れる。能ある鷹は、爪を磨きながらも隠す。

しかし、そのことはまた、伝えるべき人に伝えるために秘しておくのである。「道は秘するに非ず、秘するは知らせんが為なり」（「柳生流伝書」）とあるように、真に伝授すべきに適う時と人を得た時は、伝授すべきである。秘するのみでは、何のための秘事と言えるであろうか。

なお、秘事が存在すると言う秘匿性自体にも、それなりの効用は認められる。修行者にとり、最初は単なる秘事を知りたいがための好奇心や期待性に過ぎないかも知れない。また、最後に秘事の本質を知った時に、感動や失望や意外性を感じるかも知れない。

しかし、秘事を探求する過程を通して、それぞれの修行者なりに、以後の人生観や人格形成への示唆を与える強力なインパクトとなるであろう。

因みに、秘事伝授にも、情実による伝授である「義理許し」、金銭を得ることの対価・取引としての「金許し」、実力に適う伝授である「術許し」の三種が在ったとされる。

尤も、最近では、全く術技や知識さえなくても与えられる「名誉許し」なるものも存在する。免許皆伝や段位と言うものは、家元制度が成立した当時から、必ずしも実体を伴うものではなく信用に値せず、実力に裏打ちされた評価とは異なるものであったらしい。

しかし、やはり古今東西を問わず、形式的官位・段位・名誉なども、複雑多様なそれぞれの社会状況の中に於いては、社会的実力や社会的評価のある種の目安になることは認めざるを得ない。

ともあれ、道には正と邪があり、師や教本にも本物と偽物がある。人はすべてが、透徹した判断力を備えているわけではなく、その判別に迷うこともある。

武道に於いても、良き師・良書に就いて正しく学べば、心技体の悉くに自然宇宙の法理に適った道を体得出来るものである。

江戸天保年間に商人道を説いた心学道話に曰く、「・・・両替渡世は金銀の良し悪しを見分くるが肝要である・・・其の見分け方を小者（使用人）に教ゆるに・・・初めより悪しき銀は見せず宜しき銀を日々に見せておき・・・そと（密かに）悪銀を見すれば、直ちに悪しき銀を知ること鏡を照らして物を見るが如し。是・・・（最初に）最上の銀を見覚えたる故なり。・・・一度本心を見覚えますると、其の後・・・直ちに真偽を知るようになる・・・」と（「鳩翁道話」柴田鳩翁）。

初心の間は、流儀や師の良悪を選択する技量は具わっていない。しかし、初めに正しい教本や良師に遭遇し、適切な指導を受けたならば、後に他流の技や教本や師の真偽を一瞥して鑑別出来るようになるであろう。逆に、初めに正しくない教本や悪徳師に遭遇すれば、偏心・執着心が生じ、悪技が染み付き、正しい事理を回復し体得するには、可成りの困難を伴うのである。ある意味では、流派が伝承・創作している教範や伝書の具体的感得・体得度如何が、その流派の本物か偽物かを識別する試金石と成り得る。その意味では、滅多なことで好い加減な教範を残すべきではあるまい。

武道歌にも『道は一教《イチオシエ》は多し千々あれど　流々《ナガレナガレ》の清濁ぞある』（長沼綱郷伊呂波理歌）とある。

秘事や悟り等と言う大変革の経験は、直接的には知力と殆ど関係がない。直観的・創造的飛躍や想像力によって感得したものである。我々が教範や伝書として知るのは、丹念に精選し整理された抽象的・論理的に組み立てられた後知恵の結果である。

我々が経験し、言葉で説明されたものは、必ずしも現実世界に存在するものとは限らない。限られた情報を選択し分類し理解し、経験に照らして、心眼で観る必要がある。何度も繰り返し述べるように、個人が体得した実践智こそ、真の秘事・秘伝の内容である。この教範も例外ではない。

九．日本古来の伝統文化としての基本身体則

1．伝統文化としての「基本身体則（身体技法）」の沿革

あらゆる生体は、自己以外の系と交渉しつつ、自己を拡大・再統合することにより、初めて自らの個体性を維持出来るのである。人間と環境との関係に於いても、相互に切り離し得ない相関関係にある。

このように、人も環境の意味に応じてその行動や身体状況を変化させ、逆に、環境は人の行動や身体状況の変化に応じてその意味を変える。

芸道・武道の技や型も、沿革的には遠い昔から庶民の日常生活・遊び・仕事・居立ち振舞い等に由来する。それが、そのままに、あるいは時代の変遷に伴う変更を加えて伝承される中で洗練され、伝統的な精神と身体の文化を形成してきた。

伝統文化は、それ自体が維持と再生産過程の中に存在意義を有する。そして、伝統文化を支えるのは忍耐を伴う意志と継続によってである。

そこには、通常理屈はなく知的に学び理解する制度はない。段階的漸進的螺旋的に反復継続する過程を踏むのが文化である。この過程を経て悟り・極意（在るがままの自然体）を体得・感得していくのである。

現代人は知的理解・理屈に勝ち過ぎ、在るがままの創造を忘れてしまっている。

かつては、農耕生活に携わる農民、道具の製作に携わる職人、操船や漁労に携わる漁民、山野を跋渉し狩猟に携わる狩人や樵などの日常生活を通して、様々な動作態様・所作が身体技法として創造され伝承されてきた。

勿論、この身体技法には、閑期に於ける神事や遊興の中の動作・所作も含まれる。

また、彼等の用いた道具の操作方法からも多くの技や型が創作され伝承されてきた。例えば、漁民の日常生活習慣である櫂《カイ》の操作から発明されたと思われる「砂掛け」（棒術の技）、女性の日常生活習慣である手鏡の使用法や町人・百姓の天秤使用法から創作されたと思われる「手鏡」「天秤投げ」（柔術の技）等の術技を考えてみよ。

沿革的には、武士の大部分は農民の出自であったから、武術に於ける基礎となる身体技法の多くは、農村に起源を持つと言っても過言ではない。彼等の戦闘に於ける身体技法も、その根底には農耕に関わりを持つ日常的身体動作・所作、即ち農耕具を用いる農作業に必要な掴む・握る・捻る・伸ばす・折る・曲げる・引っ張る・差し足・抜き足等の手足の動作を主とする技能に多くが由来する。

多くの武道術技の由緒を尋ねれば、（後知恵の結果としての起源説や理論武装された机上論などは考慮の外に置くとして）、これら農耕に関わる身体動作・所作を、日常生活の中で訓えられ、習得してきたことに行き着くと考えて良いのではなかろうか。

農耕生活の生産行動の基本は、腰を確りと据え・足を踏ん張り・鍬を振る。下半身が安定するためには、膝を曲げ・臍下丹田に力を溜め・肩の力を抜き、吐息と共に鍬を振るのである。跳躍することは少なく、寧ろゆったりと半身の構えで鍬を取って、乾土では摺り足、湿土では差し足・抜き足で前進後退を繰り返す。

生理的規範に制約された農耕動作が基本であったとすれば、手は右利きを通常とするから右足が前に左足は後ろになり、腰を据え重心が落ちる。即ち、半身の動作では原則として右側を前に出す右半身で足と手は同側且つ同時に操作される。

このように、手の右利き原則と言う生理的規範から、鍬打ち動作も右手は鍬の柄の前方を左手は柄端を持ち、左手が支点となり動きは小さく右手は力点として比較的大きな動きとなる。当然のことながら、右肩は前に左肩は後ろになる。これは、竹箒を用いて庭を掃く動作の場合に於いても、基本的には同様のことが窺える。物理的には梃子の原理が応用されながら、身体的には同側同時（並進）と逆対応を原則とした所作・動作が機能しているのである。

ともあれ、半身の姿勢・所作は近時「ナンバ」と称され持て囃されているが、基本的には、農耕の生産行動に由来するであろうことは確かである。

しかし、突く・打つ・斬る・押す・踏むなど、武術的・呪術的意図で半身（近時の所謂ナンバ）の姿勢・所作が示される場合も多いことから、耕作行動即ナンバ芸と直結するのは無理であると解するのが自然である（同旨三隅治雄）。

半身の姿勢・所作と言う日常的生活の行動様式が、武道や芸道などの非日常的な場で様式化され、武道・芸道の型としての身体行動に昇華されるには、日常を非日常に移し替えるための場所と儀式が存在したものと解される。

即ち、神前奉納や神道的祭儀ないし道教的呪術などを通して、道場や舞台での所作・動作に転化されてきたと言うある種の段階過程・通過儀礼が必要とされたと考えられる。恐らく、武道・芸道の型の起源は、この過程を経たケースが原則であったと思われる。

また、山野では、狩猟・採取のための山働きをするために、敏捷性と平衡感覚を機能させる足の働きや、遠目・近目を利かせ周囲の環境の大勢を判断出来る目の働き（目配り）が重視されたであろう。

但し、険路・山岳路での擦抜け動作は左右何れに於いても行われ、必ずしも手の右利き原則と言う生理的規範に制約されないであろうから、同側並進ではあるが左右の交互継続性があり、原則として右側並進のみが認められる農耕行動とは別の系統（修験者・山岳民・樵・旅人など）に属する。農耕行動とは別個に、半身の所作・動作を生み出したものである。

近時、これらすべてをナンバと称するようであるが、起源からすれば明らかに誤りであろう。更に、海川では、漁労・潜水のための水中や水上は勿論のこと、砂浜での労働に伴う呼吸法や手足の平衡感覚や目の働きが重視された。

勿論、彼等の用いた農具の操作技術や牛馬を駆使し制御する技術・狩猟具の操作技術・漁労具の操作技術や漁船の操船技術など、直接の身体動作に附随する周辺の範疇の動作とも、深い繫がりがあったと思われる。また、操船技術殊に櫓漕ぎ動作や滑車を用いた帆掛け動作に於いては、交互継続性のある半身の所作・動作を伴う場合があったのも事実であろう。

彼等の生活基盤とする自然・外的環境や神事・遊興を含めた生活動作にも、それぞれの地域性・特異性・個性と言った微妙な差異があり、そのことが芸道・武道の各流派に術技・思想の差異をもたらした。

更に言えば、平安末期から鎌倉期に掛けて、武士の間で一般化した騎乗習慣から生じた身体則も大きな影響をもたらしたと考えられる。即ち、騎乗のために、左足を鐙に掛け、利き足の右足で大地を強く踏み、次いで大地を蹴って右足を鞍の上で旋回させ跨る。また、流鏑馬に於いて現在でもみられるように、騎乗しての膝の弾力的伸縮・反動・慣性・遠心力・求心力を利用した身体行動は、上下動に安定的に対処する身体則を創造した。更に、騎乗しての疾走は、左前肢・右前肢・両後肢による蹴りと言う三段階動作に起因する三拍子のリズムからなる身体則をも創造した。

因みに、「・・・遊牧・牧畜社会では、五拍子・七拍子など奇数のリズムが多い。従って、伝統的な踊りも、地面から離れ高く跳ね上がり激しく旋回する特徴を持つ。これに対し、水田稲作農耕社会では、二拍子・四拍子など二拍子系のリズムが中心となる。従って、伝統的な踊りも、身体の重心を下に置き地面に平行した意識と共に、手の振り・顔の表情が重視されるという特徴がある・・・」とされる（藤井知昭・小泉文夫・武智鉄二など多数）。

このように、古来より伝承されてきた日本民族の身体動作・所作は、直線的・平面的・一元的なものではなく、立体的・曲線（面）的・多元的である。身体動作のリズム自体も多元的で、奇数系のリズムもあれば、偶数系リズムもある。

殊に、漁労従事者の体験したと思われる波乗りリズムは、立体的・曲面的な多様性を有していたであろう。

2.「基本身体則（身体技法）」の規範性・精神性・倫理性

しかし、演芸や武芸も、宮廷文化や儒・佛・道教文化を取り入れた生活文化を通して、その身体技法も変形し洗練されていった。本質的属性である実用性・効率性・合理性のみならず、規範性・精神性・倫理性をも備えた高度な文化へと昇華・形成されていき、遂には、美的芸術性さえも具備するに至った。

他方で、武技は神仏の存在するところで、邪気や悪霊退散の加持祈祷や祓いを行う神仏前での聖なる技として、あるいは神仏から伝授された神の技として、聖職者である多くの先人達により営々と継承されてきた。

それは単に、一個人が生涯持続し稽古し錬磨を積むべき術技としてのみでなく、神代以来、未来永劫に亘って伝承されるべき神の意志である神技・神託としてであった。祖先代々大切に伝承され、初心忘れずして初心を重代すべきものであった。

即ち、神官や僧侶は、先ず神仏の技の伝承を継承する者として、また同時に、それぞれの神社仏閣の神事を務める聖職者でもあらねばならなかった。祭事での神仏の技は、神域の邪気を祓うと同時に、神仏への鎮魂・祈願・来臨への祈祷であり、最終的には神人合一に至る神舞であり武舞でもあった。

即ち、祭事への参加者からみれば、単なる演武者個人の技ではなく、神仏の行為そのものと見做された。此処での武技は、清浄・潔白・無欲・無私の性格を帯び、個人の技と解すべきではあるまい。この時、古代に於ける呪術者的性格をも具有していたであろう聖職者と祭事への参加者との交歓や交流を通して、人々は神仏との一体感をも共有し得たはずである。

とは言え、日本古来の武道は、各流派が神代以来と自称するように、古流武道の祖と言われる者の多くは、古くからの地方土着の神官・僧侶と言った聖職者であり、且つ、地方豪族と言う上流階級の者であった。彼等が、聖職者・戦闘者の立場を離れ、武技のみに専念するのは、具体的には諸国漫遊修行し他流との交流を始め、真の意味の実践的武道の開花が緒についた頃からである。

ともあれ、農民・漁民・町人などの土着武道と聖職者などの神技武道は、型や術技を整理する段階を通して、次第に交流・融合していったと思われる。勿論、相互に孤高を保ってきたものもある。しかし、少なくとも神技武道の神聖・倫理性・道徳性等の武徳の涵養については、土着武道の中にも浸透していって、一定の普遍化をもたらしたと考えられる。

3.「逆対応則」「非対称・不均衡の徳」

基本身体則や身体技法が整理・完成されていく過程を経ながら、型を演芸や演武する場合の構えや技に関連して、所謂逆対応関係（陰陽・正反・虚実の関係）が着目されてきたと思われる。

逆対応関係は、一般には心身間の相関関係について述べられている。

逆対応関係の重要性について抽象的一般論としては、「・・・其の雄（陽・剛・実・・・）を知りて其の雌（陰・柔・虚・・・）を守れば、天下の谿《タニ》（容器）となる。天下の谿と為れば、常徳離れずして嬰児に復帰す」との「老子」の言葉を引用・借用している武道・芸道の秘伝・口伝も多い。

直訳的に解釈をすれば、「・・・剛強な男らしい積極的・能動的・攻撃的態度を裡に秘めて保持しながら、表面的には柔軟な優しい女らしい消極的・受動的・守勢的・受容的態度を守って物事を執り行えば、思うがままにあらゆる事柄を呑み込む深い谷のような包容力のある天下に冠たる理想の人物になれる。天下に冠たる清濁併せ呑む包容力ある人物となれば、自ずから真の徳はその人から離れることなく、無心な（物事に捉われることのない客観的に在るがままに事柄を観たり感じたりする）嬰児のような状態に立ち返る」と。

武道伝書に引用されたその真意とするところは、真の勝負をするためには「・・・進む道は退くが若し・・・」と言う点にある。即ち、あらゆる事柄に於いて積極的・能動的・攻撃的に進むことを知ると共に、一時的には消極的・受動的・守勢的に退くことも知らなければならないのである。

前に進む道は、さほどに直線的な単純なものではなく、一見後ろに退くようにもみえる紆余曲折がある。積極的・能動的・攻撃的に進むことが、実践の場で十分な意味を持って成り立ち機能するためには、その中に一時的に消極的・受動的・守勢的な退くことも含意されていなければならない。

直線的な前進は、崩れる時も直線的に一瀉千里《イッシャセンリ》の勢いで後退・敗退に繋がる。逆に、一時後退を含む紆余曲折的前進は、受け身に回り守勢的後退に及んだ際にも、一気に後退することはない。紆余曲折ごとに、攻勢転化し、反転攻撃の契機を常に潜在的に孕んでいて淡々と対応可能な局面を作り出す。

直線的前進のみを知って退くことを知らない猪武者は、消極・受身・守勢に回った時も一瀉千里に崩れ、必ず行き詰るのは歴史が証明している必然である。

勝負で最も重要で且つ自戒しなければならないのは、積極的・能動的・攻撃的に進む時よりも、寧ろ、消極的・受動的・受容的に立ち至った時に於いてである。如何に退くかを知り、予めそれに備えていることが重要なのである。

芸能の世界でも、世阿弥は積極的・能動的な「するわざ」に対する消極的・受動的な「せぬひま」の重要性を解いている。

「するわざ」が「するわざ」として十分に生きるためには、忍耐と継続を伴う消極・受動的な「せぬひま」を揺るがせにしてはならないとの訓えである。

あらゆる事柄に於いて、退行現象に耐えていると、その頂点（臨界点）に達した時点から、エネルギーの流れの反転現象が生じ、そこに新たな創造的活動が始まる。この過程は、反復継続し止まることのない連続性・継続性をも意味する。

陰陽・剛柔・大小・遅速などの対極的落差の存在するところにエネルギーの流れ・動きは生じる。全く同等・

対等の落差のない物の間には流れ・動きが生じることはない。

このように、武道・芸道に於ける逆対応・非対称の持つ意義は、新たな創造性を生み出すエネルギーの反転現象の在り方を示唆し、臨界点に至る過程の継続的忍耐を伴う稽古の蓄積の重要性を訓えている。

逆対応や非対称の持つ意義を発見し、身体則に取り入れた武道・芸道に於ける先人達の卓見は、日本民族の世界に冠たる偉大な誇りであり、且つ、精神的文化遺産と称して過言ではない。

逆対応関係は、単に心身（精神と身体）関係に於ける一般論に止まらない。身体諸部分の間や心の表層と深層との間にもみられる具体的関係についても通用する理である。例えば、上半身と下半身、右側と左側、抽象的心法と具体的道具操作術技と言うように両者は相反関係にある。どの部分間で逆対応関係・相反関係にあるのか、注意深く見極める必要がある。

逆対応関係や相反関係が認められる時には、無意識の心的内容と意識化し思考された精神活動・体幹と四肢などの間をエネルギーの流れが可逆的反転流動していると考えられる。

例えば、一種の心身間の逆対応として、（武）道具を扱う場合「重い物は軽く、軽い物は重く使え」と言われる。重い物を使う場合、道具に引き込まれまいとして肩に力が入りがちとなるから、肩の力を抜いて軽い物を扱うように扱えと。また、軽い物を使う場合、重心が手元に移り浮ついた小手先の動きになりがちである。臍下丹田に重心を置いた上で道具の先端に意識を移し充実させ、重い物を扱うように扱えと言う訓えである。心法としての秘技・八寸の延べ金について前述した箇所を参照されたい。

武道歌にも『ふむ足につよく力の入ぬれば　かひな（腕）はよわくなりにける哉』とか、『足と手のひやうしそろゆな味打（絶妙の技）は　物か（噛）むかに（蟹歩み）のごとくなるべし』（「示現流兵法察見」）とある。

因みに、これと異なり、槍術では、長い物は更に長く、短い物は更に短く使えと訓える。・・・詳細は心法について前述した。

禅では、内観に於いても外観に於いても、真の美とは均衡を破ることから生まれると言われる。

あらゆる現象を生み出す原動力は、非対称性・不均衡性の中に存在（潜在）する。均衡が完全に保たれた時には動きや流れは止まり、それ以後に発展・進歩は有り得ない。逆に、非対称・不均衡の状態では、常に次なる変化・発展への流動性を常に潜在的に孕んでいて、そこから絶えざる創造と真美の探求が始まる。これは、陰陽の理・振子の理と同じ自然の法理である。逆対応に潜む真理も、そこにある。

陰陽の理とは、両極の間を往き来して融合を図りつつ、幅・ゆとりのある中庸を歩むことにある。

相容れない二つの態様も、その実体は一つの物の二局面であるから、その間で平衡点を見いだそうとし、しかも停止することなく、常に継続的・連続的な運動・努力を繰り返す。大宇宙・自然の法則やリズムと同様に、小宇宙としての人体も均整の取れた「時のリズム」で常に「伸びと縮み」を繰り返し流動的バランスを取っている。

静止した中庸や安定は、流動・循環・継続・連続などを排除し、創造発展性の見地からは良しとしない。

道教や易経の訓えでは、安定的な偶数は完成を暗示し以後の進歩・発展を阻害するイメージがあるとして好まず、不安定な奇数は以後の発展途上を暗示し良しとする。

易占では、凶は、来るべき吉を内包していると卜《ボク》す。あるいは暫時我慢し消極受動的行動を良しとし、好機到来を待てと。時にはいつまでも消極的であるな、今こそ積極能動的行動を始動せよと卜す。逆に、吉は凶への反転を予測する。あるいは今こそ好機、積極能動的行動を良しと、時には好機到来とは言えいつまでも期待感を持つな、手控えが肝要暫し待てと訓える。卜占の結果が如何にも相互に矛盾するかのようだが、当人の心理状態・周囲環境などを考慮すれば、どのようにでも解釈は可能なのである。

西欧流の弁証法が言うところの、ある物を肯定しその中に矛盾を発見し、更に両者をより高い総合肯定に導くとする正反合の過程とは、もって非なるものである。

我々の主張する陰陽の理とは、陰と陽の両極端の間を、ある時は大きく、ある時は小さく間断なく往き来し、その過程の中で融合された動因を内包した中庸を保つのである。それには三つの大原則を含んでいる。第一に、両極面は臨界点（限界点）を超えない、復元可能な余裕を備えた範囲にあってバランスを保っていると言うこと。第二に、間断のない流動的な動き（大きな前進の中にはジグザグ紆余曲折的小さな後退も含まれる）があると言うこと。第三に、その動きに一定の周期・リズムがあると言うこと。

武道で言う中庸とは、単なる偏りのない中間の意味ではない。相反する両極の間を静止することなく、固有のリズムに乗って揺らぎながら、漸次振幅を狭め上昇過程を辿る流動的幅（余裕）を有する動的内容を含意している。これをも弁証法と言うなら、それは言葉の綾である。敢えて、否定すべきでもない。

このように陰陽の理が働くところでは、不安定や不均衡になったことを無意識に知覚しながら、時々の瞬間毎に、あるいは急激に、あるいは殆ど静止状態の中（静中動）で、次の融合的な再構築が始まっているのである。逆説的であるが、型が頂点に定まった時、実は芸・術・技は最も危機に立っているのである。動き・流れがあるからこそ、次の高次の目標を求めて、芸・術・技も新鮮な生命が注入される。しかし、このような動きが静止した時、芸・術・技は向上を止め、それは則ち、停滞・堕落・死の到来を意味するのである。

芸・術・技などと言う事柄は、常に向上し洗練されることを求める。従って、静止することなく、しかも無駄な動きもない状態を求め、そのリズミカルな振動は、その振幅を次第に狭めていく。行き着くところは、静中の動を内包した究極の型に至るのである。

型を極め、先の先を取れば、既に勝ちを収めたと言えるのも逆対応の理・陰陽の理による。

柳生流秘伝が「心を懸に、身を待に」と言うのも、逆対応関係が極意の一つであると訓えた例であろう。

一方を天・表・実・陽・動・剛・深・伸・大・縮・短・攻となる関係で機能させる時、他方では地・裏・虚・陰・静・柔・浅・曲・小・張・長・守となるように逆対応関係で呼応させれば、身体動作に、動的な絶妙のパワー・リズム・タイミング・バランスを生じ、技に、連続性・均衡性・調和性・力強さが発揮され、見た目にも美しさが認められるとする。

殊に、日本の伝統的武道・芸道に於いては、上半身の技を使うに際し、上肢と下肢、左側と右側の逆対応関係は必要不可欠の身体則の一つである。

逆対応関係で誤解してはならないのは、当初、逆対応にある両者が、流れの中で融合し、更には、当初とは反対の逆対応関係を生じ得ると言うことである。その意味でも、逆対応関係は、原則的には動の契機を内包している。

また、逆対応作用は、陰陽・虚実・剛柔・動静・遅速・大小・伸縮・開合・上下・心身など外観上は対立・相反するものを、融合調和させ相互転換を図る機能をも果たす。

これを、経絡経穴理論との関係でみると、この連続過程を通して心身全体の緊張・弛緩・制御の状態が調和・調節され、交感神経と副交感神経を交互に刺激しつつ自律神経を調整する機能を果たすことを意味している。

そして、気の流通路である経絡の停滞を防ぎ、大脳と体の筋肉をリラックスさせることにより、体内に新鮮な気（潜在的生命エネルギー）を送り込み、内気の活性化（元気の回復）を図り得るのである。

このように、心身や身体諸部分の逆対応的調和を土台にし、技法の反復継続的鍛錬に加え、心気を充実させれば、遂には「量質転化」し、心技体一致の武道身体則を体得出来るのである。

当流では、「天地投げ」の応用技を例に挙げて、逆対応関係の多くのバリエーションを体現し、感得させている。

4. 「同側同時（同側並進）則」

武道・芸道に於ける「半身の構え」とは、四肢の裡同側の上下肢は同時、即ち、右手右足を同時・左手左足も同時に働かす所作・動作を、瞬間的に静止させて捉えた態様と言える。

半身とは、静中に動因を含む構えであり、腰を落として重心を低く保ちながら、同側同時（同側並進）の動作や平行移動の動作をなす中に生まれたと思われる。

しかし、同側同時（同側並進）の動作は、重心を低く保つことと相俟って、通常歩行等との相対的比較に於いては静止態様であり、静的な動作態様と言える。

人間を含めすべての動物の視聴覚は、静的事物に対するより動的事物に対するほうが遥かに敏感に反応する。従って、同側同時（同側並進）の動作は、視覚の対象としては相対的には捉え難く、そのために、武道では相手にとっては知覚し難い動作態様なのである。

同側同時（同側並進）の所作・動作は、外力に全く影響を受けていないかのように静かに進み、地面に平行的で規則正しいリズミカルな動きを見せる。一般的に、その対称性は、それぞれ、丹田・中心線・中心面が点・軸・面に対応する。

このような同側並進動作は、一定（短）時間内ではリズムが変化しないと言う不変的な周期性を持ち、それによって生じる反復性と安定性は、静中の動としての内包的な力強さをも表している。

同側並進の最も典型的な武術技としては、古流泳法の「神伝流」が基本泳法とする『伸《ノ》し』と言われる煽足《アオリアシ》を働かせる横泳ぎにみられる。

▼▼補足――――

古流泳法「津山神伝流」の起源

因みに、神伝流は伊予高松から作州津山に分派され、現代まで道統が継承されている。山陽と山陰の山間の狭間に位置する津山盆地に、何故に泳法の宗家が存在するのか不思議に思われるかも知れない。

津山藩は、家康の次男秀康（当初秀吉の養子となり結城氏を継ぐ）の長男忠直に始まる越前松平氏の正当血脈の流れである。忠直の血脈は、越前騒動で越後へ減禄移封され、更に越後騒動で一時藩は取り潰しとなり、伊予松山に流された。

その間、越前松平藩は別個に、忠直の弟忠昌の血脈が再興している。越前騒動の張本人松平忠直は騒動直後に豊後大分に流され、当地でその一生を終えた。大分市の浄土寺にその墓地があり、後に、徳川縁の増上寺に分骨埋葬された。

津山藩は、当初津山森藩（森蘭丸の弟・忠政を初代とする十八万石）として創建されたが、後嗣子《アトツギ》がなく、幕府は越前忠直の血脈を伊豫から復活せしめ、津山十万石として転封した（家臣団は、当時としても珍しく越前・越後・伊予など縁ある各藩からの寄せ集め集団で、現在でも津山には、越前・越後・伊予等の出身を表す姓が多い）。

更に後、藩主に後嗣子なく十一代将軍家斉の実子を養子に迎え、その際、瀬戸内海の要衝地小豆島を飛び地として与えられた。水軍の必要から伊予松山藩で神伝流泳法を学び、道統が津山に継承された。以後、神伝流は伊予神伝流と津山神伝流とに大きく二分され現代に至る。

なお、旧制第一高等学校の水泳部は、津山神伝流の流れを汲んでいた。現在の東大水泳部の流儀については、筆者は寡聞にして知らない。因みに、大分県臼杵藩には伊予神伝流の分派が伝承され現在に至っている。

・・・閑話休題・・・

反面、同側同時（同側並進）と言う対称構造性が持つ不変的な周期に内包される反復性と安定性は、一旦その均一リズムの規則性が崩れ始め、又は、その弱点を相手に見破られた時、受け手は容易に破れる脆さと言う危険性を孕んでいる。

脆さは、消極的には受け手の対称構造が破綻しかけて、規則性や安定性（平衡性）に曖昧さを露出し始めた時に起こる。

あらゆる事柄に於いて、完全無欠と言うことはない。表面的に完全性を顕現している時でさえ、必ず弱点や脆さをも潜在的に同居させているものである。

例えば、仕手が受け手の丹田・中心線・中心面を支点とし、四肢末端に照準を定め遠心的能動的に誘い・作り・崩しを掛け、受け手が崩れ始めた時が然うである。

生死を決する場に於ける日本武術の真骨頂は、同側並進と言う不変的な周期に内包される反復性と安定性に潜む危険性にも拘わらず、それに信頼を掛け決死の覚悟を込めて捨て身の行動に出るところにある。

そこでは、彼我の丁丁発止の展開を予想せず、自己の精神を一刀両断にし迷いを断ち、本来的にただ一回・一度だけの一の太刀に無心に生死を懸けるのである。

逆に、相手に対しては、均一リズムの規則性を見破り、神速（電光石火）に誘い・作り・崩しの操作に出て、技を仕掛ける時点こそ、選択・決断を行う勝負の時なのである。しかし、相手のリズムの規則性を見破り・選択決断行動すると言っても、すべて無心の裡の勘・第六感の結果である。

タイミング良く技を掛けるには、前述の長所と短所をよく弁えた上で、決断行動する必要がある。ただ、欠点を弁え・決断行動すると言っても、やはり、無心の裡の勘・第六感の結果でなければならない。

但し、相手の劣位は吾の優位であると同時に、この状況は、瞬時に相手の優位と吾の劣位に替わり得る妙をも悟らなければならない。

ともあれ、屋内・室内に於ける同側同時（同側並進）の動作の起源は、古来より（古くは奈良・平安、主に室町時代）儒・佛・道教の影響を受けた当時の上流階級の室内作法に由来する。狭い屋内や室内での動作は、上半身を静かに保ち殆ど動かすべきでないとされ、膝の上に同側の手を添えた歩行や膝行が日常的であった。一般庶民にあっても、生活の基盤となる重要な道具を保持する場合に両手もしくは片手を添え大切に扱うと言う意味で、手の動きは制限され上半身は殆ど動かすことはなかった。

「上半身を静のままに保ち、下半身は動」と言う逆対応関係が成り立つためには、前述の如く同側同時（同側並進）の身体則に則った動きが極めて合理的であった。

その背後には、農耕生産行動や操船技術上の動作や、日本的着物の着付けに伴う動作・所作から規定された右半身の構えが踏まえられているのは勿論のことである。

このような半身の所作は、能に典型的にみられる上下肢の独立性と、狭い室内・道路での衝突を防ぐ合理的動作としての擦違いの所作が融合して完成したものと思われる。詳しくは、前述した。

5. 江戸時代の歩行法と「ナンバ」の所作についての一考察

歌舞伎で言われる所謂「ナンバ」の所作は、武道の「半身の構え」と同様に、四肢の裡同側の上下肢を同時に働かせる「同側同時（同側並進）則」に則っている。これは、下半身の動に対し、上半身の静と言う逆対応関係にもなっている。但し、正確を期して言うなら、ナンバと言う動作・所作は、主に右半身の構えの姿勢を指す。ナンバの確たる語源は不明とされるが、ある説は「南蛮文化の新奇な風態を身に付けた傾き者の風俗が歌舞伎に取り入れられ、同側の手足を大仰に振る所作を南蛮振りと呼称されたことに由来する」とする。別の説は「江戸時代に和船の帆・碇など綱具に使う滑車が南蛮船に由来することから、滑車をナンバと称した。これの滑車が佐渡金山で使用され、滑車の綱引き姿勢である半身の動作が、佐渡の芝居一座の舞台に載せられ広まり、歌舞伎舞台にまでも登場するに至った」とするが、何れも憶測に過ぎず、何故、歌舞伎にその名が残ったのか、牽強付会の趣が深い。

但し、何れの説によっても、足の構え自体は一定の場を踏まえた、継続的移動性を伴わない静的な動作・所作と言えよう。

「明治以前の殆どの日本人は、所謂ナンバの歩き方をしていた」と称する学者知識人に多田道太郎・武智鉄二・高取正男等がいる。

最近の武道書等も、多くはこの主張を無批判に鵜呑みにし、そのまま孫引きしている。多くは、更に恣意的主観を加味して、「明治以前の日本人は皆ナンバ歩きをしていた」「ナンバ歩きこそ合気柔術の秘技の源である」「江戸の飛脚は効率的なナンバ走りをしていた」などと解説している。

彼等は、概ね次のように述べている。「農耕生産に於ける半身の姿勢、例えば、鍬を振り上げた形を連想してみるといいが、それをそのまま歩行の態様に移し替えられていると考えて良い。そのような身振りからくるエネルギーのロスを少なくするために、腰を据えるとか入れるとか・・・」あるいはまた、「半身のナンバの歩き方が最もはっきり現れるのは、天秤棒を担いだ時である。この時、もしも西洋風に左足と右手、右足と左手を交互に前に出して歩いたら、いっぺんに腰が抜け、荷物の重さに振り回され、身体の重心さえ取れなくなる」と。

しかし、これらの説明は、百姓町人の仕事道具を操作している絵図や写真など静止画の後知恵的説明・こじつけである。

これら道具を操作している庶民の動作が、そのまま、道具を伴わない当時の庶民の「歩行法」であったと結論付けるのは短絡に過ぎる。

鍬の振り方や金魚売りの天秤の担ぎ方は、現在も当時と同じである。その半身の動作が、古今東西を問わず、下実上虚の低重心による合理的・安定的態様だからである。

歌舞伎用語として残されたナンバの語源の諸説からも、ナンバは継続性のない所作・ある種の型であって、継続性を伴う走法や歩行法でないことは確かである。

半身の構えや動作（ナンバ的所作・動作）は、手の右利きが原則と言う生理的規範や農耕の生産行動規範などに起源を有すると考えて良いであろう。・・詳しくは前述した。

また、半身の構えや動作は、日本文化の伝承としての身体則の一態様として認められてきたもので、室内や狭い道・危険な山道などでの静的な「擦抜け」動作でもある。

勿論、着物着用・農耕・操船延いては礼儀作法とも深く関わる、日本人共通の所作・動作であり、武道修行者のみの特殊な身体則ではない。・・・この点も詳述した。

このように、半身の構え・動作（ナンバ的動作）は、基本的には農耕に於ける動作を中心にした日本人古来の生活習慣の現れである。道具や用具を操作する動作・所作の一態様と位置付けるべきである。

ただ、当時の歩行法は、整備された平坦路を想定したものではないから、遠心力や反動を利用しない点に特徴がある。

走る跳ぶと言うことに重点を置かず、鍛えられた内側筋による速歩が重視されたのである。後ろ足の爪先ないし内側で蹴って大腿筋を活性化させ、前足を送って進む。しかし、飽くまでも探り足として、前足は踵から軟着陸し、用心深く後ろ足で重心を移動させる点に特色がある。

その際、動的反動を利用するのではなく、静的反動を利用する点では、摺り足との共通性がみられる。後ろ足に重心を残しながら、踵から着地するのでなければ、障害物に躓《ツマズ》く危険性があるのみならず、危険を察知すれば瞬時に前足を退く必要性があるからである。

古来、前進は踵から、後退は爪先からと言われる所以でもある。

注意しなければならないのは、摺り足と擦抜けの区別である。元来が険路・隘路・泥路での擦抜け動作は、道場のような平坦な場で使われる摺り足ではない。現代のように道路が整備されていない状況では、摺り足では躓き転ぶ危険性がある。

ナンバ歩行説論者は、「明治以降、所謂ナンバ歩行から現代の歩行法へとすべての日本人の歩行動作が突然に変化した」とし、その一人斎藤孝は「一つの社会の構成員の殆どが生活の基本的な身体感覚としていたものが、百年もたたないうちにきれいさっぱりなくなってしまうという事態は、あまり注目されていないが重大である」

とするが、到底考えられるものではない。日本人は、もともと、ナンバ歩行をしていなかっただけのことである。

国内のどこにもナンバ歩行法の記録も習慣も残されていない。もし仮に、江戸時代ナンバ歩行法が一般的であったのなら、少なくとも、僻地《ヘキチ》や島嶼《とうしょ》等に何らかの痕跡が残されていても不思議ではなかろう（江戸期に生まれた筆者の曽祖父母の昔語りに、ナンバ歩行や現代歩行への変更など聞いたこともなかった）。

また、ケンペルやシーボルトや幕末の多くの来日外国人のような好奇心の強い人々が、何らかの記述を残していると考えるのが常識である（戦国時代の宣教師は自分たちと異なる当時の日本人の生活習慣を書き残している）。

江戸時代の文献を見ると、宝暦七年（一七五七年）に著された「浄瑠璃秘曲抄」の「間・拍子の口伝」の一説に曰く「間拍子《マヒヤウシ》といふ事間《コトマ》は人の歩行如《アルクゴト》し右の足《アシ》壹尺運《シャクハコベ》ば左《ヒタリ》の足《アシ》壹尺少《スコシ》も長短《テウタン》なし・・・拍子は足につれ手を振《フル》ごとく右の足すゝむ時《トキ》は左《ヒタリ》の手《テ》すゝみ左の足すゝむ時《トキ》は右の手すすむ是陰陽《インヤウ》の道理《ダウリ》なり三味線《サミセン》の間《マ》は手を振《フル》間《マ》也右《ミギ》の足《アシ》を踏出《フミイダ》す時　同《トキオナジク》右の手を振出《フリイダ》すは間拍子《マヒヤウシ》ひとつにもつれあふ故《ユエ》間拍子《マヒヤウシ》にあらず・・・」とある。

江戸時代の庶民は、「反対側同時」則に則った、極く常識的歩行法を取っていたのである。そして、人形浄瑠璃は、そのまま所作の中に生かしている。

一般的に言えば、歌舞伎の脚本は人形浄瑠璃の脚本から取り入れられたものが多い。しかし、歌舞伎は舞踊劇の要素を多分に含むもので、舞踊と共通する同側同時則の所作（所謂ナンバの所作・動作）が多くなっても不自然さは感じられないのである。

ただ、一歩が一尺とすれば、現代人の歩幅の半分以下であったのだろうか。道路事情を勘案した上で、和服を着用し、裾の乱れを制御するには、この程度の静的身体動作が妥当だったのかも知れない。

また、武士は概ね併せて一・五キログラムの大小を左腰に帯刀するために右足が相対的に大幅で、左足は相対的に小幅の引摺り足だったと推測される。

帯刀が、日常の生活習慣であった当然の結果として、左右の脚や足の長短・大小の差異も生じていた可能性もある。その意味では、武士に限定すれば、ある種の変形歩行法であった可能性があるが、決して、武士がナンバ的歩行法を取っていたのではない。

幕末の剣士が、剣の事理習得の過程で聞き書きした武道談が現存する。

その中の一書に曰く「天保初年筑後柳川藩士大石進が江戸に出て名を馳せたが、その際道場破りに使用していた竹刀は五尺三寸以上あった。そのため、皆が大石流に四尺・五尺の長竹刀を用いるようになった。そこで、安政三年に設置された幕府の講武所は竹刀の長さを総丈、曲尺で三尺八寸より長きは相成らずと定めた」・・・「三尺二寸位までの撓いを遣って居た時は、柄も八寸位であったから、常に歩む通りの足遣ひ（左右交互に陰陽を踏む）で宜しかった。しかし、長竹刀に変わると、柄も当然の理で長くなり一尺三寸以上にもなったので、足を、左右交互陰陽に歩んだのでは、構えが動揺する（当時の武士は、手は足と反対側で小振りに振り、足は左右交互に運ぶ歩法を採用していたので、竹刀が長くなると、自ずから構えも動揺した）。」

「・・・夫れを動揺させまいとすれば、動きを極力抑える歩みとなり窮屈であるから、・・・形のやうに左右交互に陰陽の形を踏んで歩んでいたのを止めて、足は右左と順にツッーと送り足に運ぶ・・・即ち、足は左右交互の送り足・継ぎ足を採用することとなり、上肢は小振りであるが同側に運ぶことはなかった。」（以後現代に至るまでの剣道の基本的運足法である摺り足）（「剣道の変遷と各流派流祖」堀正平）。

この伝からすると、明らかに江戸時代の通常の歩行法は、左右交互に足を運ぶ現代風と同様であったが、長竹刀の使用に伴って変則歩行法である送り足・継ぎ足（摺り足）がある種の武士間で採用されたと解される。

ただ、隘路・険路などの難場を踏破する際には、必然的に所謂擦抜け（同側同時則）動作を取らざるを得ない。擦抜け動作は、飽くまで、例外動作・所作である。

擦抜け動作に於いては、上半身の動作は大振りには出来ない。出来る限り体力の消耗を防ぎ、武器・道具を自由に用い得るように、両手が自由に対応出来るように、両手の動作は最小限に抑えている。

このように、武士の歩行法には、時・処・位に応じて、（1）日常は現代の歩行法と同様の上下肢対応型、（2）例外的に隘路・険路など難場を擦り抜ける動作としての左右各々半身的同側同時（並進）型、（3）武道具の所持や操作に伴う上下肢分離独立対応型の三通りの型が存在したと解して良い。

ただ、いずれの歩行法の場合も、人の歩行原則として古今東西を問わず、効率の良さ以上に平衡を重視し安定・安全を第一とした事を忘れるべきではない。

当時の道路事情を考慮すれば、摺り足では常に躓き転ぶ危険が付き纏って安定感に欠け、とても歩けるものではあるまい。

歩行の際に最も重要なのは、決して、スピードや効率的動作ではなく、調和・バランスの取れた安定的動作なのである。幼児・老人・障害者・極端には猿やゴリラの歩行動作を考えれば、何とか転倒しないような安定的歩行の工夫が自然になされている。最も基本的歩行原理は、調和的安定にある。

江戸時代に於いても、武士も庶民も決してナンバ的歩行法や走法を日常的にしていたわけではない。

6.「現代武道論」に関する批判

「戦国策」に、「三人、虎を成す」との故事がある。魏の龐葱《ホウソウ》が、王に尋ねた。「或る者が、『市場に虎が出た』と言ったら王は信じるか」と。王は答えて曰く、「信ぜず」と。「二人の者が言ったら如何」と。王が応えて曰く「疑うであろう」と。「然からば、三人の者が言ったらどうか」と。続けて曰く「信じるであろう」と。白昼公然と市場に虎が出るなど、道理に照らし有り得ない。しかし、複数の者が囃すと、半信半疑が確信に変わり、白昼でも市場に虎が出たことになってしまうのである。

情報の伝播・操作の危険性を警告した逸話である。マスメディアを通しての二次情報に過大に頼ると、デマに誑かされる危険も大きい。それが学者・有名人の無責任な発言・著述は、尚更信じられ易い。疑わしき事柄を、頭から信じる危険性を再認識すべきである。

近時の若い学者・研究者の中には、性急に恣意的・主観的持論を科学的解釈かのようにして人口に膾炙させようと試みる者が多い。自己の恣意的解釈を科学的理論で武装するために、利用出来そうな有力学者の説や新進の学究の新説が登場する度ごとに、自己の説をそれらと安直・強引に結び付け、その安易な結合の過程の中で、恣意的自説を科学的に装い、親衛隊を結成しその宣伝活動を促し商業ベースに乗せる。

しかし、それと引き換えに、悠久の歴史と伝統の中で多くの先人達の体験を通して発見・創造・蓄積されてきた、膨大なエネルギーの結晶である「武道・芸道の成果（精神性・身体則）」を、放擲《ホウテキ》し否定してきた。その結果は、多くの真摯な若い武道愛好者達を迷路に踏み込ませるものとなった。

過去に於いても、多くの武道・芸道を現代スポーツや文化の補足的ないし補助的な一部門に組み入れ・埋没させ、その精神的・身体的文化伝承としての実体を、空虚なものに堕落させてきた。歴史的事実として、これらの過誤はしばしば犯されてきたことを、心ある武道家は決して忘れてはならない。

終戦直後の撃ちてし已まぬの精神は怪しからんとし「寝技禁止」、危険を伴うのは野蛮であるとし「関節技・当身技の禁止」・・・真剣を想定することを嫌い「撓い競技剣道への変更」・・・等は、顕著な例である。

7. 所謂「ナンバ」の語源についての自説

なお、歌舞伎のナンバの語源について、これを明らかに述べている文献・辞典の類は、寡聞にして知らない。「南蛮文化の奇抜な風俗を真似た傾き者の所作や動作を歌舞伎に取り入れたとする説」や、「南蛮船に由来する、帆などの綱引きに用いる滑車をナンバと称していたが、佐渡金山の採掘で用いられ、滑車の綱引きの所作・動作を、佐渡の芝居一座が舞台で用い全国に広め、後に歌舞伎に取り入れられたとの説」等があることは、前述した。

筆者の試論では、修験道行者や山伏の修行の場である険阻な山道と言う意味の「難場」だと愚考する。此処では私見を略述する。

即ち、初代市川団十郎の開拓した荒事芸の内容は、「成田屋」の屋号からも伺えるように、守り本尊としてきた千葉成田山新勝寺の本尊不動明王にヒントを得て、それを根底に踏まえているのではなかろうか。勿論、団十郎自らも不動明王を守り本尊として崇拝し、修験道の行者を気取って修行したのである。

行者や山伏の身体則や行動則は、山岳修行と言う厳しい修行であり、また、古代の修験道自体が道教の影響を受けていたので、同側同時（同側並進）の身体則が守られていた。行者や山伏は修行のために、狭く険阻な山道を雑木を掻き分けたり、擦り抜けて行動する。大手を振っては歩けない細道も多いし、数日から数十日に亘る荒修行では振り動作は体力の消耗も激しく不向きなのである。半身になって細く険阻な僅かな空間を、細心の注意を払いながら擦り抜けなければならない。

また他方では、行者や山伏の身体動作や所作は、道教の影響から天空の北斗（北斗七星）をイメージして、呪術用具を手にし上体を静かに保ち、下肢は「地上で北斗を踏む摺り足・探り足態様の比較的大振りな歩行法」をも生んだと解される。

これの歩法は呪術的であって、武道術技の本質と必ずしも関わりを持つものではあるまい。道教では、天空に於いて唯一不動の天体である北極星を神秘化してきた。天壌無窮《テンジョウムキュウ》の訓えを、北極星を中心にした北斗七星に発見しようとしたのである。

因みに、一般的には儒教では右・偶数を尊び上位に置き、道教では左・奇数が尊ばれ上位とされ、それを規範として日常生活に至るまで束縛してきたのである。

能・狂言・茶道・華道・歌道・香道などの芸道での礼儀作法・所作の約束事は、道教・儒教・仏教などの影響をも受け、秘伝として本質より形式のほうが重視されるようになった。左右どちらの足を先に出すか・所作動作の回数は偶数か奇数か・左前か右前か等々、余り意味のない特殊な隠語・所作や動作・道具・規則の用い方を覚えなければならない場合も多かった。現代でも、多くの縁起担ぎやジンクスが認められる。

歌舞伎、殊に、団十郎の荒事芸は、修験道に由来すると考えられることから、概ね同様の要素を持っていたのである。ナンバの所作・動作自体、それほど重要な要素ではなかったと愚考する。

恐らく、舞踊劇としての歌舞伎の所作も含めて、これら半身（同側同時）の動作や所作を、ナンバ（難場）と言い習わされたものであろう。ナンバが歌舞伎用語となってからは、右構えを基本原則とする持続性・継続性のないもののみをナンバと指称されたと考えられる。持続性・継続性ある歩行法や走行法は本来一過性の所作・動作であるナンバの言葉に馴染まないと解される。

このように、歌舞伎の所作・動作に語源を持つと解される、所謂ナンバの所作・動作は、明らかに武道の半身の構えの起源とは異なると考えて良い。

なお、往古の武道の所作として生理的規範を踏まえた右構えの型が原則であれば、それに続く踏込み足は必然的に左足による理である。前述のように、もともと、剣術の足は摺り足ではなく歩み足であり探り足であった。合気道で言えば、右構え半身から左足踏込みの入身が最も一般的基本動作と言えると考えられるのも、以上のような理由による。

8.「伝統的武道の要諦（眼・足《速》・胆・力・・・）」（「武術四綱目」）

古来より日本の伝統的武道に於ける要諦として、眼・足（速）・胆・力・・・等の重要綱目が定められている。

先ず、「一に眼」とある。その意味内容は、視覚を中心にした五感に加え第六感（勘）をも機能させた外部環境の正確な観察と洞察力、武蔵の言う「観の眼」の養成を主眼としたものである。

単に相手の姿・形を見るのではなく、主体的に相手の反応を知ることに意義がある。それは同時に、相手の反応を知り、臨機応変する敏感な対応力をも示唆している。のみならず、咄嗟に行動に移せる平衡感覚・安定感をも含意するものである。

「二に足（速）」とある。その意味内容は、足を始源としたエネルギーやパワー（踏み込み・踏ん張り）の養成を主眼とする。それはまた、スピードの増幅や力の上方向への転換をも意味する。更には、前進のみならず後退や転換の重要性をも示唆する。

のみならず、足や脚の根元は、股関節（股の付け根）と膝関節に由来する。広義での腰（腰眼）周辺の柔軟性と広角度の開閉の重要性を示唆している。

前後左右への応変が敏捷柔軟に行われるためには、必ず、左右の足は虚実を分担し（七三ないし六四の割合で重心を掛ける）持続性・継続性を維持しなければならず、両足平均に重心を掛けて動きを止めてはならない。

また、脚全体の筋肉を不断に鍛錬することによって、その新陳代謝を日々再開発・整備しておく必要がある。

即ち、臨機応変な方向転換を可能とする脚の外側・内側の筋と、歩行や起居動作の遅速・動静を可能とする脚の裏側・前側の筋の鍛錬を不断に怠ってはならないことを示唆している。

なお、四肢・体幹は有機的一体として調和・協調するのは当然の前提となる。殊に、上肢・下肢は同時に動くのが原則で、手足が同時に、しかも同側並進（静的進退）すれば、相手の側からの認知は極めて困難となる。

また、「手足二八の理」とも言われ、武術に於ける術技の動作は、手が二分、足が八分の働きをすることを意味し、足が手より重要だとされた。

更には、足は根本、手は仕上げとか歩行三年などとも言われ、各流武術技法に於いては術技が発揮される手掌・肘の運手法よりも、脚力強化を伴う運足法がより重要視されてきた。

勿論、手には腕や肘の重要性を含意し、足には膝や腰の重要性を含意している。殊に、下半身の膝関節や股関節の柔軟・急速・広角（広範囲）な開閉は、実質的には術技操作に於ける最重要な動作・所作の根幹をなす。

武道のみならず諸芸道に於いても、外観からは観ることの難しい潜在化した部位であるだけに、一層重要なのである。

草創時代の講道館は、「講道館の足（脚）」と呼ばれて他流の者に畏怖された。加納治五郎翁も、速歩の達者であった。往年、柔道の鬼と謳われ草創期講道館の至宝と称された徳三宝の「人触るれば人を斬り、馬触るれば馬を斬る」と言った豪快な「体落し」も、この脚力から生まれたと言われる。

「三に胆」とある。その意味内容は、不必要な心理的抑圧の除去を主眼とする。それは同時に、勇気・胆力・決断力を意味し、行き着くところは不動心（無心）の養成をも含意したものと解される。

「四に力」とある。その意味内容は、単なる体力・パワーと言うよりも寧ろ心身の充実した調和的総合技術力を意味する。鍛錬を経た後に、心技体（心気力）の一致した業より出る力・理業のことである。考え方によれば、最も重要な項目であるとも言える。

それは、二で言うところの、足により養成増幅されたパワーやスピードが無駄なく正確に伝達され、手掌や肘の所作・働きによって発揮される、術技の妙なる力に着眼したものである。加えて、時に応変して潜在能力を必要十分に活性化させ発揮し得ることの重要性をも示唆している。心技体（心気力）が一致すれば、自然体で電光石火・間髪を入れず敵の未発の気を抑え・勝ちを得ることが可能となる。

所謂先・先の先・後の先を取り、吾の主導・支配の下に、戦わずして勝つと言う、不動心による主体性の確保が可能となると言うのである。

具体的には、主に屈曲筋を使う求心的引付け技に於いては胸筋・上腕筋の重要性を、また主に伸展筋を使う遠心的押し・突き・当て等の技に於いては背筋・肩筋の重要性をも含意している。

更には、術技の常時対応を可能とする不断の健康や体力や精神力の維持（養生）をも前提に置いている。健全な心身が不可分一体となって、初めて十分な術技発揮の契機が生まれる。

一般に養命・養生とは、健康を保持するのみならず、健康を回復することをも含意している。古来、武道の裏業として活法（武道整体術）が存在した。また、呼吸法や瞑想法が心身の養命・養生に重大な関係があるのも前述した。

「五に奇」・「六に計」・「七に変」・「八に正」・「九に法」・「十に鍛」と言われ、この十箇条は古来武士の座右銘として守られてきた。殊に、一から四までは、「武術四綱目」として一般化され、熟語のようになっていた。奇・計・変は所謂、思いもよらない攻撃技であり、百のうち一回用いる時にのみ効果を上げ得る技を意味する。

9.「日本古来の歩行（足捌き・運足）法」「禹歩」

現代剣道の運足法は、摺り足で足裏を地面に摺り付けるように足を運ぶ。これに対し、古来剣術（撃剣）の運足法に於いては、踏み込みに瞬発力を秘め神速の働きが出来るように、同時に躓かぬようにとの意味を含めて、「足の甲に念を置け」と訓えられてきた。

大腿部で足を持ち上げる意識で、足甲は水平に浮いている（保持している）イメージを持てとの意味である。足の甲を水平に保つためには、先ずは、爪先を上げる。次いで、踵から下ろすイメージを持つのが骨（要領）である。

一般に、現行剣道では、前進の場合は後ろ足が主役で、後ろ足は前足を前進させながら、同時に重心を前足から後ろ足に移動させる役割を果たす。

後ろ足は踵を軽く浮かせ、爪先には力を入れ過ぎず足親指の付け根部分（蹠骨部）に力を入れ、間・拍子を取りながらの弾み足となる。

前足は踏込み足となり爪先から着地し、着地後は後ろ足を引き付ける引付け足ともなる。この場合の後ろ足は引摺り足である。引き付け・引き摺りが終わると、左右の足には平均に体重を掛け平行移動するとされる。

その際、重心を水平に保ちながら前足を一歩進め、その足が未だ十分に着地しない裡に後ろ足を一歩前足の進行方向へ進める。後ろ足は継ぎ足でもある。次いで、両足が殆ど同時に着地し、自然体を保って上体を運ぶ運足で、それは継ぎ足に続いた前足を送る足をも含意する。継ぎ足・送り足は後ろ足を重視する運足法である。

また、剣道に於ける竹刀の面打ちは押斬りと言われるように、前足が踏込み足であるのが寧ろ合理的である。

それに引き換え、古流剣術での真剣では引斬りと言われるように、前足が踏込み足では不便である。その際に、前足は瞬時停止（静止）し六ないし七分の重心移動がなされるのが合理的に妥当性を有するとされる。

並の歩法を取りながら（歩きながら）の抜刀・引斬りと言う古流剣術（撃剣）に於ける真剣の実践的操作と、剣道の面打ちにみられる竹刀の運用に関わる場合との著しい相違点である。

剣道の足捌きは、道場稽古が主となってからの運足法である。ナンバとの関連で、前に詳述した。

即ち、古流剣術で実際に真剣を用いて斬る場合は、前足を重視する運足法を用いた。前述のように、真剣の操作は、普通の歩き方である交互に足を運ぶ歩み足を取りながらの、引斬りであったのである。

ただ、引斬りと言っても、太刀先がヒットした時点から左手が引き手に変わるのであって、引く前には寧ろ左手を押し出すことが重要とされた。

そのイメージとしては、右足が前に出た時、右手は前方に伸ばし放擲するように弧を描き、左肘は直線的に伸ばし、打撃がヒットした時点から左手は引き手に転換する。しかし、左右双手が一体としての動作であるから、剣自体は円弧の軌跡を描くのである。

剣にしろ竹刀にしろ、「茶巾絞りに握れ」とは正にこのことを指称している。茶巾を絞るには、前の右手は押し、後ろの左手は引き気味にして、軽く絞るのである。茶巾と雑巾の絞り方は、全く逆の操作がなされるのである。

この際、左手が引き手に転換した時点から、一時的には足の所作・動作は静止し重心も前足に移動（六ないし七分の割合）しているのが合理的妥当性を有する。

このように、真剣の素振り・振り棒の素振りは、右足と左手・左肘は対角をなし刃筋は一定の角度を堅持し、しかも臍下丹田（腰眼）を中心とした中心線の捻転作用によって、臍下丹田部位を中心とした体幹・四肢共に捻の鍛錬に主眼がある。その際、下肢の膝関節・股関節の広角広範囲で柔軟且つ急速な開合が、下肢から発動されるパワー・エネルギーを微妙に上肢に伝達する。

このような真剣の素振り・振り棒での鍛錬を通して、盤石の構えは備わるのである。

古流剣術では、腰を据え背筋を伸ばし、総じて、上半身の重心をやや前足に掛ける姿勢を取る。当初は爪先立てて足の裏を地面にピタリと付けているが、次いで、爪先を上げて踵から摺るようにして前に出る。

実戦武術は、この磐石の体勢と、前後左右全方位に流動的に対応しうる弾力性を兼備した運足の型を作り上げた。この際、「前進は踵から、後退は爪先から」と言われるように、前足が爪先を上げて踵から摺るように着地し、漸次重心を後ろ足から前足に移しながら漸進する。

それは、あたかも前足が戦々兢々、深淵に臨むが如く、薄氷を踏むが如く、あるいは生卵を踏むが如くに、未知の何かを探りながら危険を察知しようとするかのようである。危うさと緊張に満ちているのであるが、しかし、それは同時に、爪先で足場の安定と安全を確保する意味合いをも持つ。

但し、馬庭念流のように農耕に附随して生成発展し、田圃の中での安定動作に主眼が置かれたことに起源し、前後左右への移動は差し足・抜き足によると思われる流儀に於いては、概ね後ろ足に重心が置かれた。

序でながら、後退の際の運足は、爪先を下げて爪先から摺るように漸退する。後退の運足も、薄氷を踏むが如く・生卵を踏むが如くに緊張と危うさを伴いながら、後ろ足の爪先で足場の安定と安全を確保し、前足で蹴って後ろ足に重心を漸次移動していくとの意味合いを持つのは、前進の場合と同様である。

伝統的古武道の歩法は、一見摺り足と似ているが似て非なるものである。所謂、「一の足（前足）は踵から、二の足（後ろ足）は爪先から」とも言われるように、腰を中心に膝より上の大腿筋の力を利用し、漸次重心を後ろ足から前足に移動しながら、滑るように移行するのである。

前足を上げて移行すると、重心が前に一気に移動し、構えが崩れ危険でもある。重心は、後ろ足から前足へ直接一気に移動させるのではない。

詳述すれば、前足の踵が軟着地後に、前足の爪先で探りを入れる。前足の爪先が薄氷を踏む・生卵を踏むように安全性と安定性を確認してから、重心を後ろ足から大腿部を通って少しずつ、前足に流動的に途切れることなく漸次移行する。重心が前足に移動後、爪先（指先）立ちで大地を掴み後ろ足を引き摺るように引き付ける。

例えれば、「膝でバランスを取りながら、膝で歩く」要領（骨）である。膝《ひかがみ》に「く」の字を入れた如くに軽く曲げ、後ろ足に重心を残したまま、前足の踵を極端には上げないで力を抜き重心を徐々に後ろ足から途切れなく乗せて前方に送り、取りあえずは前足の踵から軟着地させ、次いで、爪先で探りを入れ安全性と安定性を確認し、その後に重心を後ろ足で漸次送り、前足に移動する。

足裏は地面に着いているようにしか見えないが、実は足指は全部爪先立っている探り足であり、それに続く引付け足でもある。古伝書には、飛び足、摺り足、踏み揺する足を病足（忌むべき足）として戒めている。

五感の中の触覚的な段階を飛び越えたり短縮し過ぎると、形態的な型を構築するのに必要な感覚が失われる。場数を踏んで体感し身体で覚えた、摺り足に似て非なる探り足や引摺り足の感覚が必要なのである。

不安定で危険な闇路・悪路・山岳路の歩行が常のことであった当時の交通事情を考慮すれば、視覚のみならず触覚や勘をも充分に働かせるのは当然であった。

古来より日本では、庶民は通常裸足か、精々履物は草履や草鞋《ワラジ》であった。武士にしても、参勤交代を含め長距離の旅路には草鞋が専らであった。踵で薄氷を踏むかのように足裏のセンサーを十二分に機能させて、安全性と安定性を確認しながら、次いで、力強く足指で掴む機能が重要であった事情が容易に窺える。道路事情などの場の状況によって、この動作を同側で繰り返すか、左右交互に繰り返すのである。

闇路・悪路・山岳路などの険路では、狭い隘路を擦り抜けるのと同様に、左右半身で交互に前進する。前足は探り足、引付け足で後ろ足は引摺り足となる。

進める前足は軽く、残る後ろ足に重心を残しながらいつでも退歩出来るようにしながら漸次重心を前足に移動し、後ろ足を引き付ける。上体は充分に伸展し半身に構え、腰は引き気味に溜《タメ》を作る。膝は締めながらも柔軟性を持たせ軽く曲げる。

出来るだけ水平移動が可能となるよう、転倒せぬよう、前方を見据えられるよう、疲れ難いよう、しかも両手を使えるよう、頭部（視線）は揺れぬように心掛ける。

そのためには、背筋を伸ばし肩の力を抜き、両手はハの字構えに腰脇に軽く当て、両足はソの字構え跛行《ハコウ》で地面を広角度に捉える。膝は、馬腹を締めるが如く、〝く〟の字構えに柔軟に応変し得る体勢を取る。

必然的に両手の動きは制限され、身体動作は同側同時（同時並進）となる。この擦り抜け歩行法から、「ナンバ（難場）」の動作・所作は生じたと思われる。

古来「禹歩」と言われ、現在でも変則的ではあるが、神道・修験道・神楽などの運足や歩行法の中に、その型が残されている。脚の不自由な人の跛行に似ている。

中国古代の伝説上の聖王禹が、治水事業のために山野を跋渉し脚を傷めて跛行になったと言う故事に因んで、禹歩と呼称されている。禹歩は、日常歩行のように両足が交互に行き違うことはなく、交互又は片側のみの引摺り足・蹇足である。

ただ、平坦な歩行し易い道にあっては、日常的には現代人に比較して歩幅は狭い（小さい）が、半身（擦り抜け）の動作は取らず、現代的歩行法を取っていたと思われる。

10. 「下部三処（腰・膝・足）」「足部三処（足首・蹠骨・足指）」「足底三処（足指・蹠骨・踵）」の作用と用法　裏筋（陰・虚）の重要性

険阻道・悪路に対応した伝統的歩行法は、幼少の頃から腰・膝・足首・踵・指先・蹠骨（足親指の付け根部分）などの筋肉と関節（殊に、膝関節・股関節・足首関節）を充分に鍛え、それらの各器官が役割分担する機能を調和的に関連させ、合理的に作用させることによって初めて可能であった。

これとの関連で、伝統的芸道や武道に於いては、殊更に裏腱と裏筋を重視した。

足や脚の裏腱と裏筋には、重要な経穴と経絡が認められる。経絡論から言えば、過度の力が集中し歪《ユガミ》が表面に顕著に現れた部位が「実」であり「陽」だとする。隠れて見難い静的な部位が「虚」であり「陰」である。経絡論を借りて言えば、陰や虚に潜在的に復元力が蓄積され次の動作・働きに備えている。目立たない陰や虚の部位に着目することこそ重要だとする。

このように、裏腱・裏筋が即ち虚・陰であり、陰陽の働きに於いては「陰・虚」に根本の力が隠されているとの訓えは秘技・秘伝とされた。

即ち、表に現れた病的症状を緩和する秘訣は、正にこの虚・陰に当たる裏筋の経穴・経絡を発見して刺激を与え活性化させ実・陽の歪みを正し、心身のリズムを調和的に正常に復させ、且つ気（生命エネルギー）を取り入れ得る環境を整え、本来有るべき状態に復元させることにある。

武道に於いてこれを例えれば、相手が実・陽の時、吾が虚・陰に於いて迎え撃てば、吾に勝ちがある。相手にとって、吾を撃とうとする心が勝る（焦る）状態が実である。これに対し、吾の心気が治まって静かに落ち着き、無心且つ潜在的に気力が充実し、いつでもどこでも全方位的に相手に反撃し得る静中動なる状態にあるのが陰・虚である。

裏筋（陰・虚）重視の理からも、足や腰の機能を充分に発揮させるために、膝関節や股関節を硬直させたり伸ばし切ってはならない。

膝関節・股関節が硬直したり、膝や腰を伸ばし切ると、脚を開いて用いる足技や横技が使い難くなる。また、膝や腰を曲げ過ぎてもならない。膝や腰を過度に曲げると、神速な迎撃の動作対応が遅れ、守りの弱さを露呈することになる。

古来より、足（脚）の構えに於いては、ひかがみ（膝）に「く」を入れよと訓える。膝裏の窪みに、軽く「く」の字状の湾曲を作り丸みを持たせ、膝関節・股関節延いては膝・腰に余裕を保たせ、常時応変が可能となることが重要だと言う訓えである。

現代の可成りの数の武道書には、曖昧に後ろ膝は、真直ぐ伸ばすと述べられているが、足（脚）構えの当初より膝を伸ばせば、動きが硬直化したり停止状態に陥って次に連続的に繰り出すべき技を発揮し難くなる。

ただ、技を極める瞬間には後ろ膝は、真直ぐに伸びているのが、遠心的技法の行使に於いては妥当である。足首を確りと地面に固定して膝を伸ばすのは、地面からの反作用を利用するためである。足場さえ確保出来れば、地面からの反作用は足・脚の働きを操作することによって大きな力を発揮する。

この点が、スポーツなど動的な反動を利用する場合との違いである。動的な反動を利用する場合は、時間的・空間的に予備的準備動作を必要とする。

これに反し、静的な反作用を利用する場合は、時間的・空間的な予備的準備動作を必要とせず咄嗟の動作をもって瞬時に対応し得ることが期待出来る。

そのためには、膝関節・股関節の広角・広範囲な柔軟・急速な開閉と回転が必要不可欠である。また、腰の円滑柔軟で微妙な動きを生み、上体の前後や左右の横ぶれ（揺れ）を緩和することも可能となる。常に安定した姿勢は、頭・肩・胸・腰が立身中正を保ちながら、平行直線上を水平に移行することを可能にする。

因みに、流鏑馬《ヤブサメ》に於いても、騎乗者は鞍から腰を僅かに浮かせ、膝と腰の動きで身体のバランスを取り、（視線の水平・安定を維持することを第一の目的とする）頭や肩が水平移行出来るようにコントロールされていなければ、的を正確に捉えることは不可能である。

身体の平衡・安定を保つのに最も重要なのは、視線（目線）の平衡・安定を維持することにある。目立たない「下部三処（腰《股関節》・膝《膝関節》・足《足首関節》）」の弾力的柔軟で微妙な調和的動作によって、平行・安定は保たれるのであり、下部三処が最も重要視される所以のものである。

此処でも、上静下動・上虚下実、所謂、地蔵肩に不動腰と言われるように、逆対応関係が認られるのである。勿論、地蔵肩とは、お地蔵様のような内面は充実しながらも柔軟性のある撫で肩を意味する。不動腰とは、不動明王のような内面の充実し安定した剛健な腰を意味している。

古流の運足法は、大腿を引き上げ、膝は「く」の字状に曲げ、足甲に浮きをイメージして、滑るように平行に移行するのを旨とする。その際、前進は踵から、後退は爪先からと訓える。どちらの場合にも、一気に重心を移動してはならない。相対的ではあるが、漸次緩やかかな重心の移行を心掛ける必要がある。

一般的に武道の基本動作は、直前進・直後退・横の踏ん張り・後ろの踏ん張り・方向転換に分類されよう。直前進・方向転換に影響するのは、主に親指の付け根（蹠骨）を中心とした足の内側筋、踏ん張りに影響するのは足（脚）の外側筋と踵であろう。

場合により、歩み足・送り足・引摺り足などの稽古も重要とされる。険路にも対応し、躓かぬよう、瞬発力を発揮し得るようにとの古来の実践的な知恵に基づく。

この場合、同側同時（同側並進）則に則った歩行動作が妥当する。これが、古来の武道具を用いる場合の武道具操作の構えであり所作・動作でもある。

農耕具の使用法としての構えや所作・動作にあっても、同じである。更に、半身の体捌《タイサバ》きは、刀・棒・杖・槍などの武道具や担ぐ諸道具を手にした時にも通じる自然身体則でもあった。

なお、運動科学理論でも、身体のポテンシャルエネルギーの殆どが、腱と筋に蓄積されるとする。従って、腱と筋が短縮する前に、その腱と筋を休ませてストレッチングすることにより、跳躍筋を柔軟弾力的に用いることを可能とし、その活動効率を増大し得ると思われる。これも陰陽の理である。

その意味でも、武術の真の潜在力は下部三処（腰・膝・足）に依存することは間違いあるまい。より細かく言えば、足部三処（足首・蹠骨・足指）及び足底三処（足指・蹠骨部・踵）の微妙な関連動作を含めて、下部三処が術技の弾力的且つ効率的瞬発力の源泉と成り得る。具体的には、腰・下肢の関節部位と周辺の筋肉（殊に裏筋・側筋）の弾力的瞬発力に依存する度合いが高い。

このように、原則的には下肢を通し、臍下丹田部位に蓄積されている潜在エネルギーは、途中背筋や胸筋のパワーと付加・協調しながら、上肢、殊に肘より先の三部位（肘・手首・手指を含む掌）に於いて伝達・発揮される。

合気柔術に於ける術技の巧みさや精密さは、そのエネルギーを原動力にして、肩・肘・手首・手指の関節の柔軟自在な働きによって発揮・顕現される。

11.「掌中」の作用と用法

両手首と両手指を最も効率的に使う働きを、「掌中の作用」とか「手の裡の働き」と言われ、単なる握り方とは異なる。

武道歌にも、『只持つとうつとは握り違ふなり　よく見よ神子《ミコ》（巫女）の鈴の手元を』（「剣術至極詳伝」木下寿徳）とある。

掌中の作用や手の裡の働きは、真剣・木刀・竹刀・棒など武道具の操作法は勿論、日本古来の農民による農耕具の操作法、大工・包丁人・職人などによる道具の操作法、漁労民の操船法、庶民の日常生活上の小物・道具の操作法、合気柔術の技法などに於いても、本質的に共通する重要な機能的働きをなしている。

此処では便宜上、武道具の操作法に限定するが、他の道具操作法についても概ね同様の事理が妥当すると思われる。

指の機能については、所謂攻め指、極め指、力指の三通りに分類される。これを攻防の技に応じて、合理的に使い分けるのが手の裡の働きである。

武道術技を操作する動作を起こす始動（起動）の指は攻め指と言われる。その機能は人差指が分担している。

武道術技が具体的に発揮される打ち・突き・当ての最後に締めて技を極める指は極め指と言われる。その機能は小指が果たしている。

攻め指と極め指の両方に対し、弾力的・相補的に強調作用を施す指は力指と称され、攻め指と極め指の双方を機能的に活性化・強化させるのに役立ち、攻防の中心をなしている。その機能は中指が受け持つ。

このように、手指は手首・手掌と相互に重要な相関関係を有し、手首の外旋回では親指から小指に掛けて気エネルギーやパワーが漸次移動する。逆に、手首の内旋回では小指から親指に掛けて気エネルギーやパワーが漸次移動する。

これらの指の緊張や弛緩と手首の機微な作用が巧みに調和して、初めて打ち・突き・当ての技の冴えが出てくる。上手や達人の手の動き自体は小さくても、手首・手掌とこれらの指との相関作用によって、手の働きは合理的・効率的に機能し、技が極まり目標（相手）に大きな衝撃を与える。

これら手首・手掌・指の動きもすべて、前述した方・直・円・曲・鋭の五つの身体動作の融合的一体化されたものである。

合気術技では、所謂三教・四教・四方投げなどの技に於いて体得し得るのである。

序でながら、茶巾絞りと雑巾絞りは、言葉は似ているが、その所作や機能するところは非なるものである。「茶巾絞り」は、左手親指の上部に右手小指を軽く添えて、主に肘の伸展筋を働かせて左右の手を前後に引っ張るように扱きながら、軽く内回りに絞る。その際、右手・肘を軽く扱くように引き気味に伸ばし、左手小指を比較的強く締めるだけである。

これに対し、「雑巾絞り」は、左右両手の親指を接し、上腕の屈曲筋を働かせて利腕の右手は外回り左手は内回りに両方の親指側に力を入れて強く絞り込むのである。

また、手拭い絞りについては、手拭いの意味が日本手拭いなら茶巾的に、西洋タオルの意味なら雑巾的に置き換えて考えれば足る。

近時の若い武道家による術技解説書には、この区別さえ弁えずに、無造作に手拭い絞り、雑巾絞りなどの記述が散見する。

因みに、「・・・剣道で『雑巾をぎゅっと絞るように竹刀をもて』と指導されることがあるが・・・、薬指や小指でぎゅっと絞りこむときには、肩に力が入らず・・・」（斎藤孝著「身体感覚を取り戻す」ＮＨＫブックス）と述べている学者がいるが、分厚い雑巾を絞るには手掌と肘腕の屈曲筋を用い、そこに力が籠もる。勿論、茶巾絞りを知らぬ学者の机上論に過ぎない。明らかに肘の伸展筋を働かせる茶巾絞りと間違えて、雑巾絞りと言っているのである。

彼は、前述の通りナンバについても、明治前の殆どの日本人の「歩き方」であったとする。「天秤担ぎ」の写真を掲げて根拠とするが、それは歩き方ではなく、担ぐ状況での身体動作（所作）なのである。多くの武道解説書は、あたかも当然のように、明らかに誤りである学者の論を引用している。

現代では茶巾自体を知らぬ者も多い。昔は大抵の家に茶道具があり、茶巾の取り扱いも心得ていたものである。明治・大正・昭和に掛けて剣聖と謳われた高野佐三郎の道場訓辞に曰く、「両手は茶巾絞りと言って手拭いでも絞る気持ちで、左手は小指でしっかり握り、右手は添え手と申して決して力を入れてはならぬ。しかも、打ったら（目標に当たった時）右手は押し手・左手は押し伸ばしから変じ引き気味に打つ」と。

指が強固に屈曲した状態では、それぞれの指の関節に付着している側副靱帯が緊張して、屈曲状態を保つ状態で機能する。一方、指が伸展状態や軽く屈曲した状態では側副靱帯は弛み、関節にゆとり（遊び）が出てきて指が互いに離れ、動きがある程度自由になる。

茶巾は薄い布片であって、雑巾のように強くは絞れない。主に肘の伸展筋を用い、前後に引き気味に扱き、左手の小指で締めるだけである。

古来より、「茶巾を湿して縦に扱けば、双手の人差指より中指に到る迄次第に力強まり小指締りて、良く其の手の裡を知るべし」（源清音剣法集）と言われる。

打つ時に右手を押し手とし、押し伸ばしていた左手を引き手に変じて、双手を茶巾を絞るように握る。これは、明らかに伸展筋を用いる剣法術技の理を示している。

雑巾絞りは、主に手掌と肘や腕の屈曲筋を用いて左右の手を反対方向に力を入れて回転し捩じり絞るので、握り部分が硬い刀や竹刀の柄・棒・杖などでは、手元に硬直した力が籠りその先端部分に影響を与えることは少ない。加えて、雑巾絞りでは上腕に力が入り、肘が締まり動きに柔軟性・弾力性を失う恐れが生じる。

但し、体術では多少事情が異なる。主に当身技に於いて、経穴や経絡に対して攻撃を加えるに際し、茶巾絞りと雑巾絞りの両態様を時に応じて使い分けると、大きな効力を発揮する。

なお、手の裡での茶巾絞りの操作だけ独立して機能することはなく、手・足・腰・呼吸などと統一的・関連的に機能することを忘れてはならない。

参考までに、ある機能が単独で作用することがないのは足裏についても言える。殊に、狭い空間や運足の困難な場での緊急時に於いて、合理的且つ効率的で微妙な作用を生み出すために、広い意味では下部三処と言っても良いが、より具体的には接地面に近い足底三処（足指・蹠骨・踵）と足首関節の伸縮・開合の統一的連携動作が重視される。

これによって、僅かな空間と咄嗟の時間の中で、大地からの動的反動に頼ることなく、膝関節・股関節・足首関節の弾力的で広角広範囲且つ急速な開閉（開合）を応用して、大地から受ける静的反作用を利用して爆発的瞬発力を起動し、上半身へと伝達し最大の効果を発揮させる。これは、通常の当身技に於いて必要不可欠な身体動作の一つである。

通常のスポーツが、概ね時間的・空間的余裕を持って動的反動を利用し術技効果を上げるのに対し、日本的武道・芸道が時間的・空間的余裕のない状況下で咄嗟・瞬時に機転を働かせ静的反作用を利用し術技効果を最大限に発揮するところに大きな違いがある。

なお、より緊急時や足場の悪い処で当身技を用いるには上肢のみに依存せざるを得ない。その際には、咄嗟に肩の筋肉を剛直化させ、反作用原理を応用して、硬直化した肩の周辺部位に大地の代替機能を果たさせるのである。

上腕・肘の伸展と肩胛骨部位関節の開合による瞬発力と、それに反応する相手からの反発力を硬直した肩周辺部位から反作用として反発させ、両者を有機的に統合ないし融合し、機能的に利用するのである。

十．「秘技」

1．「秘技」の意義

秘技（の発現）とは、個々の見えない技を吸収・融合させ、より大きな調和的統一力を形成し、目に見える型である基本技の枠を一瞬の裡に超越し、基本技を質的に変換して発現（発揮）する現象と言える。

この決定的瞬間を取り上げ、自己実現の過程の成果であり精華でもある自己表現と言っても良かろう。そのような状況下に於いては、無重量感・解放感・充実感などと表現され得る宇宙との一体感とでも言う感覚が感得される。

自分の体験を含め多くの体験談を総合すると、剣道・柔道・合気道などですべてを自然に託し、捨身で思い切って技を掛けた時、完璧に技が極まり全く抵抗感や重量感を感じない、自然との一体感を感得した充実感と満足感こそ、秘技の発現感覚であろう。

すべての現象は、宇宙自然の法則に基づき、求心力・凝集（縮み）・接合と遠心力・爆発（伸び）・開放と言う陰陽二力の相反・均衡（「気」エネルギーの凝集・爆発）による、尽きることのないリズミカルに循環する自然環境の中から生じる。陰尽きれば陽となり、陽尽きれば陰となるのは宇宙自然の法理である。

身体内部にも身体外部環境にも、常に流動的な陰陽・伸縮（伸屈）・開合など相反する二方向の力の制御・調和・統合が働いている。

秘技（の発現）も、伸展と屈曲・開と閉（合）等のそれぞれ異なる方向性を有する二力の微妙な調和と有機的一体化により、円運動・曲運動とか梃子の原理運動などに基づく融合統一力から生まれる現象と言えよう。

古武道の伝書・秘歌などに謳われている極意としての巴とか合気の動作は、相手に逆らわない・抵抗しない状態でありながら主体性を確保し、これら統一力を主導権を取って行使すべきことを訓えたものであろう。

このように、秘技（の発現）とは基本技の応用であるが、静的型ではなく、特定の個人によってなされる、ある時間帯にある場を、流動的に通過する動的型の瞬間の作用を映写的に捉えたものである。従って、秘技は個人の特性の発揮と言え、一般的普遍的型ではない。

寧ろ、特性さえ認められず、一回毎に異なり一瞬にして消滅する現象とも言い得る。同じ者が全く同様の技を用いたとしても、相手や時・処・位により、その発現態様も発現効果も異なる。

同様に、たとえ寸分違わぬ同一の技でも、使う者が異なれば個性・能力・経験も異なり、やはり、その発現態様も発現効果も異なる。

技は、本来それを用いる主体・客体・時・場所・外的環境などに応じて、変化し得るものである。具体的には、作り、誘い、相手の気配を察知し、掛け、崩し、極め技で制する。この一連の連続的身体動作は、時・処・位により千変万化する。

一般には、最後の極め技を指して秘技と称する。しかし、寧ろ重要なのは、その前提や予備の行為として用いられる技（所作・動作）である。所謂「目に見えるが型に成り難い技」や「目に見えない技」である予備的技に、秘技の本質的要素が隠されていると解すべきである。

このことは、目に見えない心法（此処では、技を使う者の心の在り方の意味）が、そのまま、技の在り方と有機的一体として融合し発現されることをも意味する。

これは、同一楽譜で演奏される音楽が、演奏する主体・客体・時・場所・外的環境の違いによって、同じ曲でありながら全く異なる表情を表し、飽きることのない異なる魅力を持った感動を聴衆に与えるのと似ている。

2.「武道秘伝書」の内容

各宗教でそれぞれの経典が作られるように、武道・芸道でも技法論・心法論が時代を経るに従って、各流派毎に文字で表現され、遂に武道論・芸道論の有無が流派の格式にも影響を与えるようにさえなった。どの流派の伝書にも、それぞれ独特の難解な語・標識や記号が用いられている。

確かに、秘伝書に平易な用語では有難味が薄い。そのために、日常の具体的倫理道徳を説いた儒教によるよりも、より抽象的な陰陽五行説・道教・梵語・仏語（殊に禅・密教）などの神秘的・呪術的標識や記号を多用する傾向がある。更に、三読してなお充分理解し得ない用語が多く、所謂、隠し言葉・掛詞・縁語などを多用している場合も可成りある。

また、全く同一語が、ある時には抽象的微妙な精神状態の説明に用いられ、他の場合には、単純な具体的技法説明に用いられたりもする。

新陰流の殺人剣・活人剣などは、そのよい例である。「・・・敵を威圧し萎縮させせて勝とうとするのを殺（人剣）といい、敵を竦めずに働かせて勝つのを活（人剣）という・・・」の場合と、「・・・構え太刀を殺人剣といい、構えのない（無構え）のを活人剣といい・・・」の場合とでは、明らかに「活」と「殺」の意味は異なる意味に用いられている。

にも拘わらず、多くの武道解説書には、同一語句は同一の意味であると曲解し、自分の都合に合わせて牽強付会する例が多い。そのため読者は、迷路に誘い込んでしまう。文章の前後のニュアンスにより、可成りの箇所で、その場の状況に応じて異なる解釈が必要となることを肝に銘ずべきであろう。

また、実体験がないにも拘わらず机上論として、解釈をなした僧侶・神官・儒者達の都合の良い恣意・主観が混入したことも否定出来ない。

秘技について武道書を概観すると、大部分は口伝に譲られたり、文章化されていても抽象的箇条書きの羅列に終始する場合も多い。

抽象的箇条書きや神秘的・呪術的標識や記号が、秘伝書の読者である不特定多数の者を対象とし畏怖と憧憬の念を与える効果を狙ったものであることからすると、逆に、重要な内容を特定者から特定者への口伝に譲ったのも当然とも言える。

その意味では、口伝による伝達こそ、それに値する特定の者を対象とした伝達方法として、妥当な手段だったのであろう。

殆どすべてを秘伝・口伝と称して文章で明らかにされていない結果、現代に於いては、秘技自体の存在が疑わしい虚仮威しの机上の想像技と考えられたり、僅かな体験や抽象的箇条書きの直訳に基づいて低次元の誤った恣意的主観的解釈に委ねられたりする恐れもある。

秘技の実体や残された抽象的・呪術的章句について深く洞察し、それについて解釈を与えることは、逆に実は重要な原体験を失わせるだけの結果をもたらすに過ぎないのかも知れない。

ともあれ、秘技の気付き（発見）・創造（発明）から数百年経過した現在、文面上の証左（証拠）がなくては、その実証は不可能である。

現代の若い武道家の多くは、武道書から引用した僅かの字句を頼りに、それに低次元の誤った主観的・恣意的な推量を加えて、すべての事柄に対し充分に理解したかのように武道原理として断定を下そうとする。

現象と本質には齟齬が生じ得るし、その間には矛盾も存在する。

抑々、本質は各現象のそれぞれの側面を貫く一貫性を有し、各現象間には、全体的統一性及び内的関連性が存在することを明らかにしているものである。

それに対して、個々別々に生じた各外部的現象は、本質の中の限定された、ある部分的側面の偏頗《ヘンパ》で不公平な現れ方に過ぎない。

もし、自分が認識した事柄を個別的に生じた外部的現象の範囲に限定して、それが事柄の全部であり、その本質を充分に理解したと考えるなら、事柄の客観的姿を正しく捉えたことにはならない。それでは、自分の個人的低次元の経験のみを恣意的に信じ、その中で自分が個人的に認識した局部的偏頗な外部的現象を事柄の全体であり普遍的真理だと思い込み・誤認したことになる。

例えば、一本の真っ直ぐな棒を半分だけ水中に入れると、外からはあたかも曲がっているかのように見える。また、器の外観・模様によって視覚的に幻惑され実際より軽い（ないしは重い）と錯覚して、器を取り落としたことはないか。更には、階段がもう一段ある（ないしは、もう階段は終わった）と錯覚して、足を取られたことはないか。未経験から砲丸をソフトボールのように扱い、肘を脱臼した体験はないか。

武道の術技行使の場合として考えれば、錯覚によって曲がっている部分に攻撃を加えることに繋がる。また、錯覚によって打撃の程度や受ける程度を間違えると、その攻防は有効に機能しないのみならず、自傷をもたらすことにもなりかねない。小手先の器用な相手の柳に雪ないし柳に風の受流し技に、幻惑され錯覚に陥ることなく、不動心を持って相手の本質を見極め、相手の本体・中心線の裡に存在する本質に対して、一途に有効適切な攻撃を可能とするのが真の術技行使である。

事柄を観察する時、外部に現れた局部的偏頗な現象のみに恣意的に捉われて断定すると、主観的幻影に惑わされ錯覚を起こし、その真の本質の在処《アリカ》を見失う。

3．武道秘伝書にみられる「秘技の本質」

武道に於いて、心眼でみるとは、事柄の本質を見失うなと言うことである。

事柄の現象と本質は、直接には一致しない。のみならず、現象はしばしばその中に、多くの主観的・恣意的な幻影をも含んでいるので、錯覚を容易に引き起こす。

事柄の本質は、運動過程では殊更に多方面・多様な外部的現象として現れる。主観的・恣意的な幻影も、本質の運動過程の中での一つの現れ方である。しかも主観的・恣意的幻影は、事柄の本質の運動過程での一定条件・一定範囲内に於ける、非本質的現れに過ぎない。

例えれば、河の運動作用のようなものである。泡は河面に現れ、本流は河底にある。しかし、泡もまた本質の一つの現れ方ではある。

しかし、本質は現象と言う特殊な一形態として姿を現すものだから、先ず、多様な形態で現れる現象を多くの実践的経験を通した眼で観察する必要がある。観察も一面的・主観的・恣意的に限定せず、大量・他方面の関連現象をも観察の範囲に入れるように努めなければならない。

具体的武道の鍛錬に於いては、質量共に豊富な実践的掛り稽古や乱取り稽古を熟なすと共に、質量共に多くの見取り稽古をも熟すことが必要不可欠である。

例外は原則を炙り出し、普遍性は特殊性の中に宿り、特殊性の中から発見出来るからである。その過程を経て、初めて事柄の典型的現象を発見し、その本質・性質や周囲環境との関連性も認識・感得出来るのである。

仏道の修行に於いてさえ、「口伝を信ずること莫かれ」（伝教大師）と言われる。まして、身体文化の伝承として実践智を重視する武道では、形ある具体性を体得することが大きな目標であるから、尚更のこと、実践のない一面的口伝を頭から信じることは出来ないのである。

そうは言っても、確かに秘密性保持の必要性から、抽象的な謎解きに直面することは已むを得ない。それにも増して、少なくとも文章として残されている事柄は、謎解きに当たっては重要なヒントになることは否定出来ない。

最近の武道書では、「パワーの源泉は力を抜くことにある」「力を抜けば抜くほどパワーが出る」「脱力し後は重力に委ねれば良い」「筋肉は単にパワーの通路に過ぎない」「屈曲筋を解放し伸展筋を発揮することが合気術の秘技である」「人体は殆ど水分からなるから、流体力学に則ることこそ秘技である」等の、秘技・秘伝・口伝の内容についての解説がなされている。多分、古文書・伝書・儒仏道教・現代科学などを参考にし、得意分野を基礎に置いて、自己流の恣意的な机上論として構築されたものであろう。

現在は、余りにも情報が多すぎる。それが役立つためには、総合的知識と調和の取れた実践行動と思考が必要である。殊に我々が探求する武道に於いては、過去から現在に亘る肉体と精神の能力すべての現れ方を、注意深く観察した情報が必要なのである。他の多くの部分を犠牲にし、自己の都合に合わせて不当に恣意的な特定部分のみを強調したり、多数の情報から良いとこ取りをすることがしばしば起こる。偏見のため、実際はほんの一部しか把握していないにも拘わらず、あたかも全体を理解したかのように、故意に曲解し独善的選択をする場合も多い。

武道歌にも、『麓なる一木の花を知り顔に　おくもまだ見ぬみよしのの花』（諸派諸流の秘伝書）と詠われている。奥なる秘処を未だ見聞したことがないが、それを知りたい者ほど、想像を逞しくして傾《カブ》き、知り顔に囃し立てると言うのである。

浅薄な表層の発見・知識・情報の数ばかり増やしても、真の目的に立ち向かう行動則にとっては何の役にも立たない。その魅惑的美に捉われ、観念の奴隷となると、真の目的を見失う危険が生じる。

細かい知識を寄せ集めた多くの情報は、原理的には物事を一層理解し易くしているようだが、初心者にとって、実際には断片的知識が思考に混乱を生じさせ、事柄の本質を一層不可解にしている面もある。

事柄の本質と言うものは、大局的に遠くからみれば一層明快になるが、近寄って近視眼的にみれば、かえってぼんやりするものである。

可能なら、出来るだけ単純なほうが良い。しかし、知識の断片を寄せ集めるように、単純過ぎてもいけない。葛藤や矛盾が起こり、互いに消し合う場合もある。

次から次へと、新しい情報を仕入れて恣意的理論を構築し、次々と新たな練習法・稽古法を計画立案する移り気な行動は、練習法・稽古法の企画自体を自己目的化し、自己完結させ自己満足してしまう。いつまで経っても結局何も得るものはない。役に立たない情報ばかり、頭に詰め込まれ益々混乱を惹起するだけである。

秘技に通じる練習・稽古の行動則を発見し確立するためには、内外環境や個性に見合った自己固有の練習・稽古形態を創造し形成した上で、秩序化する必要がある。

自己が目指している（憧れている）神秘的魅力を正確に分析し、実践可能な身体的行動則に沿った反復継続的訓練・稽古を通して、魅力的要素を総合的に自己に適合するように調整しながら体得し、量から質への転換を目指すべきである。

現実に遭遇してみれば、机上論とは異なり、外因や環境に対応した臨機応変な転換と修正の必要性が感得される。行使される術技自体も、可能なら単純なほうが良い。注意すべきは、機能的単純にみえる技も、実は相手と時・処・位と言う外部環境や条件の在り方と相互関連して複雑に応変する。

また、複雑な応変を可能にするのは、多くの変化態様が動的多彩で型に成り難い技法と言う、普段の努力によって蓄積されてきた背後の基盤に多くを負っている。

4.「秘技の魅力」

漠然且つ抽象的としてではあるが、名人・達人の語る秘技が不存在と言うのではない。秘技と言われるものが人の心を魅了するのは、複雑な力学的不安定さや術技の曖昧さ、更には、曖昧模糊とした抽象性・漠然性を持つからである。余りにも精緻を極め、科学的解明がなされたとする秘技の解説には、秘技の本質はない。

現代人にとっても、秘技は相変わらず、手が届きそうで届かないもどかしい魅力ある興味の対象である。

人は、芸術的感性と科学的理性の両面を保有する。

武道家や芸術家の言葉は、統合的且つ抽象的で漠然としている反面、直感的でもある。そのため、素人にも何となく分かる気がする。

逆に、科学者の言葉は、合理的で解析的に精緻を極め、専門家でなければ理解し難いのが一般である。殊に、専門的用語を多用されると、一見合理的でありそうだが生の人間業として不可能であり、最早やお手上げである。ただ、武道・芸道に於ける秘技の意義・内容についても、芸術的感性と科学的理性の両者がうまく融合出来るとすれば、ある程度は統合と分析・漠然と精緻・直観と合理・抽象と具体と言うような「感性と理性の双方を、同時に内包する言葉ないし表現方法」が存在し得るかも知れない。更には、今後発見する可能性があるかも知れない。

古来より、心ある武道家は、感性と理性を同時に融合・含意する表現方法の発見に腐心し模索してきたが、成功したとは寡聞にして知らない。

況や、多くの現代の自称武道家による、芸道や武道を科学的に解析し解釈しようとの試みは、彼等の一方的且つ恣意的なものであって、現時点で成功しているとは到底思えない。自己満足とも思える主観的・恣意的な理屈が勝って、実体験や実践行動が不足し、論理が単なる机上論的で未熟に思われる。

最も美しいものである精神性を伴う悟り・極意・秘技を得るためには、低次元の身体の忍耐・苦難を伴う修行・稽古を通して漸次獲得していく以外に方法はない。

ともあれ、秘技に対する魅力は、例えて言えば、夜目・遠目・傘の中に認められる仄かに色香の漂う女性への、未だ見ぬ心ときめく魅惑・憧れ・愈々《イヨイヨ》見極められるかと言う一抹の不安・緊張・期待、見極めた後の感嘆の溜息、手に入れること（到達）は不可能と感じる失意、期待外れの落胆等を総合した感情と共通点を有すると言えようか。

この秘技に対する魅力こそ、武道を始めとする芸道の技が、価値を有するものとして伝承され、稽古に励みを与えてきた所以のものでもあろう。

しかし、終局の目標に至る道の発見すら漠とし、況やそこへの到達は至難の業である。また、秘技について、言葉での説明には言い尽くせない限界がある。

「秘するが華」「知る者は言はず」「不立文字」「以心伝心」などの言葉は、その間の事情を物語っている。問いの中に答えがあると逆説的に言われることもある。結局、恣意的に無理な解釈を与えることは、かえって重要な掛け替えのない原体験を失わす危険を冒すことになる。

これらの警句は、直接経験を通して体得し、本性に目覚めよと訓えている。その成果は、やはり挑戦し、壁に突き当たり跳ね返されながらも、自覚し自得する外ない。「言う者は知らず。知る者は言わざれども、自ずから得るところあり」とは、何度となく述べたところである。少なくとも、真摯に挑戦もしないで、遠くからただ単に眺めていても、獲得出来るものではない。これが実践智と言うものである。買わない宝くじは当たった例がないとは良く語られる例えである。

ともあれ、「武術の秘技は、流体力学の中に存する」などの論は、身体の有機的一体性を無視した非現実論である。しかし、この類の「秘技への魅力」を持つ者も存在するのも事実である。

自己に都合の良い部分だけを取り上げて恣意的に理屈だけ述べるのなら、ミクロの世界では人間も透明人間であるとも言える。原子核と周囲を回る電子との間隙の割合だけを取り上げてみよ。人間に実体はなく空であり透明とも言えるではないか。

5.「有心尽力」の結果としての「無心抜力」

現代の武道家の中には、武術の秘技の中核は、力を抜くことにあるとか、伸展筋を用いることこそ、武術の秘技の本質であると主張する者も多い。この点については、如何に考えるべきであろうか。

人がある事柄に対して、どのようにその特性ないし共通性を認識したり識別して対応するかによって、その人がその事柄について錯誤・矛盾に陥るか否かも決定される。

あらゆる事柄は、すべてそれぞれ異なる特性を持つと同時に、共通性をも必ず持っている。静中に動因を孕んだ状態である潜在的運動を含め、停止することのない動的運動をなすことは、あらゆる事柄に於いて認められる共通性の一つと言える。処で、気エネルギー・パワー等と称されるものも、一種の流動体と見做すことが出来る。そして、流動的運動に対しても、人は種々の異なった認識を持ち異なる識別をなし、それに基づいて行動を取る可能性を持っている。

ある流派は、動的運動の流れを塞き止めポテンシャルエネルギーを高めることに意を用いて、気エネルギー・パワーを求心的に蓄え活用するのを良しとする。具体的には、主に屈曲筋を鍛錬・行使することに主眼を置くべきと訓えるのである。

他の流派は、流動的運動の流れを円滑に各部位へ伝達させることに意を用いて、気エネルギー・パワーを遠心的に発揮させるのを良しとする。具体的には、主に伸展筋を鍛錬・行使することに主眼を置くべきと訓えるのである。

確かに、ある場面では、気エネルギーやパワーの流れを求心的に凝縮・蓄積し一気呵成奔流（爆発力）として吐出し、その勢いを利用する必要性が生じる。

しかし、初心者は、先ず原則的には自然の法理に則って、正確な手順（正しい型や術技操作）に従って、気エネルギーやパワーの流れを塞き止めることなく、円滑・効率的に各部位へ伝達させ遠心的に術技を発揮させる方法から稽古を始めるべきであろう。

すべての気エネルギーやパワーを、必要部位に円滑滞りなく注ぎ込み、その機能を十全に発揮させ得ることが術技操作の基底にあると言えるからである。殊に、婦女子・老齢者など非力の者が術技を行使する場合を想定すれば納得されるであろう。

一般的に言えば、先ず、柔らかく緩っくりした動作で気エネルギーやパワーを円滑且つ正確な軌跡を辿って力の作用する各部位に伝達させ、遠心的機能を発揮させ得ることを体得する必要がある。その域に達すれば、伝達されたエネルギー・パワーを必要に応じ必要なだけ自在に凝縮蓄積し、奔流（爆発力）と変えることも可能となるであろう。

ともあれ、円滑且つ正確な伝達の前提として、伝達すべき内容物としてのエネルギーやパワーは、各人各様に鍛錬により常時潜在的に蓄えられていなければならない。

脱力・抜力・力脱の最終目的とするところは、押圧によって気エネルギーやパワーを各部位に送るポンプ的機能を発揮する呼吸力を養成して、エネルギーやパワーを円滑・効率的に発動・伝達させ得ることにまで行き着く。同時に、脱力・抜力・力脱は、柔軟な心身の態様を作り、正確・迅速・弾力的・効果的な術技の行使を可能とする。

流動性を持つ気エネルギーやパワーは、力んで萎縮し硬直した筋肉や関節部分では、その流れが淀み、円滑・

効率的に発揮することは難しい。また、効果的な術技の行使も不可能となる。

此処で脱力・抜力・力脱と言っても、力を捨てるのではない。飽くまでも、力の効率的な発揮と効果的な術技行使を目的とする手段としてである。

飽くまで、目的達成のための方法論である。当然のことながら、力の蓄積は必要不可欠であり稽古鍛錬を怠るべきでない。しかし、それに依存しない心を持って、呼吸力を利用し無意識の中に自然体となれば、自ずから脱力・抜力・力脱状態ともなり、気エネルギー・パワーを充分に円滑・効率的に伝達・発揮出来る。

その際、筋力の媒介がなくては気エネルギー・パワーの伝達・発揮は有り得ない。このように、あらゆる武術の技を円滑に行使するに当たっては、屈曲筋・伸展筋の別なく、脱力・抜力・力脱は必要不可欠の前提となる。

ともあれ、武道を教授する場合、当初は、柔らかく力を抜いて緩っくりと技を使う法を教授すべきである。

力を抜き緩っくりと正しい技を逆腹式呼吸法と同時に使えば、臍下丹田に気は凝縮沈潜（集中）し重心は安定する。その状態を保って術技を操作すれば、気エネルギーやパワーは、正確な軌跡を描いて四肢の末梢に至るまで自由・円滑に発動・伝達し得るのである。

即ち、臍下丹田に気を集中させ重心が安定した状態で柔軟に術技操作を施せば、（内外環境に咄嗟に応変して肉体的武器となる）自己の四肢やその延長としての武器（道具）に対しては勿論、相手に対しても、最も機能的に気エネルギーやパワーを伝達し術技を効果的に発揮し得ることにも繋がる。

当初は、可能な限り逆腹式呼吸法と並行して、意識的意念を込めて反復継続的に稽古をなせば、かえって無意識の裡に正しい技を、身体が覚える結果となる。

力を抜くのは、終局的には力を入れた場合をも含めて、正しい技の使い方・正しい力の入れ方を覚えさせるためである。

柔らかく緩っくりと動作するのは、終局的には速い技を使う場合をも含めて、最も効果のある正しい・継続性を維持しながら加速的で流動的な軌跡を身に付けさせるためである。

正しい技の使い方・正しい力の入れ方・正しい効果のある軌跡を身体が覚えない裡に、無理な力を入れ・誤った技を使い・非能率的な速さや軌跡に執着すれば、効果の少ない誤った技を使う悪い癖が身に染み付いてしまうのである。

勿論、無意識の裡の正しい脱力・抜力・力脱状態は、長期に亘る身体則に則った忍耐強い反復継続的稽古の結晶でなければならない。

他の芸道でも、有心尽力《ウシンジンリョク》の結果が無心抜力に至る（「花伝書」）と訓えている。無心の前提に有心があり、抜力の前提には全力（尽力の意であり、力任せと言う意味ではない）を傾けた一意専心の稽古がある。

初めは、柔らかく素直な技を身体に覚えさせ、漸次強く且つ速く力を発揮することを覚えていくべきなのである。

百鍛千錬すれば、裡に強靱・神速を秘めているが、外観上は、再び初心者のように緩っくりと柔らかい技を使う状態に立ち返る。しかし、勿論両者は似て非なるものであり、一歩の千里の差がある。

可能な限り意識的に鍛錬することが、結果的には無意識下に無駄な力の抜けた、最も効率的有効な術技の行使に繋がる。

武道に於いて、何の稽古・努力もせずに、立ち止まっては考え、体を揺すり、肩の力を抜きこれで良しとするように、何となく漠然となす稽古状態である「不実の無文」は得るべきものは何もない。

確かに、一見何もないようでいて深い味わいのある芸である無文（一見力が抜けているようにみえるが、充実した内容が潜在している状態）は尊ばれるが、内容のない不実（腑抜けの状態）は、百害あって一利なきものである。

迷いに迷い試行錯誤の末に悟りを極める転迷開悟の後の無心、脱力でなければ、本物ではない。力は抜くべきものではない。力は善用（最も効率的効果を発揮）すべきものである。有心尽力の結果として、無駄な力は自然・無意識の裡に抜けるのである。好く馬に乗る者は、馬を忘れ、好く水を泳ぐ者は、水を忘れる。同様に、好く足に適えば、靴を忘れ、好く腰に適えば、帯を忘れる。

須らく、物事の道理に適うよう身に付くに至れば、心身に拘りはなくなり心身の存在さえ忘れ、最も効率的効果を発揮しうるに至るものである。

脱力・抜力・力脱状態は、稽古に精進し尽力した後、自然無為に行う日常の居立ち振舞い、安き位・行住坐臥の状態に至って初めて感得し得る。

所謂、気付きの後に自得し得るものなのである。力を抜こうとする技巧に捉われるのは、自然に逆行する。一意専心・一所懸命に稽古に励む過程で、脱力・抜力・力脱状態が、寧ろ、機能的にも効率的にも最も自然な状態であると、無意識の裡に身体がふと気付くのである。

気付きの過程を経ると、相手の攻撃力に応じて必要な時必要なだけの抜力の結果としての反撃力が、無意識の裡に生じてくる。

打てば響くとか柳に雪・笹に雪の例えのように、相手の打ち方に応じて大きくも小さくも反応する余裕と弾力こそ重要である。

古来より、稽古の時は本番・本番の時は稽古の心構えで鍛錬せよと訓える。これも最広義では、一種の逆対応関係の現れと言えるであろう。

本番とは真剣と言う意味である。稽古の時に本番とは、真剣にならざるを得ない環境や相手を想定し、真剣な心構えを養えと言うことである。自己が真剣を持つと言うことではない。勿論、真剣を持つこともその一助とはなるが。

飼い馴らされたシェパードや、檻の中の虎を相手に睨めっこしても何程のこともないであろう。しかし、世に現代の武道の名人とか達人と称される人々のかつての稽古は、このようなものであったと自叙伝では述べられている。真剣とは、斯くの如き似非事なるものなのか不思議でならない。

檻から放たれた虎と言う危険な相手の出方に対し、必死の思いで睨み据え、自己は無手で対応してこそ真剣の意味がある。

因みに、嘘か真か定かではないが、山田次郎吉翁は太陽と睨めっこしたとされる。その方法論はともかくとして、心法鍛錬のために、真剣にならざるを得ない環境や相手を想定した一例と言えるであろう。但し、決して常人に勧められる方法論とは言えない。逆に、本番の時は稽古の真意を、取り分け平常心・不動心・無心などと難解に言う必要はない。大事や大変に臨み、安らかな不動の精神状態で判断選択し行動出来るようになれば良い。ただ、そこまでの自信を持つに至るのは、実は至難の業である。

「葉隠れ」が、日常座臥、死の覚悟を求めた意味が良く理解されるであろう。

6.「抜力（脱力・力脱）」されるべき部位

武道の極意を柔道に例をとれば、精力善用（精力最善活用）にあると言われる。勿論、善用とは、倫理・道徳的意味ではない。肉体と精神の統一能力を、最も効果的に発揮すべきとの意味である。このことは、武道は元より、すべての芸道・作法に通じる極意であろう。

処で、武道術技を行使するに際しての脱力・抜力・力脱すべき部位は、勿論、身体の全部位ではない。下半身を源泉として発動されたエネルギーやパワーは、比喩的・感覚的に言えば流動性を持って、主に上肢に移動する。

原則的には、下半身から発動されるエネルギーやパワーは、主に膝や腰、上半身の胸・背・肩・腕・肘などの筋肉・関節等、円滑な通路となる部位を流れて上肢に移動する。この通路となる部位の自然な脱力が肝要である。

当然のことではあるが、自己の統一能力を最大限発揮するためには、個別的各部位の力を相互に効率的に伝達する連結部分に相当する、股関節を始めとして、肩・膝・肘・腰・首・足首・手首周辺の関節、及びパワーの発生源となる腹部・背部・臀部・脚部・腕部周辺の筋肉の柔軟性と関連部位の強化・鍛錬が必要不可欠な前提となる。

更には、踏ん張りと反作用の基盤となる、大地との接触部位である足裏・足指などの骨・筋肉・関節や、時により大地の代替機能（反作用）を司る肩や背周辺部位の骨・筋肉、また自己の繰り出す有効な術技を、相手に接触し伝達すべき部位である（手指・手掌・手刀・手拳を含む）手部や（足裏・足指・脚を含む）足部・腰・額などの骨・筋肉・関節の強化・鍛錬も必要不可欠である。

このように各部位の関節・筋骨の強化・鍛錬を前提に、無駄な力が自然に抜け柔軟性を保ちながら、気エネルギーやパワーを円滑・効率的に移動すれば、打てば響くと例えられるように、時・処・位に応変し統一力の最善活用を成し得るのである。

身体の抜力（脱力・力脱）状態は、「上虚下実」と言われるように、重心は低く保たれ下丹田を中心とした下半身に充実した状態を作る。此処でも、逆対応関係が成り立つ。これは、飽くまで、相対的状態であり、杓子定規に解釈してはならない。

注意すべきは、上虚と言われる上半身であっても、具体的に相手との接触部位となる手・肘・肩などは術技効果を発揮すべき部位であるから、術技行使に当たっては適宜充実させることが必要不可欠となる。

無駄な・不必要な力を抜いて、大地より発するエネルギーやパワーを全身に取り入れるとのイメージを持って（実際には、大地と直接接触する下肢の柔軟性と、その周辺筋肉から大部分は発するものであるが）、体幹・四肢を有機的一体となして連動させ、接触部位を介して応変し相手を誘い・流し・崩し、相手を所謂虚状態となし、無抵抗の裡に術技を掛け相手を制するに至るのである。

尤も、上虚下実を前提としながら、更に、これとは別次元で表層と深層に於ける逆対応関係、換言すれば内柔外剛・外柔内剛をも考慮しなければならない。これらを、時・処・位により、臨機応変に使い分けるのである。

更には、逆に、下虚上実の逆対応関係の認められる技法もある。剣道・柔道・柔術・相撲などの、所謂捨身技の中にみられる。下肢筋肉・関節によって発動されたエネルギーやパワーをすべて上肢に移行し、上実状態のまま、そこに全力を傾注する。その時点で、下肢への意念（意識）は抛擲されるのを常とし、下虚の状態となるのである。

また、徹底的に脱力し重力に委ねることが秘技であるとの意味は、相手側の視点からみると、吾の身体が脱力状態になれば吾の重心は常に不規則且つ漠然と移動し、彼は、吾が重心の位置を判別し、捉えることが難く、吾と相対する彼自身にとっても相対的にバランスの取り方が困難になり、彼自身の重心も容易に崩れ易い状態に陥いる。彼としては、吾の身体を「重くて、扱い難く」感じるであろう。

彼の平衡感覚を失わせ、彼が吾を容易には取り扱い難くなる状態に着目したものである。その結果、彼は吾の動きに従う傾向が認められる。

また、これを自己側の視点からみると、吾が主導権を維持しながら方向と態様をコントロールし、流動的で円滑・脱力された緩やかな間断のない動きによって、吾から発する重量感や抵抗感を彼は的確には感受出来なくなる。彼にとっては吾は捉えどころがなくなり、漠然とした不安定な感覚でしか捉えられないはずである。

このような状況下に於いては、「吾にとり逆説的に最も安定感のある重心移動」を可能とする。そのために、彼はある時は軽く、また、ある時は重く感じるのである。

そのために、彼は抵抗を示し難く虚状態となる。彼になおも抵抗せんとする部位が生じた瞬間に、そこを支点として、吾は彼に技を仕掛けるのである。

その動きは、基本的には現代文明社会では非日常的な動作となってしまっている円や曲線を基調とした動きである。この動きにより、自己の身体から不自然な力みや硬さが消え、迅速・柔軟・流動・効率的な動作を発動させることが出来る。

しかし、注意すべきは、脱力自体は手段や方法であり、目的ではない。脱力によってエネルギーやパワーが直接発生したり、増加するわけではない。

7.「エネルギー・パワーの源泉」

エネルギーやパワーの源泉は、基本的には下肢を中心とした下半身に潜在する。

実際には、エネルギーやパワーは、大地に対する下肢の反作用や反動によって発生し、足（脚）・腰・背中・肩・手と伝達され、それらが有機的一体となって連動し方・直・円・曲・鋭の身体動作が体幹・四肢によって施され、終局的には直接術技を発揮する手掌・手指・肘などに顕現されるのである。

因みに、武道の術技操作に於ける所作・動作は、主に静的な反作用を利用する。

勿論、動的反動をも利用する場合も有り得るが、動的反動は時間的にも空間的にも準備すべき余裕が必要とされるから、咄嗟に瞬時の臨機応変を期待されている真の武道に於いては、原則的には動的反動の利用は避けられ、静的反作用を利用すべきものとされるのである。

これに反し、準備動作を伴う最適状況での発動を予定されているスポーツに於いては、最大限のパワーを引き出し得る時間的・空間的に余裕を与えられものであるから、動的反動を利用されるのが寧ろ当然の前提となる。

静的反作用を利用する場合、イメージとしては、大地から発したエネルギー・パワーが足（脚）・背面・腰を通過し肩・腕・手掌を経て臍下丹田部位に一旦収まり、更に、臍下丹田部位から術技を施すべき体幹・四肢抹消に移動伝達すると意念する。

具体的には、充実した下肢筋力を最大限に発揮し得る状況を調え、抗重力反作用を利用することによって、自己発エネルギーは発動（起動）される。

基本的には、動物も車も飛行機も他の物に与えた反作用分だけ上下・前後・左右に移動する。翼の動作で発生した自己発（自己が発生した）エネルギーを空気に与えなければ、鳥も飛行機も飛べない。

自己発エネルギーが無駄なく効率的に発揮されるために、胴がぐらつかないように翼の付け根部分の筋骨を頑強に補強し、腹部と胴体を併せて一体的に剛体化するのである。昆虫類も胸部を硬い剛体にして空を飛ぶ。車も大地に与えた反作用分だけ移動することになる。

武道に於いて、自己発エネルギーの反作用を利用し発動する場合、理屈は同じであって、自己発エネルギー発動の付け根部分を剛体化すべき鍛錬は不可欠である。

但し、鳥も飛行機も離陸する時（量質転化する時）には、何らかの形でプラスアルファとして加速度《エネルギー》を付加しなければ飛び立てない。すべての事柄に於いて、初動の際に必要とするエネルギーはプラスアルファを考慮されるべきである。

清朝時代、太極拳の名手に露禅と言う者がいた。ある僧が、彼に太極拳の極意を尋ねた。露禅は答えず、簾を潜ってその場に飛び込んできた小鳥を捕らえ、掌の上に乗せて柔らかく上下左右に揺すった。すると、小鳥は飛び立とうとしても露禅の掌を離れることが出来なかった。小鳥が飛び立とうとして足に力を入れようとする時、露禅が巧みに掌を揺すってその力を抜いてしまった（離陸するための加速度ないし反作用が機能しないように、剛に対し柔で応変する工夫をした）のである。この話は良く出来過ぎた創作であろうが、ともかく柔能く剛を制す理を良く伝えた話ではある。

因みに、武道書に載っている解説では、鳥が離陸するための加速度や反作用を機能させない、剛に対する柔での対応の真意を理解することが出来なかったのか、単に武気功の威力で、一種の催眠作用と解している武道家が多いのである。

　このように、ある時は吾が至剛となって、彼の発した剛力を彼自身がその反作用を受けて自滅する場合もあれば、ある時は吾が柔体となって、彼の発した剛力を無力化する（機能させない）場合もあろう。須らく、臨機応変に柔剛一体の理を働かせるべきなのである。

　中国拳法では、柔中に剛を潜ませ、綿中に針を含ませるとの訓えがある。柔軟な動きの中に鋼鉄のような弾力的強さを持たせる鍛錬が必要と言う訓えである。

　概ね、エネルギーやパワーの伝達される道筋のイメージは、全身を立木に見立てると理解し易い。下丹田から発現した伝達経路は上方に向かい、足が根・体幹が幹・それ以上の上体が葉に当たるであろう。

　また、下半身について言えば、下丹田から発現した伝達経路は下方に向かい、下腿が根・膝が枝・足が葉に当たるであろう。

　上半身について言えば、下丹田から発現した伝達経路は上方に向かい、肩が根・腕が枝・手が葉に当たるであろう。

　運動科学に於いても、身体のポテンシャルエネルギーの殆どは、腱と筋に蓄積しているとされる。

　そして、反作用効果を効率的に発揮するためには、基本的には、自己発エネルギーの最大の源泉である下肢筋力のパワーアップを図り、人体の重心と重力方向とを結んだ、「正中線」上に抗力を作用させ、同時に抗（重）力反作用を受ける大腿部周辺の筋骨を瞬時に剛体化することが必要とされる。

　なお、当身技に於いては、抗力反作用を受ける周辺部位の筋骨を瞬時に剛体化することが必要である。勿論、剛体化する部位は、百鍛千錬の稽古によって鍛え上げられていなければならない。

　勿論、ミクロ的にみれば、有機的一体としての身体各部位相互間（基本的には体幹と四肢相互の有機的連結が重要）に於いても、相対的に連鎖的反作用効果は生じ、その作用・効果が総合的に統一調和され、相乗的に大きなパワーを発揮すると解される。当身技に於いては、この理が最も妥当する。

此処で、正中線を相手の存在や動静を無視し、静止水平面上と言う理想的条件下の定義を前提に議論するのは、机上論に終わる危険がある。

何故なら、現実には外部環境や条件の変化、相手による心理的圧迫や物理的抵抗が存在し、正中線も相対的変動状態の中で規定されるからである。殊に、足底が水平的に安定した状態を保持している場合のほうが、寧ろ、例外的であることを考慮すると、常に応変自在に処する必要があろう。

そのゆえに、道場稽古の過程では静止水平面状態での正中線を身体に記憶させ、山野での相対的変動状態の中で腰・膝・足（足首・踵・蹠骨・足指）、所謂下部三処の関節の角度調節や転換に相当の余裕（遊び）を持たせ、臨機応変に弾力的な対応を訓練することが重要となる。

ただ、身体部位の剛体化に伴い、該当部位が硬直化すると言う欠陥を生じる。そこで、この欠陥を補い、その代償機能を果たすために、剛体化された部位直近の関節の柔軟且つ円滑な操作と、その周辺の脱力された柔軟で弾力性を備えた筋肉を鍛錬しておくことも必要不可欠である。

より一般的に言えば、相手の抵抗にあい、それに対抗して硬直した接触部位については、直ちに該部位への拘りを捨て、その部位直近の関節周辺に意識を移し柔軟に対応させるのが骨（要領）である。

具体的には、例えば、手首が抵抗にあえば直ちに手首部位への拘り・抵抗を止め、該当部位を脱力し相手もそれに反応して攻撃を弛めるであろう。そこで間髪を入れず、直近の肘関節に意識を移動し肘で当てを撃つ等の応変を試みるべきである。

この場合に注意すべきなのは、その判断が電光石火・咄嗟に（相手が反応・リアクションを起こさない裡に）

なされるべきで、言わば間・拍子の機微に関わるのである。間抜けになると、逆に相手に付け込まれ、それに対する応変を許す結果になる。

此処でも上虚下実を意識し、下部三処（腰・膝・足〈足首・足底〉）—〈足底には（踵・蹠骨・足指）を含む〉—の関節と筋力の充実や鍛錬に努めなければならない。筋肉の伸展・屈曲、遅・速による多様な身体動作が生じるのは勿論、関節の広角広範囲の伸縮・開合によってより複雑な身体動作が可能となる。

より具体的には、脚の踏み込み、内股ないし膝関節の急合（瞬時に締める）、足首の捻り・前進する慣性力の上昇転化（主に足首関節や肩関節の角度調節による）、股関節の柔軟な広角広範囲の開合、腰の回転・回旋・螺旋、身体の沈潜、瞬時の自在な方向転換などの鍛錬が必要となる。

関節の伸縮・開合が、多様な身体動作を生じ且つパワーの源泉となるのは、スポーツ水泳でのクロール・平泳ぎや武術としての水練の伸ばし、諸手抜き・片手抜きにみられる、股関節・膝関節や肩胛骨周辺関節の伸縮・開合を考えれば明らかである。

道場武術に於いても、事情は同様である。大小を問わず、あらゆる関節部位が連繫して身体動作やパワーの源泉となっているのである。

8．「伸展筋」と「屈曲筋」

人は歩行など習慣的運動をする時、気付かぬまま多くの筋肉の屈曲・伸展を支配している。即ち、習慣的運動に於いては無意識の裡に、屈曲筋と伸展筋の相互有機的一連の固定性の強いパターンに制約され委ねられているのである。

また、身体運動の二つの型（屈曲と内転・伸展と外転）は、それぞれ環境に対する生体の二つの異なった態度の現れである。意識が具体的に何かに向かっていることと極めて密接に関連している。

即ち、屈曲と内転は、注意を要する自らの能動的有意的行動と結び付いており、主体としての自己と外部世界や他人との分離、主体としての自己の側からの外部世界や他人への支配・働き掛けを表現している。

例えば、人は能動的有意的に対象を注視しながら精密な作業を行う場合には、身体を前傾させ、首を曲げ・眼球を一点に集中させ・腕を内転し屈曲させる。

これに対して、伸張と外転は、より自動的受動的な不随意運動と結び付き、主体としての自己の受動的状態・自己の世界への没入を表現している。

例えば、人は受動的不随意的に首と体を後ろに凭《モタ》せ掛ければ、眼球の集中力は弱くなり腕は外転し力なく伸張する。

一般的に言えば、人は怒った時は無意識的に拳を握り締める。人が掌を相手に向けて（下方に内転させせ）突き出したり、拳を握り締めて机を叩く（内転し屈曲させる）場合には自己の意見を断固主張し、外部世界や他人に対して対立的態度を取りたくなる。

反対に、手掌を上に向け（外転させ）手指を開いて差し出す（伸張させる）時には、人は怒りを収め寛容に耳を傾けることが出来るようになり、外部世界や他人に対し受容的態度を取るようになる。

処で、一般的に日本人は、屈曲筋を主に用いる求心的動作や所作を中心に置く「引き文化」を伝統とする、緊縮（屈曲）型身体文化を伝承していると言われる。

しかし、微細に観察すれば、鉈《ナタ》と鋸《ノコギリ》の使用法にもみられるように、日本人は場合に応じて臨機応変に、遠心的動作や所作に関連性を有する伸展筋と、求心的動作や所作に関連性を有する屈曲筋を巧みに使い分け、両者を総合的に調整して用いているのである。

古流武道の術技で体幹・四肢を機能させるに当たっても、鎖鎌と槍剣のように時・処・位に応じて臨機応変に屈曲筋と伸展筋の双方を使い分けて働かせている。

ある時は双方を逆対応関係、例えば、上肢を屈・下肢を伸、上肢を伸・下肢を屈に用い、有機的一体的に融合して作用させたり、また、別のある時は上下肢共に伸展筋（又は屈曲筋）のみを用いる等、臨機応変に使い分けている。柔術・剣術に於ける、投げ・打ち・当て・払い・押し・斬り・引き等の多彩な術技を考察すれば容易に理解されよう。

武道の術技操作に於いて通常問題とされるのは、腕と脚の伸屈である。腕で最も筋肉が多いのは上腕二頭筋で、その筋肉が縮んで腕が曲がる。逆に、上腕二頭筋に相対した後ろに上腕三頭筋があり、その筋肉が縮むと腕が伸びる。この時、腕が曲がる筋肉を屈（曲）筋と言い、腕を伸ばす筋肉を伸（展）筋と言う。

脚についても、大腿の後ろの大腿二頭筋が縮むと膝が曲がる。逆に、前の大腿四頭筋が縮むと膝が伸びる。この時膝を縮める後ろの筋肉を「屈（曲）筋」と言い、膝を伸ばす前の筋肉を「伸（展）筋」と言う。

合気柔術の術技では、主に肘・手首・指の伸展と屈曲が問題となる。そこで先ず、定義付けをしておく。手の甲を上にして、手指を全部伸ばした状態で手首関節を下方に曲げて回転するのが「手首の屈曲」、逆に上方に伸ばして回転するのを「手首の伸展」と言う。指関節も同様に、手指を握る方向に曲げて回転するのを「手指の屈曲」、逆に手掌を広げる方向に伸ばして回転するのを「手指の伸展」と言う。

序でながら、生理学的にも明らかなように、指の関節は単軸性関節と言って、屈曲と伸展の運動しか出来ないが、掌を形作る五本の骨である中手骨と指節骨を繋ぐ関節は球関節と言う構造で三軸方向に働く。そのため、五本の指を相互に平面的左右に開くことが出来る。そして、中指を基準にして、そこから遠ざかる方向の運動を「手指の外転」、逆に近付く方向の運動を「手指の内転」と言う。手首関節については、親指側に平面的に曲げる運動が「手首の内転」、逆に小指側に曲げる運動が「手首の外転」と言う。また、親指と他の指とを向き合わせる運動を「対向」と言う。このように手や指の複雑な動きは、上下屈伸・内外回転・対向と言う五種類の指の運動と上下屈伸・内外転と言う四種類の手首の運動の組み合わせから生まれてくる。

これに、肘から手首までの部分である前腕の軸周りの内外回転が加わり、指・手首・手掌・肘を含む手の運動の柔軟性は更に高度化したものとなる。一つの軸周りの運動を「一自由度」とすると、人の上肢は「二十六自由度」の運動が出来るとされる。これらの運動はすべて筋肉の収縮によって機能する。ある運動を行う時、中心的に働く筋肉を主働筋、それに従って働く筋肉を拮抗筋、主働筋と同じ方向の運動を起こす補助的筋肉を共同筋と言う。

武道・芸道に於いて重要な手の働き・手の運動について言えば、これらの筋肉は全部で五十位あり、どの筋肉をいつ・どれほど収縮させるかで、手の働き・手の運動が決まる。人間の腕は関節の回転によって運動するので、指・掌・手首を含めた手先を目的通りに動かすには、肩と肘の関節の柔軟で適切な動かし方が重要なポイントとなる。

前述のように、古来より先人は、武道の身体動作を方・直・円・曲・鋭の五種類に分類出来ることを発見していた。

一部の武道家の言うように、ある一部の筋肉・関節の運動のみに注目し、「縮めない・溜めない・捻らない」などと武術の身体動作を限定的に規定するのは、先人の貴重な体験と発見を蔑ろにするものであろう。

ともあれ、合気術の秘技を伸展筋に求めた論者は、現代的体術としての柔道の術技が屈曲筋を主に機能させる緊縮（屈曲）型術技を原則型としている点に着目したのであろう。原則（実）と例外（虚）の逆対応関係に注目し発想の転換を試み、伸展筋を主に機能させる伸展型術技こそ秘技のポイントだと言うことに気付いたと思われる。発想自体は、実に卓抜且つ適切であった。

しかし、残念なことに、論者の言うところの伸展筋の実体は、単に骨の強度や直線性、関節の円滑性や角度調節と言う特性に着目しただけのものである。対応条件によって伸展筋の動作態様を決める重要要素である撚・捻・翻などの身体動作には触れられていない。別の論者は、伸展型の秘技性を認めながら、はっきりと伸展筋の動作態様を否定し捻ってはならないとする。

現代の日常的動作に於いては主に屈曲筋を用いる態様が多いし、屈曲筋を使う技は筋力に頼る傾向が強いのが一般的である。その場合は、筋力の強い者程優位に立つ結果となる。そのために、主に屈曲筋に依拠する求心的術技を多用する格闘技では筋力強化・鍛錬に主力を注ぐのも当然と言える。

これに対し、主に伸展筋を用いる遠心的術技は、背後に隠れている骨格の強度や直線性の持つ特性機能と関節の円滑な伸縮・開合や角度調節機能に多くを借用依存している。伸展筋は、この骨格や関節の機能を下敷きにして、筋肉の「纏・撚・捻・翻などの多様な動作態様」を時・処・位や相手に応じて臨機応変に使い分けて、骨格や関節をサポートしている。

これらの動作態様の使用方法の巧拙・遅速が、術技の効果発現に際し重要な要素となり、大きな結果の差として現れる。

従って、これら伸展筋の動作態様は、屈曲筋の場合に鍛錬器具を使用してトレーニングに励むのに比し、それほどの筋力鍛錬を要しない。

その意味で、女性・老人・子供や非力の者でも稽古量とそれなりの鍛錬次第では、充分にその効果を発揮し得る。老人・女性・子供でも容易に親しめるとの「合気道勧誘の謳い文句」も、満更嘘ではない。

注意すべきは、一部論者の言うように、纏・撚・捻・翻などを伴わない単調な伸展筋の動作態様で技を用いると、相手の払い技には脆い。それに対応するためには、伸展筋を用いる動作態様に下肢の安定性を伴う螺旋や捻りを加えた多彩な練習が必要不可欠となるのである。

即ち、骨格や関節の特性機能や調整的動作のみに着目し、それぞれ単独で小手先の直線性や角度の操作に捉われ過ぎてはならない。骨格や関節に作用する筋肉の纏・撚・捻・翻などサポート的動作態様や機能の重要性を再認識すべきである。

術技操作に伴う動きは、常時安定を保ち過不足なく、ある時は円・曲の身体動作に随い、ある時は方・直・鋭の身体動作に随い、無意識の第六感（勘）の求めるままに柔軟に気力・筋力が働くのに任せるを良しとする。

また、相手の力を柔らかく、しかも効果的に受け流すには、粘りある続飯付けをもって緩急自在に応変するのを良しとする。そのためには、心技体を練ることを怠ってはならない。粘りある続飯付けが効率的有効に機能するためには、緩急自在の臨機応変が求められ、この際も筋骨の纏・撚・捻・翻と言う動作態様の鍛錬は必要不可欠である。

殊に、関節の緩衝機能は極めて重要で、相手の攻撃力に対しては勿論、自己発の力に対しても、反発力の発動やショックの吸収などの作用を発揮する。

柔軟で剛強な筋肉と伸縮と開合の自在な弾力性に富んだ関節が相互協調して、初めて身体動作は完全に機能する。殊に、当身技に於いては、関節部位の伸縮と開合が重要な機能を発揮することを忘れてはならない。

なお、剣・木刀・棒・杖などを振る時、茶巾絞りに小指側を締めて極めると、伸展筋が興奮しスピードに乗る。逆に、小指側の絞りが緩み人差し指が締まり気味になると、屈曲筋が興奮しスピードが遅くなるのみならず、剣尖（先）部位が死に体となってしまう。

その意味で、剣・木刀・棒・杖などを振る場合、腕力に頼るとか自力で中途に振り止めることは、胸筋・上腕二頭筋などを用いる屈曲筋主体の動作となり、屈曲筋意識が脳に記憶され、それに執着することに繋がり、実戦では十分に機能し得ない結果を生じる。初心者や一人稽古に於いては特に注意すべき点である。

此処でも、脱力・抜力・力脱と、主に伸展筋を使う技とは不即不離の関係にある。

9. 打ち・突き・当て・打ち込みに於ける「動作イメージ」

剣・木刀・杖・棒などの武具や、手掌・手刀・手指・肘・肩・腰などの身体の各部位を用いた、打ち・突き・当て・打ち込み運動に於ける力の用い方は、それぞれ異なり得る。

原則として「地面に平行前進する並進的・直線的運動では速く強く」、「関節を中心とする円運動では滑らかに大きく」、「梃子の原理による運動（結果的には一種の部分的円運動の軌跡を描くが、イメージとしての力の出し方は直線的）では梃子に直角に鋭く速く」力を加えるべきである。

ただ、実際の術技を用いる具体的状況下では、その打撃力は、これらの三運動（直線的運動・円運動・梃子の運動）から生じる各力が融合された合力として発揮される。

加えて、各力の融合された理想的な打撃力は、一般的にはパワー・スピード・角度・間・拍子・呼吸力などのバランスとリズムの取れた総合統一力でなければならない。

その背後にある根源的パワーは、体幹と四肢（上肢と下肢）のそれぞれが融合的・有機的一体化した合力とも連携しているのである。

なお、武道・芸道で大小と言われる時は、単に形状的・量的な比較ではなく、質的要素を内包した大小を意味する。小とは大の小型版ではなく、凝縮版と解される。デジタル光学機器で言うところの、緻密な画素に例えられよう。

稽古の蓄積度が高ければ、要素の凝縮密度が濃いと言える。そこには、小と言えども、全方位的に爆発的行動力を発揮し得る潜在的契機を孕んでいる。

また、振り棒・杖・木刀・真剣などの武具を用いる場合は勿論、身体の各部位を用いる鍛錬に於いても、飽くまでも相手や対象を想定して身体感覚として記憶させるべく、振り・打ち・突き・当て・打ち込みなどの身体動作を機能させる必要がある。

前述したように、空間での振り等の練習動作に於いては、屈曲筋主体の胸筋や上腕二頭筋を用いる腕力に頼る動作の中途停止をしてはならない。

道具の重量・加速度・引き手による遠心力などが加わって、対象に効果的にヒットする部分で最もスピードが増し、最大力が発揮されるように間拍子・リズム・バランスの在り方を工夫しなければならない。その場合には、振り切る・打ち切る・突き切る・当て切る・打ち込み切ると言う強いイメージを動作と一体にして持つことが重要である。

加えて、振り等の動作時間が短時間であればある程、技も冴え力も大きくならなければならない。中途半端に腕力に頼る自力でブレーキを掛けると、間拍子・リズム・バランスのすべてが崩れ、発揮されるべき効果を削ぐ結果となる。

武道歌にも、『うち込みはふりにかまはず数を打て　いつかは馴れて早業となる』『二の腕と腰のさだまるそれまでは　うちこむたびに体あたりせよ』（「剣術至極詳伝」木下寿徳）とある。一心不乱の心身一体・有機的身体の一体化した打ち込みの重要性を訓えている。

仮想の相手や対象を想定した攻防動作と言うイメージを伴う動的身体動作や、また、頭で考えるだけのイメージトレーニングのような静的稽古も、更には、他人の稽古を観て感得する見取り稽古なども、意識的で能動的に統合された動きを感得するための重要な一つの稽古手段となるのである。

しかし、次の段階では、逆にイメージが邪魔になる場合も生じ得る。その場合は、イメージを消して身体の動きのみの稽古に集中するか、練習を中止し沈思することによって、上達の骨や要領を自ずから掴める場合もある。休んでいる間も、反復継続的鍛錬の動きは徐々に身体に沈澱し動きのネットワークが受動的に構成され、ある日、突然に網目が繋がり無意識の裡に身体が「気付き」を感得・体感するのである。疲れが蓄積した場合、休むことが逆に網目のネットワークの構築に有意義であることもある。

此処で注意すべきは、繋がった網目は極意や秘技修得への重要なステップとなると同時に、大きな落し穴にもなる。

即ち、一旦、網目が出来上がってしまうと、新鮮な挑戦の気を失い、稽古の繰り返しは単なる平面的反復に陥り、最も抵抗の少ない楽な道を選び、惰性化する危険が常に存在するからである。惰性的稽古では、進歩・発展は到底望めない。

初心に返るとは、平面的回帰ではなく、螺旋的回帰として上方志向を意味しているのである。そこには、残心・陰陽の理・次への備え・転換・新鮮な挑戦と言う再生の心が常に存在していなければならない。

例えれば、抜力の気付きを感得した後、最早や新鮮な挑戦を忘れてしまうことが多い。先ず、体を揺すり力を抜き、その後に術技を施そうとし、充実感のない腑抜けの技に終わる。力脱の結果だけを利用しようとする者が、このような結末を迎える。

有心尽力の後の無心抜力とは、各段階毎・各術技態様毎に日々の初心をも含意している。日々間々に、初心忘るべからずの精神を確立しなければならない。

但し、「・・・し切る」と言っても、力任せと言う意味ではない。相手や時・処・位に応じて、臨機応変に弾力的で適切な力を十二分に（必用充分に）出し切ることを意味する。

古流では、武具や身体各部位のいずれを用いる場合も、立木への打ち・突き・当て・打ち込み運動のすべてに亘り、立木に相手をイメージして間・拍子を取って衝撃を加え、適切な打ち切る・突き切る・当て切る・打ち込み切る稽古を行う。

10.「独り稽古」

現代では、華風で軽やかな多彩な技の変化にのみ興味を持つ風潮がある。しかし、地味な独り稽古を、決して疎かにしてはならない。

実際の稽古や試合の時は、対象となる相手が存在し、外的障害として抵抗にあったり、他傷・自傷行為を慮って、術技が相当程度に達しても、馴れ合い演武でない限り、技を自由に行使・発揮出来ないものである。

そこで、独り稽古により、対象相手をイメージして自己の得意・理想とする動き・捌き・間拍子の呼吸を自得し、鍛錬を重ね、更に得意技に創意工夫を施せば、術技も絶妙の域に達し得るとされる。

因みに、女性・子供を相手とする時は、殊に、脱力状態での柔軟で正確な術技の操作を確認出来る絶好の機会であり、大きな効果が期待し得るのである。

独り稽古は、道場に出向く機会が得難くなる事情から、時代の動乱期に最も盛んであった。例えば、幕末から明治に掛けて、直心影流十四世男谷信友・十五世榊原健吉・十六世山田次郎吉などは、常時、振り棒と称する赤樫ないし鉄の長さ六尺余り、重さ三貫余りの棒を、満身の気力を込めて暇さえあれば百回・三百回・千回・二千回と振って精神と肉体を鍛錬した。

榊原健吉は、晩年に於いても六十五才で没するまで、振り棒のみは日課として毎日百回振ったと言う。従って、彼の上腕の周囲は一尺八寸余り（約五十四センチメートル）あり、老いてもその意気は益々猛烈で、実に当たるべからざるものだったと言われる。

当時は、他の華風剣道の者から榊原の薪割剣術と悪口を言われ除け者にされたが、逆に、健吉等はササラ踊り（田楽舞い）と称して、華風剣道の女々しさや理屈っぽさを冷笑し気に留めることもなかった。

華風の剣道に比し、地味で大まかな、寧ろ、不器用なくらいのものであったが凄味があったと言われる。

明治二十年明治天皇天覧の兜割の際は、逸見宗助など他流の一流剣客がすべて失敗したにも拘わらず、『思へども人の力に限り有り　力を添えよ武甕槌神』と祈念し、見事に明珍南蛮鉄桃型兜の八幡座の一番頑丈な処を三寸五分（約十センチメートル）も斬り込み、日頃の鍛錬と無念無想・一心不乱の振り棒の成果を遺憾なく発揮し、薪割剣術の真価を世に知らしめた。

健吉の高弟であった山田次郎吉は、幼少の頃より余り強剛でなく寧ろ虚弱であったが、振り棒による鍛錬の過程を通して、筋骨隆々・胸幅頗《スコブ》る広大・膂力群を抜き、誇張ではあろうが、遂には、十五貫余りの鉄棒さえ自由に振り得るようになったと言う。また、幕末に忍心流槍術で海内無双と称された高橋静山・泥舟の兄弟は、二貫五百匁《モンメ》（約八・六キログラム）の丸太のような槍（通常の二倍以上の重さ）で、しかも一本歯の高下駄を履いて、毎日暇に任せて、二千から三万回に及ぶ数突きの鍛錬に励んだ。

幕末の奇人と言われた平山行蔵は、日課として七ツ（午前四時）に起床し冷水浴の後、七尺五寸の白樫の振り棒を五百回振る。その後、居合三百本などの稽古に励んだ。受けて斬り返し、流して撃つ、防ぐ等の順序立てて学ぶ剣術の型は無視し、一尺三寸の竹刀で、相手の胸板を突く稽古のみに終始した。相手の竹刀が頭上に来る前に、相手の懐に跳び込み一突きする。短刀で、相手の背中まで突き通す気持ちで向かわなければ、届かないからだと言う。

「善く戦う者は、人に致し人に致されず」（「孫子」）とは、正にこの気概を指す。無刀取りの極意と一致する。

更には、明治維新前後の実戦の場で、最もその威力を発揮した薩摩の示現流の鍛錬法も立木打ちと称する簡単な、それでいて厳しい独り稽古がその中心であった。

切口三寸余り（約十五センチメートル）の椎、又は、樫の木を九尺余りに切り、この先を地中に埋め、これを立木として数本並べ、柞《ユス》の木を削った木刀で五ないし六メートルの距離から雄叫びの掛け声と共に突進し、力一杯に左右に撃つだけである。しかし、朝に三千、夕に八千、一心不乱に打ち込み、初めの裡は一打毎に腕は痺れ血豆が出来るが、腕が上がると、木刀と立木は激しく擦れ合い焦臭い匂いが生じてくると言う。これを双方で打ち合う場合は、その二倍のスピードで擦れ合うことになる。この独り稽古を十五年間毎日やって、やっと初段が許され僅かの型を訓えられる。立木打ちに始まり、立木打ちに終わる鍛錬こそ本物を作る。

示現流道歌に『うち込みはふり（外形・姿・動作）にかまはず数を打て　いつかは馴れて早業となる』とある。

因みに、振り棒とは、「一円相大道剣」と名付けられた直心影流独特の鍛錬法であった。振り棒の長さは凡そ自分の身長位で、手元の握りは手の裡一杯に、先は次第に太く六角ないし八角に削った樫の棒で、重さは初心者で六キログラム程度、馴れるに従い十六キログラム位まで及ぶ。その長さと重量との関係から、それ自体の重さの六倍位までは自由に加減して使用出来る。

それを腹力と気力で一心不乱に振るのであるが、心中一点の邪念・妄想・懈怠心が起こると危険である。一見腕力のみを養成しているようであるが、決してそうではない。

武道歌にも『力とは手足体のことでなく　ただ一心の中にこそあれ』とか、『ちからをもさそくもいらでぬけ行くを　まことの力《リキ》とおもひしるべし』（真極流柔「柔勤肝要集」）とあるように、力を単に物理的パワーとのみ理解してはならない。精神統一力を養成し、臨機応変ないしは剛柔一体・合気（心法）を体得した上で無意識の身体の動き・働きをさせることに主眼があった。

我武者羅に行うと、その期間には個人差があるが、一時的に確かに自我が強調され、自己の癖が表面化する。しかし、極限の体力・精神力を要する場を設定し、一心不乱に猛修すれば、自ずから雑念から解放され、従来の自我・我執が破壊され限界を超越し自己改革（量質転化）を成し得る。

一心不乱の振り棒・数突き・数蹴り・打ち込みを行った後、瞑想思念し創意工夫を施せば、絶妙の統一力を自得出来ると言われている。

▼▼補足――

「高下駄」考

ある種の武道研究家は、一本朴歯の高下駄での歩行法・走法が武道鍛錬に適うとする。しかし、修験者や山伏が一本朴歯の高下駄を履き同側並進則に則り（論者は「ナンバ走法」と呼ぶ）跳ぶように山野を跋渉するのは、至難の業である。

経験すれば直ちに明らかとなるが、雪道・険路・泥道の中では高下駄の歯間に雪・泥が挟まり、そのままで歩行・走破は不可能である。

一日数十キロの山野を跋渉する千日回峰の行者は、草鞋に白足袋を履き杖を持って先払いをする。高下駄などとんでもないことである。

確かに、山伏の祖とされる役行者・役小角《エンノオヅノ》は飛天の仙術を用い、手には二尺五寸の鉄剣ないし錫杖《シャクジョウ》を持ち、鉄下駄を履くとされる。しかし、これは飽くまでも道教上神格化された行者のイメージを描いたもので、神祇《ジンギ》を祀り鬼神を使役する役行者の不可思議な仙術の威力の効果を宣伝し、宗教上の効果を狙ったものであろう。

勿論、鉄下駄は、法性寂然・不動不懐の磐石を象徴したものである。因みに、十七世紀に描かれた「役行者絵巻」では、役行者は裸足である。

前述のように、一本朴歯の高下駄を履いての歩行や走法が、足腰を鍛えバランス感覚を養うのに役立つと称する武道家もいる。しかし、それを用いての鍛錬は困難な割に有意義ではない。

空手の術技の秘技として、所謂「クウガ？」と言う奇怪な技があると聞いたことがあろう。睾丸を腹腔に収める技である。睾丸は急所であるから、それを体内に収め相手から防御しようとの意図であろう。しかし、困難を極めて習得したとしても、その修行鍛錬の割には役に立つ事が少ないのは、誰が考えても理解出来よう。奇を衒った技であって、実用価値に乏しい。他の鍛錬に意を用いるべきなのである。

足指は勿論のこと、足裏全体は鋭敏なセンサー的機能を有し、その感覚は足裏を通して脳に伝達される。山野の凸凹道を草鞋で跋渉したり、裸足で砂浜を速歩で行進し、地盤の強弱や凸凹の複雑な度合いを足裏を通して体感しバランス感覚を養うほうが、高下駄での走法より遥かに有効な鍛錬法である。

因みに、「・・・軍中履き物・・・草鞋を履くとばかり思って居る。・・・もっとも集団進撃には草鞋を履く。しかし、さて戦いとなると、皆足半《アシナカ》を履く。夫の訳は、戦場で活躍している間に、草鞋の中に土砂が入って働きの妨げとなるからである。・・・陣中では、信長公ですら足半を用意されていたのである。・・・」（「翁草」現代語訳）。

なお、足半とは、草鞋の短いもので、足の前半分だけに履く履き物である。江戸時代に於いても、遠距離飛脚や遠出・悪路走破の場合は、草鞋は爪先に履かせる半草鞋であったろう。通常の草鞋では、砂・砂利を噛むと足裏が痛くて歩けなくなるのである。まして、高下駄など履くわけがない。実践智とは、このような経験則に基づいて体得された人智である。

ただ、戦前の旧制高校や旧制中学では勿論、終戦後の暫くは新制高校や新制大学の武道部では、一本ないし二本の朴歯の高下駄を履いて、街を闊歩していたものである。しかし、これは鍛錬と言うよりは、寧ろ弊衣破帽と同様に奇を衒った蛮カラな行動であった。

更に古きを温《タズ》ねると、文政・天保の頃、心形刀流四代目の伊庭軍兵衛《イバグンベエ》は、当時の武士が細身の刀・本田髷《マゲ》（髷を七分前で三分後に分け、髻《モトドリ》を細く高く巻いた流行髪型）で雪駄の後金を鳴らして歩く風俗を嫌い、弟子に朴歯の高下駄・短袴・怒り肩で歩かせた。当時は一見して、伊庭の門弟と分かったと言う。

また、その影響を受けたと思われる幕末彰義隊の面々も、裾の窄んだ義経袴に水色掛かったぶっちゃき羽織に、朱鞘に高下駄と言う風体であった。どうせ戦いに出掛ければ命はないものと思って毎夜吉原通いをしたのだと言われる。明日をも知れぬ社会情勢や我が身に思いを致し、憂さ晴らしに豪快さを誇張したのである。

また、幕末に忍心流槍術で名を馳せた高橋静山・高橋泥舟の兄弟は、重槍を用い、一本歯の高下駄を履いて、毎日二千から三万回に及ぶ「数突き」をし鍛錬に励んだが、この場合は、不動の静的安定姿勢と不動心を涵養する鍛錬であって、難場を跋渉するわけではない。

因みに、忍者が身体の重心を低く保ち倒れない練習、足音を立てずに歩ける鍛錬法として、下駄で氷上を歩く修錬を積んだとの記録はある。

11.「身心一如」（「心身一如」ではない！）

武道が、日本文化の伝承として確立するためには、単に闘争術技として自然的・本能的身体行動様式のみではなく、社会的・文化的価値ある精神行動様式としても規定されなければならなかった。

古来より武道を論ずるに当たっては、心身を一元論的に捉え、精神性・道徳性・人格形成などもすべて身体を媒介として獲得されるものとして捉えられてきた。必死三昧の修行・稽古を通してのみ確固たる悟り（無心）の境地を体得することが可能であり、自己確立・人格形成・自己完成に至るとされた。そのために、事理一体とか心身一如などの言葉をもって、その過程（道）実現の境地が表現されてきた。

処で、道の実現過程に於いては、行動・実践が先か理性的原理（知識・精神・法則性など）が先か、議論の分かれるところであった。現代でも、解決されたわけではない。

武道論に於いては、頻頻《ヒンピン》「知行合一（心知と行為の分離はない）」（王陽明）とか、「知先行後（先に知り後に行う）」（朱子）等の儒学からの抽象的語句が引用されてきた。

王陽明の言う合一とは、「知は行の主意で、行は知の工夫である。知は行の始めで、行は知の成（結果）である」とする。此処では、明らかに知をより根本的地位に置いた上で、行との合一を図るとなしている。行を知の体現と見做し、知を行の上位に置いたのである。

しかし、実践智を体得した武道の達人達は、寧ろ、これに異を唱えてきた。

それによると、知識・精神・法則性など理性的原理は、行動・実践の中から生まれたものである。行動・実践こそが、原理・知識の基礎である。原理・知識は、行動・実践の発展に伴って、漸次段階的に発展する客観的実在を反映する過程であるとする。

即ち、始めは知らずにこれを行い、次いで行った後にこれを知り、最後には既に知るが故にこれを進んで行うのである。行動・実践を行う途中の過程で、現在知られている原理・知識では説明不可能な出来事に遭遇した時には、更なる新たな行動・実践に依拠しながら、既知の原理・知識を検討し直し、修正を加え発展させるのが理である。・・・「刃を遊ばせる話」の後半を想起されたい・・・

行動・実践と結び付かない理論は、空理空論である。しかし逆に、正しい理論的指導のない行動・実践は、方向性を喪失した盲目的行動・実践であることも事実である。

良い指導者に出会う徳は、盲目性を避け、意識的に能動性を発展させ、効率的な行動・実践を成し得る点にある。行動・実践の間違いを避け、失敗の危険を回避するためには、主観的盲目性や恣意性に陥ることなく、良き指導者を求めなければならない。

武道歌にも『分け登る麓の道は多けれど　同じ高嶺（雲井とも）の月を見るかな』（各流各派で引用）とある。その意は、極意（悟り）に至る武道や芸道修行の道程は様々ながら、目指す奥義に変わりがあるものではないと言うものである。

しかし、この歌は、理想（悟り・極意・奥義）へ到達すべき道程も、先ず一歩から始めるべきであり、且つ良き師・良き教本に出会い、適切な指導・教導の下に迷路に踏み迷わず目的を達成すべきと言う訓えの徳・先達の徳をも含意していると解すべきである。

殊に、武道の理論・原則の正否は、現代理論武道家の言うような理論そのものによって完全には証明出来ない。

自分自身による行動・実践の中で、繰り返し反省・修正・工夫・補足をなした後に再発見し、初めて確定的となる。これを称して実践智と言うのである。

ただ、客観的に存在する実際の事柄は、具体的且つ多様である。また、事柄は流動的であり、ある過程・ある段階では、ある部分の側面状況を反映しているに過ぎない。同じ時間・場所・条件の下でも、人により主観的認識は異なり得る。

一般的理論や原理は、単に事柄の一般的抽象的法則性を述べているだけである。一般的理論や原理だけでは、実践過程のあらゆる具体的問題を解決することは出来ない。その意味で、理論・原理・法則と言っても、人・時間・場所・条件により相対的にしか妥当しないものである。一足飛びに、完全な解決に到達するのは不可能である。しかし、凡愚の我々は、殊に武道・芸道に於いては、順序過程を踏むことなく一足飛びに結論・完成（極意・悟り）に到達する道のみを探し求め、結局は迷路に迷い込む。

極意・悟りと言うものは、絶えざる反復継続した稽古と言う行動・実践を通して、それぞれの人・時間・場所・条件に対応して、厳しい稽古の後に瞑想・思念・創意工夫する過程を反復継続することを通してのみ体得し再発見し得る。行動・実践と認識の間を循環往復し、螺旋的・漸進的・段階的に上昇発展するの外ない。

武道伝書にも「・・・尺朗（尺取虫）の身を縮むるは、伸べんが為なり。万里を発ち往くも、一歩を起こすによる・・・」（「示現流兵法書」）とある。須らく、一歩より始めてこそ万里（極意・悟り）に至るのである。

武道や芸道の道とは人格形成の道を意味し、このように生ある限り歩むべき過程であり終わりなき修行の道である。換言すれば、死して後已むのみである。

具体的問題を解決するためには、一般理論や原理を踏まえた上で、実践過程で出現する事柄の具体的特殊性に適合している特殊法則性を発見していく必要がある。

前提として一般理論・原理を学習すべきと言うのは、盲目的・恣意的に行動・実践にエネルギーを消耗するより、一般理論・原理に則るほうが遥かに容易に特殊法則性を発見出来るからである。

このように、客観的に存在する実際の事柄が具体的に発展していく過程に於いて、多様な側面の存在に気付き且つ新しい法則性を発見していかなければならない。

行動・実践が発展するのに対応して、理性的原理・知識・法則性も発展すべきものなのである。このように、事理（実践と理論）が螺旋的・漸進的・段階的に発展する過程を踏まえることが、武道上達の秘訣なのである。

稽古を疎かにして、単に内面的な心や精神のみに執着し、気の概念に拘泥してオカルト的・神秘的・念力的な解釈を良しとし独断専行すると、自己喪失を引き起こしかねない。厳に戒めなければならない。

須らく、凝縮された静中動の技を形式化した型や、心に対応して身体に具象化された身体則への捉われから始め、日頃の無心な反復継続した稽古・修行の蓄積を媒介としてのみ、気は身体に充実し、術技としての心法をも体得出来るのである。

武道論・芸道論に於いて頻出する気の概念は、単なる抽象概念ではなく、漠然とではあるが、武道鍛錬の過程でその実存を感得出来るある種の具体的現象と解される。

武道修行の過程に於いては、寧ろ「身は心の主」「心は身の用（役立つ道具）」と理解して、先ず、身体の在り方を高め正していくべきである。それにより、自ずから心の在り方が規定される。この修行の過程を通して、「身心一如（心身一如ではない！）」、即ち、先ず心より身が先行すべき理・徳が感得される。それが、結果的に心技体を充実し、心身一如に至る近道なのである。

先ず、徹底的に身体則に則った稽古に励み、しかる後に人間としての心身の在り方を工夫し探求する。その結果、凝縮された何物にも捉われない、勝負を超越した無心な自然体・不動心・当たらざる身体が体得される。

そこから生じる臨機応変で融通無碍の身体動作を通して、真の勝ち（真理・知）を悟り得ると言える。

なお、一般に仏教に於いては、心こそ本質であり肉体は実体のない仮の姿（心の住処）と捉えながら、心身は一体で不即不離の関係にあるとする。明らかに心を主として理解しているにも拘わらず、心身一如と言い慣わされているのである。疑いもなく主従関係を認めながら、一如とは如何なものであろうか。

12.「量質転化（量質転換）の理」

秘技は身体で記憶（体得）して覚えるもの、則ち実践智・身体智から得られるものである。正しい指導に基づいて蓄積された稽古量が、心と技の質に転化をもたらす。笊で水を汲むと例えられるように、傍目に無駄と思われながら、しかも充実した努力を平気でやれる過程を通して、歳月を積み重ね次第に円熟していく。

機能が段階的に成長するには、前提として正しい方向性を与えられ、揺らぎながらも微少な変化が刻々と起こっていなければならない。

その時々には微細な変化を意識することなく観察することも出来ないが、臨界を超えた時点で目に見える形で量質転化（転換）が起こる。

揺らぎの境界（臨界・限界）を超えるには、一定エネルギーの蓄積、即ち、適正且つ充実した稽古や修行の継続的蓄積が必要不可欠である。

例えれば、氷と言う固体は、プラス（温度上昇）の方向性を与えられた一定のエネルギーの継続的蓄積によって水と言う液体に転換する。何かの切っ掛けで、蓄積されたエネルギーが整然と秩序化されるのである。「量質転化（転換）の理」は、自然科学・社会学・心理学でも認められる法則である。万物に亘る、自然界共通の陰陽交代の理・再生の心の現れでもある。

此処で、量質転化をもたらす蓄積エネルギー（適正且つ充実した継続的稽古量）の数値を具体的に示さなければ、教範（解説書）の意味がないと批判する者がいるかも知れない。

しかし、量質転化をもたらす具体的数値は、稽古する主体の年齢・性格・体力・巧拙・周囲の外的環境や条件・術技の難易・指導者・指導法・稽古の反復継続的充実度など、諸条件によって異なるのが寧ろ必然の結果である。具体的に週二回、三年間継続すれば悟り・秘技を体感ないし体得出来るとか、一万時間の稽古をすれば「量質転化（この語句は使用していないが、概ね同内容の意味として用いている）」を実感し得ると称する武道家や学者もいる。

しかし、諸条件が個人により多様性を有し、個人的な能力に差異が存する以上、このような批判は抽象的に過ぎナンセンスである。

前述の氷が水に転換する場合でも、内的条件（純粋な水か、他の物質が混合しているか否かなど）・外的条件（温度や圧力の差異が存在するか否かなど）によって具体的数値が異なるのは周知の事実である。

量質転化に於いて、一般的には、例えば、級位から段位への昇進・下士官から将校への昇進・現場から管理職への昇進などのように、ある種の量質転換に至る境界には厚い壁が横たわる。級段階の昇級や下士官段階の昇進や現場段階の昇進は、ある意味では量の問題である。しかし、級から段への昇進や下士官から将校への昇進や現場から管理職への昇進などは、ある意味では質的転換の問題である。

そしてまた、それぞれの質的転換の壁を突破し上昇するためには、全体過程としての段階毎の量質転化を達成する必要が存すると同時に、個別術技毎の量質転化の達成とか、更には、微細な時々の量質転化の達成と言われる転化の必要もあるであろう。

内外諸環境に捉われない自然体・真の脱力・気配の消滅等も、適正な指導に基づく有心尽力に徹し、無心に反復継続した修行過程の後に得られるのである。

此処で、有心とは、徹底的に基本身体則や基本の型に規定されて稽古に集中することを指称し、無心とは、それ以外何物にも捉われずひたすらに稽古を反復継続することを意味する。

このような修行の後に、ある日忽然と身体が悟り（気付き）、脱力や脱気配に至る。立ち塞る厚い壁が、突然に消えるのに不図《フト》気付くのである。

ある意味では、この旧態依然たる厚い壁によって従来の自己の古い体質・術技は保護され、その中で、我々は成長発展してきたことも事実である。

例えば、卵の殻は、卵黄が卵白を養分として雛に変化する過程では、保護防壁としての積極的機能を有している。しかし、雛が孵化した段階では、殻は、最早や雛の成長を妨げる障害物に過ぎない。

新しい事柄が創造発展していくためには、古い体質を脱皮しなければならない。武道・芸道では、この理を守・破・離と言われる型で表現し訓えている。・・・前に詳述した。

揺らぎの境界（臨界・限界）をほんの一寸超えると、突然不連続が起こり、別の新しい系（世界）が現れる。

これは陰陽の理でもある。

境界（臨界）面では、揺らぎや遊びの曖昧さの中に未だ秩序の整わぬままに、一つの実体の表裏（排他的二面性）や逆対応関係が混沌と共存（例えば、同じ零度で氷と水は共存・同じ百度で水と水蒸気は共存）している。

混沌とした二局面は、妥当な方向性を与えられた一定量のエネルギーが蓄積（正しい方向性を持った継続的稽古の蓄積）される時間を待って、突然且つ一瞬にして一方から他方へと遷移する。

例えれば、山頂の絶壁（臨界）は穏やかに反対斜面に連続しているのではなく、頂点は屹立《キツリツ》し反対面を望むことは出来ない。しかし、頂点に達した一瞬に反転する。この世と彼の世との境界面も現世と来世と言う異質の世界を隔てる厚い壁であり、死と言う臨界局面で一瞬にして反転するのかも知れない。

13.「量質転換のメカニズム」

また、別の側面から観察すると、例えば、容器の中に水を注いでいく過程で、溜められた水は注いでいく最後の一粒の水滴によって溢れ出る瞬間がある。

しかし、注がれ加えられた最後の一滴によって、溢れ出る水量は、通常は、この最後の偶然の一滴より明らかに多いのである。

同様の現象局面として、堤防が決壊する場合、決壊の瞬間に於ける水圧には、やはり最後の一滴に当たる偶然の一滴が考えられる。

此処で言いたいのは、切っ掛けとなる、偶然の一滴（微量）や一瞬（瞬時）は、それに続く予想外の流れや局面を生むと言うことである。極端に言えば、反転現象と表現出来るかも知れない。表面張力等の科学的現象を問題としているのではなく、ある事柄を契機に予期せぬ大きな新局面が展開すると言う偶然の現象に着目したいのである。

例えれば、近時巷間に流布する花粉症に関する俗説でも説明出来よう。即ち、花粉症は、各自各様の容量を有する容器を体内に保持し、それに花粉（正確には抗体？）が漸次蓄積されていき、遂に溢れ出る瞬間から発症すると言う俗説である。確かに、花粉症の眼の痒み・鼻水・喉のイガイガ感などは、ある日のある瞬間に突然新局面が起こるとしか言いようがない。

武道術技に於いて、秘技を悟り体感するメカニズムは、必ずしも明らかでない。

この世の中では、無数の偶然な小事が無秩序且つ出鱈目に次々と起こっている。しかし、一般的にはこのような偶然の小さな出来事を、個別的に取り上げてみても大勢に影響を及ぼすことはない。しかし、重要な転機（分岐点）での、個別的にはほんの些細な出来事が、しかも一瞬にして整然と秩序化された時、以後の過程・経過・結果に重要な関係を持つことがある。

過去の歴史は、転機となる偶然の一滴や一瞬の重さを訓えてくれる。この現象は、個人的に秘技を体得・体感する場合にも、共通する原理のように思われる。

即ち、種々の自然系が平衡状態から外れる時には、新たに自己組織化が起こっていると考えられる。

例えば、磁石の中で同一方向に秩序良くすべての磁針が並べば、磁化は強め合い最大となる。逆に磁針がばらばらの方向を向いていると、磁化は相互に相殺し合い零となる。

この現象から類推すると、正しい方向性を持った反復継続的稽古の蓄積過程で、当初、無秩序であった各部分が秩序化された、有機的一体化した集合体系を作り、結果的に各部分が超要素化するのであろう。

ばらばらに作用していた無秩序で多数の感覚刺激に過ぎなかった身体（心身）の各部分が、ある意味での方向性を与えられ徐々にエネルギーを蓄積し、ある臨界値を超えた時突然に各部分が秩序化され、有機的統一体としての身体に新しい秩序体系を作り出すことが起こったと考えても良いのではなかろうか。

その意味では、漸次秩序化されたエネルギーの蓄積が顕在化せず隠密裏に行われているのであり、決して偶然に悟りを開き秘技を体得したのではない。

稽古の過程での視覚・聴覚・触覚など特定の外的刺激は、過去の記憶や未来への不安や期待と言う心理のフィルターを通して、現時点で作用している。

武道・芸道に於ける量質転化とは、稽古の蓄積・感受性の涵養・心身の忍耐を伴う体験などの過程を経て、ある臨界値を超えると、新たに自己組織化し、新しい契機を創造し、新しい秩序体系の下に個人の行動を規定する現象とでも表現されよう。

量質転化は、化学的視点のみならず、社会学的視点や生物学的視点に於いても認められる現象である。

武道術技に於いても、漸進的・螺旋段階的に反復継続した稽古の蓄積は、量質転化を成し得る契機を孕んでいる。

勿論、すべて個人差があり、量質転化し個人行動を規定する態様も千差万別であろう。

しかし、正しい方向性を与えられ、適切に捉われた身体則に則って無心に反復継続した修行を経ることなく、悟ることは有り得ないことだけは確かである。

親鸞も「善人猶《ナオ》もて往生を遂ぐ況や悪人をや」と訓えている。自力の善（自力で修行し悟りを開く努力）によって往生出来ると信じて、器用な生き方が出来る善人ですら往生出来る。しかし、自分は何も善行を積んでいない悪人だが、それだけに善人より一層強く阿弥陀に縋るしかないと思っている。阿弥陀に縋る思いでは、善人に勝っている。

闇の中にほんの微かな一条の光の兆しを発見して、「已むに已まれぬ」「一直・一途・専一」「必死三昧に入る」

信心（精神的エネルギーが一定方向へのみ蓄積される状態）に頼る悪人こそ、往生への近道にいる。しかし、素直に考える限り、善人も往生出来るのであり、寧ろ、善人が往生出来るのであれば、だからこそ一層悪人も往生出来ると解すべきであろう。善人がいなければ悪人もいない。

善人がいるから、善人との比較で自身の裡に悪を感得した人々がいる。しかし、仏の眼から見れば、善人悪人に拘わらずすべての人は平等であり、現世正定聚として往生が約束されるのである。

因みに、親鸞の「悪人正機説」は、単純に善人と悪人を勘違いした誤解であるとは解し得ない。そこから、善人と悪人の意味内容をしかるべく吟味すべきで、善人悪人は何故区別され、また何を基準に善人悪人を分けられるのかとの考えが生じ得る。

これは、恐らく即物的に実体に即して考えるべきである。悪は一種の必要悪として、漁労・狩猟で生き物を殺さなければ生計が立てられない人々、更には、人を殺すことを常に覚悟していなければならない武士達、これらの人々が悪人であり、このような行為をしなくてすまされる農民・町民が善人だったと考えられる。

古代・中世に於ける日本では、一般に、悪人とは道徳的意味を含まず、寧ろ、悪党など荒ぶる強さを表現した文献も多い。

即ち、悪人とは悪党であり武士階級を意味し、善人とは百姓・町人である庶民階級を意味する。そして、武士は戦闘者として、場合によっては殺人をも辞さない。しかし、その殺人は、自己の領分の善人である庶民を守るために自己犠牲をも顧みない已むに已まれぬ必要である。ならば、善人を守るために、已むに已まれぬ必要悪として自己犠牲をも顧みず殺人を犯す悪人たる武士が、何故、善人より阿弥陀により救われない道理があろうか。悪人とされる漁労・狩猟に携わる人々の殺めた食物で生命を維持している善人、悪人である武士によって外敵から守られている善人、これら善人の生活や生命を下支えしている悪人のほうが逆に善人ではないのか。これら悪人は、実は必要悪の犠牲者ではないのかと。

斯くの如くに考えるのも、人として一応の道理である。筆者（藤森）は、この考え方にも相当の共感を持っている。

しかし、武道を修行する者としては、寧ろ善人・悪人を分別する説よりも、陰陽説を採用するほうが、説明し易い。此処では、そのように解しておく。

求道者（仏道修行や武道修行に勤しむ者）にとって、究極的には宗教の本質からの考察が必要であろう。最早や（阿）弥陀の眼から見れば、この世の善人・悪人は須らく平等であり、（阿）弥陀に救いを求め縋る信仰心の強さのみが問題とされる。

捉われの極に於いては、自由と言う一定方向の兆ししか認められない。地獄の果てからは、極楽浄土と言う一定方向への道しか残されていないのである。無意識の裡に、量質転化の兆しに気付きが生じたのかも知れない。これらは、すべて陰陽の理（「量質転化」の一態様）であろう。

実は、極意への道は、鈍い者にとっては以外と近くにあるのかも知れない。人事を尽くして天命を待つとは、やるべき事（武道では、正しい方向性を与えられた適切且つ充実した稽古の継続的蓄積）の後は唯一を頼むことこそ最善であるとの意味であろう。ある日突然に、別に何でもない自然のままが最善であると、無意識の裡に身体が気付き・悟るのである。

その感覚は、武道の極意秘歌としても詠まれている。中でも有名なのは、『理もわけも尽して後は月明を　知らぬむかしの無一物なり』（宮本武蔵）とか、『中々に里近くこそなりにけり　あまりに山の奥をたづねて』（柳生十兵衛）とか、『極意とは己がまつげの如くにて　近くあれども見付けざりけり』（「北辰一刀流口授（兵法目録）」多数の流派で引用）など類似した心境が述べられたものである。

武道の極意は、何も知らない無心（赤子の無心）に始まり、色々な些末な事柄に捉われ迷い、有心の試行錯誤を数限りなく繰り返しながら、遂には再び無心（至極の無心の境地）に到達・発見するものだとの意味である。

結局、武道の極意は、最も身近にあって見えない睫毛《マツゲ》のようなもので、自分の心の中にあり、それを悟るか否かの問題である。ただ、そのことに気付くまでには、それなりの真摯な努力と時間の経過が必要なのである。言うは易く、行うは難し。

稽古三昧の末に、奥の奥は、結局、平凡な普遍性であると悟る境地に至ると言うのである。但し、赤子の無心と至極の無心は、やはり、似て非なるものなのである。

ただ、そのことに気付き悟るまでは、やはり、継続的努力の過程を経て自得するの外ない。東に向かって旅立てば、いつの日か遥か西の地平線上を経て、同じ場所に辿り着く。右手から出発し東に東にと向かい、やがて行き着くところは西の方角から左手に到達する。実践過程を経て刻苦し体得・感得した者が、最遠は最近である（陰極まれば陽となる）と悟るのと、野暮に佇立した者が、知ったか振りで悟り・極意は、身近な存在であると理屈を弁じ立てるのとでは一歩の千里の差がある。

時代の変遷に伴い物質的豊かさを蓄えた社会は軽佻浮薄化し、武道・芸道・仏道の社会に於いても、修行者は背後の厳しい現実との闘争過程を忘れ、鍛錬に臨む覚悟は後退し、妥協から堕落へと走る。

術技内容も空洞化・形式化・華美抽象化・前衛化しながら、悟道的円熟と詭弁を弄し、外面的・神秘化・軟弱化の傾向を辿っていくのである。

14.「質的差異」「量と質の相関関係」「質的安定性」

量質転化に於ける質とは、他の事柄との本質的特性の違いを意味している。一般的に言えば、事柄それ自体に内在する固有の特性によって、他の事柄と実質的に区別されることを意味する。この本質的特性による違いは、表面上は明確には認識し難い。

初心者が、自分より上手の術技を見る時、十歩上級者（単なる上手）と万歩上級者（名人・達人）の区別は出来難い。一定の正しい実践的経験（適正且つ充実した稽古の段階的蓄積による体感）を経てのみ、質的差異の認識が可能となるのである。言わば、目が肥えてくるのである。

此処では、一般的な量質転化の問題は扨措き、質的差異についてのみ考察を試みる。卑近な例えで言えば、水と水蒸気とは質的違いがある。水は液体として塩や砂糖を溶解することが可能であるが、水蒸気は気体であり塩や砂糖を溶解することは不可能であろう。このように、両者には、液体と気体と言う状態その物に基づく本質的性質の差異が存在するのである。

前述の事柄を武術の術技に置き換えて考えれば、求心的術技と遠心的術技とでは質的差異が存すると言って良い。「求心的術技」（例えば柔道的投げ技）では、基本的には、屈曲筋を鍛錬し強力な引き付けを機能させて初めて十全に術技効果を発揮出来る。これに対して、「遠心的術技」（例えば、合気道的伸し技・空手の突き技・相撲の押し技など）では、基本的には伸展筋を鍛錬し、迅速正確な伸ばし押しや当てを機能させて初めて術技効果を充分発揮出来るとするのが常識である。

ただ、本質的区別と言っても、可成り相対的なものである。確かに、水と氷と水蒸気では、液体と固体と気体と言う物質の状態に基づく本質的性質に差異がある。しかし、水素と酸素の化合物と言う点では、本質的な差異はない。これに比し、雷鳴と打楽器を用いた雷鳴擬音では、明らかに音源に本質的差異が存し異質のものである。但し、我々が此処で問題としているのは、飽くまで、現実的実践武道論としての本質的差異である。

一般的に量は物事の存在や発展の規模を指し示すだけで、本質的（属性として）違い・差異を意味しない。即ち量的変化は、一定範囲内では決して質的変化をもたらさない。

例えば、武道や芸道に於いて、詰め（極め）の型を熟知していて、その型に嵌まると必ず極め技を使い熟すことが出来る上手が存在する。

しかし、無意識の裡に詰め（極め）の型に嵌め込み得る手段方法、所謂「変化の態様が動的多彩で、型には成り難い基本身体則としての技法」や「目に見えない、呼吸法や心法などの技法」を体得し咄嗟に臨機応変出来なければ名人・達人とは言えない。

此処に、単なる上手と名人・達人と言う本質的区別としての量と質の違いを見いだすことが出来る。現代の武道解説書では、量的範囲での巧拙を論じているものが殆どすべてと言って良い。

一般に、量に関する問題は、一定の属性を前提とした限界を超えない範囲では、（量的変化があっても）その物固有の属性を保有し続けている。

武道・芸道に於ける量的範囲の術技とは、あるレベルの術技を使い熟し、年期を重ねるに従って漸次その術技操作に熟達していくのであるが、一定の質的壁を越えることが出来ないままで、更に、時を重ねる状態を意味するのである。

また、具体的術技操作に於いても、求心的術技行使に必要な屈曲筋の鍛錬を積み重ねていく場合に、一定限度までは殆ど伸展筋の操作・鍛錬には役立たず、従って、遠心的術技行使の効果には余り意味をなさないと言う例が挙げられるであろう。

一定の限界を超えない範囲内では、屈曲筋の鍛錬は、飽くまでも求心的術技行使の場合の機能としての効果を安定的に強化充実していくものなのである。

逆に、主に伸展筋を用いる遠心的術技を効果的に機能させるに際しては、屈曲筋の鍛錬は、寧ろその障害とさえなる場合が生じる。

かつては、陸上部員には水泳を嗜むべきでないとか、逆に、水泳部員は陸上競技を嗜むべきでないと訓えられたのも、一理ある。

しかし、屈曲筋の鍛錬・強化充実が限界に近付くにつれ、屈曲筋の働きに柔軟性・弾力性が必要不可欠と無意識の裡に身体が気付き始める。即ち、屈曲筋を「最善活用」するためには、伸展筋に依存する部分が少なくないことに身体自身が気付いてくるのである。そして、その限界を超えた時、身体自身が無意識の裡に創意工夫を凝らし始める。その時点から、伸展筋の機能も目に見えて充実性を増してくる。

逆に伸展筋についても、同様のことが言えるのである。

詰め（極め）の型についても、同様のことが窺える。詰め（極め）の型を量的に蓄積していけば、確かに、増加した態様の詰め（極め）の型の量だけ、その型に嵌め込み得る手段・方法の量も増加蓄積されていく。そして、ある一定限度の範囲に至るまでは、特定の型に対応する術技行使機能としての効果が安定的に強化充実されていく。

しかし、詰め（極め）の型と、それに対応する嵌め込みの技が量的に蓄積され、その量の範囲が一定の限界に達すると、それまでに個々別々に存在していた型に対応する型に嵌め込み得る手段・方法が突如として網の目のように有機的関連性が活性化する。

この時点に至ると、無意識の裡に、型に成り難い基本身体則としての技法や目に見えない呼吸法や心法が体得されている状態に到達したと言え、量質転換がなされたのである。

このように、量と質とは相互に全く関連性がないものと考えるのは、間違いである。即ち、質もその物固有の質的安定性を保有するためには、量的変化が一定の限界を超えない範囲内と言う条件がある。

逆に、量は、ある条件下で、事柄の一定属性（本質）を内在しその性質を安定的に維持しながら、その属性（本質）が表面に現れている。その意味では量の問題は、その量的範囲と言う限定的範囲内ではあるが、事柄の現在表面に現れている属性（本質）の支配的範囲にあると言える。

しかし、量的変化が一定範囲の限界を超え（エネルギー蓄積が限界に達し）た時点で、質的安定性は崩壊し始め、量質転換を来してくる。

卑近な例で言えば、純水の液体としての質的安定性は、標準気圧の下では温度の増減が摂氏零度から百度の間だけで保たれる。その上下範囲を超えれば量質転換を生じ、純水は零度を下れば固体（氷）となるか、百度を超えれば沸騰現象を起こし気体（水蒸気）となる。

即ち、あらゆる事柄に内在する相反性・排斥性（陰陽の理）に基づき、液状の分子の間にも、凝集力と拡散力と言う相反する側面が存在することの証左である。

一定気圧の下で、純水の温度が摂氏零度から百度に高められる過程では、拡散力の側面が次第に大きくなり増大していく。それでも凝集力は、摂氏零度から百度までの過程全体を通して依然支配的地位を占めている。この時期に於ける液体は、最初の裡は漸進的な変化の過程を辿る。

だが、百度の限界に達すると、拡散力が支配的地位を占め主導的力を獲得し、純水の変化の過程で沸騰と呼ばれる急激な変化現象（量質転換現象）が現れるのである。

「過ぎたるは及ばざるが如し」（「論語」）とか「物は満ちすぎるを忌む」（「荀子」）と言われるように、質の安定性や支配的地位を保証するためには、内外諸条件に於いて中庸・適当な程度の範囲と言う条件が重要なのである。その範囲では、なお、量の問題なのである。

15.「武道・芸道に於ける量質転換」

このことから、ある質的変化や質的発展を望む者にとって、量質転換を果たすためには、内外諸条件を勘案して継続的エネルギーの量的蓄積（武道では正しい方向性を与えられた漸進的反復継続した稽古の蓄積）が必要不可欠の条件となる。蓋し、量的蓄積が一定限度の範囲を超えると、それまで保たれていた質的安定性は崩壊し、量に対する質の支配的地位も破壊され、臨界点に達すると、新しい急激飛躍的な質的変化（量質転化）が惹起されるからである。

しかし、武道や芸道など人の意識が関わる場合、量質転換の臨界点では無意識の裡に発想の転換等も重要な要素としての関わりを持つ。前に詳述した。

武道や芸道の術技・所作・動作の根本にある筋肉運動は、大まかに言えば伸と縮の二態様しかない。伸縮の大小・強弱・剛柔・遅速などの逆対応する態様の相対的組み合わせによって、多様な所作・動作が作り出される。

古来、日本武道に於ける術技行使に関わる身体動作は、大原則である伸・縮を発展応用させ、曲・円・直・方・鋭に分類可能であることが発見されていた。これについての内容も、前に詳述した。

縮まなければ、伸びることもない。逆に、伸びなければ、縮むこともない。そのことと相俟って、鍛錬や稽古の蓄積過程を通して無意識の裡に発想の転換がなされる。

前述の例で言えば、屈曲筋を臨界点まで鍛錬していく過程で、無意識の裡に次第に伸展筋の重要性に気付くか、詰め（極め）の型や技の量が蓄積されていく過程で、無意識の裡に型に成り難い基本身体則としての技法や呼吸法や心法などが体得されていくと言う発想の転換・量質転化現象が惹起されるのである。

即ち、屈曲筋の充実強化の過程でその限界に近付き、それまで保持されてきた質的安定性が破壊され始めると、それと平行して身体感覚が働き出し、無意識の裡に逆対応関係にある伸展筋の重要性に気付き、屈曲筋に脱力状態を来し伸展筋を活性化させ機能させるに至るなどの創意工夫がなされるのである。屈筋と伸展が逆の場合も、同様の現象が起こる。

同様に、詰め（極め）の型や技の量が蓄積され、無意識の裡に変化態様が動的多彩な技法や呼吸法や心法が網の目のように結合し、有機的一体として活性化してくるのである。

この量質転化過程を何度となく往復循環しながら、螺旋段階的に低次から高次へ、簡単から複雑へと漸進上昇していくのである。

この場合、全体過程としての段階的量質転化や個別な術技毎の量質転化、更には、微細な時々の量質転化等の各段階過程が考えられる。漸進的な上昇過程を経ることなく、むやみに焦って先へ進んでも良い結果は得られない。

往復・螺旋循環的上昇過程は、平面的・形式的にみると一見逡巡・後退しているかの如く見えたり観じたりするものである。

しかし、この現象は、ある事柄がある時期に於いて、量と質の関係の中に於いて、逆対応関係にある質的対立物が、相互に摩擦や衝突状態を孕み相反し排斥し合いながら相互転換を図ると言う、陰陽の理を現しているのである。これは、あらゆる事柄の変化進展・調和融合の統一的過程に於いてみられる現象である。

武道・芸道に於いては、量的蓄積から質的変化へ、そしてまた、新しい量的蓄積から更なる新しい質的変化へと言う螺旋段階的に漸次上昇する過程を経ていく。

ある事柄内部での質的相反現象が摩擦・排斥状態を整序・秩序化しながら、低次から高次へと漸次上昇する螺旋段階的過程を歩む。これは、時々の量質転化と言って良いであろう。

量的蓄積過程に於いて、一定限界の範囲内では変化は目立たず転換すべき質的特性も現れることはない。そのために、量的蓄積過程では、質と無関係であるかのようにみえるが、実際には刻々と質的変化の準備段階（潜在的変化段階）に入っているのである。

この段階では、継続的稽古と言う量的蓄積過程を通して絶えず多様な微細変化が発生し、新しい質的要素が成長しつつある。質的変化は、単に潜在化していて我々が気付かないだけである。

このように、質的変化は、漸進的な量的蓄積過程の中で合理的・合法則的に準備されてきたものであって、何の根拠もなく偶然に現れる奇跡ではない。

しかし、質的変化は、ある転機を迎えると急激に発生することが多い。

そこで、これを一種の突然変異と捉える者もいるが、少なくとも武道や芸道に於いては妥当しない。

意識的に目的・目標を設定して努力と忍耐を持って稽古に励み、結果的に無意識の裡に量質転換を果たしていく芸道や武道に於ける技量の場合と、意識が入り込むことなく、外部環境の変化に応変しようとする可成りの偶然性の結果としての突然変異の場合とでは、やはり異なると解すべきである。

何度も言うが、量的蓄積過程に関し、武道に於いては、正しい方向性を与えられた反復継続した適切な稽古が必要不可欠である。量的蓄積ないし量的変化に甘んじていて、なお、潜在的質的変化過程にある場合に於いては、未だ目的や目標に向かう途中にあるので、事柄の内部に共存している相反的な対立側面では相互対立・排斥現象が維持されている。

ただ、そのことは、単に顕著なある側面についての観察事実である。即ち、例えば、水の温度上昇面での、気体化へ向けての方向性を持った量的蓄積過程では、水の分子間に於いては拡散力が漸次強まるが、反面で、凝集力は相対的に弱まっていく。

同じように、武道に於いて求心的術技の向上に向けての方向性を持った量的蓄積は、屈曲筋力を強化するのに顕著に役立つ。しかし反面で、相対的・相反的に伸展筋力が弱化している。遠心的術技の向上に向けた側面での量的蓄積は、丁度、その逆の結果となる。また、各別の詰め（極め）の型や技の量的蓄積は、型に嵌まった時は有効に機能を発揮する。しかし反面で、相対的・相反的に型に該当しない場合に対応する術技は、型の予想外であるから寧ろ弱化する傾向にある。

また、鋭の身体動作面の向上に向けての方向性を持った量的蓄積過程では、顕著に迅速性は強化される。しかし反面で、相対的・相反的に粘着性が弱化する。曲の身体動作面の向上に向けての方向性の量的蓄積では、逆の結果を生じるであろう。

つまり、量的蓄積の過程で、物事の内部で対立相反する諸側面の力関係の変化を適切に知らなければならない。それぞれの段階に於いて、ある重要な側面に向けての量的蓄積に伴う部分的な質的変化が、その部分について顕著に生じているのである。

従って、ある武道論者の言うように、直線的に中途半端なある種の動作のみを強調するのは、対立相反する側面の弱化を促進することになる。武道の全方位的機能や作用を考慮すれば、恣意的主観・一面的側面のみに注目した考察は誤りであるのみならず、術技の全方位的機能・作用の面からすれば逆効果を生じかねない。

対立相反的衝突過程を経ながら、直線的でなく相反する各側面を陰陽（柔剛・伸屈・強弱・・・）交互にある範囲の中で反復螺旋的に漸次上昇化を志向すべきなのである。

武道や芸道に言う正しい方向性とは、直線的ではない。原点に立ち返る反復螺旋的上昇曲線でなければならない。反復螺旋的上昇過程に於いては、直線的暴走や惰性的堕落への戒めや反省の機会が与えられる。

ともあれ、質的変化は、飛躍的急激な変化と言う共通性を備えている。しかし、物事の内部的対立相反性は多様であり、周囲環境の条件も異なり、飛躍的急激変化の過程形態も一様ではない。

自然界に於いても、純水の結氷は、温度が摂氏零度に下がった時に直ちに実現する。周期律表上の元素の変化の場合も、一定の臨界点で直ちに質的変化が現れる。

これに反し、ガラスが液体から固体に変わる場合やその逆の場合、鉄の溶解や凝固の場合などでは、その中間に粘性の過渡的段階が存在する。

社会現象としての言語や習俗の変化の過程も、漸進的過渡的段階を経て実現される例と言えよう。ただ、この場合は、質的変化がいつ始まり、いつ終わるかの限界を見いだすことは不可能である。

また、武道や芸道に於いては自然界の変化と異なり、量的蓄積が質的変化を来すと言っても、本来の側面は量的に拡張された状態で弱体化しながらも共存している状況が暫時ないし将来に亘って残存している。更に、共存ないし残存状態を維持しながら、より上級の対立相反する側面の量質転化現象が始まるのである。

これらの変化態様は、変化する術技の種類態様や内外部諸条件の差異や、変化自体を起こす主体の個性・特性によって一様ではない。

質的変化がいつ始まり、いつ終わるかの限界が明らかでないのは、言語や習俗の変化と同様のことが言えよう。

武道や芸道に於いては、目に見えない予備的・前提的身体動作のように、何ら過渡的段階を必要としないで、量的蓄積が一定程度に達すれば直ちに質的変化をもたらす形態もある。しかし、より高度な術技の型のように量的蓄積が一定程度に達した時に質的変化過程に入り始めるが、なお、一定の過渡的段階を経ないと質的変化は完成しない形態もある。

更には、これらの形態が入り交じり結合している形態も考えられる。

このように、新しい質の出現は、先ず、個別的な物から特殊的な物となり、更に、普遍的な物へと成長する。

新しい質の要素の出現は、当初は、単に古い事柄の広範な地盤の裡の一部を突破しただけの個別的変化に過ぎず、外観からは偶然の産物かのようにみえる。この段階では、未だ全体的質的変化は生じていないのみならず、新しい質の要素は不安定で、正しい方向性を持った反復継続した適切な稽古の裏打ちがなければ消滅しかねない。

しかし、個別的質の要素は、古い事柄との一定期間の摩擦を経た後、その勢力範囲を拡張・発展させ特殊的変化へと遷移していく。この過程を経て、新しい質の要素は統一体としての事物や事柄の支配的地位を獲得して、普遍的変化へと移行する。

これらの過程を経て、量的蓄積が、当初は一見偶然的に見えたとしても、必然的結果として質的変化をもたらすのである。

武道・芸道などの秘技と言うものは、このようにして創造・発展していったのである。

十一・結語に替えて

1.「西欧的還元論」と「東洋的（日本的）全体論」

欧米的還元論では、自然を克服・開拓する手段として闘争的競争原理を持って、分析的且つ解析的な自然科学を発達させてきた。複雑な構造の中に、単純な要素を発見しようと考えるのである。

即ち、欧米的還元論に於いては、万物を一個の機械装置のように考えて、それを構成する部分的要素に還元することが出来、対象を分析して部分相互の関係をみることによって、全体を理解出来るとするのである。

そこでは、精神と身体・主体と客体・人間と自然と言った事象を分離して解析する方向性を持つことになる。

しかし、ある事象を分析すればする程、必然的に精神と身体・主体と客体・人間と自然は益々分離していかざるを得ない。

これに対して、東洋的全体論では、人間も自然の一員であるから自然法則に従い、調和的且つ消長的（陰陽の理の本質を理解し、栄枯盛衰をも素直に認める）状態を生活原理として取り入れて行動原理を考える。

複雑な構造の事柄も、直接的に一つの全体として捉えようとする。一つの体系の中で、相反する要素をも含めすべての成分要素が相互に協力調和し融合し、有機的一体となってある特定目的へと向かっていくと考える。

そこでは、天地と言う大自然や大宇宙と、人と言う小宇宙とを、有機的一体のものとして調和的に捉えようとする。武蔵の天地人とは、この意を現している。

そこでの「有機的一体」とは、全体は部分の総和以上の物であって、全部が一体としてのみ意味を持つものであり、対象物はそれを構成する諸要素を幾ら集め分析してみても全体（本質）を知ることは出来ないと考える。

心身の相互作用についても、既に経絡論・呼吸法で述べたように、両者は分離不可で一体のものとしてのみ意味があると捉える。

心身の相互作用は、不可逆的・直線的・一方向的因果関係と捉えるべきでなく、心身は相互に因が果となり、果が因となる可逆的・円環的関係にあると考える。

現代社会は、人間生活の利便性に貢献してきた文明の進歩と引き換えに、有機的一体としての全体性の喪失や精神性の喪失と言う難問が山積みしている。

即ち、自然環境の破壊・公害の拡大・貧富差の拡大・人種民族国家隣人家族間の相互不信の増大など・・・他者との関わりで多くのマイナス要因を醸成してきた。

浅薄な民主主義・人権論を持ち出して、人間中心的に「人の生命は全地球より重い」などと単純に言う者もいる。彼等にとって掛け替えのない大切なものは人間、即ち、自分自身・家族など狭い限定された範疇の事柄であって、自己を中心として遠心的に故郷・国家・民族・世界（地球）の順で現実感は希薄化していくからであろう。しかし、この考え方は明らかに本末転倒ではないか。

即ち、人が、現実に生命を維持し、生活の場を設定するのに最も現実的であるのは、地球であり宇宙なのではあるまいか。人は、水や空気の恩恵を受けなければ、一時たりとも生きてはいけない。個人・家族・隣人・故郷・国家・民族と言ってみても、有機的一体として全体（宇宙・地球）の部分に過ぎないのではないか。人体は、小宇宙と言われる所以のものでもあろう。

科学は、身体をバラバラに分割し、有機的一体として生きている意味を捨象し、各部分に着目して、本来有機的一体として生きている身体を純粋の対象身体（物体）として細分化してきた。しかし、有機的一体を解放し分割すれば、それは生を失った部分身体と化し、観念の上でのみ抽象化され構成し直された身体に過ぎない。余りにも物事を細分化し、細かな観察を後生大事に唱えるのは、同様に危険と堕落をも内包することを忘れてはならない。

武徳の徳目や行動則の内容として、自然（宇宙・地球・アニミズム的神）や万物の生命に対する畏敬の念の涵養を挙げられているのもこれと共通認識に基づく。

大自然・大宇宙の法理を蔑ろにすること、換言すれば自然（宇宙・地球・自然神）に対する畏敬の念を忘れることは、直ちに己自身の存在を忘れることに繋がる。大宇宙大自然の環境を破壊し、全地球的規模の温暖化などの人類そのものの滅亡に繋がる危機管理が失われていないか。

我々は、自己の欲望・単純な人権擁護・秩序や規範性のないユトリ教育などに振り回されていないか。

勿論、自然神への畏敬は個々人の心の問題である。アニミズム的自然神を畏敬するに当たっては、そこに教祖・指導者・社殿は存在しない。極論すれば、個々人が教祖であり信者でもある。自然神への畏敬とは、そのようなものであり、決して偶像崇拝ではない。

2.「生命現象としての有機的一体論」

生命現象に限定して、別の側面からの見方も出来る。即ち、アリストテレスの生命現象原理にヒントを得て、生命維持機能を高等植物にもみられる植物性機能と、高等動物特有の動物性機能に分ける考え方である。

植物は、動物に先立ち地球上に存在し、生命発生以来の自然現象を基本的原理とし、緩やかな自然のリズムと一体融合していくと言う順応性・保守性を基礎に置いている。

一方動物は、植物に遅れて地球上に現れた。従って、そこでは、過酷な自然環境に適時順応していくのが急務であった。

このように動物は、生命の維持発展のために過酷な自然から自己を防衛し解放を求め、急激な外部環境変化にも対応出来る敏速な自由行動を基本原理に置いた。そのために動物は、急激で且つ不測・不規則な変化への迅速な対応可能性を具備し、物事の対立分離を明確にし個別化する革新性を基礎的に有している。

換言すれば、東洋的全体論は、植物性機能の点からアプローチするのに対し、欧米的還元論は、動物性機能の面からアプローチしてきたと言っても良い。

欧米的還元論からすれば、人間にとって自然は物質的・対象的なもので、人間だけが精神的なものを備えていると考える。

そこでは、人間の身体自体は物質として解剖的構造や器官の寄せ集めと考え、数字データを基礎に置いた動物性機能である外部の骨格や筋肉の鍛錬や体力作りがなされてきた。反面、植物性機能である内臓や精神と言った内部機能のことは疎かにされた。

しかし、我々の日本的（殊に武道論に基礎を置く）思考に基づく、動物も植物も含めた有機的一体論からすれば、生物は、外界に対して開かれている部分としての所謂開放系の連鎖性を有する生態系によって、階層的構造を構成していると考えられる。

そこでは、それ自体不安定なシステムも外的エネルギーとの相互交流により自己組織化して、より高次の秩序へ進化し新たな生体全体の機能が維持されていると考えるのが妥当であると解されている。

禅の講話であったろうか、百足が「どうして沢山の脚を一時に揃えて動かすことが出来るのか」と尋ねられた時、その質問が百足の脚を止め、そのことについて考えさせられた。この止まることと考えることが、脚の間に大混乱を引き起こし、脚は自己中心的考えに陥り銘々個々に勝手な行動を取ろうとした。

即ち、百足と言う一個の有機的一体性・融合性が解け、各個の脚が部分的対応を始めたのである。有機的一体性・融合性を喪失した百足は、そのために個体としての主体性を失い全体としての命を落としたのである。

百足の姿は、百本の脚が激しく伸縮・脈動していながら一体性を保ち、一個の意志で貫かれている。その運動は正確で、一定のリズムの波状運動を繰り返している。その強靱な精悍さは、巧みな伸縮の多面的活動の同時進行にある。脚の一本ずつは筋骨逞しい無骨であるが、縦に連なる節の中を中枢神経が貫通し、筋肉・関節の秩序正しい伸縮・律動を生み出すように統制され美しいと言っても良いような調和が取られている。

伸縮の統制が取れない脚が多い程、また、それが強靱である程、自由な動きは困難となり衝突し合い、かえって全体としての総合力を削ぐ結果となる。

逆説的に言えば、此処でも部分は単なる全体の一部ではなく、有機的に融合し連結されて、相互に統合的関連性を持った超要素であり、全体は単なる部分の和ではないことを知らなければならない。

武道との関連で言えば、伸展筋を効率的で機能的あらしめるために、屈曲筋との調和と統制が不可欠なのもこの理と同様のことが言えないか。当然のことながら、逆に、屈曲筋を効率的で機能的あらしめるためには、同じく伸展筋との調和と統制が不可欠である。部分的強化がなされても、伸縮の統制が乱れた筋肉・関節の力が衝突し合えば、逆に、全体としての総合力は減殺される。

また、器官の硬直化、体液循環の鈍化、細胞再生の遅滞は、訓練の停滞や加齢と共に進行することも忘れてはならない。

更に、付け加えれば、内臓が衰えているのに筋骨のみ鍛えるとか・特定の栄養素のみ摂取するなど、部分的に強化された身体的価値や外部から摂取した栄養的価値が、バランス良くすべての器官に有機的一体として機能しないなら、身体のアンバランスを生じ、かえって心身に危険を及ぼす。筋肉増強剤を用いるのも、その意味で真に危険なのである。

有機的一体として統一的調和が取れた時のみ、総合的ダイナミズムが生まれ、部分の和を超越した力が生じる。次の話に置き換えても良かろう。

心臓が「誰のために休まず働いているのか」と尋ねられ、その質問が心臓の動きを止め、その疑問に悩み考えさせられた。やはり止めることと考えることで、心臓は機能を停止し、人体として有機的一体の構成部分である心臓自身の命をも落とした。身体内部諸器官の間では勿論、身体と精神との関係に於いても有機的一体性を忘れた、ミクロな見方に捉われた欧米的還元論への比喩的寓話である。

心臓や癌の手術は成功し、該当する病気は治ったが、副作用や併発症により生命力を失い、病人が死んだとは良く聞く話である。心臓病や癌の手術は勿論のこと、あらゆる病気の治療は、該当する病気そのものを癒すのは勿論であろうが、基本的には健康な心身の有機的一体としての生命力・生命体を回復するための方法論であろう。

病気を治すのは、病人を治すためである。病気そのものを治すことを自己目的化すべきではあるまい。病人が命を落としたのでは、何のための治療なのか意味がなくなる。

卑近な漢字の遊びに託した寓話がある。落語で平林の漢字が読めず、遂に平を「一・八・十」に林を「木・木」とに分解する。そこで「一・八・十のモク・モク」とか、「一つと八つでト・キ・キ」と読む。一体として意味を保つ物を分解してしまうと、最早や意味をなさなくなる。有機的一体としてのみ、意義がある。

因みに、事柄には必ず陰陽・相反の理があるのは、前述の通りである。そこで、丁度、逆の例として、漢字を分解することにより全体の意味や本質が分かり易くなるとする都々逸《ドドイツ》を紹介しておく。この例は、飽くまでも、あらゆる場合に人は「陰陽の理」を応用するとの例え話・言葉遊びである。「戀（恋の旧字）という字を尋ねてみれば、糸し（愛し・イトシと読む）・糸しという心」。

3.「転迷開悟」と「赤子の無心」

細かく解析してみても、事柄の本質の在処を確認することも実感することも出来ない。千葉周作の弟子の森要蔵曰く「・・・或る人は『心は有る』と言う。また或る人は『心は無い』と言う。彼も是も皆、葛藤の一色篇の見識なり。孟子の『放心を求める』と宣ひたるは、本心に立還り道を修せよとの教えなり」と。また、武道歌にも、『年毎に咲や吉野の山桜　木をわりて見よ花のありかを』とある。桜木を切りても花の無きが如しと。本質と言うものは、一定のエネルギーの蓄積と年期を経て、初めて形として顕現してくるものである。早急に本質を求めてみても、何も得るものはないものである。

ともあれ、生半可に知恵や分別が付くと疑問が生じ、謎解きに挑戦する。執着心が迷妄を生み、疑問に悩み止まって考える（事実は考えるから止まって進まなくなるのであろうが）、動態的躍動面が忘れ去られ、静態的固《コ》陋《ロウ》に陥り二進も三進も動きが取れなくなる。

部分に捉われ、細かく解析し、煩悶《ハンモン》し迷妄を生じ、一波が千波・万波を生じ迷路に迷い込む。自縄自縛に陥る。この迷路を脱出するには、逆走するか、出発点に返り元の一から出直すのが最善ではあろう。

賢者は、過去の捉われの中で智の限りを尽くし、それを脱却してきたから、最早やそれに拘らない。無心の反復継続した稽古は、無意識の中に有機的に一体化し融合した身体動作を形成してくれる。

禅では、しばしば赤子の如く無心であれと訓える。赤子や泥酔者は、かえって怪我が少ないと言うのである。書斎での机上論者として良く考える者ほど、物事が縺れ自縄自縛の窮地に陥ることを諭した例えである。確かに、日常生活的には赤子の如き無心もそれなりに妥当し、然《ソウ》もあろう。

しかし、生命を賭けた実戦を旨とする武道修行の立場から言えば、それは間違いと言っても過言ではあるまい。試行錯誤・紆余曲折を経ての転迷開悟の境地である至極の無心と、初めから何物もない赤子の無心とは、一歩と千里の違いがあり、全く充実感が異なる。似て非なるものである。一面的に恣意的主観でもって解釈をしてはならない。

しかし、一般的に無心・不動心の英語訳は、「vacvant：empty」となっている。直訳では、本質を理解させるには無意味である。

ともあれ、達人の技法と器用者の技法とは、その到達距離は素人目には極く僅かに過ぎないが、実は長い直径を持つ螺旋(ネジの山の隣同士)なのである。一歩の千里なのである。(顕現される表面的現象面のみに着目して、脱力や気配の消滅のみに専念する者は、ただの張子の虎に過ぎまい。)

自然の法理に遵《シタガ》った身体則に則った、無心に反復継続した鍛錬の道程が必要不可欠なのである。

参考文献

本著は、著者没後の出版と言う事情のため、参考文献の掲載は、著者の妻が遺された原稿を手がかりに文献探しを行い、それを基に掲載されたものです。著者が本書を執筆するに当たり、数多くの文献を参照したであろうとは思われますが、今となっては確認する術もありません。今回の文献調査に際しましては、引用文に忠実なものだけを掲載することを目的に取り組んでまいりましたが、何分不馴れなゆえ、不備等の可能性も否めません。どうか、前述の事情を斟酌の上、その点を御容赦願いたいと存じます。

◎「春秋左氏伝（2）」（新釈漢文大系第31巻）　鎌田　正　明治書院　一九七六年十月
◎「老子・荘子（上）」（新釈漢文大系第7巻）　阿部吉雄ほか　明治書院　一九七七年十月
◎「武道歌撰集（上）」今村嘉雄（編集）　第一書房　一九八九年三月
◎「武道宝鑑」　講談社（編集）　講談社　一九七五年十一月
◎「甲陽軍鑑（上）」（戦国史料叢書3）　中村孝也ほか（監修）　人物往来社　一九六五年七月
◎「論　語」（新釈漢文大系第1巻）　吉田賢抗　明治書院　一九八一年二月
◎「詩　経（下）」（新釈漢文大系第112巻）　石川忠久　明治書院　二〇〇〇年七月
◎「兵法家伝書に学ぶ」　加藤純一　日本武道館　二〇〇三年十月
◎「字統　普及版」　白川　静　平凡社　一九九四年三月

◎「漢字語源辞典」 藤堂明保 學燈社 一九九三年四月
◎「完訳 三国志（2）」 小川環樹ほか（訳） 岩波書店 二〇一一年四月
◎「頼山陽詩選」 揖斐 高（訳注） 岩波書店 二〇一二年六月
◎「詩 経（上）」（新釈漢文大系第110巻） 石川忠久 明治書院 一九九七年九月
◎「國史大系 第19巻」 黒板勝美（編集） 吉川弘文館 一九三〇年二月
◎「賀茂真淵全集 第19巻」 久松潜一（監修） 続群書類従完成会 一九八〇年十一月
◎「古代政治社会思想」（日本思想大系8） 山岸徳平ほか（校注） 岩波書店 一九七九年三月
◎「武道歌撰集（下）」 今村嘉雄（編集） 第一書房 一九八九年八月
◎「気吹舎歌集」 平田篤胤 平田篤胤大人九十年記念会 一九三三年
◎「改定 史籍集覧 第10冊」 近藤瓶城 近藤活版所 一九〇一年八月
◎「武道初心集」 大道寺友山 吉田 豊（訳） 徳間書店 一九七一年三月
◎「山鹿素行全集」 山鹿素行 帝国教育学会 一九一六年三月
◎「徳川思想小史」 源 了圓 中央公論社 一九七三年一月
◎「常山紀談 本文篇」 菊池真一（編集） 和泉書院 一九九二年三月
◎「萬葉集（4）」（新日本古典文学大系4） 佐竹昭広（編集） 岩波書店 二〇〇三年十月
◎「ドゥーフ日本回想録」 H・ドゥーフ 雄松堂出版 二〇〇三年八月
◎「集義和書類抄」 熊澤蕃山 松邑三松堂 一九〇五年五月
◎「武士道―文武両道の思想―」（角川選書47） 勝部真長（編集） 角川書店 一九七一年七月
◎「山鹿素行」（日本思想大系32） 田原嗣郎ほか（校注） 岩波書店 一九七〇年八月

◎「貞丈雑記（1）」島田勇雄（校注）平凡社　一九八五年四月
◎「私訳　魏志倭人伝」今岡純雄　講談社出版サービスセンター　一九九二年六月
◎「武術双書」国書刊行会（編集）名著刊行会　一九六四年十一月
◎「日本書記（1）」（新編日本古典文学全集2）小島憲之ほか（校注・訳）小学館　一九九四年四月
◎「古事記」（新編日本古典文学全集1）山口佳紀ほか（校注・訳）小学館　一九九七年六月
◎「神道大系・古典編（5）」神道大系編纂会（編集）神道体系編纂会　一九八六年三月
◎「口遊注解」幼学の会（編集）勉誠社　一九九七年一月
◎「剣道集義」山田次郎吉　東京商科大学剣道部　一九二二年
◎「國民思想叢書　士道篇」加藤熊一郎（編集）大東出版社　一九三一年十一月
◎「荘　子（下）」（新釈漢文大系第8巻）市川安司ほか　明治書院　一九七六年十月
◎「孫子・呉子」（新釈漢文大系第36巻）天野鎮雄　明治書院　一九七七年七月
◎「山鹿素行先生精神訓」松浦伯爵家文庫楽歳堂編集　大江書房　一九一五年五月
◎「田舎荘子」（新日本古典文学大系81）佐竹昭広（編集）岩波書店　一九九〇年五月
◎「近代剣道名著大系　第2巻」千葉勝太郎ほか　同朋舎出版　一九八五年十二月
◎「詩　経（中）」（新釈漢文大系第111巻）石川忠久　明治書院　一九九八年十二月
◎「書　経（上）」（新釈漢文大系第25巻）加藤常賢　明治書院　一九八三年十一月
◎「改訂　史料柳生新陰流（下）」今村嘉雄（編集）新人物往来社　一九九五年四月
◎「風姿花伝」（講談社学術文庫）世阿弥　講談社　二〇一一年九月

◎「言志四録（1）」 佐藤一斎 講談社 一九七八年八月
◎「渋川流柔術」 小佐野 淳 愛隆堂 一九九三年二月
◎「日本武道大系 第6巻 柔術・合気術」 老松信一ほか 同朋舎出版 一九八二年六月
◎「有効の活動6（11）」 柔道会本部 一九二〇年一一月
◎「新編武術叢書」 武道書刊行会（編集） 新人物往来社 一九九五年七月
◎「芸術論集」（古典日本文学全集36） 久松潜一ほか（訳） 筑摩書房 一九六二年十月
◎「松尾芭蕉集 2」（新編日本古典文学全集71） 井本農一（校注） 小学館 一九九七年九月
◎「細井平洲・広瀬淡窓集」（世界教育宝典 日本教育編） 後藤三郎ほか（校注） 玉川大学出版部 一九六六年十一月
◎「日本哲学思想全書 第15巻」 三枝博音 平凡社 一九五七年四月
◎「六韜・三略の兵法」 守屋 洋 プレジデント社 一九九四年六月
◎「列 子」（新釈漢文大系第22巻） 小林信明 明治書院 一九七六年十月
◎「日本武道全集 第2巻」 今村嘉雄ほか 人物往来社 一九六六年
◎「嘉納治五郎」 嘉納治五郎 日本図書センター 一九九七年二月
◎「日本国語大辞典 第2版 第2巻」 小学館国語辞典編集部（編集） 小学館 二〇〇一年二月
◎「日本武道大系 第2巻 剣術（2）」 今村嘉雄ほか（編集） 同朋舎出版 一九八二年六月
◎「養生訓」（講談社学術文庫） 貝原益軒 伊藤友信（訳） 講談社 一九八二年十月
◎「大日本風教叢書 第9・10輯」 足立四郎吉 大日本風教叢書刊行会 一九一九年十月
◎「日本武道全集 第7巻」 今村嘉雄ほか 人物往来社 一九六七年

◎「亀井南冥・昭陽全集　第1巻」　亀井南冥・昭陽全集刊行会（編集）　葦書房　一九七八年五月
◎「改訂　史料柳生新陰流（上）」　今村嘉雄　新人物往来社　一九九五年四月
◎「鳩翁道話」　柴田鳩翁　平凡社　一九七〇年一月
◎「身体感覚を取り戻す　腰・ハラ文化の再生」（NHK　BOOKS）　斎藤　孝　日本放送出版協会　二〇〇〇年八月
◎「音曲叢書　第2編」　演芸珍書刊行会（編集）　演芸珍書刊行会　一九一四年四月
◎「近代剣道名著大系　第10巻」　今村嘉雄ほか（編集）　同朋舎出版　一九八六年四月
◎「戦国策（上）」（新釈漢文大系第47巻）　林　秀一　明治書院　一九七七年十月
◎「王陽明（上）」　岡田武彦　明徳出版社　一九八九年五月
◎「中国思想文化事典」　溝口雄三ほか（編集）　東京大学出版会　二〇〇一年七月
◎「日本武道大系　第3巻　剣術（3）」　今村嘉雄ほか（編集）　同朋舎出版　一九八二年六月
◎「歎異抄」（光文社古典新訳文庫）　親鸞（述）　唯円　川村　湊（訳）　光文社　二〇〇九年九月
◎「随筆　宮本武蔵」　吉川英治　講談社　二〇〇二年三月
◎「荀　子」（新書漢文大系25）　藤井専英（訳）　明治書院　二〇〇四年六月
◎「孟　子」（新釈漢文大系第4巻）　内野熊一郎　明治書院　一九七七年七月

編集後記

筆者（藤森）の論文を集大成した「武徳流合気柔術の事理原案―（総論）」の中核部を底本とした。

筆者（藤森）の責任で幾つかの「造語」を用いた。

原案は、筆者の日々怠りない六十有余年に及ぶ日本武道・呼吸法を含む経絡理論・古武道整体術・中国武術の鍛錬実践過程を通しての反省と追体験と新発見を下敷きにしたものである。

知己の恩・知己の言を受けた。多くの諸師・先輩後輩・他流関係者・武道伝書の指導や示唆も取り入れた。

なお、武道と武士道（士道）とはその沿革・概念共に全く異るが、現在では武道の精神性と武士道の倫理観とは一体不離として捉えられているので、外国人諸氏の理解を助ける範囲で武士道論にも意を用いた。

なお、日本書紀・古事記に別個独立の意義を認める最近学説については、寡聞である。従来通り両者の整合性を前提に私論を試みた。

生理学・物理学・化学などの専門知識に疎いため、誤解・誤用があると思われるが、御批判・御叱正頂ければ、幸甚である。

西オーストラリア大学教授Mr.Brettによる英文翻訳の便宜上、必要以上に説明や平仮名読みを付加した。冗長に過ぎる嫌いがある点御容赦頂きたい。

Mr.Brettを中心にしたオーストラリア及びMr.Loftを中心としたイギリスの外国人識者に十数回に亘り理解度を確認させて頂いた。

武徳流合気柔術は、田中茂穂師の徳育を根底に踏まえ、日本武道の理念と術技を、筆者（藤森）が、具体的に体系化したものである。

当流に於いては、多数の弟子を養成するのが目的ではない。武徳の精神と合気柔術の事理を真に理解し、承継しようとする者のみを弟子として育成している。「士は己を知る者のために死す」であり、営利目的としての活動は行っていない。

経穴経絡理論を根底に置いた中国整体術と、筋肉・骨格・関節の生理学理論に基礎を置く古武道整体術をも研修し、独自の理論に基づく整体術として統合整理した。

更に、武術太極拳・武気功の研鑽にも努め、日本古来の古武道との比較をも試みている。それらを、呼吸法や当身術技に応用し活用すると共に、武道の裏技として自然治癒力導引（整体）術として具体的術技の一態様に組み込まれている。此処には、武道に於ける活殺自在の理が生かされている。

当流で訓練する逆腹式呼吸は、呼吸動作に伴って、手掌を翩翻させながら手・肘・腕の屈曲筋と伸展筋を交互に働かせ、同時にリズミカルに行う速歩の身体動作を通して、武道技法の基礎となるバランス・リズム・パワーを養成する。

このような調心・調身・調息の感得・体得の過程を経て、心身は調和融合され、古来武道の基本理念の一つである養命・養生にも資するものである。

あとがき

武道家として真摯に武の道に携わってきた夫が、二〇一二（平成二十四）年に急逝しました。パソコン上には、日々怠りない六十有余年に及ぶ武道人生で培われてきた理念と術技を集大成として書き下ろした原稿が遺されていました。その中には、出版を予定していると言う下りがあり、亡き夫の遺志を継いで出版を決意する切っ掛けとなりました。

夫の独り稽古は、ぴんと張り詰めた空気の漂う早朝2時から始まり、入念なストレッチで体をほぐした後は、自宅近くのグラウンドに出掛け、インターバル走法、立木打ち、振り棒、腹筋一〇〇〇回等、三、四時間掛けて、これらのメニューを毎日欠かさず続けてきました。

夫は、大学入学と同時に合気道部に入部し、終生の師弟関係を結ぶことになる田中茂穂師範と出会い、師の下で稽古を積んできました。師は、国内のみならず、国外に於いても多くの人材を育成、輩出されています。

二〇〇一（平成十三）年には、永年住み慣れた東京を離れ、私の実家である大分に居を移しました。その後、自ら「武徳流合気柔術」を立ち上げ、国内では郷里の津山市（岡山県）、国外ではパース（西オーストラリア）及びルートン（イギリス）において、武徳の精神と合気柔術の事理を真に理解し、承継しようとする門下生の育成に尽力してきました。

生前、夫は、幼少の頃より相撲、柔道、剣道等の武道に親しみ、その後も多くの古武道を習得し、更に太極拳、武気功の研鑽を積んできたと私に話していました。今回の出版に当たり原稿を読み進めていく裡に夫の故郷である岡山は、武道界で重鎮とされた武道家を輩出し、剣豪と言われる宮本武蔵ゆかりの地であることからしても武道が定着する土壌がもともとあったのだと改めて気付かされました。

また夫は、武道だけではなく書道や短歌も嗜んでおり、正に文武両道の実践者でもありました。武道家として清濁併せ呑む大らかな性格のある一面、謙虚で情愛深い一面もあり、多くの人に慕われていました。

本著には、机上の空論ではなく、本人自らが、稽古に稽古を積み重ねてきた結果、辿り着いた、正に実践に裏打ちされた理論や術技が記されています。武道に限らず、道を極めていくには、その過程である稽古を一意専心の思いで積み重ねていく必要があり、それは、気の遠くなるような根気と忍耐力を伴います。あえて、その環境下に身を置くことを選択する根底には、稽古の対象となるものが好きだからこそであると考えます。夫は、先に述べましたように幼少の頃から武道と向き合い、生涯を武道に捧げてきました。武道が心底好きだったと言う一言に尽きると思います。私は、武道に興味をお持ちの方は勿論のこと、特に、武道が好きで、稽古をすることに真価を見いだそうとしている方たちにこの本をぜひ読んでいただきたいと存じます。そして、この本に込めた夫の武道家としての生き様を通して、稽古の重要性、醍醐味を再認識、再確認するための一助になればと願っております。

刊行に際しましては、原則的に遺された原稿をなるべく手直しせず、文章の言い回し、表記のスタイル等、本人の個性を損なわず忠実に再現することに主眼を置き、最小限の校正を行ってまいりました。そのために、冗長すぎて読みにくい点が多々あろうかと思われますが、御容赦願いたいと存じます。

本内部に掲載の写真は、東京大学内にある武道場「七徳堂」の外観及び内部を撮影したものです。七徳堂は、夫が汗を流し、稽古に励んだ、武道人生の正に原点とも言うべき場所です。風格のある佇まいは壮観です。撮影のため、初めて武道場に足を踏み入れた瞬間、張り詰めた空気を感じ、思わず背筋がぴんと伸びた感覚が今でも忘れられません。

今回の「日本武道の理念と事理」出版に当たりましては、御多忙にもかかわらず序文を書いて下さり、校正や御指導をしてくださいました東京大学合気道部師範の山田高廣様、鴛海徹様を始め東京大学合気道部ＯＢの皆様、安島美恵子様、青木久様、鴛海浩康様、西オーストラリア大学合気道部の Brett Nener 様、ルートン合気道クラブの Rosalie Loft 様、同 Darren Craig Murphy 様、ルートン合気道クラブの皆様、文献探しに御協力いただきました大分県立図書館の青木美穂様、同職員の皆様方、東洋出版の田辺修三様、鈴木浩子様に心から感謝しお礼を申し上げます。

平成二十九年十二月吉日

藤森　空海

藤森明略歴

1937年11月28日	岡山県津山市に生まれる。
1953年4月	岡山県立津山高等学校に入学。 ※柔道部に入部。中国大会で3位に入賞する。 全国大会では準々決勝に進出したが敗退。
1956年3月1日	同校卒業。
1957年3月～1961年11月	東京都立川北太平洋地域米軍資材司令部に勤務する。
1963年4月	東京大学法学部に入学。 ※合気道部に入部。 田中茂穂師範の下で合気道の修行に励む。
1968年3月28日	同大学法学部第2類（公法コース）卒業。
1970年3月31日	同大学法学部第1類（私法コース）卒業
1978年10月1日	明治神宮武道場至誠館講師を委嘱される。
1985年1月1日	同館青少年武学講師を委嘱される。
1991年4月	イタリアで仁王像彫塑のモデルとなる。
2001年1月20日	願いにより明治神宮武道場至誠館講師の委嘱を解かれる。
2001年2月	東京を引き揚げ、妻の実家である大分県大分市に移り住む。 ※「武徳流合気柔術」を創設する。 国内では、岡山県津山市に於いて、海外では、西オーストラリア（パース）及びイギリス（ルートン）に於いて、武徳の精神と合気柔術の事理を理解し承継しようとする門下生の育成に尽力する。 ※合気道7段位 ※経穴経絡理論を根底においた中国整体術、筋肉、骨格、関節の生理学理論に基礎を置く古武道整体術を研究する。武術太極拳、武気功の研鑽を積む。 ※短歌会に所属して短歌の創作活動に励む。
2012年11月18日	自宅にて逝去（享年76歳）。
2015年4月	遺歌集「武徳」刊行（自費出版）

日本武道《にほんぶどう》の理念《りねん》と事理《じり》―日本古来《にほんこらい》の精神的《せいしんてき》且《か》つ身体的文化《しんたいてきぶんか》の伝承《でんしょう》としての武道《ぶどう》―

発行日　2017年12月18日　第1刷発行

著者　藤森　明（ふじもり・あきら）
監修　藤森　空海（ふじもり・ひろみ）

写真　「藤森明」立ち姿：Darren Craig Murphy
七徳堂：鷲海浩康

発行者　田辺修三
発行所　東洋出版株式会社
〒112-0014　東京都文京区関口1-23-6
電話　03-5261-1004（代）
振替　00110-2-175030
http://www.toyo-shuppan.com/

印刷・製本　日本ハイコム株式会社

ISBN 978-4-8096-7848-6
定価はカバーに表示してあります